SERVICE MARKETING

제3판

서비스 마케팅

김성호 차경천 김지영

도서출판 창 명

제3판 머리말
PREFACE

고 김성호 교수님을 추모하며.

서비스마케팅 3판을 개정하자는 제의가 왔을 때, 이 책을 선택한 이유가 있습니다. 다른 책들은 대부분 용어정리 수준에 집중한 것에 비해, 이 책은 실무적으로 도움이 되는 전략적 방향들이 충실히 있었기 때문입니다. 따라서 대학교 교과목의 목적 뿐만 아니라 서비스를 기획하고 마케팅하는 실무자에게 추천할 내용이 많이 있기 때문입니다.

서비스마케팅 3판을 개정하기로 준비 작업을 하던 2024년 봄 김성호 교수님께서 작고하셨습니다. 저는 생전에 김교수님과 연구를 하거나 학문적 교류를 한 적이 없습니다. 그럼에도 서비스마케팅 3판을 개정하기로 하며, 저에게 맡겨주셨습니다. 개정작업이 완성되면 그 책을 가지고 인사를 가겠다는 저의 기대는 끝내 이룰 수 없게 되었습니다. 이 3판은 김교수님의 유작이 되었습니다. 우리가 당연하다고 여기는 것들은 매우 어려운 확률의 일인 경우가 많습니다. 건강하기, 좋은 관계 유지하기, 등.

3판에서는 제품을 상품으로, 충성도를 애호도로 용어를 변경하였습니다. 서비스마케팅의 대상은 제품(manufactured product)이기 보다는 마케팅을 해야 하는 상품(commercial product)이기 때문입니다. 충성도는 최근 학계에서 애호도로 조정이 있었습니다. 충성은 국가에 대한 의미가 더 주가 되기 때문입니다. 서비스마케팅을 공부하는 이유는 서비스 품질을 높여 고객 만족과 고객 애호도를 높이고, 이것이 기업의 수익성을 높이는 논리를 책 전반에 강조하였습니다.

책의 구조를 변경하였습니다. 크게 세 부분으로 구분하였고, 첫 번째는 서비스마케팅의 특성, 두 번째는 서비스마케팅의 전략 믹스, 세 번째는 서비스마케팅의 전략적 이슈들로 단순화하였습니다. 대부분 대학의 경영학과 마케팅 교과목 체계에서 서비스마케팅은 이미 마케팅 원론을 수강한 사람들을 대상으로 하기에 비교적 내용이 유사한 부분은 뒤로 하고 서비스마케팅 전략 믹스 7p중에서 기존 마케팅 믹스 4P에 추가된 참여자(People), 물리적 증거(Physical evidence), 프로세스(Process)를 앞으로 배치하였습니다. 새로운 장이 시작할 때 그 장에서 필히 익혀야할 키워드를 추가하였습니다. 또 수요

관리나 고객 기대는 학부수준을 넘는 경우가 많고, 실제 경험해야 알 수 있는 내용들이라 판단하여 맨 마지막으로 위치를 옮겼습니다.

저자가 십여년 서비스마케팅을 강의하면서 필요를 느낀 내용을 보충하였습니다. 대표적으로 프로세스 맵 그리는 방법과 참고할 연구자료들을 추가하였습니다. 환경분석하는 방법으로 자주 언급되는 SWOT 분석방법은 십여년전부터 좋은 전략을 도출하지 못한다는 비판으로 실무에서 사용되지 않는다는 의견이 많이 있었음에도 불구하고 여전히 교과서와 각종 보고서에서 사용되고 있기에 이를 주의하라는 내용도 추가하였습니다. 좋은 시장세분화의 조건, 포지셔닝방법 중 리포지셔닝도 추가하였습니다. 실제 서비스 품질을 측정할 수 있도록 SERVQUAL 문항 22개를 본문에 추가하였습니다. 이에 서비스 품질 개선의 절차도 함께 제시하였습니다. 고객관계관리를 위해 데이터베이스 마케팅을 실행할 때 측정해야 할 RFM 변수들도 소개하였습니다. 물리적 증거에서 음악과 색에 대해 고려할 내용을 추가하였습니다. 중소기업청에서 제공하는 상권분석 시스템도 소개하였습니다. 우리나라에 조사하고 발표되고 있는 고객만족 지수 (KCSI, NCSI)를 소개하였습니다.

서비스마케팅 강의는 1장부터 14장까지 모두 순서대로 강의를 하는 것을 추천합니다. 매주 한 장씩 강의하면 한 학기 수업으로 적합합니다.

최근 사례로 책 중간의 읽을거리를 교체하였습니다. 이를 위해 동아대학교 마케팅 전공의 김선화 박사가 도움을 주었습니다. 도서출판 창명의 김사설 대표는 항상 진중한 제안을 하였고, 역시 꼼꼼한 개편작업을 가능케 했습니다. 감사한 마음을 전합니다.

2025년 봄

저자 대표 차경천

제2판 머리말
PREFACE

안성기와 박중훈 주연의 라디오스타(2006년作)라는 영화가 있다. 한 때 최고의 가수인 최곤과 그의 매니저 민수가 영광의 시절부터 한물간 가수가 될 때까지의 두 사람의 우정을 그린 작품으로 이 영화의 주 무대가 되는 곳은 강원도 영월의 지역 방송국이다. 최곤은 다시 가수로 재기하기 위해 어쩔 수없이 간 곳이지만 라디오DJ를 하면서 여러 사람들을 만나게 되고, 삶이 변화하며, 결국 곁에 있는 사람인 매니저 민수가 얼마나 소중한지 알게 된다.

우리의 삶도 마찬가지이다. 사람들은 의도하거나 의도하지 않더라도 많은 사람들과 다양한 만남을 하게 되며 이를 통해 삶의 방향이 변화할 수 있다. 이러한 만남에서의 좋은 기억들은 그 과정속에서 전해지는 따듯한 마음이라는 것으로 표현 할 수 있다. 이런 좋은 마음을 우리는 '정(情)'이라고 한다. 이건 사람들 간의 개인적인 관계에서 뿐만 아니라 기업과 고객이 만나는 과정에서도 발생하기도 한다. 물건만 주고받는 비즈니스 자체가 아니라 그 과정 안에 사람이 있기 때문이다. 이것이 결국 서비스를 시행하는 기업이 가장 중요하게 생각해야 하는 핵심이다.

이런 사람과 사람 사이의 관계는 얼마나 친밀감이 있느냐가 중요하게 고려되는 요소였다. 그러나 이런 사람 사이의 만남에서 접촉이라는 핵심이 전세계적인 문제로 인해 변화가 필요한 시기가 도래하게 되었다. 2019년말부터 발생한 코로나바이러스감염증-19(COVID-19)은 우리가 사람사이의 우호적인 관계를 맺는데 중요하게 고려하는 행동인 접촉에 대해 다르게 행동하도록 요구하고 있다. 즉, 가까이 하는 것이 미덕이 아니라 때로는 한발 멀리 떨어져 거리를 두는 것이 더 나은 행동이라는 것이다. 이런 사회적인 거리두기가 예의가 되는 상황에 처해지게 되었으며 이 상황은 당분간 지속될 것으로 보여지고 있다. 또한 이 바이러스의 문제는 언젠가 종식될 수 있을 것이나 그 기간에 언제가 될지는 명확하게 알 수 없다.

이런 사회적인 현상은 기업들로 하여금 기존의 기업 활동과 같은 형태가 아니라 고객과 관계를 형성하기 위한 다른 방법을 찾도록 요구하고 있다. 최근에 많이 언급되고 있는 '언택트' 시대가 새로운 소비패턴의 핵심으로 떠오르고 있다. 단순하게 온라인으로 물건을 구매하는 시대가 아니라 사람간의 직접적인 접촉이 없이 모든 사회생활이 이루어지는 또 하나의 소비의 시대가 오는 것이다.

서비스 마케팅 2판은 이런 변화하는 시대에 맞춰서 어떤 부분에서 변화가 필요한지를 고민하면서 진행하였다. 처음 이 책을 저술할 때 가장 고려한 부분은 "서비스 마케팅은 제품마케팅과 다르다"라는 것이었다. 그리고 그것을 어떻게 다른지 핵심 위주로 설명하는데 초점을 두었다. 2판도 핵심 측면에서는 크게 다르지 않다. 이 책을 통해 서비스 마케팅이 무엇이며 어떻게 실행하는 것이 가장 효과적인지 제시하고자 하였다. 그리고 이것을 독자들이 쉽게 받아들 수 있도록 다양한 최신 이미지를 활용하여 이해도를 높이도록 하였다.

또한 책에서 설명하고 있는 서비스의 핵심요소들이 최근에 급격하게 변화하는 우리 사회에서 어떻게 응용되어지는지를 구체적으로 보여주고자 하였다. 즉, 최신의 사례들을 찾아서 그 활동들이 어떻게 새로운 비즈니스로 시장에서 제공되고 있는지 제시하고 있다.

더불어 코로나바이러스로 인해 앞으로 사람들의 소비 패턴 혹은 생활의 변화가 어떻게 이루어질지를 알아보고자 소비자 관련 의견조사를 주요 사례에 추가함으로써 향후 우리에게 어떤 통찰(Insight)을 줄 수 있을지 생각해 볼 기회를 만들고자 하였다.

이 책은 서비스라는 본질이 변화하는 것이 아니라 상황에 따라 적용이 달라질 수 있으며, 그 응용을 하는데 있어서 하나의 도움이 될 수 있도록 하고자 하였다. 이런 생각을 정리하고 수정하는데 도움을 주신 도서출판 창명 김사설 대표님과 직원 여러분께 감사인사를 드린다. 다가온 변화에 적응하고 새로운 변화를 이끌 수 있는 역량을 키우는데 이 책이 도움이 되기를 바란다.

2022년 1월
김성호, 김지영, 서보경

제1판 머리말
PREFACE

현대 산업에서 서비스를 빼고 논할 수 없을 만큼 서비스가 차지하는 비중이 폭발적으로 커지고 있다. 실제로 우리 삶에 서비스는 많은 부분을 차지하고 있다. 단지 우리가 서비스를 이용하고 경험한다고 인식하지 못할 뿐이다. 대중교통을 이용하는 것, 학교에 가는 것, 스마트폰을 사용하는 것, 식당에 가는 것, 병원에 가는 것 등 모두 서비스이며 우리는 매 순간 그 서비스들에 대한 품질을 평가하며 만족 여부를 나타낸다.

이런 서비스 분야의 성장은 서비스의 실무적 측면뿐만 아니라 학문적 측면에서도 관심이 증대되고 있다. 하지만 제품 마케팅과 달리 서비스 마케팅과 관련된 교재들은 작성자에 따라 방향성과 내용이 다양하게 제시되고 있는 것이 현실이다.

이런 측면에서 볼 때, 서비스 마케팅에 대해 종합적으로 정리하여 제시한다면 서비스를 알고자 하는 실무자 및 학생들에게 서비스 마케팅을 알리는 좋은 기회가 될 것이라고 생각하였다.

이 책은"서비스는 다르다"라는 기본 전제를 가지고 진행된다. 서비스가 과연 무엇이며 이것이 기존 제품 마케팅과 어떻게 다른지, 왜 다른지, 그리고 이 차이점들을 통해 우리는 어떤 전략적 결론을 도출할 수 있는지를 살펴보고 있다.

이 책은 총 4부에 걸쳐 14개장으로 구성되었다.

제1부는 서비스 마케팅에 대한 기본 개념과 이를 둘러싼 환경에 대한 이해를 다루고 있다. 특히 마케팅 환경을 고객, 기업, 경쟁자 측면에서 분석을 하였고, 그에 따른 STP전략을 서비스 측면에 맞춰 제시하였다.

제2부는 서비스에서 고객을 어떻게 이해할 것인지를 살펴보았다. 제품과 구분되는 서비스 경험에서 독특하게 이루어지는 소비자 행동에 대해서 다루고 있다. 또한 고객과 기업의 기대수준의 차이를 줄이기 위한 방법으로 고객이 실질적으로 원하는 고객기대수준이 어떻게 형성되는지 알아보고, 그 기대를 이해하기 위한 기업의 노력인 마케팅 조사 방법에 대해서도 살펴보고 있다.

제3부는 총 7개장으로 구성되며, 서비스 마케팅의 전략적 변수인 마케팅 믹스에 대해 다루고 있다. 기존 마케팅 믹스에서 제시한 제품, 가격, 촉진, 유통과 더불어 서비스 마케팅에서 확장하여 제시하고 있는 3Ps를 물리적 증거, 참여자, 프로세스로 나누어 제시하였다. 특히, 참여자 측면은 서비스 제공과정에 참여하는 모든 관련자들을 말하는 것으로 여기서는 서비스 삼각형의 세 축인 기업, 고객, 직원으로 구분하여 제시하였다.

제4부는 서비스 마케팅과 관련된 주요 이슈들을 다루고 있다. 서비스가 제품과 구분되는 특징들을 수요와 공급관리, 품질관리, 그리고 서비스 실패와 회복이라는 3개 장으로 나누어 설명하였다.

이 책은 서비스 마케팅이 기존의 제품 마케팅과 다르다는 것을 전제로 하여 서비스 마케팅이 가지는 차별적인 특징을 중심으로 설명하고 있다. 기존에 제품 마케팅과 달리 서비스 마케팅 분야에서 제시되는 새로운 개념들에 대해서는 구체적인 이미지와 예를 들어서 설명하고 있다.

우선 서비스 마케팅에 대한 이해를 높이기 위해 다양한 사례들을 제시하였다.

각 장의 도입부분에서 각 장을 이해하는 데 도움이 되는 Opening Case를 제시하였다. 또한 본문 내용 중간 중간에 서비스와 관련된 기업들의 실제 사례를 정리한 Service Issue들을 배치하여 서비스에 대한 이해를 높이고자 하였다.

그리고 각 장의 본문이 끝난 후에는 본문과 관련된 생각해볼 문제들을 제시하였다. 이 문제들은 서비스 마케팅을 읽은 독자들에게 다시 한번 본문의 내용을 복습할 수 있게 할 뿐만 아니라 종합적으로 개념과 내용을 이해하는 데 도움을 줄 수 있을 것으로 본다. 또한 서비스 마케팅에 대해 더 관심이 있는 독자들을 위해 서비스 마케팅의 주요 저서 및 논문들을 참고문헌으로 제시하였다.

마지막으로 각 장의 끝부분에는 Case Study를 제시하였다. 이 부분은 실제 기업 혹은 가상의 기업 사례를 제시한 후 독자로 하여금 통합적으로 현상을 파악하고 경영자 혹은 마케팅 담당자의 측면에서 전략을 제시할 수 있도록 하였다. 앞서 제시한 생각해볼 문제 및 참고문헌과 함께 독자들이 서비스 마케팅에 대한 창의적인 사고와 더불어 통찰력을 기를 수 있는 기회가 될 것이다.

이 책을 출간하는 데 도움을 준 한양대학교 대학원 경영학과의 이현주, 정민정, 배수진, 조은희 학생과 관광학과 신영지 학생, 그리고 동양매직 경영지원실의 서보경 대리에게 고마움을 전하고 싶다. 또한 서비스 마케팅의 집필 및 출판과 관련하여 많은 도움을 주신 학현사 박철용 회장님과 직원 여러분께도 감사의 말씀을 전한다.

서비스를 종합적으로 정리하고자 하는 마음에서 시작한 서비스 마케팅이 드디어 빛을 보게 되었다. 그러나 서비스 마케팅은 완벽한 책이 아니고 아직도 부족한 점들이 있다. 따라서 서비스 마케팅이 더 나은 책이 되기 위해서는 이 책을 읽은 이들의 건설적인 비판과 다양한 의견들이 필요할 것이다. 독자 여러분의 많은 조언과 질타를 부탁드린다. 끝으로 이 책이 독자들이 서비스 마케팅을 이해하고 서비스 분야 혹은 서비스 산업에서 올바른 의사결정을 하는 데 도움이 되기를 바란다.

2015년 2월

김성호, 김지영

차례
CONTENTS

PART Ⅰ ≫ 서비스 마케팅의 특성

chapter 01 서비스 마케팅의 기본적 이해

chapter 02 환경 분석과 STP전략

PART II >> 서비스 마케팅의 전략 믹스

chapter 06 서비스 상품관리

chapter 07 서비스 참여자관리

chapter 08 서비스 프로세스관리

PART Ⅲ » 서비스 마케팅의 전략적 이슈들

chapter 13 서비스에서 고객 기대 및 마케팅 조사

chapter 14 수요와 공급관리

제 I 부

서비스 마케팅의 특성

제 1 장

서비스 마케팅의 기본적 이해

제1절 서비스란 무엇인가?

제2절 서비스 마케팅의 부상

제3절 서비스의 특성

제4절 서비스 마케팅 믹스

제5절 서비스 마케팅 유형

Opening Case

'초개인화' 열풍 … 새로운 쇼핑시대 열린다

AI(인공지능) · 빅데이터 · 머신러닝 활용
고객 데이터 분석해 맞춤형 서비스 제공
신세계百, 서울대와 'S-마인드4.0' 개발
롯데유통군, 온 · 오프 리테일 미디어 통합

유통업계에 '초개인화' 바람이 불고 있다. [사진=프리픽]

유통업계에 '초개인화' 바람이 불고 있다. 초개인화는 고객 개개인의 취향과 행동, 관심사 등을 바탕으로 정교하고 맞춤화된 서비스나 상품을 제공하는 것을 뜻한다.

단순히 연령이나 성별, 지역 등 기본적인 인구통계학적 정보를 활용하는 기존의 개인화를 넘어 AI, 빅데이터, 머신러닝 등 기술로 고객의 데이터를 분석해 더욱 정교한 맞춤형 서비스를 제공하는 것이 특징이다.

22일 업계에 따르면 유통업체들은 초개인화 마케팅을 통해 고객 만족도를 높이고 새로운 성장 동력을 확보하기 위한 경쟁에 나섰다.

신세계백화점은 지난 17일 AI와 빅데이터 기술을 활용한 서비스 개발을 위해 서울대 데이터사이언스대학원과 업무협약(MOU)을 맺었다. 기존 쇼핑 정보 추천 알고리즘을 초개인화 수준으로 고도화하고 고객 불편을 찾아내 개선하는 시스템을 마련할 계획이다.

실시간으로 변하는 고객 관심사와 니즈를 더욱 정교하게 분석해 취향과 필요에 맞는 상품과 혜택을 제안함으로써 한층 개인화된 구매 경험을 선사하는 것이 궁극적인 목표다. 양측은 신세계백화점이 지난 2017년 도입해 운영 중인 추천 시스템 'S-마인드'를 고도화해 'S-마인드 4.0'을 개발한다.

신세계-서울대 데이터사이언스대학원 업무협약식. [사진=신세계백화점]

기존 S-마인드는 성별, 연령, 선호 브랜드가 유사한 고객군 단위로 정보를 제공하는데 새로운 S-마인드 4.0은 고객 개개인에 맞춘 상품과 혜택을 실시간으로 제안한다.

이를 위해 고객의 구매 이력뿐만 아니라 라운지 및 발렛 서비스 이용, 쿠폰 사용 이력, 앱 내 커뮤니티 활동, 온라인 구매 데이터 등을 종합적으로 분석한다.

가령 평소 식품을 자주 구매하고 할인 반응도가 높은 고객에게 VIP 라운지 이용 시간이 끝나기 10분 전 F&B(식음료) 할인 쿠폰을 푸시 알림으로 보내 주는 식이다.

이번 협약의 일환으로 신세계백화점은 사내 데이터사이언스 조직 내 연구 모임인 'S-커스터머 랩'(S-Customer Lab)을 발족한다. S-커스터머 랩은 AI와 로봇, XR(확장현실) 등 최신 첨단 기술을 활용해 오프라인 점포와 앱의 서비스 수준을 높이는 방안을 집중적으로 연구할 계획이다. 상품 추천뿐만 아니라 쇼핑 전 과정에서 불편이 없도록 밀착 관리하는 'AI 퍼스널 쇼퍼' 기능을 구축하고자 한다.

[사진=롯데유통군]

롯데유통군은 지난해 9월 새로운 성장 동력으로 '리테일 미디어 네트워크'(Retail Media Network · 이하 RMN) 사업을 육성한다고 발표한 바 있다. RMN은 온라인 쇼핑몰의 검색 창과 배너뿐 아니라 오프라인 매장의 다양한 채널에 광고 서비스를 제공하는 사업이다. 아마존이나 월마트 같은 글로벌 유통업체가 RMN을 통해 수익을 창출하고 있다.

백화점과 마트, 롯데온, 세븐일레븐 등 사업부별로 흩어져 있는 온라인 쇼핑몰과 오프라인 매장의 리테일 미디어 환경을 통합해 롯데 유통 계열사를 이용하는 고객에게 초개인화된 맞춤형 쇼핑 환경을 제공한다는 계획이다.

이를 위해 매달 평균 2500만 명이 방문하는 40여 개 커머스 및 서비스 앱과 전국 1만5000여 오프라인 매장을 바탕으로 통합 플랫폼을 마련한다. 플랫폼은 롯데 유통군이 가진 다양한 채널에 광고를 손쉽게 집행할 수 있는 원스톱 운영 서비스를 제공한다.

고객 행동을 분석해 타깃을 정교하게 설정하고 최적의 효과를 내 비용 집행의 효율을 높인다. 상품의 노출 횟수와 구매 건수, 수익률 등 성과를 분석하고 해당 데이터를 제공해 효율성 검증이 가능한 환경도 구축한다.

롯데유통군은 RMN 사업 가속화를 위해 지난해 8월 마케팅테크 및 애드테크 설루션 기업인 미국의 엡실론(Epsilon)과 업무협약을 체결하기도 했다.

11번가는 지난해 2월 AI를 접목한 'Ai홈'의 베타 서비스를 시작했다. Ai홈은 머신러닝 기술을 활용해 자체 개발한 초개인화 추천 시스템으로 고객의 검색 기록, 구매 이력 등을 분석해 추천 정확도를 높인 것이 특징이다.

11번가 AI홈 베타. [사진=11번가]

예를 들어 최근 두 고객이 동일한 라면 상품을 확인했더라도 과거 구매나 검색 이력에 따라 한 고객에게는 다른 라면 상품을 추천해 주고 다른 고객에게는 캠핑용 미니 버너와 채끝살 등을 추천해 주는 식이다.

최근 살펴본 상품과 관련해서는 리뷰 평점이 4점 이상인 상품과 실시간 베스트 상품 등을 보여주고, 같은 해외직구 상품이더라도 배송비가 더 저렴한 상품을 추천하는 등 고객 만족도를 높일 수 있도록 설계했다. 또 추천 상품과 연계된 할인 정보, 라이브 방송, 전문관 등을 함께 경험할 수 있도록 구성했다.

대한상공회의소는 '2025 유통산업 백서'에서 "유통산업에서 AI 기반의 개인화 기술이 더욱 정교화될 것으로 전망한다"며 "소비자의 구매 기록과 선호도, 행동 데이터를 분석해 고객 맞춤형 추천 서비스를 제공하며 이는 소비자 만족도를 극대화하고 구매 전환율을 높이는 데 기여할 것"이라고 내다봤다.

출처: 이뉴스투데이, 2025-01-22

Keyword

- 서비스: 행위(deeds), 과정(processes), 그리고 그 결과에 따른 성과(performance)
- 서비스의 특성
  1) 무형성
  2) 이질성
  3) 생산과 소비의 동시성(비분리성)
  4) 소멸성
- 7P
  1) 추가된 3P
  2) People/Participant (참여자): 전달과정에 참여하여 고객의 지각에 영향을 주는 모든 행위자
  4) Process (프로세스): 서비스가 제공되는 운영시스템, 메커니즘, 그리고 활동의 흐름
  5) Physical Evidence (물리적 증거): 서비스가 전달되는 접점에서 서비스를 수행하거나 커뮤니케이션을 촉진하는 모든 유형적인 요소
- 서비스 삼각형
  1) 외부 마케팅: 기업과 고객 사이에서 이루어지는 마케팅 활동
  2) 내부 마케팅: 기업과 직원 사이에서의 마케팅 활동
  3) 상호작용 마케팅: 고객과 일선 서비스 제공자 사이의 마케팅 활동

제1절 | 서비스란 무엇인가?

1. 서비스의 개념

서비스는 행위(deeds), 과정(processes) 그리고 그 결과에 따른 성과(performances)라고 정의할 수 있다. 때때로 서비스는 유형의 상품(tangible product)을 포함하기도 하지만 대부분의 서비스는 고객과 접촉하고, 일련의 행동을 보고하며, 추가적으로 사후 연락(follow up call)을 하는 과정을 모두 포함하여 고객에게 서비스가 제공되는 전체 상황을 말한다.

IBM은 고객들에게 상품에 대한 서비스는 물론이고 컨설팅 서비스, 훈련 서비스 그리고 기타 서비스들에 대한 유지보수를 제공한다. 이러한 서비스에는 웹사이트, 직원 교육에 필요한 강의 교재 및 장비, 최종보고서 등과 같은 유형적인 요소들이 포함될 수 있

다. 고객들이 받는 대부분의 서비스는 고객이 원하는 것이 무엇인지 기업이 분석하고, 고객과의 상담을 진행하고, 그리고 사후 처리 및 보고를 하는 과정으로 이어진다. 이러한 전체 서비스는 행위, 과정, 그리고 성과의 연속적인 맥락에서 고객에게 제공되는 것이다. 이에 대한 비슷한 예로는 병원, 은행, 공공 서비스 기업들을 들 수 있다. 예를 들어 우리가 병원에서 가서 의료서비스를 받는 경우도 알아볼 수 있다. 우선 의료진과의 상담을 통해 자신이 어디가 아픈지를 밝히고 그 문제를 어떻게 해결할 수 있는지 문의를 하게 된다. 그런후 의사는 환자 검진을 통해 문제를 발견한 후 치료 여부를 결정하게 된다. 이때 단순하게 약물치료로 완치될 수도 있지만, 위험도가 높은 질병의 경우 수술과 같은 활동 및 사후 추가 검사 등이 필요하며 그때그때마다 환자 및 보호자에게 상황을 보고하게 된다. 즉, 서비스는 간단한 과정일 수도 있고, 시간이 필요한 긴 과정이 이루어져야 완료되었다고 할 수 있다. 그리고 이때 핵심은 주로 고객을 위해 직원이 어떤 행위를 하느냐를 그 핵심 제공물로 삼고 있다. 의사의 경우 진료를, 은행원의 경우 금융서비스를, 미용사의 경우 미용시술을 하는 것이 그 핵심이다.

서비스에 대한 다른 정의로는 주로 생산과 동시에 소비되고 편의, 기쁨, 편안함과 같은 형태의 추가적 가치를 제공하는 것을 의미한다. 즉 결과물이 물리적 상품이 아니라 모든 경제적 활동을 포함하는 것을 서비스라고 보기도 한다. 예를 들어 삼성이나 LG 가전상품을 구매하는 고객은 가전상품만을 구매하는 것이 아니라 그 기업이 제공하는 이미지와 A/S서비스 조건의 편의성을 보고 구매하는 것이라고 할 수 있다. 예를 들어, 자신들이 구매한 TV가 고장날 경우 얼마나 자주 수리해 줄 것인지 혹은 직접 A/S센터에 가지 않고 서비스 제공자가 방문하여 수리해 줄 것인지 등의 추가적인 서비스 조건을 보고 구매를 하는 것이다. 이런 형태의 구매활동은 특히 고가의 상품에서 두드러지게 나타난다. 즉, 서비스를 바라보는 이 측면에서는 시장에서 고객을 대상으로 이루어지는 기업의 판매 전후 모든 활동을 서비스라고 보는 것이다.

미국마케팅협회(AMA, American Marketing Association)는 서비스 마케팅을 조직적 기능과 고객에게 가치를 인식하거나 창출하고, 전달하거나 제공하고, 조직과 이해관계자에게 이익이 되는 방식으로 고객 관계를 관리하는 일련의 프로세스로 정의한다.

2. 서비스를 바라보는 네 가지 범주

일반적으로 사람들은 서비스라고 하면 흔히 고객을 대상으로 이루어지는 서비스에 국한하여 생각하는 경향이 있다. 그러나 서비스는 크게 다음의 네 가지 범주로 나누어 살펴볼 수 있다.

첫째, 서비스 산업과 기업(services industries and companies)이다. 이는 주요 서비스와 상품을 같은 것으로 보는 전형적인 순수 서비스 기업을 지칭한다. 이 범주에는 힐튼호텔, 메리어트호텔과 같은 숙박산업, 국민은행, 삼성증권, 교보생명과 같은 금융서비스 산업, 대한항공, 아시아나항공과 같은 항공산업 등이 포함된다. 이 분류에서는 기업명을 보면 기업이 제공하는 서비스가 무엇인지 바로 파악할 수 있다.

둘째, 상품으로서의 서비스(services as products)이다. 이는 부가가치 서비스라는 개념으로 접근할 수 있다. 즉, 서비스가 고객에게 가치가 있어서 고객이 돈을 지불하여 구매할 의향이 있고, 시장에서 실제로 거래되는 다양한 종류의 무형적 서비스를 말한다. 이 범주의 서비스는 서비스 기업이 직접 판매할 수도 있고 제조업자나 기술 회사와 같은 비(非)서비스 회사가 판매할 수도 있다. KT나 SKT와 같은 기업을 선택한 고객은 그 기업의 핵심 서비스인 통신을 이용하여 스마트 폰 등을 사용하기 위해서이다. 더불어 고객은 그 기업의 서비스를 선택하면 다른 유형의 서비스를 부가적으로 이용할 수 있다는 점도 서비스 선택의 고려요인이 된다. 예를 들어, SKT를 이용하는 고객이 인터넷 또는 모바일의 유로컨텐츠를 이용할 때 혜택을 받을 수 있다는 이점이 있다거나, KT를 이용하면 보안업체의 가이드서비스가 추가적으로 제공된다면 서비스 선택 시 고려요인으로 작용할 수 있다.

셋째, 기업의 핵심상품을 뒷받침하기 위해 제공되는 고객서비스(customer service)이다. 앞에서 언급한 두 개의 서비스와 달리 기업은 고객서비스에 대해서는 비용을 청구하지 않는다. 고객서비스는 종업원이 고객이 원하는 물건을 찾아주는 것처럼 서비스 접점에서 일어날 수도 있고, 전화나 인터넷을 통해 원격으로 발생할 수도 있다. 많은 기업들이 콜센터를 운영하거나 24시간 직원을 상주시키는 것들이 좋은 고객서비스를 위한 노력으로 볼 수 있다. 이런 고객서비스는 직접적인 이익창출보다는 호의적인 고객관계를 형성하기 위해 이루어지며, 기업이 제공하는 핵심상품과는 다른 분야이므로 혼동해서는 안 된다.

넷째, 본원적 서비스(fundamental service)이다. 이는 서비스가 무엇을 의미하는지 알아보는 또 다른 방법이다. 즉, 모든 상품은 물리적 상품 그 자체가 아니라 그것이 제공하는 서비스에 의해 그 가치가 평가되어야 한다는 것이다. 예를 들어, 약은 의학적 서비스를 제공함으로써 가치를 평가받는 것이고, 컴퓨터는 정보와 데이터 처리라는 서비스를 제공함으로써 그 근본적 가치를 인정받는다.

제2절 | 서비스 마케팅의 부상

1. 시장에서의 서비스 역할

일반적으로 상품과 서비스는 다른 분야라고 생각을 하지만 실제로 두 분야는 서로 유기적으로 연결되어 있다. 즉, 상품을 생산하는 제조업과 서비스업은 상호작용을 하는 역할을 한다. 기업이 상품을 소비자에게 전달시키기 위해서는 서비스 부문의 운송, 금융, 광고, 도소매, 통신 등 여러 분야가 같이 이루어져야 한다. 그리고 이런 기업의 활동은 국내는 물론 해외까지 연장되어서 제공되어진다([그림 1-1] 참고).

즉, 상품이 성공하기 위해서는 시장으로부터의 빠른 피드백, 고객의 욕구를 만족시킬 수 있는 고객맞춤화의 능력, 고객에게 상품을 신속하게 배송할 수 있는 능력 등이 필요하며, 이것들은 우리가 일반적으로 말하는 서비스의 부분이라고 할 수 있다. 그리고 이런 서비스들은 하나가 아니라 서비스의 여러 부분들이 통합된 능력에 의해서 결정된다.

실제로 제조업에서 더 높은 수익률을 얻기 위해서는 부가가치 서비스를 얼마나 창출하느냐에 달려 있다. 예를 들어, 자동차 업체는 자동차라는 상품의 판매와 더불어 자동차와 관련된 금융 및 리스 등에 의해 수익을 올릴 수 있다. 또한 컴퓨터 업체들도 컴퓨터의 보편적 보급으로 인해 낮아진 수익률을 네트워크 서비스, 컨설팅 서비스 등 새로운 서비스를 통해 수익을 창출하고 있다.

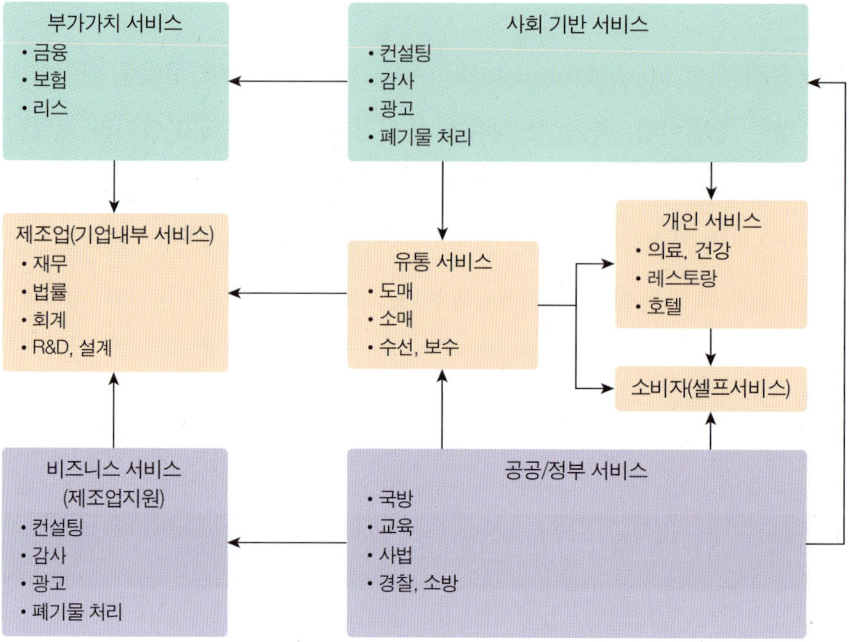

[그림 1-1] 경제활동에서의 서비스 역할

자료원 : Guile, Bruce R. and James Brian Quinn(1988), Technology in Services: Policies for Growth, Trade, and Employment, Washington, D.C.: National Academy Press.

2. 서비스 중심의 경제

1900년대 초에는 대부분의 노동력이 농업과 제조업을 중심으로 분포되었고 서비스 분야는 그 수가 적었다. 그러나 1950년 이후 미국을 중심으로 서비스 부문에 투입된 노동력이 전체의 50%를 차지한 후 현재까지 그 수가 지속적으로 증가하고 있다. 즉, 서비스를 중심으로 시장이 변화하고 있다는 것을 말해준다.

〈표 1-1〉은 대다수의 선진국들의 고용상황이 서비스 중심의 경제체제로 변화하고 있다는 것을 보여준다. 서비스는 국내 시장 경제에서 새로운 일자리를 창출할 뿐만 아니라 개개인의 삶의 질을 향상시킬 수 있는 잠재력을 가지고 있다. 즉, 서비스 부문의 확대는 전문 서비스 및 경제 서비스의 규모를 성장시키고 그와 관련된 전문인력을 양성할 수 있기 때문이다.

전체 노동시장에서 서비스 산업이 큰 부분을 차지하는 것과 더불어 서비스는 주요국가에서 국내 총생산(GDP)의 70% 이상을 차지하고 있다. 즉, 서비스 산업 규모의 확대는 서비스 산업의 성장률을 증가시킬 뿐만 아니라 고용의 확대를 이끌어내고 있다. 특히 중국의 비율 증가를 눈여겨 볼 필요가 있다.

〈표 1-1〉 주요 국가의 서비스 고용비율

구분	1980				2012			
	농업	제조업	서비스	비고용	농업	제조업	서비스	비고용
네덜란드	2.7	15.5	33.9	47.9	1.7	9.9	49.7	38.6
캐나다	3.0	16.5	40.9	39.7	1.4	12.0	49.1	37.5
호주	3.8	16.7	37.8	41.7	1.8	12.2	48.7	37.3
미국	2.0	17.3	39.8	40.8	0.9	10.1	47.6	41.4
스웨덴	3.7	20.7	41.3	34.4	1.3	11.2	47.6	39.9
영국	1.5	21.1	35.9	41.5	0.7	10.3	47.4	41.6
뉴질랜드	-	-	-	-	4.3	12.1	47.1	36.5
대한민국	19.0	16.0	20.9	44.1	3.7	14.2	41.5	40.6
일본	6.2	21.5	33.6	38.7	2.1	13.9	40.2	43.8
독일	2.8	22.8	27.6	46.9	0.9	15.0	40.0	44.0
프랑스	5.6	19.1	28.1	47.2	1.5	10.3	38.5	49.7
멕시코	-	-	-	-	7.5	13.0	34.9	44.5
스페인	8.3	16.1	20.3	55.3	1.9	8.8	34.1	55.2
이탈리아	6.5	17.0	22.4	54.0	1.6	11.6	30.5	56.3
남아프리카	-	-	-	-	2.0	9.4	29.6	59.0
터키	-	-	-	-	10.2	11.4	22.7	55.8

자료원: https://www.bls.gov/fls/flscomparelf.htm#chart06

3. 상품 마케팅과 서비스 마케팅 차이 인식

서비스 산업의 발단은 많은 기업들로 하여금 서비스 마케팅에 대한 관심을 불러일으켰다. 이런 이유로 많은 기업들은 서비스 마케팅을 효과적으로 하기 위한 방법들이 무엇인지에 대해 고민하기 시작했고, 초기 서비스 기업들은 상품 중심 기업들로부터 전문가를 스카웃하여 그들로 하여금 서비스 마케팅을 진행하도록 하였다. 그러나 포장 및 소비재 산업에서 뛰어난 능력을 보이던 전문가들이 은행, 의료, 호텔 등 서비스 분야에서는 그들이 기존에 가지고 있던 기술들을 그대로 활용할 경우 성공적인 마케팅 활동이 수행되지 않는다는 사실을 알게 되었다.

즉 소비를 대상으로 이루어지는 마케팅도 핵심이 상품이나 서비스냐에 따라 관점 및 실행에 있어서 차이가 있다는 사실을 알게 된 것이다. 그리고 이것은 서비스 마케팅 전략이 기존 상품 마케팅 차원이 아니라 새로운 접근법이 필요하다는 것을 보여주는 계기가 된 것이다. 이러한 인식의 전환은 서비스에 대한 이해 및 서비스의 특징에 대한 관심을 증대시켰고 향후 서비스 마케팅의 효과적인 전략들을 수립하는 기본이 되었다.

〈표 1-2〉 주요 국가의 GDP에서 서비스 비율(2023)

국가	GDP에서 서비스 비율(2023)
홍콩	91.5
미국	76.4
영국	72.5
싱가포르	72.4
일본	71.4
프랑스	69.7
네덜란드	69.6
캐나다	69.6
뉴질랜드	67.1
스웨덴	65.2
독일	63.7
호주	63.6
브라질	58.9
멕시코	58.6
대한민국	58.4
중국	54.6
인도	49.6

자료원 : https://www.cia.gov/the-world-factbook/field/gdp-composition-by-sector-of-origin/

제3절 | 서비스의 특성

1. 무형성

서비스가 가진 가장 기본적인 특성은 무형성(intangibility)이다. 즉, 서비스는 유형적 상품처럼 일정한 형태나 규격이 없고, 객체라고 보기보다는 행위 또는 성과로 보기 때문에 보거나, 느끼거나, 만지는 것을 할 수 없다. 이런 이유로 소비자들은 특정 서비스가 얼마나 가치있는지, 서비스의 품질이 얼마나 좋은지 평가하는 데 어려움을 겪는다. 예를 들어 의료서비스는 서비스 제공자인 의료진이 환자를 대상으로 질병을 진단하고, 치료 및 수술 등의 의료행위를 시행하는 것을 말한다. 이때 환자인 고객은 병원의 의료장비, 진료실, 입원실 등의 유형적인 요소들을 관찰할 수는 있으나 실제 의사가 시행하는 의료서비스에 대해서는 그 수준을 평가하기 위해 보거나 만질 수는 없다. 단지 진료 및 치료를 받은 결과만 남는다. 결국 고객은 자신들이 받은 서비스에 대한 정확한 이해 혹은 만족수준을 평가하기 어려운 문제에 직면하게 된다.

이런 서비스의 무형성은 마케팅 측면에서 몇 가지의 시사점을 제공한다.

첫째, 서비스는 일정한 형태가 없어 저장이 불가능하다. 그래서 수요의 변동에 따른 공급관리를 하기 어렵다. 예를 들어, 여름철 휴양지의 숙박업소나 겨울철 스키 리조트의 경우를 살펴보면 성수기에는 엄청난 수요가 발생하다가 비수기에는 수요가 대폭 감소한다. 즉, 상품의 경우 덜 팔리는 경우 창고에 재고를 유지하여 평균적인 판매를 할 수 있으나 서비스의 경우 비수기에 수요가 없는 방을 저장했다가 성수기에 사용할 수는 없다. **둘째**, 서비스는 유형적인 상품에 비해 특허권을 인정받기가 어렵다. 따라서 기업이 제공하는 새로운 서비스의 경우 경쟁자에 의해 쉽게 모방될 가능성이 높다. 상품은 확실한 형태가 존재하는 반면 서비스는 제공하는 과정이므로 경쟁자가 과정을 유사하게 사용할 수 있으며 이는 독점권을 행사하기에 불리한 측면이 있다. **셋째**, 서비스는 상품처럼 진열하거나 서비스의 이용에 대해 고객에게 쉽게 커뮤니케이션하기 어렵다. 이런 문제를 해결하기 위해서 기업은 물리적 증거(physical evidence)인 유형적 단서를 이용하여 서비스 품질을 나타내기도 한다. 맛집의 경우 이미 방문한 유명인사의 사인 등을 전시하거나, TV 출연을 강조하는 방법으로 자신들의 장점을 주장하기도한다. **넷째**, 서비스에 대한 가격을 결정하기가 어렵다. 서비스는 상품과 달리 한 단위를 구분하거나, 단위당 원가를 산출하기가 어렵다. 또한 가격과 품질 간의 관계도 기존 상품에서와 달리 평가하기 복잡하다.

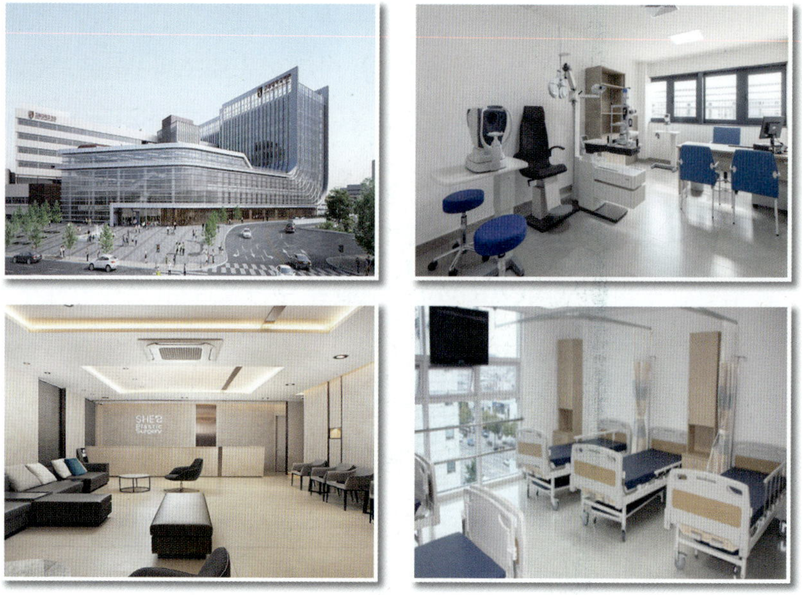

의료서비스의 품질을 평가하는 데 유형적인 단서들이 많이 사용된다

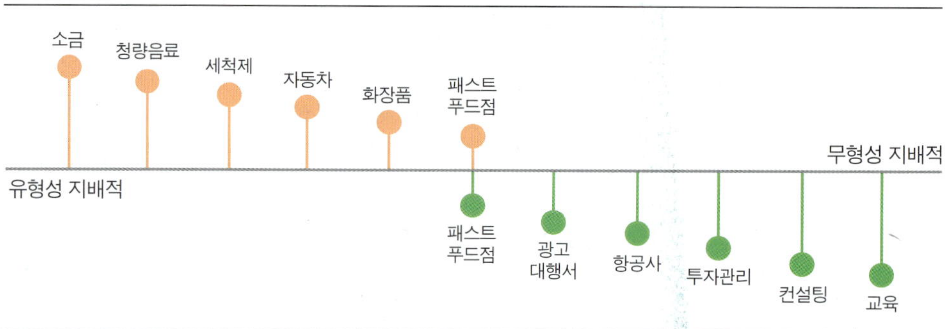

상품과 서비스의 유형성과 무형성의 구조 (출처: Shostack, G. L. (1977). Breaking Free from Product Marketing. Journal of Marketing, 41(2), 73-80. https://doi.org/10.1177/002224297704100219)

2. 이질성

서비스의 대부분은 사람의 행위에 의해서 생산되고 전달되는 것으로, 그 과정상에서 여러 가지 가변적인 요소들로 인해 항상 똑같고, 표준화된 서비스를 제공하기 힘들다.

이러한 서비스의 이질성(heterogeneity)은 직원뿐만 아니라 고객도 항상 같지 않기 때문에 발생하기도 한다. 고객의 이질성은 경제적 요인, 문화적 요인, 사회적 요인 등에 의해서 발생될 수 있다. 따라서 서비스와 관련된 이질성은 서비스 제공자와 고객과의 상호작용 결과로 나타날 수 있는 모든 가변적인 요인을 말한다. 그러므로 기업이 서비스의 이질성을 이해하기 위해서는 고객과 서비스 제공자의 행위는 항상 동일하지 않으며 또한 서비스가 제공되는 시간과 공간에 따라 달라질 수 있다는 것을 이해해야 한다. 또한 같은 서비스라도 상황에 따라서 고객의 서비스 평가도 항상 같지 않다는 것을 알아야 한다.

서비스는 고객에 따라 품질을 다르게 평가할 수 있다

서비스의 이질성이 주는 시사점은 다음과 같다.

첫째, 서비스의 이질성으로 인하여 일관성 있는 서비스 품질을 보증하기가 쉽지 않다. 따라서 기업은 서비스 품질의 균일화의 어려움을 극복하게 위해 어떻게 품질을 일정 수준 이상으로 향상시켜 유지할 것인가 혹은 표준화시킬 것인가에 관한 문제를 고려해야 한다. **둘째**, 서비스의 이질성은 고객에 따른 개인화의 기회를 제공하기도 한다. 즉, 고객들에게 같은 서비스를 제공하는 것이 아니라 개별 고객으로부터 주문을 받아 차별화된 서비스를 제공할 수 있는 또 다른 기회가 생기는 것이다. 이때 서비스의 가치는 고객의 주관적인 평가에 의하여 이루어지는 경우가 많으므로 서비스의 개인화를 강화한다면 개별고객의 욕구를 더욱 잘 충족시킬 수 있는 장점이 발생할 수 있다.

3. 생산과 소비의 동시성, 비분리성

대부분의 재화는 생산되고 난 후, 판매되고, 소비되는 순서를 거치게 된다. 반면에 서비스는 대부분 생산과 소비가 동시에 발생하는 특징을 지니고 있는데, 이를 생산과 소비의 동시성(simultaneous production and consumption)이라고 부르고, 다른 말로는 비분리성(inseparability)이라고도 한다.

예를 들어, 자동차는 공장에서 생산되어 자동차 대리점 등을 통해서 소비자들에게 판매된다. 반면에 영화나 연극은 고객이 관람을 하는 서비스가 진행되기 전까지는 제공될 수 없다. 즉, 연극 서비스란, 연극을 보고자 하는 소비자가 표를 구매한 후 기업의 생산(연극공연)과 관객의 소비(관람)가 동시에 이루어질 때 진행되는 것이다. 이러한 '생산과 소비의 동시성'으로 인해 고객이 서비스 과정에 참여하는 경우도 있다. 정도의 차이는 있으나 서비스 고객은 항상 서비스의 전달과정에 참여할 수 있으므로 서비스 고객을 공동생산자(co-producer)라고 부르기도 한다.

레스토랑에서 식사하는 고객은 메뉴에 의한 영향뿐만 아니라 혼잡한 환경에서는 다른 고객에 의해서도 영향을 받을 수 있다

또한 생산과 소비의 동시성으로 서비스 전달과정에서 고객은 다른 고객에게 영향을 받기도 하고 영향을 미치기도 한다. 예를 들어, 레스토랑에서 옆 테이블에 앉은 사람들이 있을 때, 그 레스토랑에서 식사하는 고객들은 서로의 서비스 경험과 서비스 평가에 영향을 미칠 수 있다. 조용하게 식사를 원하는 고객은 옆 테이블의 소음을 불쾌하게 느낄 수 있으며 이는 레스토랑의 음식 만족도와 별개로 불만족 요인으로 작용할 수 있다. 즉, 다른 고객의 복장, 대화, 태도 등은 서비스 품질 평가에 직·간접적 영향을 미치므로 다른 고객의 부합성(compatibility)이 매우 중요하게 작용하는 것이다.

서비스의 생산과 소비의 동시성이 주는 시사점은 다음과 같다. **첫째**, 서비스의 생산과 소비의 동시성으로 인해 대량생산이 매우 어렵다. 콘서트를 여는 가수는 1회 공연에서 허용되는 관객수에 제한을 받게 된다. 많은 고객과 동시에 공연 서비스를 제공하고 싶어도 몇 만 명 이상 현장에서 동시에 제공하는 데는 제약이 있다. 이때 서비스 품질과 고객만족은 서비스 제공자의 행동, 그리고 서비스 제공자와 고객 간의 상호작용을 포함한 '현장성(real time)'에 상당히 좌우된다. 이를 극복하고자 온라인 서비스가 확대되고 있다. 온라인 공연, 강의 등이 그 예이다. **둘째**, 생산과 소비의 동시성은 서비스에 집중해야 한다는 것을 의미하는 것으로 많이 만들어서 대량으로 공급하는 규모의 경제를 달성하는 것이 어렵다는 것을 뜻한다. 왜냐하면 서비스는 소비자가 원하는 장소, 편리한 장소에서 이루어지는 것이 가장 효과적이기 때문이다. 따라서 운영의 분산화가 필요하다. **셋째**, 생산과 소비의 동시성으로 인해 고객은 생산의 과정을 지켜보거나 때로는 관여하기도 한다. 그리고 이러한 고객의 행위는 서비스의 품질에 긍정적이든 부정적이든 직접적인 영향을 미칠 수 있다.

4. 소멸성

유형적 상품은 보관과 저장이 가능하지만 서비스는 보관이나 저장, 재판매, 반품이 불가능하다. 이러한 서비스의 특성을 소멸성(perishability)이라고 한다. 다른 말로는 비저장성이라 하기도 한다. 예를 들어, 사용하지 않는 비행기 좌석, 영화관 좌석, 의사의 진료시간 등은 저장하거나 재판매할 수 없다. 또한 서비스는 환불이나 교환이 불가능하기 때문에 소멸성은 이따금 서비스의 평가에 부정적인 결과를 가져올 가능성을 내포한다.

서비스의 소멸성에 따른 마케팅적 시사점은 다음과 같다. **첫째**, 서비스의 소멸성으로 인해 서비스의 과잉생산에 의한 손실과 과소생산으로 인한 이익기회의 상실이 발생할 수 있다. 따라서 기업은 이를 해결하기 위해서 정확한 수요예측과 창의적인 기획을 통한 서비스 시설의 활용도를 높이는 전략이 필요하다. **둘째**, 서비스는 재고의 저장, 재판매, 혹은 교환이나 서비스 사용 이전으로 환원이 불가능한 경우가 있다. 예를 들어, 미용실에서 커트와 같은 미용시술이 잘못된 경우 원상태로 회복하기 어렵다. 따라서 기

서비스는 소멸하므로 회복하기 힘들다(잘못된 헤어스타일은 복구가 어렵다)

사용하지 않는 비행기 좌석은 저장할 수 없다

업의 입장에서는 서비스 실패가 발생했을 경우 이것을 대체할 수 있는 강력한 회복전략(recovery strategy)의 수립이 필요하다.

〈표 1-3〉은 재화와 서비스의 네 가지 특성을 구분하고 있으며, 서비스의 각 특성들이 기업이 서비스 마케팅을 실행하는데 있어서 어떤 시사점을 가질 수 있는지 나누어 제시하고 있다.

〈표 1-3〉 재화 대 서비스의 비교

재화	서비스	결과적 시사점
유형	무형	• 서비스는 저장할 수 없다. • 서비스는 쉽게 특허를 낼 수 없다. • 서비스는 쉽게 전시되거나 전달할 수 없다. • 서비스는 가격 책정이 어렵다.
표준화	비표준화	• 서비스 제공과 고객만족은 직원과 고객의 행위에 달렸다. • 서비스 품질은 많은 통제 불가능한 요인들에 영향을 받는다. • 제공된 서비스가 계획되거나 촉진된 것과 일치하는지를 확실하게 알기 어렵다.
생산과 소비의 분리성	생산과 소비의 동시성	• 고객이 거래에 참여하거나 영향을 미친다. • 고객은 서로 서로에게 영향을 미친다. • 직원은 서비스 성과에 영향을 미친다. • 분권화가 필수적이다. • 대량생산이 어렵다.
비소멸	소멸	• 수요와 공급을 맞추기 어렵다. • 서비스는 반품되거나 재판매될 수 없다.

자료원 : Parasuraman, A., Valarie A. Zeithaml, and Leonard L. Berry(1985), "A Conceptual Model of Service Quality and It's Implications for Future Research," Journal of Marketing, 49(Fall), 41-50.

제4절 | 서비스 마케팅 믹스

1. 전통적 마케팅 믹스

마케팅의 기본적인 마케팅 믹스는 4Ps(product, price, place, promotion)로 구성된다. 이러한 마케팅 믹스는 마케팅 전략에 있어 핵심 의사결정 변수로 취급된다. 〈표 1-4〉

에 4Ps의 주요 전략적 의사결정 항목들을 제시하고 있다. 이러한 전략적 변수들은 서비스 마케팅의 성공에 있어서도 필수적인 요소이나 이 변수들이 서비스에 적용될 때에는 어느 정도의 수정이 필요하다. 예를 들어, 전통적인 마케팅 믹스에서의 촉진활동은 광고, 판매촉진, 인적판매, 그리고 PR의 네 가지 촉진믹스로 구성된다. 그리고 서비스에서도 이 항목들은 중요하게 고려된다. 그러나 서비스는 생산과 소비가 동시에 이루어지며, 서비스가 이루어지는 서비스 접점 상황에서 서비스 제공자인 직원들이 직접 촉진활동에 참여할 수 있다는 특징이 있다. 따라서 기존 마케팅 믹스의 서비스 상황에서 추가적으로 고려되는 요소들에 대해서도 살펴볼 필요가 있다.

〈표 1-4〉 서비스의 확장된 마케팅 믹스

상품(product)	유통(place)	촉진(promotion)	가격(price)
물리적 상품 특징 품질수준 액세서리 포장 보증 상품 계열 브랜딩	경로 유형 노출 중간상 점포 입지 수송 보관 경로관리	촉진믹스 판매원 • 선발 • 훈련 • 인센티브 광고 • 매체 유형 • 광고 유형 판매촉진 홍보 인터넷/웹 전략	유연성 가격수준 조건 차별화 할인 공제

참여자(people/participant)	물리적 증거(physical evidence)	프로세스(process)
직원 • 채용 • 훈련 • 동기부여 • 보상 • 팀워크 고객 • 교육 • 훈련	시설 설계 장비 신호 직원 복장 웹 페이지 기타 유형적 단서 • 보고서 • 명함 • 명세서 • 보증	활동의 흐름 • 표준화 • 고객맞춤화 단계의 수 • 단순 • 복잡 고객 관여도

자료원 : Zeithaml, Valarie A., Mary Jo Bitner, and Dwaryne D. Gremler(2013), Services Marketing, McGraw-Hill, 6th ed.

Service Issue

'명품'에 손 뻗는 이커머스… 덩치 키우기·이미지 고급화 노려

오프라인 전유물 이젠 옛말
컬리, 2024년 럭셔리뷰티 매출 40%↑
명품, 불황 등 경기 변동 영향 적어
상품군 다양화 · 매출 확대 등 효과
쿠팡, 명품기업 '파페치' 인수한 뒤
2024년 10월 'R.LUX' 서비스 론칭
SSG닷컴은 '명품 전문관' 리뉴얼
경쟁 과열 서비스 중단 업체 나와

명품시장에 뛰어든 국내 이커머스(전자상거래) 업체들이 상품군을 다양화하는 등 사업을 점차 확대하고 있다. 오프라인 매장의 전유물로 여겨진 명품 판매를 통해 회사 덩치를 키우고 플랫폼 이미지를 고급화하기 위한 전략이다. 국내 이커머스 업계 경쟁이 과열되면서 일부 명품 플랫폼이 수익성 악화로 문을 닫는 등 성장성이 기대만큼 높지 않을 수 있다는 우려도 있다.

식료품 '새벽 배송' 시장을 선도한 컬리는 지난해 럭셔리 뷰티 상품 매출이 전년보다 40% 증가했다고 17일 밝혔다. 컬리는 럭셔리 뷰티 상품군 강화에 힘쓰고 있다. 2023년 11월 아르마니 뷰티가 들어왔고, 이달엔 프랑스 대표 명품 '에르메스 퍼퓸&뷰티'가 입점했다. 지난해 12월부터는 루이뷔통과 보테가베네타, 버버리 등 명품 브랜드 가방과 의류, 잡화를 자사 애플리케이션(앱)에서 판매하고 있다.

컬리가 명품 판매를 강화하는 건 외형을 확장하기 위한 방안이다. 컬리는 영업을 시작한 뒤 매년 적자 규모가 커져 왔다. 영업적자를 감수하고 성장을 선택해 2021년 매출 1조 원을 넘긴 뒤 2022년 매출 2조 원을 돌파하는 성장세를 보였지만 최근엔 이마저도 주춤한 실정이다.

명품 판매를 통해 플랫폼 상품군을 다양화하고 매출을 높이는 전략은 성장 둔화를 타개하기 위한 돌파구의 하나로 해석된다. 명품시장은 객단가(1인당 평균 구매액)가 높은 데다가 고물가와 경기불황 등 경기 변동에 영향을 덜 받는 편이다. 국내 온라인 명품시장 규모는 2022년 2조4425억 원에서 지난해 2조6405억 원으로 성장할 것으로 추정된다. 가성비 상품이 많은 이커머스 특성상 명품을 지렛대로 플랫폼 이미지를 개선할 수 있다는 장점도 있다.

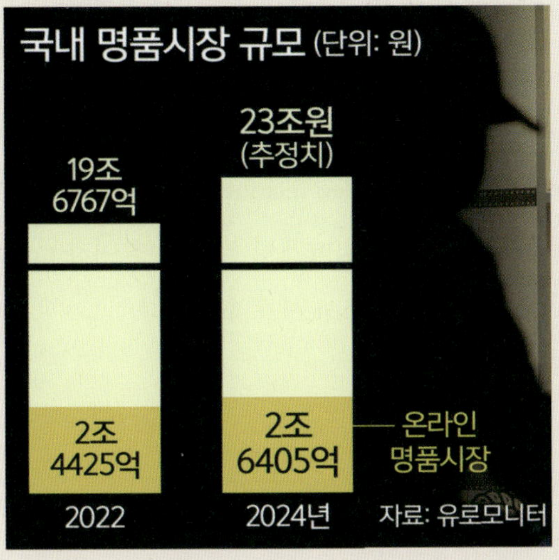

다른 이커머스 업체들의 행보도 비슷해 보인다. 쿠팡은 지난해 10월 럭셔리 뷰티 서비스 'R.LUX(알럭스)'를 론칭했다. 모기업 쿠팡 InC은 2022년 글로벌 명품 기업 파페치를 인수하기도 했다.

SSG닷컴은 지난해 명품 전문관 '쓱 럭셔리'를 리뉴얼해 명품 판매를 강화하고 있다. 위 · 변조가 불가능한 명품 디지털 보증서 'SSG 개런티'와 가품 200% 보상제도를 시행하고 있다. 롯데온도 지난해 11월 명품 특화 매장 '럭셔리 쇼룸'을 오픈한 뒤 에트로, 스카로쏘, 아르마니 시계 등을 공식 입점시켜 카테고리를 확대하고 있다.

업계의 한 관계자는 "경기불황에 따라 명품 판매도 수익성도 낮아질 수 있지만 매출이 꾸준히 나오는 카테고리"라며 "명품 판매가 고객들 신뢰도를 높이기도 한다"고 말했다. 쿠팡 창업자 김범석 의장은 지난해 파페치 인수 배경에 대해 "명품은 아직 이커머스가 의미 있는 방식으로 공략하지 못한 분야"라고 설명하기도 했다.

외형을 키우기 위해 이커머스 업체들이 앞다퉈 명품 판매를 확대하고 있지만 경쟁 과열에 따라 서비스를 중단하는 업체도 나오고 있다. 이랜드글로벌이 운영하던 명품 플랫폼 '럭셔리 갤러리'는 지난해 12월 문을 닫았고 지난달에도 명품 선주문 플랫폼 '디코드'가 운영을 중단했다. 백화점을 계열사로 둔 이커머스와 쿠팡 등 종합 플랫폼이 명품 판매를 확대한 게 원인 중 하나로 꼽힌다.

가품 논란도 리스크로 작용할 수 있다는 우려도 있다. 2021년 무신사와 재판매 플랫폼 크림 간 발생한 '피어오브갓' 가품 논란으로 무신사가 신뢰도에 큰 타격을 입기도 했다. 업계 관계자는 "명품 판매는 가품 리스크가 동반된다"면서도 "이커머스 업체들이 손을 뻗을 수 있는 분야가 한정돼 차별화된 명품 판매 경쟁은 앞으로 계속될 것으로 보인다"고 말했다.

출처: 세계일보, 2025-02-18

2. 확장된 마케팅 믹스

서비스는 생산과 소비가 동시에 일어나기 때문에, 고객은 직원이나 다른 고객들과의 접촉이나 상호작용을 통하여 서비스 생산과정에 참여할 수 있다. 또한 서비스는 무형성이라는 특징으로 인해 소비자들은 서비스에 대해 미리 체험할 수 있는 유형적 단서를 중요하게 고려할 수도 있다.

이렇듯 서비스에서는 기존에 마케팅 믹스에서 고려되는 개념들에 추가적으로 필요한 마케팅 요소들을 결합한 '확장된 마케팅 믹스(expanded mix for services)'라는 새로운 개념이 등장하게 되었다. 확장된 마케팅 믹스는 전통적 마케팅 믹스에 참여자(people/participant), 프로세스(process), 물리적 증거(physical evidence)를 추가한다.

2.1 참여자

참여자(people/participant)는 서비스 전달과정에 참여하여 고객의 지각에 영향을 주는 모든 행위자를 가리킨다. 즉, 참여자는 서비스가 제공되는 순간의 접점직원, 고객, 혹은 다른 고객들을 포함하여 서비스 제공과정에 참여하는 모든 사람들은 서비스에 대한 사전 기대 및 서비스 품질을 예측하는 데 영향을 주고 받을 수 있다. 특히 서비스 제공자의 외모, 패션, 태도 그리고 행동은 고객의 서비스 품질 지각에 직접적인 영향을 미칠 수 있는 것이다.

컨설팅, 카운슬링, 교육과 같은 서비스의 경우 서비스 참여자가 바로 서비스라고 할 정도로 중요한 부분을 차지한다. 반면에 서비스 제공자가 상대적으로 작은 역할을 하는

다양한 유형의 서비스 제공자

항공사의 화물처리인, 통신장비 설치자, 장비 발송인 등은 상대적으로 중요성이 낮다고 할 수 있다.

2.2 물리적 증거

물리적 증거(physical evidence)란 서비스가 전달되는 접점에서 서비스를 수행하거나 커뮤니케이션을 촉진하는 모든 유형적인 요소들을 말한다. 일반적으로 고객들은 서비스의 무형성으로 인하여 서비스를 체험하기 전에는 그 품질을 가늠하기가 어렵다. 따라서 서비스 기업들은 소비자들이 서비스 품질을 평가하는 데 긍정적인 영향을 미치게 하기 위해 서비스 품질을 제시할 수 있는 유형적인 단서를 사용한다. 예를 들어, 의료서비스에서 의사의 전문의 자격증, 간호사들의 복장, 최신 의료장비, 그리고 병원의 구조나 설계 등은 고객의 병원서비스의 품질을 평가하는데 큰 영향을 미칠 수 있다. 또한 물리적 증거는 기업의 목적이나 제공되는 서비스와 관련된 일관성 있고 강력한 메시지를 고객에게 전달할 수 있는 기회를 제공한다.

직원의 유니폼은 고객이 시각적으로 서비스 품질을 지각하는데 영향을 미친다

2.3 프로세스

프로세스(process)란 서비스가 제공되는 운영시스템, 메커니즘, 그리고 활동의 흐름을 의미한다. 고객은 자신들이 체험하게 되는 서비스의 전달과정 혹은 서비스의 흐름을 통해서도 서비스를 판단할 수 있다. 또한 일부 서비스는 매우 복잡하게 구성되어 있어 고객의 참여가 있어야 서비스가 완료되기도 한다. 이런 복잡한 서비스 절차는 때때로

Service Issue

책 파는 인터넷은행, 그 뒤엔 '콘텐츠 전쟁'

출판업 신고에 박재범 인터뷰...금융콘텐츠 고객 확보 전략
앱 고객 유입 · 활동성, '수익성'과 직결...추가 출판 이어질 듯

토스가 최근 출간한 '더 머니북: 잘 살아갈 우리를 위한 금융생활 안내서'(왼쪽)와 비슷한 시기 카카오뱅크가 내놓은 '더 게임 체인저스 열정을 품다, 돈을 벌다' 책 이미지.

"금융생활에 꼭 필요한 내용을 담아 책을 출간했습니다" "책을 내기 위해 유명 잡지를 발행하는 회사와 손잡았죠"

출판업계 이야기가 아니다. 인터넷전문은행 관계자 말이다. 토스뱅크를 주력 계열사로 둔 토스(비바리퍼블리카)와 카카오뱅크가 표지도 '블랙 앤 화이트'로 유사한 책을 잇달아 출간하면서 때아닌 '도서 전쟁'이 벌어졌다.

4일 금융권에 따르면, 카카오뱅크는 이달 매거진 'B'로 유명한 비미디어컴퍼니와 손잡고 '더 게임 체인저스(The Game Changers) 열정을 품다, 돈을 벌다' 책을 냈다. 인터뷰 모음집으로, 박재범 모어비전 대표, 김문정 뮤지컬 음악감독, 김동환 삼프로TV 대표, 리아킴 원밀리언 리더

등 6명의 돈에 대한 생각을 담았다.

카카오뱅크는 이번 책 출간을 앞두고 비미디어컴퍼니 협업, 6명의 인터뷰이 섭외 등에 적지 않은 공을 들였다는 후문이다. 카카오뱅크 관계자는 "이번 책은 카카오뱅크가 비미디어컴퍼니와 협업해 내놓은 첫 번째 출판물"이라고 강조, 추가적인 책 출판을 시사했다.

토스는 지난달 말 '더 머니북(THE MONEY BOOK): 잘 살아갈 우리를 위한 금융생활 안내서'를 출간했다. '10억 원짜리 집을 사고 싶다면 얼마를 모으고 얼마를 빌려야 할까?' '빚을 갚을 수 없는 상황, 어떻게 대처해야 할까?' '세액공제되는 연금, 많이 넣을수록 좋을까?' 등 토스 사용자가 꼽은 100가지 질문과 금융 전문가 27명의 답변을 실었다. 과세이연 · 소득대체율 · 대항권 등 중요한 경제 용어 354개 뜻풀이도 함께 넣었다.

토스 관계자는 "이번 책 출간을 위해 출판업 신고도 했다. 토스 브랜드커뮤니케이션팀이 디자인부터 엮음, 펴냄까지 모두 담당한 첫 번째 출판물"이라고 설명했다. 일회성 출판에 그치지 않을 것이란 얘기다. '독자'들도 직접 만나 출판업자 이미지를 다진다. 토스는 이달 서울 삼성동 코엑스에서 열리는 '2024 서울국제도서전'에 참가해 머니북 부스를 운영할 예정이다. 지난 2022년 11월에도 책 '유난한 도전'을 내놓았지만 이번엔 결이 다르다. 유난한 도전이 2011~2022년 11년간의 토스팀 도전 이야기를 풀어냈다면, 머니북은 금융 서비스를 제공하는 토스 정체성답게 '돈 얘기'를 담았다.

모바일 금융서비스 두 공룡이 잇달아 책을 내놓는 배경에는 '금융 콘텐츠 선점' 의지가 자리해 있다. 돈을 벌기 위해 책을 내는 것이 아니라는 얘기다. 토스는 이번 머니북 판매 수익금 전부를 금융소외층을 위해 사용할 예정이며, 카카오뱅크는 판매 수익금 일부를 기부할 계획이다.

실제 두 금융사가 출간한 책의 내용물은 자체 앱 콘텐츠 구성 항목과 깊이 연관돼 있다. 토스는 앱 내 콘텐츠 서비스인 '오늘의 머니 팁'과 브랜드 미디어인 '토스피드'를 통해 제공해 온 콘텐츠들을 엮어 머니북을 만들었다. 카카오뱅크는 책 내용을 앱 내 '돈이 되는 이야기'에서도 볼 수 있도록 했다. 6인 인터뷰 요약본을 실었으며, 인터뷰 영상까지 올렸다. 토스와 카카오뱅크가 내놓은 책이 앱 콘텐츠의 '오프라인 확장판'인 셈이다.

여기에는 책과 같은 유형의 콘텐츠가 앱 금융 콘텐츠 '신뢰성', '독자 확보' 등으로 이어져 중장기적으로 앱 '충성 고객'을 확보하는 데 한몫할 것이란 계산이 깔려 있다. 토스, 카카오뱅크와 같은 모바일 금융서비스 사업자에게 고객 수 확대와 고객 활동성 강화는 수익성과 직결된다. 지난달 카카오뱅크는 올해 1분기(1~3월) 실적 발표를 하며 "지속적인 고객 유입과 트래픽 확대를 기반으로 여수신, 수수료 · 플랫폼 수익 등 전 부문의 고른 성장을 이뤄냈다"고 밝힌 바 있다.

토스와 카카오뱅크의 금융 콘텐츠 선점 경쟁은 당분간 이어질 전망이다. 또 다른 인터넷은행인 케이뱅크도 책 출간 등으로 콘텐츠 고객 모으기에 나설지도 관심사다. 케이뱅크는 현재로 선 출판 계획이 없다는 입장이다.

토스 관계자는 "실생활에 도움이 되기를 바라는 마음으로 우리 삶에 꼭 필요한 금융 콘텐츠를 꾸준히 제작하고 있다"고 했으며, 카카오뱅크 관계자는 "보다 많은 고객들이 편리하게 경제 콘텐츠를 접할 수 있도록 '돈이 되는 이야기'를 지속적으로 업그레이드해 나가겠다"고 말했다.

출처: Financial Economic TV, 2024-06-04

고객의 외면을 받게 되고 결국에는 고객 손실의 원인이 되기도 한다. 또한 서비스의 제공 절차는 전달과정이 표준화되는지 고객맞춤화되는지에 따라서도 구분할 수 있다.

상품마케팅과 달리 서비스에서 참여자, 물리적 증거, 프로세스의 세 가지 추가적인 요소가 마케팅 믹스에 포함되는 이유는 이들이 기업의 통제 범위 내에 있기 때문이다. 또한 고객만족과 재구매는 물론, 초기 구매 의사결정에도 영향을 미칠 수 있기 때문이다. 따라서 서비스 기업은 전통적 마케팅 믹스뿐만 아니라 확장된 3Ps를 효과적으로 관리함으로써 마케팅 목표를 달성할 수 있다.

서비스가 전달되는 과정은 다양한 형태로 나타난다

제5절 | 서비스 마케팅 유형

서비스 마케팅은 고객에게 약속을 하고 이를 지키는 활동을 하는 것이다. 이때 기업이 누구를 대상으로 약속을 지킬 것인지를 살펴볼 수 있다. 서비스 마케팅은 서비스를 개발하고, 촉진하고, 제공하는 데 함께 작용하는 세 개의 집단으로 구성된다. 이를 서비스 마케팅 삼각형(services marketing triangle)이라고 한다([그림 1-2] 참고). 이 삼각형의 각 꼭지점은 기업, 고객, 직원으로 구성된다. 이 세 집단 간의 마케팅을 각각 기업과 고객 사이의 외부 마케팅(external marketing), 기업과 직원(서비스 제공자) 사이의 내부 마케팅(internal marketing), 그리고 고객과 직원(일선 서비스 제공자) 사이의 상호작용 마케팅(interactive marketing)의 세 가지 유형으로 크게 나누어 볼 수 있다. 이들을 살펴보면 각각 다음과 같다.

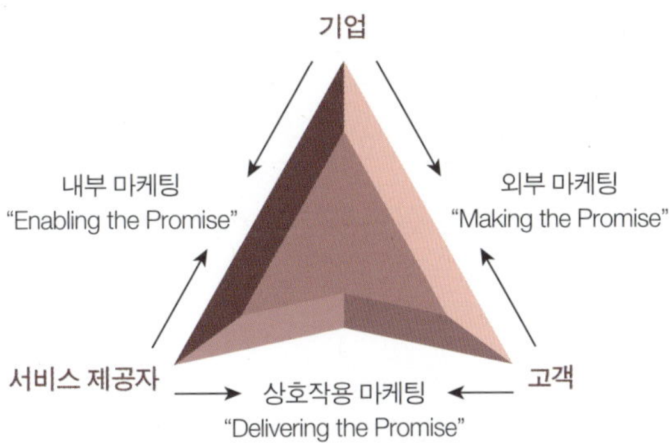

[그림 1-2] 서비스 마케팅 삼각형

자료원: Zeithaml, Valarie A., Msry Jo Bitner, and Dwayne D. Gremler(2013), Services Marketing, McGraw-Hill, 6th ed.

1. 외부 마케팅

외부 마케팅(external marketing)은 기업과 고객 사이에서 이루어지는 가장 전통적인 형태의 마케팅 활동을 말한다. [그림 1-2]에 나타난 바와 같이 기업은 외부고객을 대상으로 자사의 서비스가 제공할 내용을 약속함으로써 고객의 기대를 형성하게 한다. 동시에 그 약속이라는 특징을 강조하며 고객을 유인하기도 한다. 기업에서 실시하는 광고나 판촉활동 등의 촉진전략이 고객에게 기업의 약속을 전달하는 대표적인 방법이다.

기업은 광고를 통해 고객에게 서비스 전달을 약속한다

2. 내부 마케팅

내부 마케팅(internal marketing)은 기업과 직원 사이에서의 마케팅 활동을 말하는 것으로 최근에 관심이 증가하고 있는 추세다. 내부 마케팅 활동은 기업이 직원들을 내부고객으로 인식하고 직원들의 만족을 추구하는 것으로, 복지 및 후생, 그리고 업무지원 등의 직원 사기진작 활동을 의미한다. 이 마케팅은 최종적으로 직원이 만족해야 고객만족을 이끌 수 있다는 것으로 기업이 직원을 또 다른 고객으로 인식하는 개념으로부터 시작한다. 즉, 내부 마케팅은 직원이 외부 고객만족을 실현하는데 지원, 혹은 동기부여를 할 수 있는 지원서비스의 개념으로 볼 수 있다.

기업은 직원들의 성과에 대해 포상을 함으로써 동기부여를 유발하기도 한다

3. 상호작용 마케팅

상호작용 마케팅(interactive marketing)은 고객과 일선 서비스 제공자(frontline employee) 사이의 마케팅을 말한다. 이는 서비스 마케팅에서 가장 중요한 유형이라고 할 수 있으며, 기업이 외부고객을 대상으로 약속한 사항을 실현하는 모든 활동을 말한다. 즉, 기업의 약속이 진실로 나타나는 순간(moment of truth)을 실현하는 마케팅 활동이다. 여기에서 중요한 것은 접점서비스에서 직원의 역할이다. 왜냐하면 접점직원은 기업이며, 브랜드이며, 서비스 품질이기 때문이다.

접점직원은 기업의 얼굴이다

따라서 서비스 마케팅은 아래의 그림처럼 마케팅 믹스 7P를 이용하여 서비스 품질을 높이고, 이를 통해 고객만족, 고객애호도가 높아지면 기업의 수익성을 증가하고자 하는 전략개발을 목표로 한다.

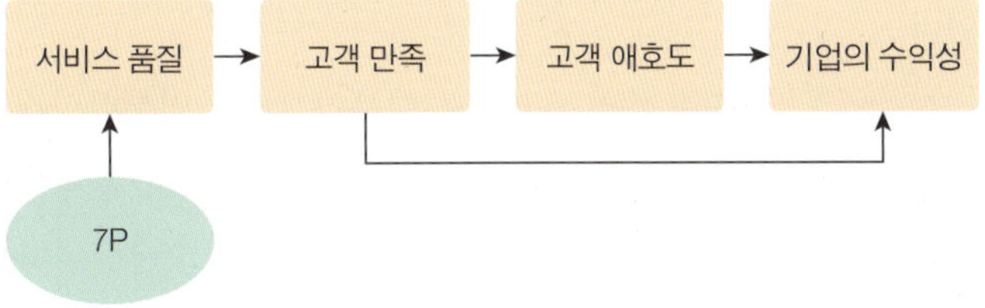

Review Case

차별화된 고객 경험 제공으로 매출 3조 넘어선 스타벅스

[사진=스타벅스]

스타벅스 코리아(대표이사 손정현)가 지난해 사상 처음으로 매출 3조 원을 돌파, 국내 운영 매장 2천 개를 넘어섰다. 영업이익은 전년대비 36.5%가 늘어난 1,908억 원을 달성했다. 지난해는 스타벅스 코리아가 국내 진출 25주년을 맞은 해로, 매출 3조 돌파가 더욱 의미 있는 실적으로 기록되고 있다.

스타벅스는 1999년 이대 1호점을 시작으로 차별화된 매장을 통한 색다른 공간 경험을 창출하고 있다.

스타벅스는 2020년 더양평DT점을 시작으로 더북한강R점, 더북한산점, 더여수돌산DT점, 더제주송당파크R점, 이대점, 대구종로고택점, 경동1960점, 가나아트파크점, 장충라운지R점, 더춘천의암호R점 등 매년 특별한 장소에 고유의 아이덴티티를 더해 이색적이고 특별한 경험을 제공하는 매장인 스페셜 스토어를 꾸준히 선보이고 있다.

스타벅스의 스페셜 스토어는 '더(THE)매장'과 '콘셉트 매장'으로 구성되어 있으며, 현재까지 총 11개 매장을 운영 중이다.

더 매장은 압도적인 뷰와 아름다운 디자인 및 콘텐츠를 통해 고객에게 휴식을 제공함으로써 해당 지역을 대표하는 랜드마크로 자리 잡고 있다. 콘셉트 매장은 100년 고택, 전통시장 등 이색적인 공간을 통해 방문객들로 하여금 새로운 영감을 주거나 재생의 가치를 되새기도록 만드는 의미를 담고 있다.

북한산국립공원을 바라보면서 커피를 즐길 수 있는 더북한산점, 국내 첫 펫 프렌들리 매장으로 168평 규모의 펫 전용 공간이 조성된 더북한강R점, 자연경관과 쉬운 접근성으로 많은 관광객이 방문하는 더양평DT점 등 대표적인 '더 매장'과 더불어, 100년 이상의 역사를 지닌 고택을 활용한 대구종로고택점과 1960년대 지어진 이후 현재는 사용되지 않는 폐극장을 리모델링하여 옛 공간을 현대적으로 재구성한 경동1960점 등을 통해 새로운 제3의 공간을 제공하고 있다.

지난해 11월 오픈한 더춘천의암호R점은 춘천의 다양한 특징을 표현한 독특한 인테리어와 스타벅스 프리미엄 커피인 리저브를 전용으로 즐길 수 있다. 'Recovery of Senses'라는 콘셉트로, 매장 전면 전체를 초대형 통유리창으로 구성했으며 보다 많은 고객이 압도적인 의암호의 호수 전경을 시야의 가림 없이 감상할 수 있도록 건축 구조가 설계되었다.

또한, 저녁 시간대에는 커피 맛을 좌우하는 세 가지 테루아인 토양, 기후, 고도를 주제로 스타벅스 커피 스토리를 미디어 아트로 제작해 매장 내·외부 공간에 시연하여 시각적인 요소를 극대화했다. 50분 단위로 운영되는 미디어 아트 상영 프로그램은 테마별로 작곡된 음향 효과까지 더해져 낭만적인 스타벅스만의 여유로움을 선사한다.

아울러, 다양한 고객 맞춤형 혜택을 확대하고, 디지털 혁신 사례를 통해 고객 편의성을 높이고 있다.

지난해 5월 새로운 별 이용 프로그램인 'Magical 8 star'를 시범 도입했다. 앞서 스타벅스는 2011년 멤버십 회원 제도인 '스타벅스 리워드'를 론칭하고 고객이 별 12개를 모을 시 톨 사이즈 제조음료 1잔으로 교환 가능한 무료음료쿠폰 혜택을 제공해 왔다. 'Magical 8 star' 프로그램은 별을 8개만 모아도 카페 아메리카노, 카페 라떼, 오늘의 커피, 아이스 커피로 교환 가능한 무료음료쿠폰을 제공하며, 해당 음료를 이용하는 고객은 1.5배 더 빠르게 무료음료쿠폰으로 교환할 수 있다.

또한 고객 리워드에 사용되는 별을 제공하고 개인 다회용 컵 이용 활성화를 위해 매월 10일 다회용 컵 사용 시 기본으로 제공되는 별 1개(에코별)에 더해 추가 별 1개를 제공하는 내용으로 고객 혜택을 확대하기도 했다. 스타벅스는 2018년부터 자원순환사회연대와 함께 매월 10일 '일(1)회용 컵 없는(0) 날' 캠페인을 전개하며 이를 지속 강화하고 있다. 그 결과 지난해 개인 다회용 컵 이용 건수는 3,371만 건을 기록하며 2023년 대비 15% 증가하는 등 역대 최대 실적을 기록했다.

이 밖에도 스타벅스는 1,300만 명 이상인 리워드 프로그램을 이용하는 고객들이 보다 쉽고 빠르게 앱을 이용할 수 있도록 사이렌 오더의 기능과 서비스를 강화했다. 스타벅스의 사이렌 오더는 앱을 통해 제 상품을 주문해 수령하는 서비스로, 지난 2014년 전 세계 스타벅스 최초로 도입된 프로그램이다. 현재까지 누적 주문 건이 5억 건을 넘어섰고, 전체 주문 고객 3명 중 1명이 사이렌 오더를 이용할 만큼 활성화됐다. 스타벅스는 특정 시간대 주문이 몰려 음료를 수령하기까지 상당한 시간이 예상될 경우 고객이 사이렌 오더 결제 전 예상 대기시간을 알려주고, 주문이 승인되기 전 고객이 사이렌 오더를 취소할 수 있도록 개편해 편의성을 높였다.

2018년 전 세계 스타벅스 최초로 선보인 드라이브 스루 전용 서비스인 'My DT Pass'는 차량 정보를 등록하면 매장 진입 시 자동 인식을 통해 별도의 결제 과정 없이 자동 결제되어 바로 출차가 가능하며, 차량 정보 등록 이후 사이렌 오더로 주문 시 대기시간을 더욱 획기적으로 단축하며 이용 고객 수가 꾸준히 증가하고 있다.

또한 출근길, 점심시간 등 주문이 몰리는 시간대에 일부 음료를 사이렌 오더로 주문 시 더욱 빠르게 제공받을 수 있는 'NOW Brewing(나우 브루잉)' 서비스를 도입하기도 했다. 스타벅스는 나우 브루잉을 통해 고객 대기시간을 획기적으로 줄임으로써 이용자 만족도도 크게 향상되어 운영 매장을 590여 개로 늘리고, 대상 음료도 확대해 운영 중이다.

실제로 서비스가 가장 활성화된 10개 점포의 데이터를 살펴본 결과 나우 브루잉으로 접수된 주문의 83%가 3분 이내에 고객에게 제공됐고, 이로 인해 일반 주문의 소요시간도 평균 43초가 빨라진 것으로 나타났다. 자체 진행한 설문 조사에 따르면 이용자 10명 중 8명이 재이용하겠다고 답했을 정도다.

스타벅스 관계자는 "지난해에는 스타벅스 국내 도입 25주년을 기념해 고객분들에게 다양한 방면으로 차별화된 경험을 제공해 드리기 위해 노력했고 이것이 성과로 이어진 것 같다"라며, "앞으로도 스타벅스에서만 경험할 수 있는 특별한 공간과 서비스를 통해 고객분들에게 최고의 스타벅스 경험을 전해드리기 위해 노력할 것"이라 전했다.

출처: CBC뉴스, 2025-02-17

제 2 장

환경 분석과 STP전략

Opening Case

옴니보어 시대, 당신의 소비자는 누구입니까

부모들 나이 20~50 다양
여성 스포츠 관람객 확 늘고
젠더리스 패션 인기 높아져
연령 · 직업 등 시장세분화보다
취향 · 상황 통해 타깃 '추론'을

육아휴직 신청한 50대 부장님, 스마트스토어로 용돈을 버는 고등학생, 주말의 풋살 경기만 기다리고 사는 30대 여성, 유튜브의 추천상품을 구매하러 다이소를 들르는 자산가 등 자신이 속한 집단의 고정관념과는 전혀 다른 삶을 사는 이들이 많아졌다. 옴니보어(omnivore)란 사전적으로는 잡식성(雜食性)이라는 의미이지만, 여기서 한 걸음 더 나아가 주어진 고정관념에 얽매이지 않는 자기만의 소비 스타일을 가진 소비자가 증가하는 트렌드를 옴니보어라고 한다. 대표적인 옴니보어 현상들을 몇 가지 살펴보자.

대표적으로 연령에 따른 고정관념이 무너지고 있다. 산후조리원, 어린이집, 키즈카페, 초등학교 입학식 등에 참여하는 부모들의 나이가 20대부터 50대까지 온통 뒤섞이고 있다. 출산을 늦게 하는 사람이 많아지면서 "내가 가장 나이가 많을 줄 알았는데 아니어서 놀랐다", 혹은 반대로 "내가 가장 어린 사람이라 놀랐다"는 반응이 부지기수다. 실제로 신한카드 빅데이터연구소에 따르면 키즈카페를 이용한 사람들의 연령대 비중을 살펴본 결과, 2024년 상반기를 기준으로 2년 동안 20대, 30대는 각각 1.7%, 6.7% 줄어든 반면, 40대와 50~60대는 각각 6.9%, 1.5% 증가했다.

"공부에도 때가 있다"는 말 또한 설득력을 잃고 있다. 직장을 다니면서 혹은 퇴직 후에 대학원 공부를 이어가는 사람은 물론, 업을 변경하고자 학부 과정에 새로 등록하는 30대를 만나는 것도 놀랍지 않다. 인구 구조 변화에 따라 대학들도 변화를 꾀하고 있다. 2023년 현재 고령인구의 비율이 22.6%로 고령화에 직면하여 부산의 한 대학교는 시니어층의 수요를 반영하여 시니어모델학과를 열기로 했다. 단기 프로그램이 아닌 4년제 최초로 개설된 학사과정으로 모델이 되기 위한 실습 교육뿐만 아니라 인문학과 같은 교양 수업을 포함한다.

또 하나의 중요한 인구학적 요소인 성별에도 옴니보어 트렌드가 침투하고 있다. 흔히 스포츠 관람을 즐기는 사람은 남성이 많을 것이라 생각하기 쉽지만, 요즘 야구장을 가 본 사람이라면 풍경이 사뭇 달라지고 있음을 느낄 것이다. 대한민국 프로야구리그(KBO)에 따르면 2024년 상반기 프로야구 티켓 구매자 중 54.4%가 여성이었으며 이는 지난해보다 3.7%포인트 증가한 수치다.

패션으로 넘어가 보자. 몇 년 전부터 '젠더플루이드' 혹은 '젠더리스' 패션이 떠오르면서 남성 연예인이 흔히 여성용이라 생각하는 스커트, 꽃무늬 상품, 클러치 등 소품을 착용하여 화제가 되기도 했다. 최근에는 운동의 인기에 힘입어 여성들 사이에서 '블록코어' 스타일이 사랑받으며 젠더플루이드 경향을 강화하고 있다. 블록코어는 영국에서 사내를 뜻하는 'Bloke'와 평범한 스타일을 의미하는 'Nomcore'를 더한 말로 축구 유니폼을 일상복처럼 입고 다니는 남성들처럼 스포츠 유니폼 스타일로 꾸민 패션을 의미한다.

패션회사들은 이러한 소비자 변화에 대응하여 성별의 경계를 없애고 있다. 예를 들어 브랜드 '던스트'는 품목에서 '남성 재킷', '여성 셔츠' 등 성별 구분을 지우고 그 대신 XS, S, M, L, XL 등으로 사이즈를 구분한다. 브랜드 측에 따르면 오버핏을 원하는 여성은 라지(L) 사이즈를, 슬림핏을 원하는 남성은 스몰(S)이나 미디엄(M) 사이즈를 입게 되면서 성별 구분이 무의미해졌다는 설명이다.

흔히 시장 분석을 할 때 연령·성별·직업·거주지역·교육 수준·소득 등 인구학적 특성을 기준으로 타깃 소비자집단을 좁혀 나가는 것을 시장세분화(segmentation)라 하고, 그 결과 분류된 각 집단을 세그먼트(segment)라고 부른다. 예를 들어 X·밀레니얼·Z·알파 등 자주 사용하는 '세대'는 소비자를 분류하는 대표적인 세그먼트의 하나이다. 세그먼트 개념은 지금까지 마케팅에서 기본 중의 기본이었다. 시장세분화 작업을 중시해 온 이유는 세그먼트에 따라 소비자의 라이프스타일·가치관·취향 등이 비슷하다는 전제가 있기 때문이다. 하지만 각자의 취향이 극도로 세분화되면서 집단의 차이는 줄어들고 개인의 차이는 커지고 있다.

그렇다면 옴니보어의 시대에 세그멘테이션은 어떻게 달라져야 할까? 신혼살림에 적합한 냉장고를 마케팅한다고 가정해 보자. 예전 같으면 혼수를 장만할 확률이 가장 높은 20대 후반에서 30대 초반의 여성 세그먼트를 타깃팅하고, 이 연령대 소비자들이 가장 선호하는 모델을 선정해, 이들이 자주 사용하는 채널에 광고를 집행했을 것이다. 하지만 이것은 상품과 상품의 주요 고객층, 주요 고객층이 이용하는 광고 및 판매 채널이 고리처럼 엮여 있던 안정된 시장의 접근법이다.

옴니보어 시대의 잠재고객은 인구학적 세그먼트로 쉽게 정의되지 않으며 특정 채널로만 한정하기도 어렵다. 따라서 소비자의 행동 패턴을 예측하기 위해 라이프스타일·가치·취향·기분·상황이라는 새로운 변수를 활용해 소비자를 면밀히 정의해야 한다. 혼수로 냉장고를 장만할 소비자를 찾으려면, 연령으로 접근할 것이 아니라 새로운 상황 지표가 필요하다. 예컨대 청첩장을 주문한 사람, 결혼 준비 커뮤니티에 새로 가입한 사람, 입주 이사를 알아보는 사람 등의 기준으로 타깃을 '추론'해 나가야 한다는 것이다. 포괄적인 인구학적 기준의 세그먼트 대신 소비자가 남긴 흔적을 통해 타깃을 찾아가는 개별적인 접근이 필요하다. 이제 소비자는 더이상 전형적이지 않다. 기존의 고정관념을 버리고 상식을 재정립해야 할 때다.

출처 : 아시아경제, 2024-12-12

Keyword

- 3C 분석
  1) Company: 기업의 역량 분석
  2) Competitor: 경쟁자 분석
  3) Consumer: 고객 분석
- SWOT 분석의 한계를 알고 사용
- 5 Forces Model: 공급자, 구매자, 경쟁자, 대체자, 잠재진입자
- 좋은 시장세분화 조건
  1) 적정규모 이상되어야 한다(Critical mass)
  2) 이질성을 가져야 한다(Heterogeneous)
  3) 측정 가능해야 한다(Measurable, Sizable)
  4) 접근 가능해야 한다(Accessible)
- 서비스 포지셔닝의 유형
  1) 서비스 속성에 의한 포지셔닝
  2) 서비스 이미지에 의한 포지셔닝
  3) 서비스 이용 상황에 따른 포지셔닝
  4) 서비스 사용자에 의한 포지셔닝
  5) 경쟁 서비스에 의한 포지셔닝
  6) 상징에 의한 포지셔닝
  7) 서비스 품질 차원에 따른 포지셔닝(유형성, 응답성, 공감성, 확신성, 신뢰성)
  8) 리포지셔닝

제1절 | 환경 분석

1. 서비스 산업에서의 경쟁환경에 대한 이해

일반적으로 서비스 산업은 상품 산업과는 다른 환경상황에 놓여져 있다. 이런 환경상황들은 서비스를 제공하는 기업에게 유리하게 작용하기도 하지만, 때로는 기업을 경영하는 데 있어서 불리한 점으로 다가오기도 한다.

서비스 환경 특성을 살펴보면 다음과 같다.

첫째, 상품과 달리 서비스는 상대적으로 시장 진입장벽이 낮다. 즉, 유형적인 특성을 가진 상품과 비교해서 서비스는 눈에 보이는 요소가 적어서 혁신성과 새로운 서비스에 대한 특허를 받기가 어렵다. 또한 대부분의 서비스가 사람들 간에 이루어지는 노동집약적 특성이기 때문에 경쟁자들이 쉽게 모방할 수 있다.

둘째, 서비스는 규모의 경제를 실현하기가 어렵다. 서비스는 상품과 달리 생산과 소비가 동시에 이루어지기 때문에 고객들과 서비스 기업 혹은 종업원이 직접 만나서 서비스를 제공받는 상황이 대부분을 차지한다. 이런 물리적 이동의 한계는 서비스 시장의 지역을 제한하고, 서비스를 제공하는 공간의 규모를 확장하는데 불리하게 작용하게 된다. 그러나 일부 기업에서는 고객과의 접점을 확대하고 규모의 경제를 실현하기 위한 방법으로 다수의 서비스 공급자를 만드는 프랜차이즈 전략을 이용하기도 한다.

셋째, 서비스에 대한 소비자의 수요가 불규칙하다. 이는 서비스를 이용하는 고객의 시간대에 따라 서비스가 몰릴 수도 있고, 전혀 이용이 없을 수도 있다. 즉, 서비스는 시간, 요일, 분기, 계절 등에 따라 수요량의 변화가 심하게 나타날 수 있고, 그에 따른 예측이 어렵다는 측면이 있다.

넷째, 앞서 서비스가 규모의 경제를 실현하기 어렵다는 측면에서 보면 대부분의 서비스 기업은 소규모로 이루어진다. 이는 대량생산이 이루어지는 상품과 달리 서비스 산업은 상대할 소비자 혹은 공급업자를 대상으로 협상 경쟁력이 약할 수 있다는 약점이 존재한다.

다섯째, 서비스는 상품과 달리 고객 애호도가 형성되면 타 서비스로 전환하는 고객의 변화가 적다. 이는 경험재라는 서비스의 특성을 보여주는 것으로 기존 서비스에 익숙한 고객이 타 서비스로 옮기려면 사용습관, 혹은 추가적인 노력 발생으로 인해 높은 전환 비용을 형성하게 한다. 이는 타 서비스로의 이동에 부정적인 요인으로 작용한다. 이 경우 가격에 민감하지 않은(price insensitive) 고객이 있을 수 있다.

2. 기업, 경쟁자, 고객 분석 : 3C

2.1 기업 역량 분석

기업(company)의 경영활동에 직접적으로 영향을 미치는 요소 중의 하나는 기업 그 자체이다. 그러므로 성공적인 마케팅 활동을 수행하기 위해서 기업은 우선 자사의 핵심 역량이 고객욕구를 충족시킬 수 있는지를 파악해야 한다. 따라서 마케팅 담당자는 자사의 핵심역량(core competence)을 외부 환경 분석(external environment analysis) 또는 SWOT(strengths, weaknesses, opportunities, threats) 분석을 이용하여 분석하고, 최종적으로 자사의 경영활동이 가장 효과적으로 이루어질 수 있는 매력적인 시장을 파악할 수 있다. 그러나 SWOT 분석에 대한 비판과 한계는 지속적으로 있어 왔다. 생성적 AI에게 질문한 SWOT의 한계는 다음과 같다.

SWOT 분석에는 다음을 포함한 여러 가지 한계가 있다.

- 주관적이다: SWOT 분석은 사용자의 의견과 인식에 기반을 두므로 편향(bias)이 발생할 수 있다.
- 정적이다: SWOT 분석은 내부 및 외부 환경의 변화를 고려하지 않는다.
- 설명적이지 않다: SWOT 분석은 구체적인 솔루션이나 조치를 제공하지 않는다.
- 질적이다: SWOT 분석은 중요도나 영향에 따라 요소를 측정하거나 순위를 매기지 않는다.
- 시간 소모적이다: SWOT 분석은 여러 부서의 사람들이 참여하기 때문에 시간이 많이 걸릴 수 있다.
- 구조가 부족하다: SWOT 분석은 세부적인 구조가 부족하여 핵심 요소가 간과될 수

있다.

- 문제의 우선순위 지정 안 한다: SWOT 분석은 회사의 문제에 우선순위를 지정하는 방법을 제공하지 않는다.
- 모든 영역을 포괄하지 않는다: SWOT 분석은 비즈니스 계획 프로세스의 일부에 불과하다.
- 알려지지 않은 요소를 살펴보지 않는다: SWOT 분석은 이미 알려진 강점, 약점, 기회 및 위협만 살펴본다.
- 너무 많은 아이디어가 생길 수 있다: SWOT 분석은 올바른 아이디어를 선택하는데 도움이 되지 않고 너무 많은 아이디어를 만들어 낼 수 있다.

마케팅 전략 수립에 있어서 관리자는 마케팅 부서뿐만 아니라, 기업 내의 여러 부서(생산, 연구개발, 회계 등)의 이익을 고려하여야 한다. 예를 들어, 최고경영자가 회사의 비전과 목표, 대략적이고 거시적인 전략 및 정책을 수립하면, 마케팅 관리자는 최고경영자에 의하여 수립된 전략과 계획의 범위 내에서 구체적이고 세부적인 의사결정을 하게 된다. 이때 마케팅 관리자는 효과적인 마케팅 전략을 수립하기 위해서는 기업의 다른 부서들의 이익과 관심사항 또한 제대로 반영해야 하고, 이를 위해서는 각 부서들과의 긴밀한 협조체제를 구축하는 작업을 시행해야 한다. CMO(chief marketing officer)의 직급이 아직도 부사장이나 전무급에 머무르는 기업이 우리나라에는 많이 있다. 서비스가 주된 기업에서 CMO의 역할이 대표이사로 높아질 필요가 있다. 이것은 기업문화에 따라 다르며, 제조업 위주의 의사결정 구조를 가진 기업에서 서비스로 전환하고자 할 때 유념해야 할 점이다.

2.2 경쟁자 분석

기업의 경영활동에 직접적인 영향을 미치는 또 다른 요소는 경쟁자(competitor)이다. 경쟁자란 특정 시장에 있는 고객들의 필요와 욕구를 충족시키기 위하여 비슷한 상품이나 서비스를 제공하는 기업들을 말한다. 또한 경쟁이란 자사의 움직임(전략)에 따른 다른 기업의 매출의 변화라고 할 수 있다. 즉, 자사의 전략 실행에도 불구하고 다른 기업의 매출에 변화가 없는 경우, 그 기업은 자사의 경쟁자라고 볼 수 없다. 따라서 기업의 성공적인 경영활동을 위해서는 필수적으로 마이클 포터의 5요인 모델(5 forces model)을 사용하여 사업 전체 측면에서의 교섭력(bargaining power)을 경쟁자별로 비교해 볼 필요가 있다([그림 2-1] 참조).

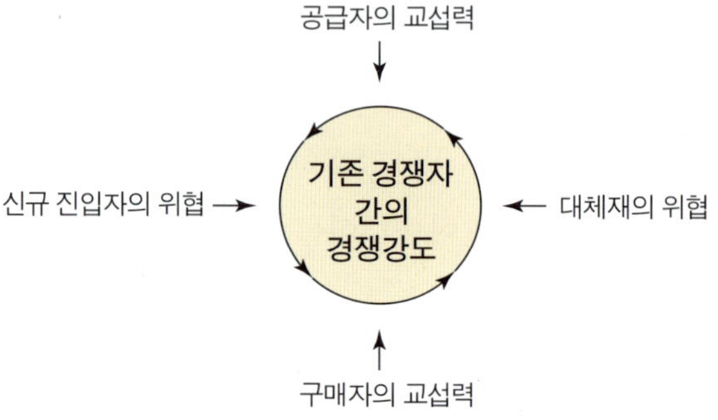

[그림 2-1] 5요인 모델

이러한 경쟁분석을 통하여 기업은 자사와 경쟁자의 현재 위치를 파악하고 나아가 앞으로 공략해야 할 전략적 위치를 선정할 수 있다.

기업이 성공적인 마케팅을 추진하기 위해서는 경쟁자보다 더 많은 고객가치와 고객만족을 제공할 수 있어야 한다. 따라서 마케팅 관리자는 단순히 표적고객의 욕구에 부합하는 상품 혹은 서비스를 내놓는 것을 넘어서, 그 이상의 가치를 내기 위하여 부단한 노력을 기울일 필요가 있다. 또한 고객의 마음속에 자사가 제공하는 상품 또는 서비스를 경쟁사 것보다 더 강력하게 포지셔닝시킴으로써 전략적 경쟁우위(competitive advantage)를 확보하여야 한다.

2.3 고객 분석

기업이 자사의 역량을 파악하고, 경쟁사를 분석하더라도 고객(customer)을 이해하지 못하면 성공적인 마케팅 전략을 수립할 수 없다. 기업의 궁극적인 목표는 고객만족이다.

고객을 이해하고 분석하기 위해서는 고객을 둘러싸고 있는 환경을 알아야 한다. 즉 고객이 어떤 문화권에 있는지, 어떤 사회에 속해 있는지를 파악하는 것이 중요하다. 이

Service Issue

"나를 위한 작은 사치" … '푸디 젠지' 잡기 나선 명품업계

한 끼당 16만 원 식사에 에르메스 키트
마놀로 발렌타인 초콜릿 · 막스마라 케이크
명품 진입 허들 낮추고 마케팅 효과는 덤

'로맨틱 스트로베리 고메 부티크' 코스 메뉴와 에르메스 트래블 키트. [사진=파르나스호텔]

명품업계가 먹는 것에 돈을 아끼지 않는 젊은 세대인 '푸디젠지'(Foodie Generation Z) 공략을 위해 미식과 손을 잡았다. 명품 이름을 내건 레스토랑, 카페를 운영하고 시즌 케이크 등을 통해 접점을 늘리고 있다. 젊은 고객이 상대적으로 가격이 낮은 음식에서 출발해 패션과 주얼리 구매로 이어질 수 있다는 기대감 때문이다.

9일 호텔업계에 따르면 파르나스호텔이 운영하는 그랜드 인터컨티넨탈은 14일부터 이틀간 '로비 라운지&바'에서 파인 다이닝 코스 '스트로베리 고메 부티크'를 디너로 진행한다. 1인당 16만 원의 가격으로 코스 메뉴를 이용하는 고객에게 '에르메스 트래블 키트'를 선물로 제공한다.

명품 브랜드와 호텔이 미식을 연결고리로 협업하는 사례는 최근 크게 늘었는데 크리스마스 케이크, 발렌타인 케이크 등 시즌 메뉴가 시작이었다. 지난해 JW메리어트호텔은 발렌타인데이를 맞아 '마놀로 블라닉'과 초콜릿 슈즈 초콜릿을 판매했고, 그랜드 인터컨티넨탈은 막스마라 이미지를 담은 크리스마스 테디 베어 케이크를 선보였다.

인터컨티넨탈 막스마라 테디베어 케이크. [사진=파르나스호텔]

이 같은 움직임은 작은 사치를 즐기는 '푸디 젠지'를 잡기 위해서다. 이들은 한 끼에 수 십만 원에 달하는 금액을 사용하며 명품 브랜드를 경험하는 것을 즐긴다. 식사로는 비싼 가격이지만 명품 의류나 주얼리, 시계에 비하면 상대적으로 문턱이 낮아 젊은 고객을 끌어 모을 수 있다. 명품 업계는 이 같은 경험이 의류와 주얼리 등의 구매까지 이어질 수 있다고 기대하고 있다. 푸디 젠지가 소셜네트워크서비스(SNS)에 올리는 영상과 사진 등은 브랜드가 직접 올리는 콘텐츠보다 마케팅 효과가 큰 것도 명품이 이들에게 공을 들이는 이유다. 코로나로 정점을 찍었던 2022년 이후 하향세를 맞은 명품 업계로서는 계속 젊은 고객의 관심을 끌어 모으는 게 가장 큰 사업 목표인 것이다.

아예 직접 레스토랑을 운영하는 명품 브랜드도 늘고 있다. 2022년 3월 이태원에 오픈한 '구찌 오스테리아 다 마시모 보투'는 1개월 치 예약이 4분만에 마감되고, 루이비통이 2022년부터 지난해 2월까지 4회 차에 걸쳐 약 8개월간 운영한 팝업 레스토랑은 오픈 후 5분 만에 전석이 마감됐다. 에르메스는 플래그십스토어 지하에 카페 겸 레스토랑인 '카페 마당'을 운영 중이고, 디올은 성수동에서 팝업 형태로 진행하던 카페를 상시 운영으로 전환했다.

업계 관계자는 "파인 다이닝의 인기가 명품 레스토랑, 카페로 넘어가고 있는 것"이라며 "커피 한 잔에 2만 원, 한 끼 식사에 60만 원 등을 아끼지 않는 '푸디 젠지'들을 공략하기 위한 움직임은 더욱 늘어날 것"이라고 말했다.

출처 : 서울경제, 2025-02-09

환경에 따라 고객의 구매와 사용상황 및 선호가 다르게 나타난다.

고객의 전반적인 상황을 이해한 다음에는 고객을 개별적으로 볼 것인지, 집단으로 볼 것인지를 결정해야 한다. 이는 고객의 역할을 이해하는 것으로 상품 및 서비스의 구매가 고객 자신을 위한 것인지, 조직을 위한 것인지에 따라 구매행동이 다르게 나타날 수 있다. 이는 개인의 구매행동과 조직의 구매행동으로 나눠서 분석하는 것으로, 조직의 구매행동일 경우 다른 전략적 접근이 필요하다. 만약 조직의 구매행동일 경우 본인의 욕구가 아니라 기업의 필요에 의해 구매가 이루어지므로 의사결정 과정이 복잡하고, 구매결정에 참여하는 수가 증가하게 된다.

제2절 | STP전략

1. 시장세분화

1.1 시장세분화란?

시장세분화(market segmentation)는 전체 시장을 몇 개의 소비자 집단(segment)으로 나누는 과정 혹은 그 전략을 말한다. 상품 및 서비스를 구매하는 데 있어서 고객의 필요와 욕구, 그리고 취향이 점차 다양화되어 가고 있고, 이런 상황에서 하나의 상품과 서비스만으로 고객을 만족시킬 수 없게 되었다. 따라서 전체 시장을 동질성을 가진 몇 개의 세분시장으로 나누고 각각의 세분시장에 차별화된 마케팅 전략을 실행해야 하는 세분화 전략이 필요하게 되었다.

일반적으로 시장은 마케팅 관리자의 노력에 의해서 인위적으로 나누어지는 것이 아니라 본래 몇 개의 조각들(segments)로 구성되어 있는 것이므로, 마케터의 역할은 시장을 구성하는 조각들이 어떻게 이루어졌는지를 파악하는 것이다.

시장세분화의 주요한 목적은 다음과 같이 세 가지로 정리할 수 있다. **첫째**, 고객의 다양한 필요와 욕구를 제대로 충족시킬 수 있는 차별적인 마케팅 프로그램을 통해 고객만족을 더욱 잘 실현하고 극대화하는 것이다. **둘째**, 기업은 시장세분화를 통하여 자사 상품 간 시장 잠식의 문제(cannibalization)를 방지할 수 있다. 즉, 각각의 세분시장에 차별적인 상품을 공급함으로써 세분시장 간의 중복(overlapping segment)을 피하고 자사상품 간의 경쟁을 피하는 것이다. **셋째**, 시장세분화를 통하여 새로운 마케팅 기회를 포착하고 궁극적으로 매출과 이윤으로 이끌 수 있다. 즉, 기업은 시장을 몇 개의 세분시장으로 나눔으로써 수요는 존재하지만 공급이 존재하지 않는 새로운 시장을 발굴할 수 있을 것이다.

좋은 시장세분화에는 조건이 있다. **첫째**, 적정규모 이상(critical mass)이어야 한다. 그래야 세분시장을 통한 수익성을 확보할 수 있기 때문이다. **둘째**, 세분시장은 서로 이질성(heterogeneous)을 가져야 한다. 당연하지만 굳이 나눌 필요가 없는 검증되지 않은 시장세분화는 마케팅 비용을 높인다. 따라서 집단 내는 동일성이 있어야 하고, 집단 간은 이질성이 있어야 한다. **셋째**, 측정 가능(measurable)해야 한다. 세분 시장의 크기를 알 수 있어야 한다. 그래서 인구통계학적 변수가 시장세분화에 자주 사용된다. **넷째**, 접근 가능(accessible)해야 한다. 목표로 한 세부 집단이 구체적이고, 실제로 접근할 수 있어야 판매할 수 있기 때문이다.

1.2 시장세분화의 기준

시장세분화에서는 모든 상황에서 항상 사용할 수 있는 하나의 효과적인 기준이 존재하는 것은 아니다. 어떤 상품에 대하여는 가장 효과적인 세분화의 기준이 다른 상품에는 별로 효과적이지 못할 수가 있기 때문이다. 따라서 기업들은 시장을 세분화할 수 있는 다양한 기준들을 고려하여 시장구조를 가장 잘 나타내는 세분화 기준을 선택하여야 한다. 시장세분화에 사용되는 변수는 매우 다양하지만, 일반적으로 크게 개인적 특성과 상품관련 특성으로 구분할 수 있다.

그러나 최근 인구통계학적 시장세분화가 어려운 경우가 발생하고 있다. 나이나 성별 등 전통적인 구분이 모호하고, 그 경계가 불분명한 사례가 많아지고 있다. 힙합을 좋아하는 어르신, 핑크나 붉은색을 좋아하는 남성도 있기 때문이다. 따라서 시장세분화는 반드시 통계적 검증을 거쳐야 한다.

(1) 개인적 특성

- 인구 통계적 특성(demographic characteristics) : 인구 통계적 특성은 나이, 성별, 소득, 직업, 교육 수준 등의 소비자 개인적 특성을 말한다. 인구 통계적 특성은 다른 변수들에 비하여 측정하기가 용이하기 때문에 시장세분화를 하는 데 가장 널리 사용되는 기준이다.

나이, 성별, 직업 등의 요소는 시장세분화의 기준으로 활용할 수 있다

수집과 같은 취미 활동에 의해 사람들을 세분화할 수 있다

- 지리적 특성(geographic characteristics) : 지리적 특성에 따른 세분화는 소비자들이 거주하는 지역을 중심으로 시장을 세분화하는 것을 말한다. 이 방법은 기업이 쉽게 세분화를 할 수 있다는 이점이 있으나, 때때로 분류가 되지 않는다는 위험이 따르기도 한다. 왜냐하면 지역적으로 떨어져 있어도 기후환경이나 생활습관, 혹은 문화적 특성 등에 대한 차이가 없는 경우에는 지리적 특성만을 고려하여 소비자의 욕구나 구매행동의 차이를 알아보기 어려울 수 있기 때문이다. 또한 인터넷, SNS의 발전은 지리적 특성을 통한 시장세분화를 무력하게 할 수 있다.
- 사회계층(social class) : 사회계층은 교육 수준, 직업, 그리고 소득에 의해서 결정되는 동일한 행동패턴을 보이는 사람들의 집단을 말한다. 이 방법은 기업의 시장세분화전략에서 쉽게 이용된다는 특징이 있다. 이는 일반적으로 소비자들이 소비 생활을 할 때 자신이 속한 사회계층의 다른 소비자들의 구매패턴에 의해 영향을 받기 때문이다. 따라서 기업은 계층간 유사한 소비형태를 확인하기 쉽고 계층구분이 잘 이루어진다는 특징이 있다.
- 심리적 특성(psychological characteristics) : 심리적 특성은 라이프스타일과 개성을 말한다. 라이프스타일(lifestyle)은 개인의 활동(activities), 관심(interest), 그리고 의견(opinion)의 집합을 말하며, 개성(personality)은 개인의 독특한 심리적 특성으로서 어떤 대상에 대하여 비교적 일관성 있고 지속적으로 반응하는 행동패턴을 의미한다. 즉, 이 특성의 이점은 소비자들이 유사한 형태로 지속적인 구매가 이루어질 수 있다는 점이다.

(2) 상품관련 소비자 특성

- 상품의 사용 상황(usage situation) : 소비자가 특정 상품이나 서비스를 구매하는 이유는 상황에 따라 달라질 수 있다. 따라서 소비자들은 언제 상품 구매에 대한 생각을 떠올리는지, 언제 구매하는지, 언제 구입한 상품을 사용하는지에 따라 몇 개의 세분집단으로 나눌 수 있다.
- 추구 편익(benefit) : 소비자들이 상품과 서비스를 구매하는 이유는 그것들이 제공하는 편익(benefits)을 얻기 위해서이다. 즉 소비자는 시간을 절약하기 위해 구매할 수도 있고, 비용을 절약하기 위해 구매할 수도 있다. 따라서 소비자가 추구하는 편익을 기준으로 시장을 세분화할 수 있는데 이를 편익세분화(benefits segmentation)라고 부른다.
- 상품의 사용량(usage rate) : 상품 사용량에 따라서 대량사용자(heavy users), 중량사용자(medium users), 소량사용자(light users)로 구분될 수 있다. 일반적으로 대량사용자들의 경우 시장의 매우 작은 부분을 차지하고 있지만 기업의 매출에 있어서는 매우 높은 비율을 차지한다. 통신사의 요금제도, 항공기의 마일리지 제도 등 등급을 구분하여 세분화하는 것이 여기에 속한다.
- 애호도(loyalty) : 기업들은 소비자들이 자사에 대한 애호도를 기준으로 시장을 세분화하고 세분시장을 분석함으로써 유용한 정보를 얻을 수 있다. 애호도가 높은 집단을 분석함으로써 자사의 강점을 알 수 있고, 반면에 다른 기업의 상품에 대한 애호도가 높은 고객들을 분석함으로써 경쟁사를 파악할 수도 있다.

이동통신 3사 5G 요금제 비교 단위:원 자료:각 사

SKT 5G

데이터	월정액
8GB	5만 5000
150GB	7만 5000
완전 무제한★	8만 9000★
	12만 5000

kt 5G

데이터	월정액
8GB	5만 5000
완전 무제한	8만
	10만
	13만

U+ 5G

데이터	월정액
9GB	5만 5000
150GB	7만 5000
250GB	9만 5000
1000GB	6만 6000

※ 6월말까지 가입 · 24개월 약정시

기업은 소비자의 상품 사용량에 따라 세분화를 할 수 있다
사용량에 따른 통신사 요금제도가 대표적인 세분화 전략이다

2. 표적시장 선정

기업은 일단 전체시장을 세분화하여 이때 통계적 검증(t-test, ANOVA 등을 통한)이 필수적이다. 몇 개의 세분시장으로 나눈 후, 복수의 세분시장 중에서 한 개 혹은 몇 개의 세분시장을 표적시장으로 선정한다. 효과적인 표적시장을 선정하기 위해 각 세분시장에 대한 분석이 필요하다.

세분시장 분석 시 고려할 사항은 다음과 같다. **첫째**, 세분시장의 규모, 성장률, 시장구조 등 여러 변수들을 통해 세분시장의 전반적인 매력도(overall attractiveness)를 분석한다.

따라서 기업은 세분시장들에 대한 현재 매출액, 예상 성장률, 그리고 예상 수익률에 대한 자료를 수집하고 분석해야 한다. 즉, 기업이 선택할 수 있는 세분시장은 충분한 규모와 높은 성장률을 보이는 시장이어야 한다. 그러나 규모와 성장률만 있다고 매력적인 시장은 아니다. 더불어 시장에서의 경쟁상황(현재의 경쟁자, 잠재적 경쟁자, 대체상품의 위협, 구매자 파워 등)을 고려해야 한다.

둘째, 기업은 어떤 세분시장이 전반적으로 매력적이라고 판단되더라도 세분시장에 진입하기 전에 기업의 목표와 자신들이 가진 자원(resources)을 고려하여야 한다. 세분시장이 전반적인 매력도를 지니고 있다고 하더라도 기업의 장기적 목표와 비전, 그리고 미션과 부합하지 않는다면 표적시장으로 선정할 수 없다. 또한 표적시장이 자사의 목표에 부합한다고 판단될 경우, 기업은 그 세분시장의 욕구를 충족시킬 수 있는 기술과 자원을 내부적으로 갖추고 있는지를 평가해 봐야 한다.

2.1 표적시장 선정 전략

기업은 세분시장들에 대한 평가가 이루어진 뒤 자사에게 가장 유리한 표적시장들을 결정하게 되는데 이때 가능한 전략적 대안으로는 다음과 같은 두 가지가 있다.

(1) 집중적 마케팅 전략

집중적 마케팅 전략(concentrated marketing strategy)은 세분화의 결과로 나타난 여러 세분시장 중에서 자사에게 가장 적합한 하나의 세분시장을 표적시장으로 선정하는 것이다.

이는 기업의 인적 · 물적 · 기술적 자원이 비교적 제한된 기업이 주로 사용하는 전략으로서 규모가 큰 시장에서 낮은 점유율을 누리기보다는 하나의 작은 시장에서 높은 시장점유율을 추구하고자 할 경우 효과적이다. 집중적 마케팅 전략은 단일 세분시장의 전문화 혹은 단편화(fragmentation)가 진행됨에 따라 특정한 시장에 있는 소비자의 욕구를 매우 잘 파악하고 있기 때문에 해당 표적시장 내에서 강한 경쟁적 우위를 확보할 수 있다는 이점이 있다.

하지만 집중적 마케팅 전략을 구사하기 위해서는 높은 위험을 감수해야 한다. 집중적 마케팅 전략을 구사하는 기업들은 작은 규모의 시장을 공략하기 때문에 표적시장에 속한 소비자의 욕구나 취향이 변하게 되면 여러 시장을 공략하는 전략을 구사하는 기업들보다 비교적 빠르게 표적시장을 상실하게 된다는 단점을 가지고 있다.

(2) 차별적 마케팅 전략

차별적 마케팅 전략(differentiated marketing strategy)은 둘 혹은 그 이상의 세분시장들을 표적시장으로 선정하고 각각의 표적시장에 적합한 차별적 마케팅 믹스를 제공하는 전략이다. 기업이 차별적 마케팅 전략을 추진하기 위해서는 집중적 마케팅 전략에 비하여 인적 · 물적 · 기술적 자원이 풍부해야 하며, 상품시장 내의 다수의 잠재고객들에게 어필할 수 있어야 한다. 자동차 제조회사들은 소비자의 경제력과 연령 등에 따라 소비자들을 세분화하고 각 세분시장의 특성에 맞는 상품을 제공하는 것이 여기에 속한다. 기업들은 특정 세분시장에 속한 소비자의 욕구에 잘 부합하는 상품 및 서비스를 제공하기 때문에 높은 수준의 고객만족과 재구매 효과를 기대할 수 있다.

하지만 차별적 마케팅은 각각의 세분시장에 적합한 여러 가지 마케팅 믹스를 구사하기 때문에 많은 비용이 든다는 단점이 있다. 따라서 소규모 기업이 이 전략을 선택하면 기업의 제한된 자원이 여러 세분시장으로 분산되므로 효율적인 성과를 기대하기 어렵다.

Service Issue

2025 소비자 트렌드 이해하려면 … 지속 가능성 · 건강수명 등 주목

유로모니터, 2025 글로벌 소비자 트렌드 5 발표

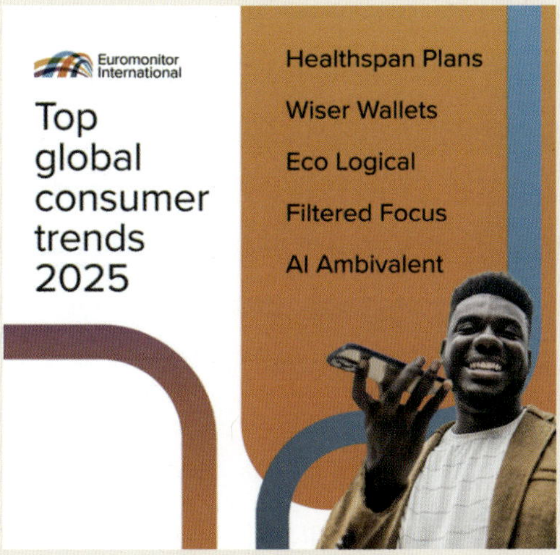

△건강수명 △다각형 소비 △에코 로직 △큐레이션 쇼핑 △AI 딜레마가 2025년 글로벌 소비자 트렌드를 이해하는 주요 키워드로 제시됐다.

글로벌 데이터 분석 기업인 유로모니터 인터내셔널(한국지사장 최승용)은 세대별로 다른 소비 습관과 이의 비즈니스 영향을 분석하고, 나아가 기업들이 어떻게 이를 활용해 새로운 기회를 창출할지에 대한 인사이트를 담은 '2025 글로벌 소비자 트렌드 리포트(Top Global Consumer Trends 2025)'를 통해 2025년 주요 글로벌 소비자 트렌드 5가지를 발표했다.

◆기대수명보다 건강수명(Healthspan Plans)

단순히 오래 사는 기대수명보다 몸과 마음을 건강하게 오래 살고자 하는 건강수명 늘리기에 소비자들의 관심은 그 어느 때보다 높다. 자연스럽게 나이듦, 이른바 '웰 에이징'에 대한 소비자의 인식도 점차 달라지고 있으며, 삶의 모든 단계를 자연스럽고 건강하게 사는 라이프 스타일 추구와 관련 소비도 주목받고 있다.

◆다각형 소비(Wiser Wallets)

계속해서 진화하고 있는 짠테크. 일시적일 것 같았던 절약 지향적인 소비는 이제 소비자 행동에 완전히 뿌리내려, 홧김 소비로 대표되는 충동구매는 줄어들고 비용과 소비 경험, 상품의 장기적인 가치, 모든 측면에서 고려된 계획 소비가 늘어나고 있다. 기업과 브랜드는 소비자들에게는 가격 하나만이 아닌 소비 경험, 비용, 상품, 미래 가치 등 복합적인 가치를 제공해야 한다.

◆ 에코 로직(Eco Logical)

지속 가능성 상품에 대한 소비자 신뢰는 뿌리 깊게 자리 잡았으며, 일상소비재(FMCG) 사용에서 지속 가능성 상품을 찾는 소비자가 늘고 있다. 하지만 높은 가격은 여전히 소비자 구매 결정에 부담 요소다.

◆ 큐레이션 쇼핑(Filtered Focus)

끊임없는 알람과 선택지에 지친 소비자들은 이제 고르는 데 시간을 가급적 적게 할애하고자 한다. 소비자에게 큐레이션된 상품을 알기 쉽게 소개하고 간편한 결제까지 도와주는 라이브 커머스가 이러한 트렌드에 힘입어 인기가 올라가고 있다.

◆ AI 딜레마(AI Ambivalent)

AI가 소비자 일상 전반에 가파르게 침투하고 있다. 정보 유출에 대해 우려하고 AI가 내놓는 결과물에 의문을 품는 소비자도 있지만, 여전히 AI를 신뢰할 만한 정보처로 꼽고 있다.

스텔라 바체바(Stella Vatcheva) 유로모니터 이노베이션 프랙티스 선임 총괄은 "소비 자체에 신중을 기하는 소비자가 늘고 있는 만큼 소비자들은 이제 합리적이며, 자신에게 꼭 맞으면서 오랫동안 가치를 제공하는 상품과 서비스를 찾고자 한다"며, "소비자 트렌드 변화 속에서 선두에 서고 성장을 이끌기 위해서는 상품 혁신과 더불어 소비자 애호도를 이제 비즈니스 우선 순위에 두어야 한다"고 조언했다.

문경선 유로모니터 한국 리서치 총괄은 "2025년에는 보여 주기에서 한 발 물러난 소비를 보일 것"이라며, "한국이 저출산 초고령화 사회로 진입하는 변화가 소비자에게 실감되면 다가오는 2025년에는 소비에서도 미래를 준비하는 태도가 감지될 것"이라고 분석했다. 또, "기본에 충실하면서도 AI 등 기술의 도움을 받아 본인에게 더욱 맞춤화된 까다로운 소비가 일상에 자리 잡으면서, 몸과 마음 건강 모두를 야무지게 챙기면서 소비의 보람을 느끼는 소비 여정이 MZ세대뿐만 아니라 중장년층에게도 주목받으면서 '똑똑한 소비'가 새롭게 재정비되리라 본다"고 말했다.

출처 : 식품저널, 2024-11-14

3. 포지셔닝

포지션(position)은 소비자들의 마음속에 자사의 상품이나 서비스가 경쟁상품에 대비하여 차지하고 있는 상대적 위치를 말한다. 여기서 말하는 위치는 공간을 전제로 하며 그 공간은 바로 고객이 마음속에 지니고 있는 인식이다. 즉, 고객의 인식이란 특정 상품을 구성하는 중요한 속성들을 축으로 하여 구성되어진 공간을 말한다. 따라서 포지셔닝

(positioning)이란 자사의 상품이나 브랜드를 경쟁 브랜드와 비교하여 차별적으로 받아들일 수 있도록 고객들의 마음속에 위치(혹은 인식)시키려는 기업의 노력을 말한다. 그러므로 기업의 포지셔닝 전략의 핵심은 고객에게 경쟁자와 다르게 인식되는 차별성에 있다.

3.1 포지셔닝의 단계

서비스 포지셔닝은 일반적으로 다음의 세 단계를 거쳐 이루어진다. 이는 순서가 정해져 있는 것이 아니고, 서비스 상품의 특성에 따라, 목표 소비자에 따라, 경쟁 상황에 따라 중점을 달리 두는 것이 맞다.

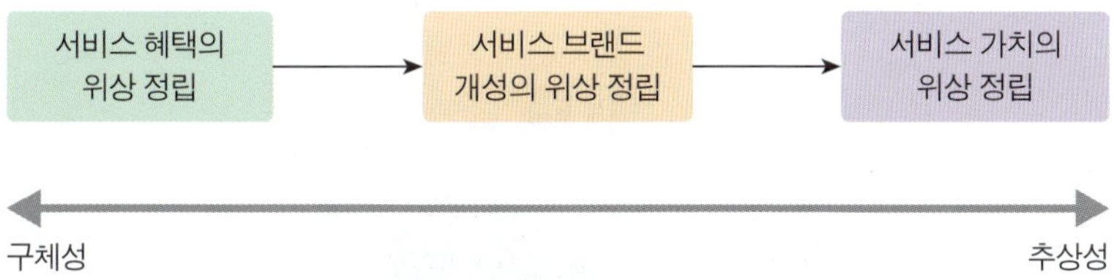

[그림 2-2] 포지셔닝의 단계

첫 번째 단계는 고객에게 기업이 제공하는 서비스가 주는 혜택의 위상을 정립하는 단계(benefit positioning)이다. 이 단계에서는 서비스를 구매하고 경험함으로써 소비자가 기업으로부터 얻는 효익을 중심으로 포지셔닝한다. 이 단계는 경쟁사에 대비하여 자사 서비스의 주요 속성을 이용 및 강조함으로써 고객으로 하여금 자사 서비스의 우월함을 인식하도록 하는 전략이 필요하다.

두 번째 단계는 서비스 브랜드 개성의 위상을 정립(brand personality positioning)하는 단계이다. 이 단계에서 기업은 자사 브랜드를 경쟁 브랜드와 구별되는 차별적인 개성을 지닌 브랜드로 인식시키고자 하는 노력을 시행해야 한다. 예를 들어, 말보로 담배의 남성성을 강조하기 위한 카우보이 이미지, 순수를 강조하기 위해 흰색을 사용한 아이보리 비누 등이 여기에 속한다.

세 번째 단계는 서비스 가치의 위상을 정립하는 단계(value positioning)이다. 이 단계에서는 서비스를 사용하거나 경험함으로써 얻고자 하는 가장 기초적이고 근본적인 개인 소비자의 욕구를 표현한다. 이 단계는 소비자들이 공유하여 추구하는 공동의 가치를 표현하는 단계로서 가장 추상적인 단계라고 할 수 있다. 예를 들면 "Just do it" 캠페인을 통한 나이키의 전문가 정신과 자아실현의 만족감을 표현한 광고가 여기에 속한다.

3.2 서비스 포지셔닝의 유형

(1) 서비스 속성에 의한 포지셔닝

서비스 속성에 의한 포지셔닝은 기업이 소비자들이 서비스를 구매함에 있어서 가장 중요하게 생각하는 속성을 자사가 차별적으로 가지고 있다는 것을 보여주는 전략이다. 예를 들어 가장 빠른 서비스를 강조하는 통신사의 광고전략이 여기에 속한다.

통신서비스의 가장 중요한 속성을 강조하는 통신사 광고

(2) 서비스 이미지에 의한 포지셔닝

이 전략은 서비스에 특정 이미지를 부여하는 것으로 기존 서비스 대비 고급화를 추구하기에 효과적인 방법이다. 특히 이 포지셔닝은 상품 혹은 서비스와 명품을 결합하여 기존 명품이 가지고 있는 고가, 고품질 이미지를 차용하기도 한다.

전 세계 5000대 한정으로 판매되는 갤럭시Z폴드2 톰브라운 에디션
명품과 콜라보레이션은 기존 상품의 이미지 향상을 위해 효과적으로 이용되기도 한다

(3) 서비스 이용 상황에 따른 포지셔닝

이 포지셔닝 전략은 소비자가 서비스를 이용하는 상황을 보여주거나, 특정 상황에서 이 서비스를 이용하는 것이 효과적이라는 것을 알려주는 기법을 사용하는 것이 효과적이다. 특히 이 전략은 기존 상황의 불편함을 해소하는 데 자사의 서비스가 좋다는 것을 강조할 수 있다.

고객의 차량이 위치한 장소로 방문해 소비자와 대면하지 않고도 타이어 교체가 가능하다는 점을 전달하는 타이어 광고

(4) 서비스 사용자에 의한 포지셔닝

서비스 사용자에 의한 포지셔닝은 표적고객을 대상으로 자사의 서비스가 가장 효과적이라는 것을 강조하는 전략이다. 이는 특정고객을 겨냥하여 '따라하기'라는 방법을 이용하는 것으로 소비자가 속한 동종집

가격에 민감한 고객을 겨냥한 저가항공사의 광고

단 혹은 준거집단이 추구하는 가치를 강조하는 측면에서도 이용될 수 있다. 저렴한 가격에 항공권을 구매하고자 하는 소비자를 대상으로 한 저가 항공사들의 광고 전략이 여기에 속한다.

(5) 경쟁 서비스에 의한 포지셔닝

이 포지셔닝 전략은 소비자의 마음속에 인식된 경쟁 브랜드에 비해 자사 브랜드가 더 효과적이라는 것을 차별적으로 강조하는 방법이다. 일반적으로 이 포지셔닝 전략은 비교광고를 많이 이용한다. 코카콜라와 펩시, 맥도날드와 버거킹과 같은 비교광고가 그 대표적인 예이다.

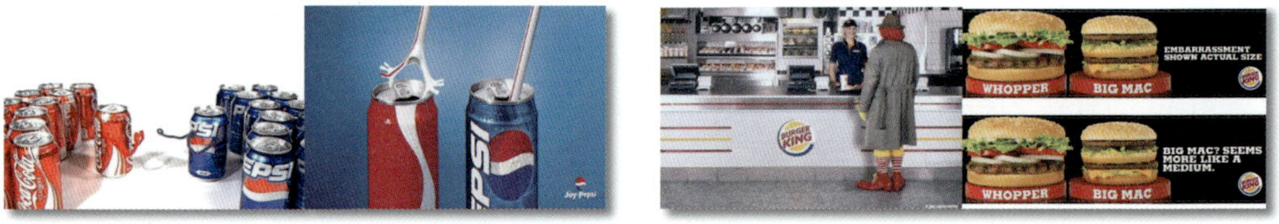

비교광고를 통한 포지셔닝은 전략은 소비자에게 경쟁구도를 인식시키는 데 효과적이다. 특히 2인자의 공격적 전략으로 이용된다

(6) 상징에 의한 포지셔닝

특정 상징대상을 이용한 포지셔닝은 서비스에 특정 이미지를 부여하는 것으로, 고객이 그 상징대상을 통해 서비스를 인식하게 하는 방법이다. 말보로 담배가 남성성을 강조하기 위해 카우보이를 이용하는 것이 그 대표적인 예이다.

모델이 가진 이미지를 상품에 투영하여 포지셔닝을 하기도 한다

(7) 서비스 품질 차원에 따른 포지셔닝

일반적인 포지셔닝 전략과 더불어 서비스 기업은 서비스의 품질 차원 5가지를 이용한 포지셔닝 전략을 추구할 수 있다. 이는 Parasuraman et al.(1988)이 제시한 유형성, 신뢰성, 공감성, 확신성, 응답성이다. (참고: Parasuraman, A., Zeithaml, V. A., & Berry, L. L. (1988). Servqual: A multiple–item scale for measuring consumer perceptions of service quality. Journal of retailing, 64(1), 12–40.)

- 신뢰성(reliability)에 따른 포지셔닝 : 신뢰성은 서비스 제공자가 약속한 서비스를 정확하게 제공할 수 있는 능력을 말하는 것이다. 따라서 신뢰성을 통한 포지셔닝은 기업이 자사가 추구하는 슬로건을 제시함으로써 차별적인 포지셔닝을 추구할 수 있다.

코카콜라의 새 슬로건인 '이 맛, 이 느낌(Taste the feeling)'
시대의 흐름과 기업이 고객에게 제공하고자하는 가치를 슬로건으로 표현하는 전략

- 응답성(responsiveness)에 따른 포지셔닝 : 응답성은 고객을 돕기 위한 기업의 의지 및 고객의 요구에 즉각적으로 서비스를 제공하겠다는 의지를 말한다. 예를 들어 응답성 포지셔닝은 고객이 어려운 상황에서 신속한 서비스를 제공한다는 것을 강조함으로써 차별화를 할 수 있다.

고객의 요구에 신속하게 대응한다는 점을 강조하는 보험광고

• 확신성(assurance)에 따른 포지셔닝 : 확신성은 서비스 제공자의 지속, 정중함, 믿음, 확신을 심어주는 능력으로 서비스 제공자가 역량이 있고, 신뢰성을 갖추고 있다고 확신을 주는 것을 말한다. 은행 및 금융서비스에서 전문가를 통한 투자전략을 강조하는 방법이 그 대표적인 예이다.

전문성을 강조하는 은행의 포지셔닝 전략

• 공감성(empathy)에 따른 포지셔닝 : 공감성은 고객과 바람직한 커뮤니케이션을 하며, 고객을 이해하여 접근하는 것으로 기업이 고객의 문제에 대해 관심을 가지고 의사소통을 한다는 것을 나타낸다. 기업이 고객과 소통한다는 것을 보여주는 광고 전략이 대표적인 방법이라고 할 수 있다.

고객에게 눈높이를 맞추고, 고객에게 관심을 가지고 공감하는 모습을 보여주는 싱가포르 항공

• 유형성(tangibles)에 따른 포지셔닝 : 유형성은 기업의 물리적 시설, 장비, 직원과 같은 유형적인 증거를 말한다. 서비스 기업은 자사가 가진 서비스 환경의 규모 및 시설을 보여줌으로써 차별적인 포지셔닝 전략을 추구할 수 있다.

호텔들은 자신들의 서비스 품질 수준을 알려주기 위해 규모 및 시설을 강조한다

(8) 리포지셔닝

리포지셔닝(repositioning)은 기존의 포지셔닝을 바꾸어서 전략을 수정하는 방법이다. 최근 이를 적극적으로 활용하는 사례가 많다. 상업용 트럭인 차량을 레저용으로 포지셔닝을 바꾸어 목표 시장을 넓힌 성공 사례도 있다. (참조: Shin, Young Sik and Cha, Kyoung Cheon (2013) "Brand Revitalization by Strategic Repositioning," Asia Marketing Journal: Vol. 14 : Iss. 4 , Article 1. https://doi.org/10.53728/2765-6500.1497)

Review Case

역동적 브랜딩 전략 통했다 … 세계 100대 브랜드 진입

LG전자, 글로벌 97위로 선정
브랜드 가치 65억 달러 인정
정체성 재정립해 전 세계로
'더 좋은 삶' 만드는 프로모션 박차

글로벌 100대 브랜드에 진입한 LG전자는 브랜드 가치를 높이기 위한 '브랜드 리인벤트' 활동을 강화하고 있다. 사진은 올해 5월 미국 뉴욕 타임스스퀘어 전광판에 선보인 글로벌 캠페인 홍보 영상. [사진 = LG전자]

LG전자가 글로벌 100대 브랜드에 진입하며 전 세계 고객에게 꾸준히 사랑받는 '아이코닉 브랜드'로 한 걸음 도약했다. 글로벌 브랜드 컨설팅 전문업체 인터브랜드가 발표한 '2024 글로벌 100대 브랜드(2024 Best Global Brand Top 100)'에서 브랜드 가치 약 65억 달러(약 7조9000억 원)를 기록하며 97위로 진입한 것이다. 2005년부터 2007년까지 3년간 글로벌 100대 브랜드에 오른 바 있으나 이후 순위권에 들지 못했던 LG전자는 거의 20년 만에 새로운 역사를 쓸 수 있게 됐다. 올해 국내 브랜드 가운데는 LG전자를 비롯해 삼성전자, 현대자동차, 기아 등 4곳이 100대 브랜드에 이름을 올렸다.

인터브랜드 측은 LG전자가 사업 경쟁력 관점에서 '스마트 라이프 솔루션'이라는 새로운 비전하에 브랜드를 사업 전환의 주요한 축으로 보고 전략적 투자를 진행한 점,

시장 리더십을 보유하고 있는 기존 사업에서 webOS, 가전 구독 등 새로운 성장 동력을 발굴한 점을 높이 평가했다. 또 VS(Vehicle Solution), BS(Business Solution) 등 기업 간 거래(B2B) 사업 분야에서도 전동화 트렌드, 인공지능(AI) 데이터센터 수요 폭증 등에 힘입어 지속적인 성장이 예상된다고 밝혔다.

LG전자는 이와 함께 △스마트 라이프 솔루션 기업이라는 명확한 비전 수립 후 구체적인 신성장 동력을 발굴하며 지속적인 성과 창출 △사업 변화에 발맞춘 새로운 브랜드 지향점 개발 △온・오프라인에서 고객의 공감을 이끄는 소통 방식으로의 변화 등으로 적극적인 브랜드 가치 제고 활동에 나선 점이 긍정적인 평가를 받았다고 밝혔다.

◆친숙한 브랜드에 역동성 더해

이번 LG전자의 글로벌 100대 브랜드 진입은 그간 '상품성은 뛰어나지만 브랜드를 대표하는 이미지가 없어 아쉽다'는 평가를 뒤집은 성과이다. 그 배경에는 LG전자가 추진한 '브랜드 리인벤트(Brand Reinvent・브랜드 재수립)'가 있었다.

세계 시장에서 주목받는 글로벌 브랜드가 되기 위해 LG전자는 브랜드의 핵심 가치를 '타협 없는 고객 경험', '인간 중심의 혁신', '미소 짓게 하는 따뜻함' 등으로 재정의했고, 회사의 헤리티지가 담긴 로고와 슬로건을 분리해 재해석했다. '고객의 삶을 행복하게 만든다'는 의미를 지닌 슬로건 'Life's Good(라이프스굿)'의 전용 서체를 개발하고 밝고 역동적인 'LG 액티브 레드'를 포인트 색으로 사용해 존재감을 강화했다. 또 브랜드의 심벌마크인 '미래의 얼굴'이 디지털 환경에서 윙크를 하거나 인사를 건네는 등 생동감 넘치는 디지털 로고 플레이를 선보였다.

LG전자는 리뉴얼한 브랜드 정체성을 내부 구성원과 우선적으로 공유하는 데 힘썼다. 최고경영자(CEO)가 구성원들과 정기적으로 소통하는 'CEO F.U.N Talk' 프로그램에서 직접 브랜딩의 변화를 예고했다. 이어서 올해 4월에는 일반적으로 수백 페이지에 달하는 책 형태로 공유되는 브랜드 커뮤니케이션 가이드라인을 핵심만을 담아 간소화한 웹 페이지 형태로 제작했다. 구성원들이 부담 없이 익힐 수 있게 하기 위해서다. 각국의 브랜드 담당자를 '브랜드 앰배서더'로 임명해 브랜드 리인벤트 과정에 참여시켰으며, 국내 사업장을 순회하는 트럭이 임직원들에게 브랜드 요소를 소개하고 브랜드 굿즈를 증정하는 등의 이벤트도 열었다. 브랜드와 고객 간의 접점이 다양해지는 만큼 세계 곳곳에서 근무하는 모든 구성원에게 브랜드 정체성을 체화시키자는 취지였다.

송수진 고려대 글로벌비즈니스대 교수는 “LG전자와 같이 오랜 헤리티지를 가진 기업이 브랜드 정체성을 새롭게 정의해 내부 이해관계자들을 설득하는 것은 매우 어려운 작업”이라며 “이번 글로벌 100대 브랜드 재진입은 그 노력과 효과를 증명하는 결과”라고 설명했다.

◆온 · 오프라인으로 고객 접점 확대

역동적으로 재탄생한 LG전자의 브랜드 정체성은 온 · 오프라인을 통해 전 세계로 전파됐다. 새로운 브랜드 정체성을 알리기 위한 글로벌 캠페인의 일환으로 아랍에미리트 두바이의 세계 최고층 빌딩 부르즈 칼리파, 미국 뉴욕 타임스스퀘어 등 전 세계 랜드마크에 새로운 로고와 슬로건을 담은 영상을 선보이기도 했다.

고객에게 더 좋은 삶을 제안하기 위해 전개한 온라인 캠페인도 호응을 얻고 있다. 소셜미디어의 알고리즘이 노출하는 자극적 콘텐츠를 경계하고 긍정적인 콘텐츠를 확산하자는 취지로 진행한 ‘소셜미디어, 미소로 채우다(Optimism Your Feed)’ 캠페인은 유튜브, 틱톡 등 소셜미디어에 관련 영상을 공개한 지 약 두 달 만에 조회수 18억 뷰를 돌파했다. 자신만의 긍정적인 순간을 사진으로 올리는 챌린지에는 세계 10여 개국에서 론칭 4일 만에 2만1000명이 참여했다.

고객들의 경험과 취향을 기반으로 설계한 공간 역시 젊은 고객들의 발길을 끌고 있다. ‘집덕후들의 커뮤니티’를 표방하는 라이프집은 2022년 온라인 커뮤니티로 출발해 약 26만 명의 회원을 확보했고 올해 7월에는 서울 성동구 성수동에서 ‘집에서 할 수 있는 활동’을 주제로 첫 팝업스토어를 열었다.

LG전자는 브랜드 가치 제고를 위해 가전 기업을 넘어 혁신적인 스마트라이프 솔루션 기업으로서의 인지도를 높이는 데 주력할 계획이다. 조주완 LG전자 CEO는 “앞으로도 고객의 더 나은 삶을 위해 끊임없이 도전하고 혁신하는 브랜드로 성장해 나갈 것”이라고 말했다.

출처: 동아일보, 2024-10-14

제 3 장

소비자 행동의 이해

Opening Case

누구에게나 열린 공간으로 진화하는 '주택 브랜드 홍보관'

포스코이앤씨 · 삼성물산, 더샵 · 래미안갤러리서 '이색 전시'
'브랜드 가치 제고' · '지역 문화 공간 구축' 차원 노력 지속

서울시 강남구 더샵갤러리에 걸린 '더샵 듀콘&콜라보 전시' 안내물. [사진=서종규 기자)]

건설사들의 주택 브랜드 홍보관이 누구에게나 열린 문화 공간으로 변모한다. 포스코이앤씨와 삼성물산은 각각 더샵갤러리와 래미안갤러리에서 이색 전시를 기획했다. 이들 회사는 이런 전시를 통해 방문객에게 특별한 경험을 제공해 브랜드 가치를 높이고 지역 문화 공간을 구축하고자 하는 노력을 지속 중이다.

포스코이앤씨는 메타버스 공간 플랫폼 전문 기업 '듀콘'과 협업해 이번 전시를 이어간다. 전시는 포스코이앤씨가 지난 2023년 'with POSCO, 더불어 함께 만드는 열린 건축'을 콘셉트로 단행한 더샵갤러리 리뉴얼 일환으로 열린다. 당시 포스코이앤씨는 더샵갤러리를 누구나 쉽게 접근할 수 있는

개방된 문화 공간으로 만든다고 밝힌 바 있다.

더샵갤러리에 전시된 낸시랭 작가의 작품. [사진=서종규 기자]

더샵갤러리에는 오지윤 작가의 '해가 지지 않는 바다' 작품이 전시돼 있었다. 다소 단순해 보이는 작품이었지만 작품 설명을 읽어 보니 작가의 고뇌를 느낄 수 있었다. 가까이서 보니 일반 도화지가 아닌 한지를 겹겹이 붙이고 그 위에 작품을 그려낸 것을 확인할 수 있었다.

포스코이앤씨는 오지윤 작가의 작품을 통해 희망찬 새해 여정에 대한 메시지를 전달했다. 전시장 한쪽 '2025년을 시작하면서 여러분들 앞에 펼쳐질 희망적인 바다는 어떤 컬러일까요?'라는 문구와 전시 작품이 묘하게 어우러지는 느낌을 받았다.

2층에서는 낸시랭 작가의 '터부요기니(Taboo Yogini)' 전시가 진행 중이다. 현장에서 작품을 보니 낸시랭 작가를 대표하는 이미지가 머릿속에 그려졌다. 낸시랭 작가를 상징하는 고양이가 곳곳에 있었고 로봇을 형상화한 작품이 팝아티시트인 그녀의 색깔을 잘 표현한 듯했다.

같은 날 서울시 송파구에 있는 삼성물산 건설부문 '래미안갤러리'에선 'RAEMIAN WISH.ZIP' 전시가 열렸다. 더샵갤러리에서 차로 5분가량 이동하자 래미안갤러리에 닿았다.

삼성물산은 래미안갤러리를 열린 문화 공간으로 활용하고자 2023년 건설사 최초로 연간 시즌 전시를 도입했다. 모든 연령대가 즐겁게 참여할 수 있는 다양한 브랜드 체험 프로그램을 제공 중이다.

삼성물산은 방문객이 올해 소원하는 바를 이루길 바라는 취지에서 이번 전시를 기획했다. 래미안갤러리 1층 안쪽으로 이동하자 '나의 소원을 직접 만들어서 사진으로 남겨 보세요' 문구가 적힌 공

서울시 송파구 래미안갤러리 내 '2025 래미안 럭키 메시지를 하나만 골라보세요!' 체험 공간. [사진=서종규 기자]

간이 있었고 방문객이 염원을 담아 적은 글귀들이 보였다.

래미안갤러리 '2025 래미안 럭키 메시지를 하나만 골라보세요!' 공간에 있는 행운 문구. [사진=서종규 기자]

'2025 래미안 럭키 메시지를 하나만 골라 보세요!' 전시 공간에는 9개의 카드가 있었다. 무작위로 카드를 골라 열어 보니 '2025년 래미안 청약 당첨의 행운을 드립니다' 문구가 적혀 있었다. 방문객들은 자신이 고른 카드 문구를 보며 지인들과 웃음을 나눴다.

삼성물산은 앞으로 래미안갤러리 방문객에게 래미안만의 브랜드 가치를 더 정확하게 전달할 수 있는 전시를 이어갈 계획이다.

정수연 래미안갤러리 소장은 "래미안만의 차별화된 브랜드 경험을 제공하는 복합 문화 공간이자 주거 문화를 선도하는 브랜드 체험관"으로 "방문객 경험을 기반으로 브랜드 가치를 전달할 수 있도록 새로운 시도와 도전을 계속할 것"이라고 말했다.

출처: 신아일보, 2025-01-30

Keyword

- 소비자 의사결정 단계
  1) 구매 전 단계: 필요의 인식, 정보의 탐색, 대안의 평가, 구매결정
  2) 구매단계: 소비자 체험
  3) 구매 후 단계: 서비스 품질 평가
- 서비스 품질 → 고객 만족 → 고객 애호도 → 기업의 수익성
- 서비스 품질을 높이는 마케팅 믹스 7P → 서비스마다 유효한 전략이 달라 서비스 연구가 필요

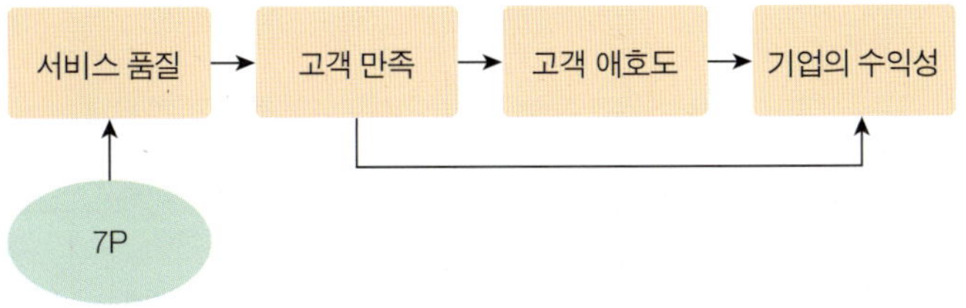

대부분의 소비자 행동은 재화와 관련된 것이 많다. 서비스와 재화가 같다고는 할 수 없으나 일정 부분 소비자의 마음속에서 유사한 형태로 받아들여진다고 할 수 있다. 따라서 서비스도 소비자에게 선택되고 체험하고 평가되는 과정을 겪는다고 가정할 수 있을 것이다.

본 장에서는 이런 가정을 기본으로 하여 서비스가 가지고 있는 특성들이 평가과정에서 어떻게 다르게 나타날 수 있는지를 살펴보고자 한다. 일반적으로 소비자는 서비스를 선택하는 데 있어서 무형적인 특성으로 인해 상품을 선택하는 것보다 더 큰 어려움을 겪게 된다. 또한 구매 후 평가에서도 상품의 평가과정과는 다른 특징을 나타낼 수 있다.

따라서 재화와 서비스의 차이점을 알고 이를 바탕으로 소비자의 선택 및 평가과정을 이해한다면 서비스 마케팅을 효과적으로 수행할 수 있을 것이다.

본 장은 크게 서비스에서 소비자의 의사결정 단계를 구매 전 단계, 서비스를 구매하는 소비자 체험 단계, 그리고 구매 후 평가 단계, 이렇게 3단계로 나누어 살펴보고 있다.

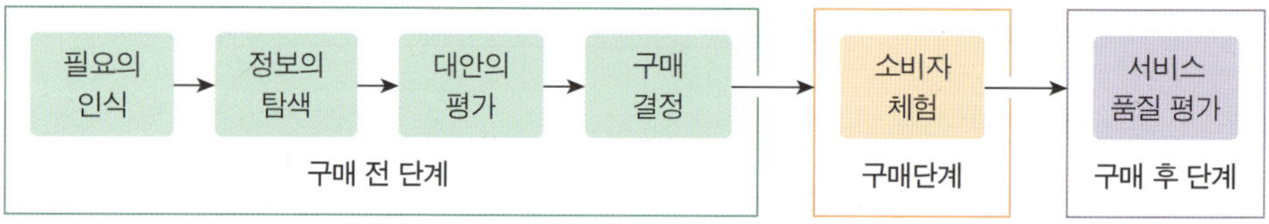

[그림 3-1] 소비자 의사결정 단계

제1절 | 서비스 구매 전 단계

서비스의 구매 전 단계는 문제가 무엇인지 인지하는 것부터 시작하여 구매에 이르기까지의 관련된 정보를 탐색하여 대안을 평가하는 과정까지를 포함한다. 마지막으로 소비자는 이렇게 고려된 대안의 평가 후 구매결정을 하는 것이다.

1. 필요의 인식

필요의 인식(need recognition)이란 어떤 상품이나 서비스에 대하여 소비자가 필요 혹은 욕구를 느끼는 단계를 말하는 것으로, 다른 말로 문제의 제기(혹은 환기: arousal)라고도 한다. 일반적으로 필요의 인식은 소비자가 자신이 처한 현재의 상태와 자신이 원하는 이상적인 상태 간의 괴리에서 발생한다. 또한 필요의 인식은 내부적인 요인과 외부적인 요인에 의하여 나타날 수 있다. 내부적 요인이란 배고픔과 갈증과 같은 인간의 내부에서 발생하는 생리적 자극을 말한다. 또한 자신이 구매한 상품을 모두 사용하였다거나, 기존에 사용하던 상품이나 서비스가 기술의 발달로 인하여 더 이상 사용 불가능하여 신상품에 대한 필요를 느끼게 되는 경우를 말한다.

반면에 외부적 요인으로는 광고, 판매촉진, 포장, 디스플레이, 혹은 판매원의 설득과 같은 기업의 마케팅 활동(marketing mix)을 들 수 있다. 또한 가족이나 친구 등 타인에 의한 영향도 외부적 요인의 하나로 볼 수 있다.

2. 정보의 탐색

소비자가 상품이나 서비스에 대한 문제를 인식하면 그 다음은 대안의 평가를 위한 정보를 탐색(information search)하고 수집하는 활동을 한다. 소비자의 정보탐색은 크게 내적 탐색(internal search)과 외적 탐색(external search)으로 나눌 수 있다. 내적 탐색은 소비자의 기억 속에 저장되어 있는 것으로 특정 상품과 관련된 경험, 다른 소비자로부터의 구전, 광고 메시지 등이 포함된다. 반면에 외적 탐색은 내적 탐색을 통해 얻은 정보가 충분하지 않을 경우 외부로부터 추가적인 정보를 얻기 위한 활동을 말한다. 외적 탐색은 고조된 주의(heightened attention)와 능동적 정보탐색(active information search)으로 구분된다. 고조된 주의는 자신의 필요와 관련된 정보에 대해 많은 주의를 기울이는 것이며, 능동적 정보탐색은 소비자가 스스로 정보를 적극적으로 탐색하는 것을 말한다.

소비자는 정보탐색 과정에서 다양한 원천으로부터 정보를 획득한다. 정보의 원천은 크게 세 가지로 나눌 수 있다. **첫째**, 개인적 원천(personal sources)으로 가족, 친구, 이웃,

동료 등이 포함된다. **둘째**, 상업적 원천(commercial sources)으로서 광고 메시지, 판매사원, 포장 및 디스플레이, 점포 내 정보 등을 말한다. **셋째**, 공공적 원천(public sources)으로 소비자보호원이나 언론기관에서 발행한 자료, 방송 뉴스, 신문 기사, 정부 백서 등이 여기에 속한다. 대부분의 소비자들은 상업적 원천에서 많은 정보를 얻지만 이러한 정보는 기업에 판매동기(sales motivation)를 갖고 있기 때문에 그 신뢰성이 매우 낮다. 반면에 개인적 원천은 판매동기를 수반하지 않기 때문에 상대적으로 정보의 신뢰도가 높으며, 상품 및 서비스에 대한 원천(사용자)의 주관적 평가도 같이 포함될 수 있다.

3. 대안의 평가

소비자들은 구매결정을 위하여 수집된 정보를 토대로 선택 대안들을 평가(alternative evaluation)한다. 소비자가 하나의 상품을 최종적으로 선택하기 위하여 고려하는 후보 상품의 집합을 고려 상품군(consideration set)이라고 부른다. 고려 상품군의 크기는 상품의 유형과 소비자에 따라 다르지만 일반적으로 3개에서 4개 정도이다. 고려 상품군이 형성되면 소비자는 그 대안들에 대한 평가를 시행한다.

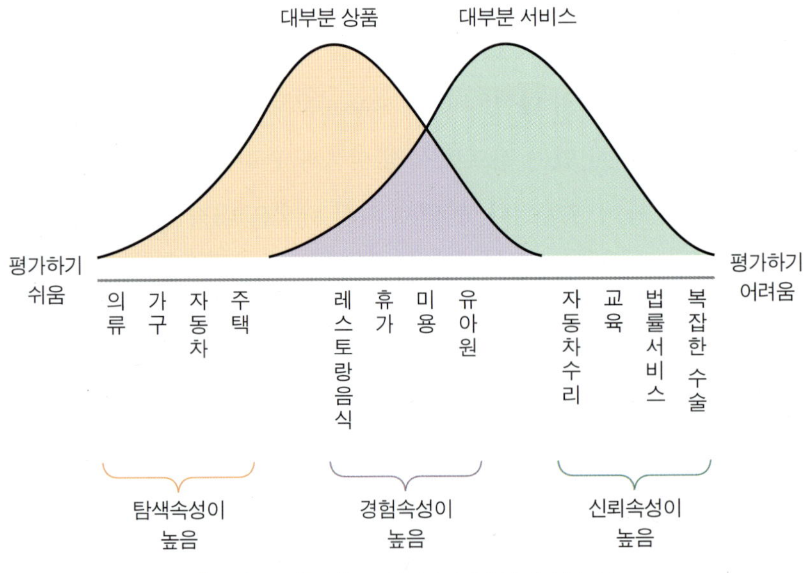

[그림 3-2] 상품-서비스 품질평가 연속선

소비자는 여러 대안 중에서 가장 적절한 대안을 선택해야 하지만, 상품과 달리 서비스는 구매 전에는 평가하기 어려운 특징이 있다. 따라서 소비자가 서비스 대안들을 평가할 때 고려할 수 있는 사항들이 어떤 것인지를 살펴볼 필요가 있다.

3.1 서비스 속성

소비자들이 대안을 평가하기 위해 고려하는 서비스 속성(service attribute)은 일반적으로 다음의 세 가지로 나눌 수 있다.

- 탐색속성(search attribute) : 소비자가 구매 전에 대안들을 평가할 수 있는 속성으로, 스타일, 색상, 질감, 맛, 소리 등이 여기에 속한다. 탐색속성의 대부분은 고객이 접할 수 있는 서비스 환경에서 찾을 수 있다. 예를 들어, 레스토랑을 방문할 경우, 외관, 주차장, 인테리어, 메뉴, 직원들의 복장 등을 통해 레스토랑에 대한 사전 평가를 할 수 있다.
- 경험속성(experience attribute) : 소비자가 구매 전까지 평가할 수 없는 속성을 말한다. 서비스가 어떤 속성을 가지고 있는지를 알기 위해서는 반드시 경험을 해야 하며, 연극 공연, 스포츠 경기 등이 여기에 속한다.
- 신뢰속성(credence attribute) : 이 속성은 서비스를 경험한 후에도 서비스를 평가하기 어려운 특징을 가진다. 법률상담, 의료상담, 컨설팅, 금융투자 등 전문적 서비스가 여기에 속한다.

즉, 탐색속성은 경험을 통해 품질을 평가하는 데 용이한 반면에 신뢰속성은 경험을 하더라도 품질평가를 하는 데 어려움을 겪는다. 이는 탐색속성→경험속성→신뢰속성

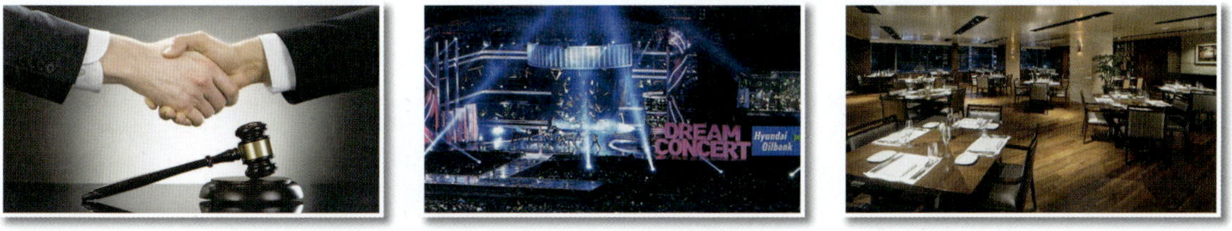

유형별로 다른 속성을 가지고 있는 서비스들(왼쪽부터 신뢰속성, 경험속성, 탐색속성)

순으로 소비자가 서비스 품질을 평가하는 데 따른 모호성(ambiguity)이 증가한다는 것을 뜻한다.

여러 개의 서비스 대안을 평가할 때, 소비자는 자신들에게 중요한 속성을 중심으로 서비스를 평가하게 된다. 즉, 어떤 속성을 가진 서비스가 자신들의 욕구를 가장 잘 충족시켜 줄 것인지를 평가하고 그중 가장 가능성이 높은 서비스 대안을 선택하는 것이다. 그러므로 기업은 표적고객이 가장 중요하게 여기는 속성이 무엇인지를 파악하고 그 속성이 경쟁자보다 우월하다는 것을 전달하는 것이 무엇보다 중요하다.

3.2 지각된 위험

소비자가 서비스를 처음으로 구매할 경우, 자신들이 그 서비스를 좋아할지 혹은 싫어할지, 혹은 서비스에 대해 만족할지에 대한 확신을 가질 수 없다. 이런 불확실성은 소비자들의 지각된 위험(perceived risk)을 증가시키게 된다. [그림 3-3]은 소비자가 서비스를 구매할 때 느끼게 되는 지각된 위험의 유형을 보여주고 있다.

소비자들이 서비스를 구매할 때 지각된 위험을 줄이기 위해서 다양한 방법들을 사용한다. **첫째**, 정보수집 경로를 다양화한다. 가족, 친구, 동료 등 지인들로부터 관련 정보

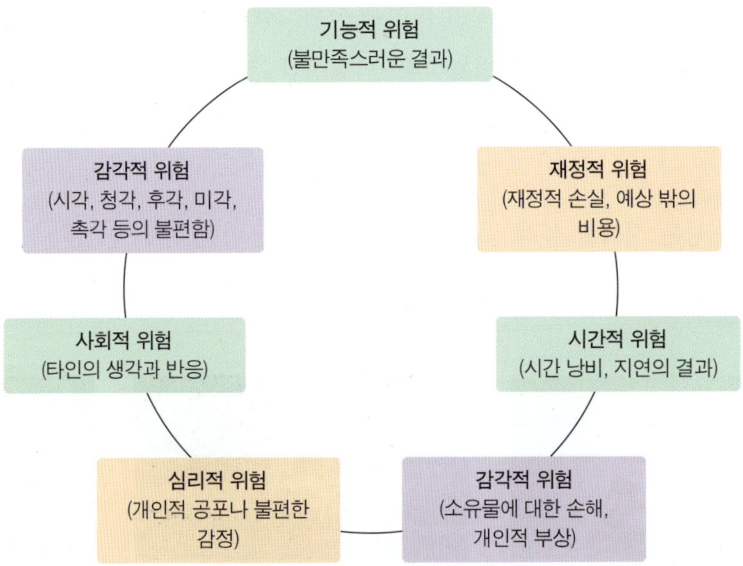

[그림 3-3] 지각된 위험의 유형

기업은 소비자들이 서비스에 대해 가지고 있는 위험을 파악하고 자신들이 그것을 줄여 줄 수 있다는 이점을 광고를 통해 보여줌으로써 선택을 유도한다

를 수집하거나, 기존에 서비스를 구매한 사람들이 남긴 후기, 서비스 품질에 대한 정보를 수집하기도 한다. **둘째**, 신뢰할 수 있는 기업인지를 알아본다. 즉, 서비스에 대한 기업의 평판이 어떤지 알아보거나, 기업이 제시하고 있는 품질보증서를 살펴보기도 한다. **셋째**, 사전 검증을 할 수 있는 물리적 증거를 확인한다. 서비스 구매 전 기업체를 방문하거나, 서비스의 유형적 측면(서비스 환경, 분위기 등)과 종업원을 살펴본다.

소비자는 위험이 낮은 서비스를 선호한다. 즉, 다른 조건이 동일하다면 위험 수준이 낮은 서비스를 선택하게 되는 것이다. 따라서 기업은 소비자가 서비스에 대해 가지고 있는 지각된 위험 수준을 줄이는 노력을 해야만 한다. 소비자의 지각된 위험을 줄이는 방법은 다음과 같다.

첫째, 사전 무료체험을 통해 소비자에게 긍정적 경험을 제시한다. **둘째**, 광고를 통해 서비스의 가치와 서비스가 제공할 혜택에 대해 미리 설명한다. **셋째**, 유형적 증거를 제시한다. 전문 서비스의 경우 자격증 전시를 통해 신뢰를 높일 수 있다. **넷째**, 품질을 보증할 수 있는 증거를 제시한다. 서비스를 이용할 때 발생할 수 있는 문제를 해결하는 환불제도 및 보증제도 안내를 통해 지각된 위험을 줄일 수 있다. **다섯째**, 소비자의 참여를 유도한다. 소비자가 서비스를 구매하기 전에 사전 방문을 통해 서비스를 경험하게 하거나, 서비스 제공과정에서 직접 진행단계를 확인하게 함으로써 지각된 위험을 줄일 수 있다.

4. 구매결정

소비자의 구매결정은 선택된 대안들에 대해 서비스의 속성, 지각된 위험 등에 대해 평가를 한 후 가장 선호하는 대안을 구매하는 단계를 말한다. 이때 소비자의 구매결정은 간단하게 이루어질 수도 있고 복잡하게 발생할 수도 있다. 때로는 소비자가 구매하기를 원하는 서비스와 실제로 구매하는 서비스 간에는 차이가 있을 수 있다.

소비자들이 구매를 희망하는 서비스와 실제 구매하는 서비스 간의 차이가 발생할 수 있는데, 이때 영향을 미치는 요인은 다음과 같다. **첫째**, 구매를 희망하는 서비스에 대한 주변사람들의 평가, 특히 준거집단의 영향력이 실제 구매결정에 영향을 미친다. 준거집단은 소비자가 구매행동의 적절성과 적합성을 평가하는 데 하나의 규범을 제시하게 되므로 소비자의 입장에서는 그들의 평가를 무시하기 힘들다. **둘째**, 구매를 결정하는 데 예기치 않는 상황적 변화가 발생하는 것이다. 예를 들어, 소비자의 경제적 여건이 변화하거나, 공급이 부족한 품절 사태가 발생하거나, 새로운 상품이 출시되는 상황은 소비자의 초기 구매결정을 실행하지 못하게 한다.

일반적으로 구매결정은 구매시기, 구매장소, 지불방법의 결정과 같은 일련의 의사결정을 수반한다. 이러한 결정사항들은 기업의 입장에서 매출과 수익을 예측하는 데 상당한 어려움을 제공한다. 따라서 기업은 소비자의 구매의사결정에 수반되는 요인과 그 영향력을 정확하게 이해하는 것이 중요하다.

Service Issue

올해 더 건강하게 '다짐 소비' 뜬다

20 · 30 헬시플레저 트렌드에 운동복 · 식단관리 · 문구 매출↑

[사진=W컨셉]

새해 초 건강 관리에 대한 관심이 계속되면서 관련 상품 매출이 크게 늘었다. 건강과 운동에 초점이 맞춰진 '다짐 소비'에 지갑이 열리는 모습이다. 몇 년째 이어지는 '헬시 플레저'(Healthy Pleasure) 트렌드가 올해도 뚜렷하게 나타나고 있는 것으로 풀이된다.

유통업계에 따르면 패션플랫폼 W컨셉은 지난해 12월 18일부터 지난달 14일까지 건강관리, 인테리어 등 다짐 소비 품목 매출이 전년 동기 대비 40% 증가했다. 트레이닝복 · 레깅스 · 런닝화 등 애슬래저 부문은 67%, 영양제 · 건강음료 등 이너뷰티가 85%, 가구 및 수납용품 등 인테리어 상품 매출이 20% 증가했다. 새해 계획을 세우고 기록하려는 소비자들이 많아지면서 문구류 매출도 15% 늘어났다.

무신사에서는 지난해 12월 31일부터 일주일간 다짐 소비 관련 상품 판매 집중세가 선명했다. 피트니스 용품 기구(120%), 스포츠 신발 · 가방(72%) 등 운동 관련 상품 매출이 전 주 대비 크게 증가했다.

세부 카테고리를 살펴보면 스포츠 레깅스 판매는 80%가량 늘었고, 러닝화와 트레이닝 재킷 및 팬츠 거래액도 65% 정도 증가했다. 신발 중에선 특히 러닝 입문용으로 적합하다고 입소문이 난 상품군이 매출 상위권에 올랐다. 운동복은 가성비가 좋은 국내 브랜드가 약진했다.

편의점에선 건강식품 매출이 증가세를 보였다. GS25의 지난해 12월 20일부터 지난달 3일까지 매출 데이터를 보면 대표적인 식단 관리 상품들이 전 주 대비 증가했다. 주요 품목별 매출 신장률은 단백질 바 32.2%, 샐러드 16.1%, 구운란 14.2%, 닭가슴살 13.7%, 단백질 음료 10.9%로 나타났다. GS25 관계자는 "20 · 30대를 중심으로 매출 상승세가 나타났고 이 같은 추세가 이어지고 있다"고 했다.

편의점업계의 건강식품 매출 상승세는 연초에 두드러지게 나타난다. 이마트24에 따르면 지난해 1월 단백질 음료, 닭가슴살, 샐러드, 바나나 등 건강 · 다이어트 관련 상품의 매출은 전년 대비 30% 증가했다.

유통업계는 이런 소비 트렌드에 맞춰 마케팅 작업에 열을 올리고 있다. 인기 많은 상품을 중심으로 할인 혜택을 확대하는 방식이 주로 쓰인다.

유통업계 관계자는 "새해가 시작되면 소비자들이 자기 관리에 대한 열망이 평소보다 더욱 커진다"며 "건강 관련 상품 중심으로 반짝 매출 특수가 나온다"고 설명했다.

출처: 국민일보, 2025-02-03

제2절 | 서비스 구매단계 : 소비자 체험

서비스는 상품과 달리 무형적인 특성으로 인해 서비스의 선택 및 품질 평가가 어렵고 서비스 선택과정에서 지각된 위험이 높다. 또한 서비스의 대부분은 경험속성과 신뢰속성을 가지고 있다. 따라서 소비자가 서비스를 실제로 받으면서 체험한 것이 구매 후 서비스 평가와 재구매에 큰 영향을 미친다. 그래서 서비스를 체험의 마케팅이라고도 한다.

1. 과정으로서의 서비스

서비스는 소비자에게 일방적으로 전달되는 것이라기보다는 서비스 과정에서 고객과 함께하는 행동, 그리고 그 결과를 말한다. 즉 과정에서 결과까지의 연속된 활동이다. 예를 들어, 의료서비스의 경우를 살펴보자. 고객이 일방적으로 서비스를 받는 것이 아니라, 일정 부분 서비스 과정에 참여한다. 서비스 제공자인 의료진과 고객과의 대화 및 정보 제공과 같은 상호작용 과정(문진, 증상 설명 등), 고객의 적극적 참여과정(의사의 지시에 따른 약물복용 등), 서비스를 받는 과정(의료기기를 통한 검진 등) 등으로 연속된 과정으로 이루어진다. 이 과정상에서 고객이 겪고 참여하는 행동들이 결국 서비스의 체험이며, 이 전체적인 체험을 통해 서비스를 평가하게 된다.

2. 극장에 비유되는 서비스 제공

극장으로서의 서비스를 비유하는 것은 서비스 생산 시스템을 통해 서비스가 창출되는 과정을 설명하는 데 효과적인 방법이다. 왜냐하면 서비스의 전달은 고객이 일종의 공연을 관람하는 것과 같은 사건으로 구성되기 때문이다.

2.1 배우

서비스 제공자는 무대 위에서 공연하는 배우(actor)와 같다. 또한 무대 뒤의 직원은 연극에서 제작 지원 혹은 보조팀이라고 할 수 있다. 무대 위에서 배우가 공연하는 것처럼 서비스 제공자는 무대 위에서 특별한 의상(유니폼)을 입어야 한다.

서비스 제공자인 배우

서비스 제공자의 업무 숙련도, 등장하는 방법, 연극에 쏟는 열정 등은 서비스 제공에서 중요한 부분을 차지한다. 배우로서의 서비스 제공자는 대부분의 서비스 제공과정에서 존재하지만 다음의 조건에서 그 중요성이 커진다. **첫째**, 고객과 직원 간의 직접적인 개별 접촉이 높은 경우 서비스 배우가 중요하다. **둘째**, 서비스 제공이 반복적으로 이루어질 경우, 서비스 제공자의 기술이 중요하다. 즉, 서비스 제공에서의 숙련된 기술은 서비스 품질을 평가하는 데 긍정적인 영향을 미칠 수 있다. **셋째**, 고객과 접촉하는 접점직원이 서비스의 본질과 서비스 제공에 대한 재량권을 가질 경우 서비스 제공자가 중요한 부분을 차지한다. 특히 의료, 법률, 금융과 같은 전문분야에서는 서비스 직원이 핵심배우인 것이다.

2.2 무대

서비스의 여건(service setting)과 같은 무대(stage)는 무대장치, 조명, 소품 등 서비스의 물리적 환경을 뜻한다. 물리적 환경에는 조명 색상이나 밝기, 소리, 냄새, 공기순환, 온도, 인테리어, 청결함 등이 포함된다. 예를 들어, 레스토랑은 간판, 외관, 테이블 모양 및 배치, 실내 인테리어, 청결함 등이 그 물리적 특징으로 평가받을 수 있다. 또한 물리적 여건(physical setting)은 서비스의 특징을 규정짓는 데도 효과적으로 사용할 수 있다. 즉 병원을 방문할 경우 최첨단 시설, 의료진 및 치료기술의 전문성을 나타내는 상장 및 증거자료, 청결한 환경 등은 고객에게 서비스가 좋을 것이라는 기대감과 믿음을 줄 수 있다.

고객과 직원이 직접 만나는 전방 공연장

고객은 볼 수 없지만 직원의 서비스를 지원하는 후방 공연장

서비스 환경을 무대라고 한다면, 무대는 크게 2가지로 나누어 볼 수 있다. 배우가 공연하는 전방 공연장(front stage)과 배우가 보이지 않고 준비 및 지원을 하는 후방 공연장(back stage)으로 나눌 수 있다. 전방 공연장은 고객과 직원이 직접 만나는 환경이고, 후방 공연장은 고객은 보이지 않지만 서비스의 성공적인 제공이 이루어질 수 있도록 지원하는 부서를 말한다.

2.3 역할

역할(roles)이란 주어진 여건에서 행동을 지시하고 이끄는 사회적 약속의 조합 또는 최대의 목표를 달성하기 위해 특정의 사회적 작용 내에서 개개인이 수행하는 경험이나 의사소통에 의해 학습되는 행동 패턴을 말한다. 무대의 연극에서 역할이 있듯이, 서비스 제공에서도 역할이 존재한다. 또한 서비스 제공에서는 제공자만 역할이 존재하는 것이 아니라 서비스를 받는 고객 또한 나름의 역할이 있다. 만약 어느 한쪽이라도 역할을 제대로 수행하지 않을 경우(역할에 대한 불만 혹은 부적합한 역할 수행), 만족스럽지 못한 서비스 결과가 나타날 수 있다. 특히 서비스 기업은 고객만족도를 높이기 위해서는 서비스 제공자인 직원이 제대로 된 역할을 수행할 수 있도록 적극적인 훈련 및 소통 과정이 필요하다.

키오스크는 고객에게 원하는 서비스를 선택할 수 있는 순서를 명시하고 있다

2.4 대본

서비스 제공자인 직원이 효과적인 역할을 수행하는 데 가장 큰 영향을 미치는 것 중의 하나는 대본(script)이다. 이것은 배우(직원)나 관객(고객)에게 요구되는 역할의 논리적 구성이라고 할 수 있다. 서비스 대본은 배우의 행동이나 말, 무대 구성 등으로 이루어지며, 이 대본의 구성 수준에 따라 고객의 기대가 형성된다. 서비스 대본은 서비스 구매단계에서 직원과 고객이 따라야 하는 행동의 순서를 명시하고 있다. 대본에 명시된 행동에 대해 직원은 교육을 통해 배우게 되고, 고객은 직·간접적인 경험, 대본(기업의 서

비스 매뉴얼)에 명시된 교육, 타인으로부터의 정보 등을 통해 배운다. 고객과 직원은 대본에서 제시한 대로 서비스 제공과정을 수행하며, 그 대본에서 벗어나게 되면 직원과 고객 모두 실망을 하게 되고 불만족한 상황을 초래하게 된다.

만약 대본을 바꾸고자 한다면(예를 들어, 인적 서비스에서 셀프서비스로의 변화), 직원과 고객에게 새로운 접근법과 대본의 변경을 통해 그들이 얻을 수 있는 이점에 대해 인지시켜야 한다. 또한 대본에 직원과 고객의 역할과 발생할 수 있는 문제점에 대한 해결 방안을 꼼꼼하게 제시해야 한다.

2.5 고객

(1) 다른 고객의 역할

서비스는 서비스를 받는 당사자뿐만 아니라 같이 서비스를 받고 있는 다른 고객(other customer)들도 중요한 부분을 차지한다. 레스토랑, 백화점, 클럽, 스포츠 경기장 등에서 다른 고객이 있을 때와 없을 때를 비교하여 살펴보자. 다른 고객이 전혀 없다면 고객은 서비스의 품질에 대한 의심을 갖게 되고(이 서비스는 인기가 없나?), 소수의 고객이 있다면 그 고객들의 행동을 보고 서비스를 간접 체험(저 사람을 따라하면 되겠구나)할 수도 있다. 반면에 너무 많은 고객들이 있다면 오히려 원활한 서비스를 받을 수 없게 되어 불평을 할 수도 있다. 즉, 서비스를 받는 과정 및 서비스 환경에서 존재하는 다른 고객들은 서비스 평가를 하는 데 직 · 간접적으로 영향을 미치게 된다.

같은 서비스를 받기 위해 모여 있는 사람들은 서로 간에 영향을 미칠 수 있다

(2) 공동생산자로서의 고객

고객은 서비스를 받는 것뿐만 아니라 공동생산자(customer coproduction)로서의 역할을 수행한다. 헬스클럽에서의 개인 트레이닝 또는 학교에서의 교육서비스를 생각해 보자.

이 서비스 제공은 한 번 혹은 단기간에 이루어지는 것이 아니며, 서비스 제공과정에서 제공자뿐만 아니라 고객의 참여가 없이는 좋은 서비스 결과가 이루어질 수 없다. 이런 관점에서 볼 때, 고객은 서비스를 받는 동시에 서비스의 성과를 올리기 위해 같이 생산하는 역할을 수행한다고 할 수 있다.

서비스 제공과정에서 고객의 참여도가 높을수록 서비스 성과에 긍정적인 영향을 미친다

고객의 서비스 참여 혹은 공동생산이 효과적으로 이루어지기 위해서는 고객을 대상으로 교육이 필요하다. 즉, 고객이 자신들의 역할을 이해하고, 서비스 직원과 유사한 형태의 훈련을 받을 수 있게 해야 한다. 이때 기업은 고객이 그 역할을 수행하는 데 필요한 동기부여 및 기술을 습득할 수 있게 하고 고객이 자신의 역할을 명확하게 이해할 수 있도록 도와야 한다.

Service Issue

언제 적 god·오아시스냐고?…아재·MZ 모두 지갑 연다

엔데믹 전환 후 이어지는 '콘서트 인기'
god · 오아시스 '레전드 공연'에 암표 기승
가격 부담보다는 '경험' · '추억 공유' 중시

god 단독 콘서트 포스터

"불법 거래로 확인된 예매 티켓은 주최 측의 권한으로 사전 통보 없이 취소 처리됩니다. 또한 공연 당일 현장에서 티켓을 소지하더라도 입장이 제한될 수 있습니다."

그룹 god 측이 단독 콘서트를 앞두고 부정 티켓 거래에 대해 지속적인 모니터링을 진행 중이라며 적발 시 공연을 볼 수 없도록 조치하겠다고 밝혔다.

방탄소년단, NCT, 스트레이 키즈 등에 열광하는 1020세대 팬들이라면 "웬 god냐"라고 할 수도 있겠지만, god는 데뷔 25년 차인 지난해 서울 송파구 올림픽공원 KSPO DOME에서 열린 콘서트를 3회 모두 전석 매진시키는 저력을 발휘했다. KBS 대기획 일환으로 개최한 무료 공연의 공짜 티켓은 30만 원으로 중고 거래 플랫폼에 올라오기도 했다. 기세를 이어 올해 콘서트 역시 전석 매진이다.

국내에만 해당하는 이야기는 아니다. '브릿팝의 전설'이라 불리는 오아시스가 15년 만에 재결합 공연을 예고하자 콘서트 티켓이 되팔기(리셀) 시장에서 1000만 원까지 뛰었다. 속절없이 치솟는 가격에 '다이내믹 프라이싱'(수요 · 공급 등 변수에 따라 가격이 바뀌는 방식)까지 도마 위에 올랐다. 영국 정치권에서도 비판의 목소리가 나오면서 정부는 다이내믹 프라이싱 적용의 투명성 등에 대해 논의하겠다고 밝혔다.

오롯이 자기 만족, 취향에 따라 지갑을 여는 콘서트 티켓 구매는 10만~20만원 대의 높은 가격 때문에 대표적인 사치 소비로 여겨진다. 그러나 사치라는 말이 무색하게 "없어서 못 산다"는 한탄과 함께 폭발적인 수요를 보이는 중이다. 얇은 지갑에 한숨을 쉬면서도 앞다퉈 '피켓팅(피 터지는 티켓팅)' 대열에 합류하는 이유는 무엇일까.

'2024 월드 디제이 페스티벌' [사진=비이피씨탄젠트]

엔데믹 이후 오름세인 공연 수요는 올해 더 높아졌다. 공연예술통합전산망에 따르면 올 상반기 977만매의 티켓예매가 발생해 티켓판매액이 약 6288억 원을 기록했다. 코로나19 팬데믹 시기인 2020년부터 현재까지 공연 건수, 회차, 티켓예매수, 판매액 등 공연 실적이 모두 꾸준히 증가했다. 억눌렸던 공연 소비 욕구가 엔데믹 전환과 함께 터져 나오며 계속 이어지는 중이다. 블룸버그 역시 오아시스 열풍의 배경으로 오랜 기간 문화 소비를 하지 못했던 팬데믹의 여파를 꼽았던 바다.

'돈'보다는 '경험'을 우선시하는 소비 트렌드도 한몫했다. 이 역시 코로나로 대외활동이 줄어들었던 영향을 배제할 수 없다. 대표적으로 야외 페스티벌의 흥행을 들 수 있다. 비싼 티켓 때문에 페스티벌을 다녀오면 라면과 김밥 등으로 끼니를 때워야 한다는 의미로 '유료 거지 체험', '페스티벌 거지' 등의 밈까지 생겨났지만, 관객들의 만족도는 상당히 높다.

올여름 19만 9000원에 경기도 과천에서 열린 '월드 디제이 페스티벌' 양일권 티켓을 구매해 다녀왔다는 30대 A씨는 "평소 EDM 음악을 좋아하기도 하고, 가까운 도심에서 해방감을 느끼기 가장 좋은 게 페스티벌이기도 하다"면서 "공연 퀄리티는 물론 멀리 나가지 않고도 지인들과 종일 먹고 즐기며 추억을 쌓을 수 있어서 좋았다. 한껏 꾸미고 인증샷도 남길 수 있어서 큰마음 먹고 결제했는데 후회 없다"고 밝혔다.

밴드 오아시스 [사진=EPA]

특히 god, 오아시스를 좋아하던 4050세대는 이러한 비용 부담에서 보다 자유로울 수밖에 없다. 티켓 가격보다는 흔치 않은 공연을 볼 수 있다는 기회 자체에 더 가치를 두는 셈이다. 앞서 나훈아의 은퇴 콘서트에도 "암표가 얼마가 됐든 꼭 보러 가고 싶다"는 반응이 줄지었던 바다.

독일 뮌헨에 거주하는 오아시스의 한 팬은 콘서트를 보기 위해 영국이나 아일랜드로 갈 의향이 있다면서 "학창 시절에는 공연을 보러 갈 여력이 안 됐지만, 이제는 비용이 얼마가 들든 상관없다. 아이비리그 대학에 등록하는 것보다 콘서트 표를 구하는 게 더 어렵다"고 블룸버그에 전했다.

이들 콘서트의 또 다른 흥행 이유로는 대중 소구력이 거론된다. 열성 집단의 파급력으로 판매량이 높아지는 팬덤형을 넘어 더 폭넓은 대중의 일반적 소비욕을 자극하는 상징성 있는 아티스트의 공연이라는 것이다.

30대 직장인 B씨는 한경닷컴에 "아는 오아시스 곡이 한 곡밖에 없지만 이번에 재결합 소식에 난리가 난 걸 보고 공연을 가 보고 싶다는 생각을 하게 됐다. 유럽까지는 어렵지만 아시아 공연 지역이 발표되면 예매를 시도해 볼 것"이라고 말했다.

한 대중가요계 관계자는 "폭발적인 화력을 만드는 게 팬덤의 힘이라면, 한 시대를 떠올리게 하는 일종의 상징성과 누구나 아는 스테디셀러 곡을 보유한 대중성은 그 화력을 더 키우는 요소"라고 설명했다.

이어 "이는 그 시대를 모르는 연령층에게도 매력적으로 느껴지는 부분이다. 의미 있는 레전드의 공연에 가 보고 인증하는 등의 경험을 중요시하는 젊은 세대들까지 흡수하니 수요의 범위가 일부 집단에 쏠리는 팬덤형보다 훨씬 넓은 것"이라고 짚었다.

출처: 한국경제, 2024-09-05

제3절 | 서비스 구매 후 단계 : 서비스 품질 평가

서비스 구매 후 단계에서 소비자는 그들이 사전에 기대했던 서비스 수준과 실제 제공받는 서비스를 비교 · 평가하게 된다. 이때 서비스의 물리적 환경과 서비스 제공자는 서비스 평가에 큰 영향력을 미칠 수 있다. 소비자는 사전에 자신이 기대했던 서비스가 충족되거나, 혹은 기대 이상의 서비스를 받게 되면 양질의 서비스를 받았다고 평가를 하게 된다. 그리고 이런 긍정적인 평가는 만족 및 재구매로 이어질 것이며 궁극적으로 기업의 충성고객이 될 수 있다. 반면에 서비스가 기대만큼 이루어지지 않을 경우 불만족을 느끼게 되고 최악의 경우 이탈을 하게 된다.

다음은 서비스 구매 후 소비자가 서비스 품질을 평가하는 방법들이다.

- 만족(satisfaction) : 만족은 소비자의 구매행동 후의 서비스에 대한 판단 또는 사전

기대와 사후 경험 후 평가라고 할 수 있다. 소비자는 서비스를 구매하기 전에 자신만의 특정한 서비스 기준을 마음속에 가지고 있다. 이 기준은 다양한 사전 정보 탐색 및 대안평가과정을 통해 이루어진다. 그리고 서비스 경험 후 그들의 마음속에 생각했던 기준과 실제로 경험한 서비스를 평가하여 만족 여부를 결정하게 된다. 사전 기대보다 사후 경험이 좋을 경우 만족을 하게 되고, 그렇지 않을 경우 불만족이 나타나게 된다.

- 기쁨(delight) : 기쁨은 사전에 기대했던 수준보다 훨씬 높은 수준의 서비스, 깜짝 놀랄 만한 자극과 흥분, 행복과 같은 개념을 포함한다. 기쁨은 소비자가 서비스를 긍정적이고 만족스럽게 평가하는 데 영향을 미친다. 그러나 소비자가 기쁨을 경험한 후에는 그들의 사전 기대가 높아지게 된다. 즉, 소비자가 다시 같은 수준의 서비스를 경험할 경우 기쁨 혹은 만족을 하는 대신에 서비스에 대한 불만족을 표출할 수 있다. 따라서 기업은 소비자의 기쁨을 형성하기 위해 더 큰 수준의 서비스를 제공해야만 하는 문제에 직면하게 된다.
- 구전 커뮤니케이션(word-of-mouth communication) : 소비자는 서비스에 대한 체험 후 자신의 평가를 타인에게 이야기하고자 한다. 특히 서비스의 경우 기존에 경험한 소비자의 의견이 향후 구매 예정인 소비자의 의사결정에 큰 영향을 미치므로, 기업의 입장에서는 구전 커뮤니케이션에 대한 이해 및 통제가 중요한 부분을 차지한다. 긍정적 구전을 확대시키는 것도 중요하지만, 부정적 구전이 확대되지 않도록 불만족한 사항에 대한 신속한 보상 및 회복전략을 진행하는 것도 필요하다.
- 브랜드 애호도(brand loyalty) : 소비자가 특정 브랜드에 대한 애호도를 보이는 이유는 다양하다. 브랜드 전환비용이 크거나, 대체재의 존재, 기업과의 우호적 관계, 새로운 상품 구매 시 발생하는 지각된 위험, 기존 상품에서의 만족 등이 그 이유이다. 특히 서비스의 경우 경험적 속성이 커서 새로운 서비스로 전환하는 데 비용(시간 및 경험비용) 및 위험부담이 커서 기존 서비스를 이용하려는 경향이 강하다. 즉 서비스 기업의 입장에서는 서비스 고객의 높은 브랜드 애호도는 기존 고객을 유지하는 데 긍정적 영향을 미친다는 측면에서 바람직한 현상으로 볼 수 있다. 그러나 경쟁 서비스를 이용하는 고객을 자사의 고객으로 유인하기 어렵다는 측면에서 본다면, 고객 유인을 위해 더 전략적이고 공격적인 마케팅 활동이 필요하다는 것을

의미한다. 결국 전환비용과 위험부담을 감소시킬 수 있는 자사의 서비스 편익을 강조하는 메시지를 소비자들에게 어필하는 것이 중요하다.

서비스를 경험한 소비자의 의견은 미경험자의 판단에 미치는 영향이 크다

Review Case

'샤넬백 살 돈으로 일본 여행 간다' … 명품에 시들해진 잘파세대

희소성 떨어진 명품 소비 싫증
'오픈런' 연관어에 명품 사라져
가성비 대체 상품 선택 증가세
유일하게 지갑 여는 분야 여행
가까운 소도시 짧게 자주 떠나
김천 등 국내 '촌캉스'도 인기

샤넬의 립 앤 치크 밤(왼쪽)과 다이소에서 판매하는 손앤박 아티 스프레드 컬러 밤. [사진=공식 홈페이지 캡처]

듀프(DUPE) 소비 사례

명품 대신	가성비 제품
샤넬 립앤치크밤 6만3000원	다이소 손앤박 컬러밤 3000원
요시다 포터 탱커 헬멧백 36만원	유니클로 유틸리티백 4만9900원
갤럭시 워치 7 35만원	낫싱 CMF 워치 프로 2 9만9000원
젠틀몬스터 마이 마 01 26만9000원	블루엘리펀트 GILDA 4만5000원

2024년 오픈런 연관어

샤넬, 롤렉스 등 명품 사라지고

에버랜드	4월 푸바오 귀환
초콜릿	두바이 초콜릿 열풍
유니폼	야구 천만 관객 돌파
망고시루	성심당 케이크
배추	'금값' 배추
유니버설	지난해 가장 많이 여행한 곳, 일본
리들샷	다이소 가성비 제품 품귀현상
서점	한강 노벨문학상 수상 이후 교보문고 관심

명품을 사기 위해 새벽 오픈런을 불사하던 젊은층의 명품 브랜드에 대한 관심이 지난해 현저히 줄어든 것으로 나타났다. 수년간 대중화한 명품 소비에 싫증을 느끼면서 훨씬 싼 모방품을 찾는 '듀프(dupe)' 소비가 늘어났기 때문이다. 듀프란 영어 단어 'duplicate(복제하다)'에서 비롯된 표현으로, 명품이나 잘 알려진 고가 상품을 모방해 만든 가성비 대체품을 뜻한다.

대홍기획의 소셜 빅데이터 플랫폼 디빅스에 따르면 지난해 소셜네트워크(SNS)상에서 오픈런의 연관어로 가장 많이 언급된 상위 50개 단어에서 샤넬 · 루이비통 · 에르메스 · 롤렉스 등 명품 브랜드들이 자취를 감췄다.

디빅스는 2020년부터 매년 트위터 · 인스타그램 · 블로그 · 온라인커뮤니티 · 뉴스기사 등에서 언급된 오픈런 연관어를 브랜드 · 상품 · 장소 기준으로 집계해 왔는데, 매년 브랜드 1위를 기록했던 샤넬을 비롯한 명품 브랜드가 지난해엔 모두 순위에서 사라졌다.

디빅스 분석 결과 오픈런 언급량은 2020년 2만 1318건에서 매년 급증하며 2023년 40만 5736건으로 정점을 찍은 후 지난해 34만 560건으로 줄었다. 오픈런 자체에 대한 관심이 낮아지면서 명품 브랜드를 언급한 횟수도 감소한 셈이다.

이는 명품업계가 과도하게 판매량을 늘리면서 희소성이 떨어진 점이 원인으로 꼽힌다. 샤넬의 시계&주얼리 최고경영자 프레드릭 그랑지에는 스위스 언론 르 템프와의 인터뷰에서 "명품산업이 성장을 촉진하기 위해 과도하게 상품을 유통시키면서 브랜드의 매력을 약화시켰다"면서 "앞으로 2년간은 명품업계가 어려워질 것"이라고 꼬집었다.

대신 젊은층이 관심을 보이는 것은 '저렴이'로 불리는 듀프 상품이다. 대표적으로 6만 3000원짜리 샤넬 립앤치크밤과 유사한 것으로 알려진 다이소의 손앤박 컬러밤(3000원)이 불티나게 팔리고 있다. 남성용 가방인 요시다 포터 탱커 헬멧백(36만 원)과 유사한 디자인에 탄탄한 재질을 갖춘 유니클로 유틸리티백(4만 9900원)도 인기다.

이밖에 갤럭시 워치 7(35만 원)의 대체품으로 낫싱 CMF 워치 프로 2(9만 9000원)가 잘 팔리고 있다. 선글라스 브랜드 젠틀몬스터의 마이 마 01(26만 9000원) 대신 블루엘리펀트 GILDA(4만 5000원)를 선택하는 소비자도 늘고 있다. 지난해 SPA 브랜드인 유니클로와 탑텐이 나란히 매출 1조 원을 돌파하고 무신사가 인기를 끌며 5대 백화점에 모두 입점한 것도 젊은층이 가성비 상품, 유행을 타지 않는 디자인으로 오래 입을 수 있는 상품을 선호하기 때문이다.

대홍기획 관계자는 "한때 젊은 소비자들 사이에서 다른 곳에는 돈을 아껴도 명품백 하나 정도는 아끼지 않고 사는 경향이 있었지만 이제는 눈에 보이는 명품으로 과시하려는 분위기는 사라지고 있다"고 설명했다.

유일하게 젊은층이 지갑을 여는 분야는 여행으로 나타났다. 그중에서도 가까운 곳을 자주, 짧게 여행하려는 수요가 많다. 일본 소도시 여행이나 국내 지방의 '촌캉스'가 유행하는 것도 같은 맥락이다. 국내 여가 · 여행기업 놀유니버스에 따르면 일본 가고시마, 요나고, 마쓰야마 등 소도시의 지난해 항공권 예약 건수는 전년 대비 각 316%, 253%, 184% 뛰었다. 이들 도시는 한 번 갔던 장소를 다시 찾는 N차 여행의 인기 장소이기도 하다. 디빅스에 따르면 지난해 10월까지 촌캉스(촌과 바캉스의 합성어) 언급은 3만 6295건으로 2023년에 비해 74.5% 늘었다.

아고다에 따르면 '빵지순례지' 성심당으로 이름난 대전을 비롯해 정선, 대구, 인천, 수원 등 일반적인 관광지에서 벗어난 지역들이 여행지로 뜨고 있다.

김밥천국의 줄임말에서 착안한 김천시의 김밥축제, 상상속의 공주를 슬로건으로 내건 공주시의 공주 페스티벌 등 특산물이나 명소가 아니라 기발한 컨셉을 내건 관광지가 주목받는 현상이다.

업계 관계자는 "더 싸게, 더 자주 자신만의 방식으로 쉬기 위한 여행이 올해 트렌드이며 관광보다는 현지에서 일상을 즐기려는 수요가 늘고 있다"고 설명했다.

출처: 서울경제, 2025-02-03

제 4 장

서비스 품질관리

Opening Case

'AI 상담' 통신사 '공간 개조' 건설사 … 27년 고객만족 비결은 '혁신'

한국생산성본부가 발표한 2024년 국가고객만족도(NCSI) 조사에서 27년째 이동전화서비스 부문 1위를 차지한 SK텔레콤의 개인비서 서비스 '에이닷' 이용 화면(왼쪽)과 아파트 부문 27년째 1위를 달성한 삼성물산의 래미안 원베일리 아파트 전경. [사진=각 사 제공]

◆ 2024 국가고객만족도조사

80개 업종 평균 78점 … 전년보다 소폭 하락

한국생산성본부는 2024년 국내 80개 업종, 309개 기업(대학)과 공공기관에 대한 국가고객만족도(NCSI)를 조사한 결과 평균 78.0점으로 2023년의 78.2점에 비해 0.2점(−0.3%) 하락한 것으로 나타났다고 밝혔다. 2008년 금융위기 전후를 제외하고 NCSI는 2010년 이후 작년까지 지속적으로 증가세를 보여왔지만 작년부터 소폭 하락하는 추세다. 생산성

본부 측은 "2008년 금융위기 전후를 제외하고 NCSI는 2010년 이후 작년까지 지속적으로 증가세를 보여왔지만 작년부터 소폭 하락하는 추세"라며 "국내 기업들의 적극적인 고객중심경영에도 불구하고 국내외 어려운 경기 상황과 합리적 소비를 추구하는 고객의 비중과 영향력이 증가하며 이에 기인한 것으로 분석된다"고 밝혔다. 업종별로 살펴보면 전년과 비교가 가능한 전체 73개의 업종 중 지난해 대비 고객만족도가 상승한 업종은 8개 업종으로 전년도 11개에 비해 소폭 감소했다. 57개 업종은 정체, 8개 업종이 전년 대비 하락했다.

◆ 한국생산성본부

한국생산성본부는 산업계의 생산성 향상을 효율적이고 체계적으로 추진하기 위해 1957년 설립된 산업통상자원부 산하 특별법인이다. 생산성본부는 설립 이래 국가경제개발 계획과 국가생산성 향상 계획을 지원했으며 국내 최초 컨설팅 · 교육 전문기관으로 '경영'의 개념 및 '컨설팅'을 보급하고 경영전문가를 육성했다. 현재는 생산성연구조사, 지수조사발표, 컨설팅, 교육, 자격인증 사업 등을 통해 개인, 기업, 국가의 생산성 향상을 지원하고 있다. 또 다양한 지수조사 발표를 통해 기업 간 건전한 경쟁을 유도하여 국민의 삶의 질 향상에 기여하고 있으며 능력 중심 사회구현을 위한 실무 중심의 정보기술(IT) · 경영 자격제도를 운영하고 있다.

SKT 이동전화부문서 1위 차지
거대언어모델로 서비스 효율화

아파트 최고점은 삼성 래미안
고객 맞춤형 '넥스트 홈' 개발

금융상품매매 · 주유소 부문선
삼성증권 · GS칼텍스 정상에

한국생산성본부는 SK텔레콤(대표이사 사장 유영상)이 2024년 국가고객만족도(NCSI) 조사에서 이동전화서비스 부문 27년 연속 1위를 차지했다고 3일 밝혔다. 이는 NCSI가 국내에 도입된 1998년 이후 27년간 해당 부문에서 단 한 해도 빠짐없이 1위를 차지한 것이다.

SK텔레콤의 이번 NCSI 1위 수상은 고객의 만족을 위해 지속적으로 선보인 다양한 노력이 고객들에게 인정받은 것으로 평가된다. SK텔레콤 관계자는 "인공지능(AI)을 활용한 지속적인 서비스 혁신과 고객만족도 향상을 위한 다양한 노력을 인정받았다"며 "올해 NCSI 조사에서 이동통신 부문에서 최초로 고객만족도 80점을 돌파했다"고 밝혔다.

향후에도 SK텔레콤은 고객만족도를 더욱 제고해 나갈 계획이다. SK텔레콤은 범용 거대언어모델(LLM)을 바탕으로 다양한 통신 전문 지식을 학습한 '텔코 특화 LLM'(통신업 특화 LLM)을 고객 상담 업무에 연내에 적용, 고객들에 차별화된 상담 서비스를 제공할 예정이다. 예를 들어 현재 고객센터에서 상담 전화 한 건을 처리하는 데 고객 상담에 약 3분, 상담 후 업무 처리에 30초 이상이 소요된다. 그러나 텔코LLM이 도입되면 상담사가 고객과 전화하는 동안 LLM이 자동으로 상담사에게 고객 문의에 대한 해결책을 제공하고 상담 내용을 자동으로 요약해 주는 등 고객 상담에 소요되던 업무시간과 고객의 대기시간이 크게 줄어들 수 있을 것으로 기대된다.

아파트 부문에서는 삼성물산의 아파트 브랜드 '래미안'이 27년 연속 1위를 차지했다. 특히 래미안은 이번에 83점을 기록하면서 올 들어 각 부문 참여 기업 중 거의 최고 점수를 기록했다.

오세철 삼성물산 건설부문 사장은 '고객이라는 한 방향을 위한 끊임없는 변화와 혁신'을 최고의 자리를 27년 동안 지키는 비결로 꼽았다. 래미안은 지난해 차세대 주거 모델 '넥스트홈'을 내놓으며 이 같은 변화와 혁신을 이어가고 있다. 이는 거주자가 라이프 스타일에 따라 주거공간을 자유롭게 디자인하고 변화할 수 있는 것이 핵심이다. 오 사장은 "주거 트렌드 변화와 사회, 그리고 고객 니즈를 반영해 더 나은 미래를 경험할 수 있는 상품을 개발하고 현실화하는 데 힘을 쏟고 있다"며 "래미안 넥스트홈과 홈닉이 바로 그 출발점"이라고 말했다.

삼성물산은 주거 성능 연구소를 업계에서 선도적으로 설립, 주거 가치를 높일 수 있도록 다양한 분야에서 자재와 공법 개발 등을 진행하는 등 혁신적인 상품 개발과 함께 품질 · 주거 성능 향상을 위한 끊임없는 연구를 통해 래미안의 최고 고객만족도를 이어나간다는 계획이다.

이번 조사에서 금융상품매매 · 위탁매매 부문 및 주유소 부문에서 각각 1위에 오른 삼성증권과 GS칼텍스도 지속적인 고객만족 향상을 위한 투자를 하고 있다. 삼성증권은 금융소비자 보호를 위한 내부통제 체계를 구축하고, 사내 제도 및 업무 프로세스를 지속적으로 개선하기 위해 전사 차원의 협의체를 운영하고 있다. 금융소비자 관련 삼성증권의 내부통제 체계 수준과 운영 현황을 점검하기 위한 '금융소비자보호 협의회'도 매월 개최된다. 협의회는 금융소비자 보호 관련 전 프로세스를 점검하고, 문제점 도출 시 유관 부서 협업을 통해 개선을 추진한다.

또 삼성증권은 금융상품 판매 후 소비자 보호를 위한 제도와 프로세스도 체계적으로 운영하고 있다. 소비자가 상품 가입 과정에서 상품 관련 정보와 주요 사항을 충분하게 설명받았는지 점검하기 위한 '해피콜'을 지속적으로 강화하는 것이 대표적인 사례이다. 해피콜을 통해 미흡한 사항이 발견

될 경우 판매직원에게 완전 판매 여부를 확인하게 된다. 삼성증권 측은 "매월 금융상품에 대한 판매 점검도 실시하고 있다"며 "실질적인 금융소비자 보호를 실현할 수 있도록 임직원 성과보상체계(KPI)에 소비자보호 KPI 비중을 확대하고 불건전 영업 행위와 불완전 판매 등에 따른 보상 환수 기준도 제도화·시행 중"이라고 설명했다.

GS칼텍스는 '미래형 주유소' 확장에 가장 적극적인 모습을 보인 것으로 평가된다. GS칼텍스의 미래형 주유소인 '에너지플러스 허브'는 주유와 세차, 전기차 충전, 물류 등 다양한 서비스를 제공한다.

2024년 국가고객만족도(NCSI) 기업·기관별 순위와 점수

순위	기업	업종	점수
1	세브란스병원	병원	84
2	삼성물산	아파트	83
	삼성전자서비스	전자제품AS	83
	서울성모병원	병원	83
	서울아산병원	병원	83
6	LG전자	세탁기	82
	LG전자	전자제품AS	82
	고대안암병원	병원	82
	삼성서울병원	병원	82
	아주대학교병원	병원	82
	영남이공대학교	전문대학	82
12	LG전자	김치냉장고	81
	LG전자	냉장고	81
	LG전자	에어컨	81
	LG전자	의류건조기	81
	건국대학교병원	병원	81
	대구교통공사	도시철도	81
	대전과학기술대학교	전문대학	81
	대한항공	대형항공(FSC)	81
	부산대학교	국립대학교	81
	삼성전자	세탁기	81
	삼성전자	에어컨	81
	서울대학교병원	병원	81
	성균관대학교	사립대학교	81
	아시아나항공	대형항공(FSC)	81
	영원아웃도어(노스페이스)	아웃도어의류	81
	현대백화점	백화점	81
	현대자동차	대형승용차	81
	현대자동차	준대형승용차	81
30	LG전자	로봇청소기	80
	LG전자	무선청소기	80
	LG전자	식기세척기	80
	SK텔레콤	이동전화서비스	80
	가천대 길병원	병원	80
	경북대학교	국립대학교	80
	경희의료원	병원	80
	대구보건대학교	전문대학	80
	대전교통공사	도시철도	80
	대전보건대학교	전문대학	80
	롯데건설	아파트	80
	롯데면세점	면세점	80
	롯데호텔앤리조트	호텔	80
	명지전문대학교	전문대학	80
	삼성전자	냉장고	80
	삼성전자	로봇청소기	80
	삼성전자	스마트폰	80

순위	기업	업종	점수
127	롯데칠성음료	음료	78
	삼성전자	공기청정기	78
	삼성전자	의류관리기	78
	삼성전자	전기레인지	78
	삼성증권	증권_금융상품매매	78
	삼성증권	증권_위탁매매	78
	서울교통공사	도시철도	78
	신한카드	신용카드	78
	아모레퍼시픽	여성용화장품	78
	알라딘	서점	78
	에미레이트항공	대형항공(FSC)	78
	에어부산	저비용항공(LCC)	78
	예스24	서점	78
	오텍캐리어	에어컨	78
	위니아	세탁기	78
	위닉스	의류건조기	78
	이마트	대형마트	78
	이화여자대학교	사립대학교	78
	인하공업전문대학	전문대학	78
	전남대학교	국립대학교	78
	전북대학교	국립대학교	78
	전북은행	지방은행	78
	중앙대학교	사립대학교	78
	진에어	저비용항공(LCC)	78
	철도	공공서비스	78
	캐논코리아	복합기(프린터)	78
	케이뱅크	인터넷전문은행	78
	쿠쿠전자	정수기	78
	하나은행	시중은행	78
	한화생명	생명보험	78
	현대건설	아파트	78
	현대자동차	컴팩트RV	78
	현대카드	신용카드	78
	현대해상	장기보험	78
190	GS25	편의점	77
	HP코리아	복합기	77
	KB리브엠	알뜰폰서비스	77
	KB손해보험	자동차보험	77
	KB손해보험	장기보험	77
	KG모빌리티	대형 RV	77
	KG모빌리티	컴팩트RV	77
	KT	초고속인터넷	77
	KT M모바일	알뜰폰서비스	77
	KT&G	담배	77
	KT텔레캅	무인경비보안	77
	LG U+	초고속인터넷	77

출처: 문화일보, 2025-01-03

Keyword

- 고객 갭: 서비스에 대한 고객의 기대와 고객의 지각 간의 차이
- 제공자 갭: 서비스를 제공하는 기업 혹은 조기 내에서 발생하는 갭
- 서비스 품질 측정: SERVQUAL
- 서비스 품질 개선 절차
  1) 품질 평가
  2) 7P 평가
  3) 7P 개선안 (전략 개발), 예산 고려
  4) 서비스 개선
  5) 서비스 품질 재평가
- 품질을 측정하고 연구하는 이유
  1) 서비스 품질 → 만족도 → 애호도 → 수익성 연결 정도를 연구
  2) 서비스 품질이 미치는 만족도 효과
  3) 만족도가 미치는 수익성 효과 연구
  4) 애호도가 미치는 수익성 효과 연구

제1절 | 서비스 품질이란?

소비자들은 서비스를 경험한 후 그 서비스에 대해 만족 혹은 불만족을 평가하게 된다. 그리고 그 결과는 미래의 재구매 및 구전활동에 긍정적 · 부정적 영향을 미칠 수 있다. 따라서 기업 입장에서는 소비자들의 긍정적인 평가를 이끌어내기 위해서 서비스의 품질을 관리하는 것이 무엇보다 중요한 부분이라고 할 수 있다.

소비자들은 서비스 이용 전에 가졌던 서비스에 대한 기대와 실제로 제공받는 서비스 품질을 비교하여 서비스 품질을 평가하게 된다. 따라서 서비스 제공자인 기업은 자신들의 표적고객이 어떤 서비스 품질을 원하는지를 파악하는 것이 필요하다. 그리고 나서 그 기대를 만족시킬 수 있는 서비스 품질을 제공하여야 한다.

1. 서비스 품질의 다양한 관점들

서비스 품질을 논할 때 우선적으로 '품질'을 어떤 관점으로 보는지를 알아볼 필요가 있다. 품질을 보는 관점은 크게 다섯 가지로 구분할 수 있다.

첫째, 초월적 관점(transcendent view)이다. 이 관점은 예술품의 품질을 평가하는 데 많이 이용되는 것으로, 상품이 예술품과 같이 절대적인 우수성을 가진 것으로 보고 품질이 시간과 공간을 초월하여 언제나 높은 성취를 달성하는 것을 말한다. 이 관점에서는 품질을 정의하기 어려우며, 품질의 특성을 나타내는 관련 객체들을 직접 접해 봐야만 품질을 알 수 있다고 한다. 즉, 공연예술이나 시각예술의 품질은 그 작품을 많이, 자주 보면 알 수 있다는 것이다. 이 개념은 실무적인 측면에서는 유용성이 낮다.

둘째, 상품 중심적 관점(product-based view)이다. 이 관점은 상품이 지니는 유형성 측면에 기초를 둔 품질의 개념이다. 따라서 이 관점에서는 품질을 측정가능한 개념이라고 평가한다. 이때 품질은 상품이 지니고 있는 특성의 수에 따라 결정된다고 보고 결국 높은 비용에 의해서 높은 품질이 나타날 수 있다고 평가한다. 즉, 상품 중심적인 관점에서는 품질은 상대적인 개념이 아니라 누가 어떤 속성을 더 많이 가지고 있느냐 하는 절대적인 기준에 따라 인지되므로 개인의 취향에 따른 차이를 설명하지 못한다.

셋째, 제조업 중심적 관점(manufacturing-based view)이다. 이 관점에서의 품질이란 요구조건과의 일치성이라고 볼 수 있다. 즉, 일정한 설계기준이나 요구사항이 결정되면 그 조건에 얼마나 충실했느냐의 정도에 따라 품질의 수준이 결정된다. 이 접근방법은 주로 기술 및 제조업 부분의 입장을 나타내는 것으로, 설계나 요건을 충족시키지 못하면 품질을 저하시키는 것으로 간주된다. 여기서는 품질 불량이 발생할 경우 개선하는 것보다 원천적으로 예방하는 것이 효과적이라고 보고, 궁극적으로 품질개선이 원가를 낮추는 효과적인 방법이라고 판단한다. 서비스에서 이 관점에서의 품질은 서비스의 정확성과 적시성을 의미한다. 그러나 이 관점은 품질이라는 초점을 고객이 만족했는지가 아니라 기업이 제대로 만들었는지에 초점을 맞추고 있어 품질의 평가기준을 기업 내부에 두고 있다는 한계를 가진다.

넷째, 사용자 중심적 관점(user-based view)이다. 이 관점은 품질을 매우 주관적인 것이라고 평가하며, 그 수준은 소비자의 욕구를 충족시켜 줄 수 있는 정도에 따라 결정된다고 보고 있다. 즉, 사용자 중심적 관점은 품질의 정의를 보는 사람의 눈에 따라 다르게 나타난다는 주관성을 전제로 하고 있다. 이 관점 하에서는 고객이 개별적인 욕구와 필요에 따라 이를 잘 만족시키는 상품이 최고의 품질을 가지고 있다고 평가하지만 일부 한계를 가진다. 즉, 시장에서의 의미가 있는 좋은 품질의 기준을 어떻게 도출할 것인지 여부와 품질을 최대 만족이라고 할 때 만족이 크다고 더 우수한 품질이라고 정의할 수 있느냐의 문제를 가지고 있다. 이는 사용자별로 만족점이 다를 수 있다는 것으로 TV를 구매할 때 크기가 중요한 고객은 크기가 클수록 만족하고, 두께가 중요한 고객은 슬림할수록 만족할 수 있다.

다섯째, 가치기반 관점(value-based view)이다. 이 관점은 가치와 가격 측면에서 품질을 정의하는 것으로 비용에 비추어 성능이 상대적으로 우수하다면 높은 수준의 품질이라고 할 수 있다. 가치를 기반으로 한 품질의 정의는 고객이 얻을 수 있는 편익과 지불할 가격 사이의 상충관계를 고려하여 적당히 우수한 것을 선택하는 것이다. 이때 절대적인 만족점이 아니라 상대적으로 기대보다 높으면 만족한다는 것으로 고객의 기대수준을 어떻게 하느냐에 따라 만족 여부가 달라질 수 있다.

이와 같이 품질에 관한 다양한 관점들은 기업 내의 여러 부서들 간에 품질에 대한 의견 차이를 발생시킬 수 있다. 따라서 기업에서 품질의 우선을 어느 것으로 보느냐에 따라 추구하는 전략이 다르게 나타나게 되는 것이다. 일반적으로 서비스 품질과 관련된 연구에서 품질에 대한 정의는 사용자 중심적인 관점이 가장 많이 쓰이고 있다.

제2절 | 갭 모델

1. 서비스 품질의 갭 모델

기업은 고객이 어떤 기대를 가지고 있는지를 파악하고 그에 맞는 품질을 제공하여 고객만족을 추구해야 한다. 그렇다면 고객이 서비스 품질에 대해 평가를 하는 데 영향을

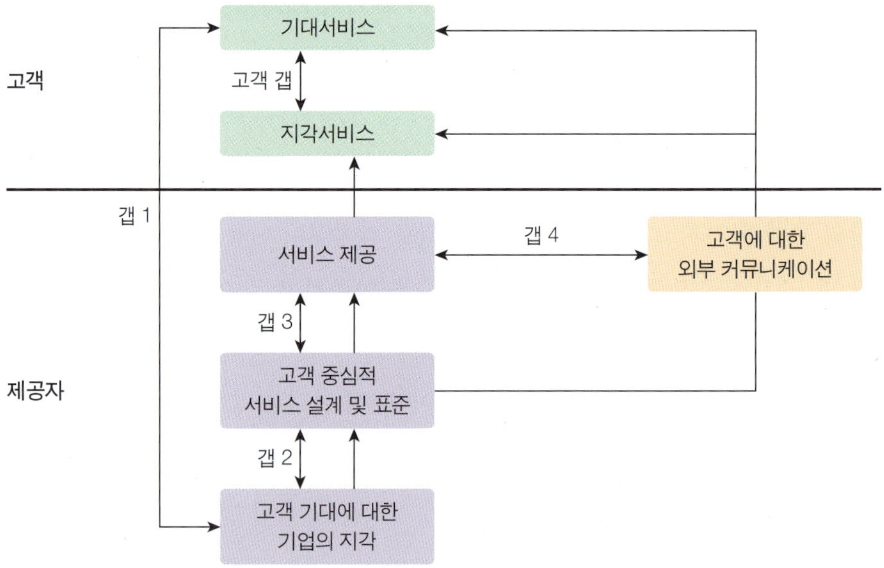

[그림 4-1] 서비스 품질의 갭 모델

자료원 : Parasuraman, A., Valarie A. Zeithaml, and Leonard L. Berry(1985), "A Conceptual Model of Service Quality and Its Implications for Future Research," Journal of Marketing, 45(Fall), 41-50.

미치는 것이 무엇인지를 파악하는 것이 중요한 부분이라고 할 수 있다. 즉 고객이 어떤 기대를 가지고 있는지, 그리고 기업이 어떤 성과를 제시할 수 있는지를 파악하고 그 둘 사이의 차이(gap)를 줄이는 노력이 필요하다.

서비스 품질의 갭 모델은 서비스 조직에서 서비스 품질을 향상시키는 유용한 틀로서 사용될 수 있다. 이 모델은 고객이 가질 수 있는 고객 갭(고객 기대와 고객 지각의 차이)으로부터 시작한다. 이 갭을 이해하는 것이 서비스 품질 향상의 시작이 되는 것이다.

[그림 4-1]의 서비스 갭 모델은 서비스 품질을 평가하는 데 있어서 어떤 갭(gap)들이 존재하는지를 보여주고 있다. 서비스 품질의 갭 모델에서는 갭의 유형을 고객, 그리고 제공자 측면에서 나누어서 제시하고 있다.

2. 고객 갭

고객 갭(customer gap)은 서비스에 대한 고객의 기대(customer expectations)와 고객의 지각(customer perceptions) 간의 차이를 말한다. 여기서 고객의 기대란 고객이 서비스를 선택할 때 가지게 되는 일종의 기준(reference)을 말하는 것이며, 고객의 지각이란 실제로 서비스를 경험한 후 갖게 되는 주관적인 평가를 말한다. 즉, 고객의 기대는 실제로 서비스에 대해 고객이 제공받기를 바라고 당연히 제공받을 것으로 믿는 것으로 이루어진다.

고객이 서비스에 대해 가지는 기대는 다양한 요인들에 의해 영향을 받을 수 있다. 가격, 판촉, 광고 등과 같이 마케터가 통제할 수 있는 요인들도 있는 반면에, 개인적 욕구, 구전, 타사 상품과 같이 마케터의 영향력이 제한적인 요인들도 있다. 가장 이상적인 것은 고객 기대와 고객 지각이 동일한 경우를 말하지만, 실제로 기대와 지각은 어느 정도 간격(gap)을 가지게 된다. 따라서 기업에게 있어서 중요한 것은 이 간격을 얼마나 줄이느냐 하는 것이라 할 수 있다.

3. 제공자 갭

제공자 갭(provider gaps)이란 서비스를 제공하는 기업 혹은 조직 내에서 발생하는 갭을 말하는 것으로 총 4가지 유형으로 나타난다.

3.1 제공자 갭 1

제공자 갭 1은 고객의 기대와 그러한 기대에 대해 제공자가 지각하는 것과의 차이를 말하는 것으로 서비스 제공자가 고객의 기대를 알지 못함으로써 발생한다. 경영자들이 고객의 기대를 제대로 알지 못하는 이유는 여러 가지가 있다. 경영진들이 고객과의 직접적인 접촉과정(상호작용)이 없거나, 고객의 기대를 알아보고자 하는 의지가 없거나, 고객의 기대에 제대로 응답할 준비가 되어 있지 않는 경우가 그 예이다.

제공자 갭 1을 일으키는 세부적인 원인은 다음과 같다.

첫째, 기업에서 마케팅 조사의 중요성에 대한 이해가 부족한 경우이다. 불충분한 조사, 서비스 품질에 초점을 맞추지 않는 조사, 그리고 마케팅 조사의 결과를 제대로 활용하지 못할 경우 갭 1이 발생한다. 즉, 경영진 혹은 관련 직원이 고객의 기대에 대한 정확한 정보를 갖지 못하게 되면 갭 1은 더욱 커지게 된다.

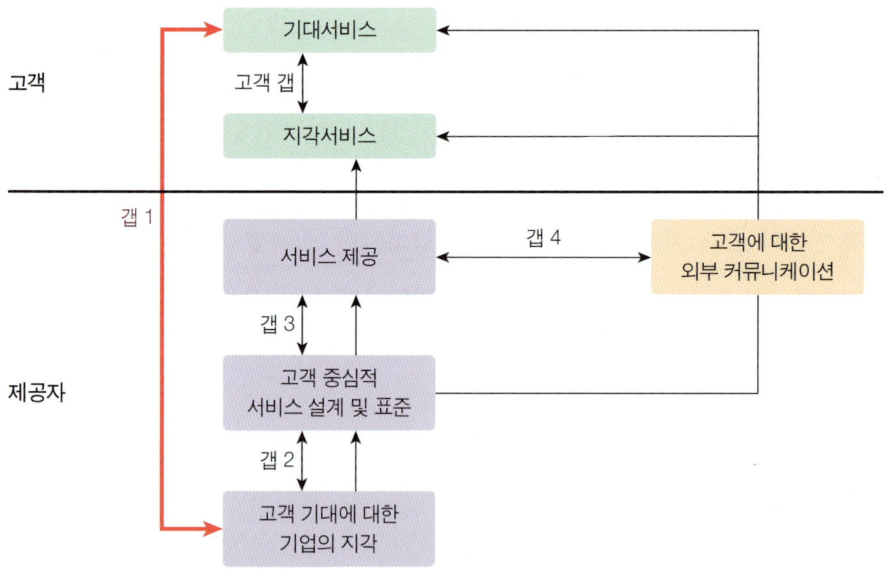

둘째, 커뮤니케이션이 부족한 경우이다. 기업과 고객 간의 커뮤니케이션뿐만 아니라, 접점직원과 관리자 간의 커뮤니케이션이 제대로 이루어지지 않는 것이다. 그리고 접점직원과 최고경영진까지의 많은 계층구조는 커뮤니케이션이 원활하게 이루어지는 것을 막게 되고, 궁극적으로 일선 직원이 가지고 있는 고객에 대한 정보를 경영진에게 원활하게 전달하지 못하게 한다.

셋째, 관계마케팅의 부족이다. 일반적으로 기업이 고객과의 관계를 유지 및 강화시키려는 노력을 지속적으로 한다면 갭 1은 줄어들게 된다. 그러나 기업이 신규고객의 발굴에만 초점을 맞춘다면 기존고객과의 관계에 소홀해지며 그들의 변화된 욕구를 제대로 파악할 수 없을 것이고, 결국에는 기존고객을 잃게 된다.

넷째, 부적절한 서비스의 회복이다. 고객의 기대를 명확히 이해하고 있는 기업도 서비스 실패를 하게 된다. 이때 중요한 것은 왜 서비스 실패가 일어났고 고객의 불만이 무엇인지를 파악하는 것이다. 효과적인 서비스 대응(즉각적 반응 및 효율적 불평처리)은 고객을 이해하는 데 중요한 부분을 차지한다.

3.2 제공자 갭 2

제공자 갭 2는 고객의 기대에 대해 기업의 이해와 고객 중심적인 서비스 설계 및 표

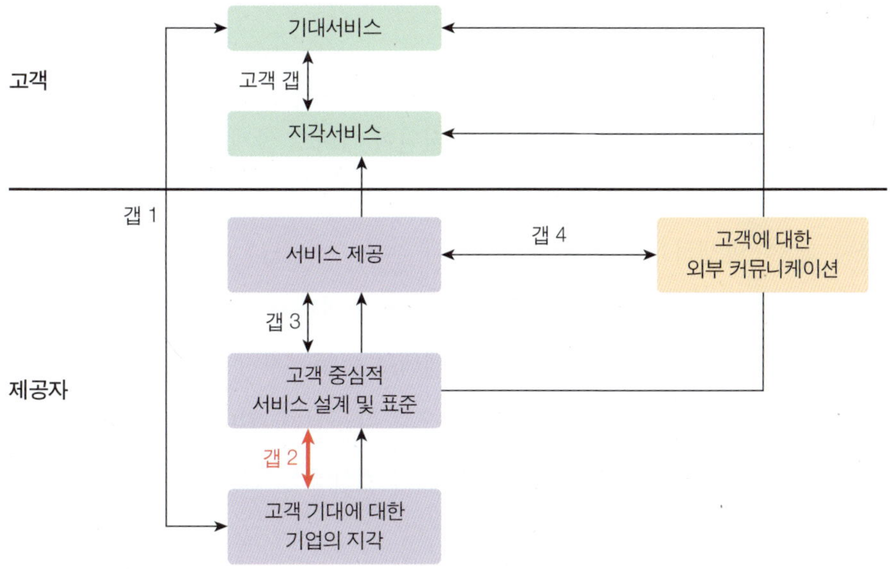

준 간의 차이에 의해서 발생한다. 즉, 기업이 적합한 서비스 설계와 표준을 선택하지 못할 경우 나타나는 것이다. 고객 중심적 표준은 고객의 원하는 조건에 맞춘 것으로 대부분의 서비스 기업들이 써왔던 전통적인 성과표준인 기업 중심 표준과는 차이가 있다.

제공자 갭 2가 발생하는 이유는 다음과 같다.

첫째, 기업의 어설픈 서비스 설계이다. 즉, 기업의 체계적이지 못한 새로운 서비스의 개발과정과 애매하고 정의되지 않은 서비스 설계는 기업이 제공하는 서비스 포지셔닝에 맞지 않게 된다.

둘째, 고객 중심적인 표준의 부재이다. 기업은 때때로 고객의 요구가 비논리적이거나 비현실적이라고 평가하는 경우가 있다. 이에 따라 기업은 고객요구에 초점을 맞추는 프로세스를 거치지 않거나, 서비스 품질을 설정하는 데 있어서 주관성, 편견, 단순화와 같이 비공식적인 과정에 치우칠 가능성이 있다. 이는 결국 고객이 원하는 서비스를 제공하지 못하게 된다.

셋째, 적합하지 않는 유형적 증거와 서비스스케이프의 개발이다. 유형적 증거와 서비스스케이프는 고객의 직접 방문을 통해 서비스를 평가할 때 중요하게 고려된다. 그러나 고객의 기대에 부응하는 유형적 단서를 개발하지 못하거나, 고객과 직원의 욕구에 부합하지 않은 서비스스케이프의 설계는 갭을 더 크게 만들 수 있다.

3.3 제공자 갭 3

제공자 갭 3은 고객 중심의 서비스 설계 및 표준과 접점직원이 실제로 제공하는 서비스 간의 차이를 말하는 것이다. 즉, 이 갭은 직원이 서비스 설계 및 표준에 따라 적절히 서비스를 수행하지 못함으로써 발생한다.

제공자 갭 3이 발생하는 주요 원인은 다음과 같다.

첫째, 기업의 인적자원관리의 문제이다. 직원이 고객과의 접점에서 자신이 수행해야 할 역할을 명확하게 알지 못하거나, 보상이 제대로 이루어지지 않을 경우, 또는 상황에 따른 권한위임이 부족한 경우 등이 장애요인으로 작용될 수 있다. 이 모든 사항은 기업의 인적자원관리와 관련된 것으로 마케팅 부서와 인사부서에서 함께 해결해야 할 문제이다.

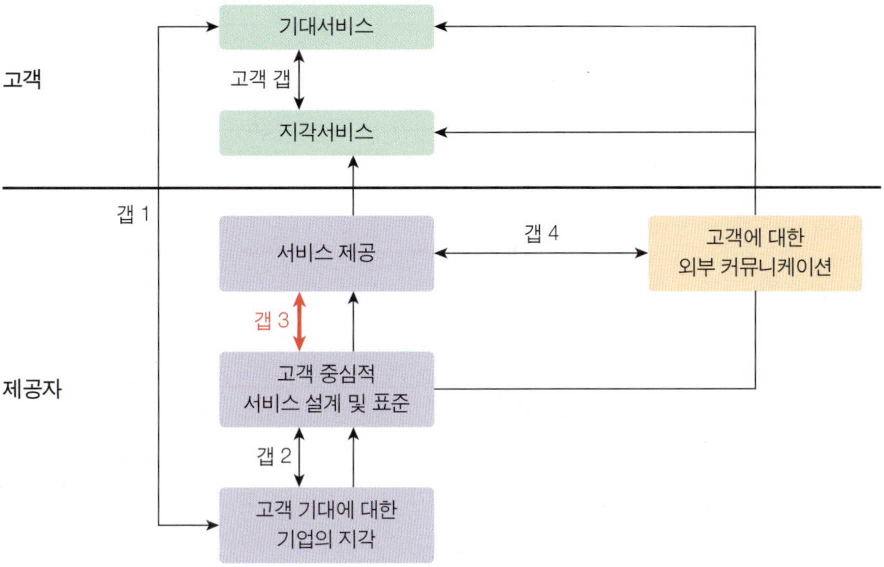

둘째, 서비스를 제공받는 고객의 문제이다. 고객이 자신들이 서비스를 제공받는 과정에서 해야 할 역할이 무엇인지 모르거나, 서비스 제공자의 지시사항을 따르지 않을 경우 서비스 품질이 낮아질 수 있다. 또한 고객이 서비스를 제공받는 데 너무 많은 시간을 사용할 경우 다른 고객의 서비스 품질에 부정적인 영향을 미칠 수 있다.

셋째, 서비스 중간상의 문제이다. 서비스가 소매상, 프랜차이즈 가맹점, 브로커와 같은 중간상을 통해 전달될 경우 품질의 일관성과 통제의 어려움에 따른 문제가 발생할 수 있다. 그러므로 기업에게는 각 경로 간의 갈등관리 및 중간상에게 동기부여를 통한 관리가 중요하게 고려되어질 수 있다.

넷째, 수요와 공급의 조절 문제이다. 서비스는 재고를 보관할 수 없는 특성으로 인해 수요와 공급을 관리하는 것이 무엇보다 중요하다. 이런 수급 불균형의 문제는 서비스 직원으로 하여금 고객이 원하는 서비스를 제공하지 못하게 하는 상황을 만들 수 있다.

또한, 기업이 초과수요 또는 수요 부족의 상황을 제대로 대응하지 못할 경우 최종적으로 매출을 놓치게 되는 것이다.

3.4 제공자 갭 4

제공자 갭 4는 제공되는 서비스와 서비스 제공자의 외부 커뮤니케이션의 차이를 나

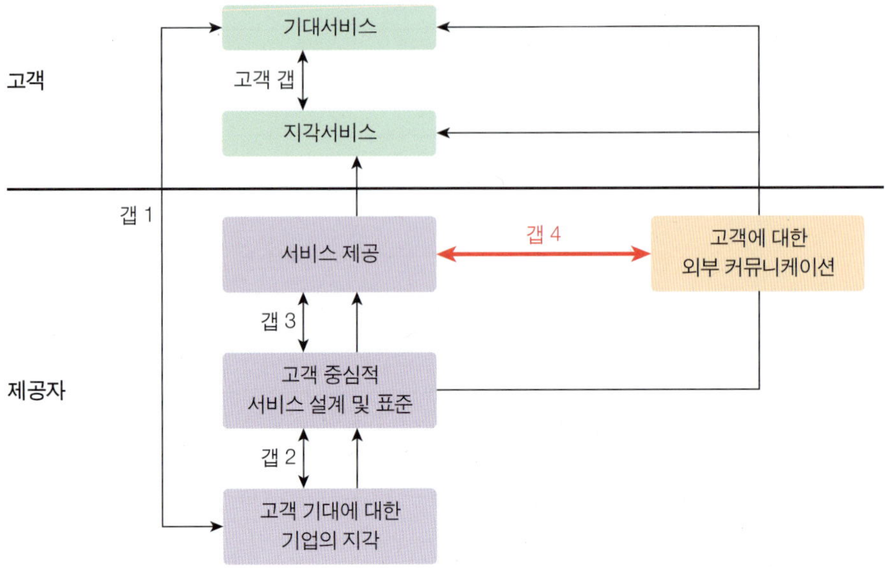

타내는 것으로 서비스 성과가 약속에 미치지 못함으로써 발생한다. 광고, 인적판매 등과 같은 커뮤니케이션을 통한 기업의 약속은 고객의 기대를 높이는 역할을 한다.

제공자 갭 4가 생기는 주요 원인은 다음과 같다.

첫째, 커뮤니케이션의 부족이다. 기업은 다양한 외부 커뮤니케이션(광고, PR, 인적판매 등)을 실시한다. 그러나 그 활동들이 통합적으로 관리되지 못하는 경우 고객에게 기업의 약속에 대한 일관된 메시지 전달이 어렵게 된다. 이것은 기업에게 있어서 통합적 마케팅 커뮤니케이션 활동이 필요하다는 것을 뜻한다. 또한 기업 내부 직원 간의 커뮤니케이션의 부재는 관련 부서 간의 효율적인 활동을 저해할 수 있다. 부서별로 다른 의견을 내놓는 것은 고객에게 다른 약속을 제시할 수 있다는 문제점을 내포한 것이기 때문이다. 그리고 이것은 궁극적으로 외부 커뮤니케이션이 부정적인 영향을 미치는 결과를 낳게 된다.

둘째, 과잉약속이다. 기업은 광고, 인적판매 등과 같은 커뮤니케이션을 통해 기업이 제공하는 서비스가 무엇인지를 알리는 정보전달활동과 동시에 고객이 자사 서비스에 대해 가지는 기대수준을 상승시킨다. 그러나 이런 활동이 지나칠 경우 고객은 사전에 가진 기대와 실제로 서비스를 접한 후 성과 간의 차이를 크게 인식할 수밖에 없다. 이는 결국 실제 제공서비스와 외부 커뮤니케이션인 약속 간의 갭(갭4)을 더욱 커지게 하는 원인이 된다.

Service Issue

내가 묵은 국내 5성급 호텔 … "진짜 별이 다섯 개일까"

롯데 시그니엘, 글로벌 기준 등급 하락 … '콘래드 서울' 등 사실은 4성급

국내에서 5성급으로 분류되는 특급 호텔들이 글로벌 평가에서는 기준에 미치지 못하는 등급을 받은 것으로 나타났다.

포브스 트래블 가이드가 발표한 '2025 스타 어워드'에는 총 18개의 국내 호텔이 이름을 올렸다.

포브스 트래블 가이드는 매년 전문 평가단이 익명으로 호텔에 투숙해 900여 개의 평가 기준에 따라 심사를 진행하며, 이를 ▲5성 ▲4성 ▲추천 등 세 개의 등급으로 분류한다. 이 등급은 호텔 업계에서 세계적인 권위를 지닌다.

평가기준은 대외적으로 공개돼 있지는 않으나 포브스 측은 웹사이트에 시설뿐만 아니라 호텔의 서비스를 평가한다고 명시하고 있다. 또 ▲호텔 ▲레스토랑 ▲스파 등의 외관뿐만 아니라 어떤 감정을 주는지를 가장 중요시한다고 설명한다.

올해 기준으로 국내 호텔 중 5성을 유지한 곳은 '신라호텔'과 '포시즌스호텔' 두 곳으로 나타났다. 신라호텔을 운영하는 호텔신라 관계자는 "맞춤형 서비스와 우수한 레스토랑 등이 좋은 평가를 받은 것으로 안다"며 "7년 연속 5성을 유지하는 중"이라고 설명했다.

시그니엘 서울 전경. [사진=호텔롯데]

지난해에 비해 등급이 하락한 곳도 존재한다. 호텔롯데가 운영하는 잠실 '시그니엘 호텔'은 4성에서 추천 등급으로 강등됐다. 회사 관계자는 등급 하락 이유에 대해 "포브스 측 기준에 부합하지 못해 등급이 하락하게 됐다"며 "앞으로 서비스 개선 방향을 고민할 것"이라고 설명했다.

국내에서는 5성급이라 홍보하지만 포브스 기준 4성 이하인 곳도 존재한다. '콘래드서울'과

'JW 메리어트 호텔'은 국내에서는 5성이지만 포브스에서는 각각 4성, 추천 등급으로 집계됐다. 또 다른 5성급 호텔인 '롯데호텔 서울'도 추천 등급으로 분류됐으며, '반얀트리 호텔 앤 서울 리조트'와 '인터컨티넨탈 파르나스'도 해당 등급에 머물렀다.

출처: 지디넷코리아, 2025-02-18

제3절 | 서비스 품질 측정

1. SERVQUAL

서비스 품질에 대한 소비자의 평가는 한 가지의 단편적인 차원으로 이루어지는 것이 아니라, 소비자가 처한 상황과 관련된 여러 가지 요소에 의해 품질 평가가 이루어진다. 특히, 서비스 품질 차원은 Parasuraman, Zeithaml, and Berry(1988)의 연구에 의해 정립되었다. 그들은 서비스 품질을 평가하는 차원을 최종적으로 다음의 다섯 가지로 제시하였다. (참고: Parasuraman, A., Zeithaml, V. A., & Berry, L. L. (1988). Servqual: A multiple-item scale for measuring consumer Perceptions of service quality. Journal of retailing, 64(1), 12-40.)

- 신뢰성(reliability) : 약속된 서비스를 신뢰할 수 있고 정확하게 이행하는 능력
- 응답성(responsiveness) : 고객을 돕고 신속히 서비스를 제공하려는 의지
- 확신성(assurance) : 서비스 제공자의 지식, 정중함, 믿음, 확신을 심어주는 능력
- 공감성(empathy) : 바람직한 커뮤니케이션, 고객의 이해와 접근성
- 유형성(tangibles) : 물리적 시설의 외형적 요소

이 차원들은 소비자들이 자신이 처한 환경 혹은 상황 하에서 서비스에 관련된 다양

한 정보를 어떻게 습득하고 그것을 조직화하는가에 따라 다르게 평가될 수 있다. 이 차원들은 탐색적 연구와 계량적 연구를 통해 은행, 보험, 가전상품 수리 및 보수, 전화서비스, 자동차 수리 서비스와 같은 다양한 서비스 품질을 평가하는 데 효과적으로 이용될 수 있음이 드러났다. 고객은 때때로 이 다섯 가지 차원을 모두 가지고 서비스를 평가하기도 하지만 어떤 경우에는 일부 차원만 이용하기도 한다.

1.1 신뢰성

신뢰성(reliability)은 서비스 제공자가 약속한 서비스를 정확하게 제공할 것으로 믿는 능력을 말한다. 즉, 넓은 의미로 본다면 단순하게 구매한 상품의 배달 혹은 적절한 서비스의 제공, 그리고 발생한 문제에 대한 올바른 해결 등 고객에게 한 약속 혹은 정책의 실천을 의미한다. 그러므로 고객은 약속을 잘 지키는 기업과 지속적으로 거래를 하기를 바라며, 특히 자신이 원하는 서비스의 핵심속성이나 서비스 결과와 관련된 약속을 지킬 경우 신뢰성을 더욱 중요하게 평가한다.

페덱스는 빠른 배송이라는 약속을 통해 신뢰성을 구축한다

1.2 응답성

응답성(responsiveness)은 고객을 도우려는 의지와 고객의 요구가 있을 경우 즉각적으로 서비스를 제공하고자 하는 의지를 말한다. 응답성은 고객의 요구사항, 질문, 불만요소, 문제 등과 같은 사항들을 처리하는 데 주의를 기울이고 신속하게 처리하는 것을 강조한다. 즉, 응답성은 고객이 필요로 하는 요소(도움, 질문에 대한 대답, 문제의 해결)와 관련해서 얼마나 빨리 이것을 처리하느냐 하는 시간으로 평가받게 된다. 더불어 응답성

은 문제 해결에 있어서 얼마나 고객의 욕구에 서비스를 맞추는가 하는 고객화(customization)의 개념도 포함한다고 할 수 있다.

기업은 고객의 요구에 신속하게 대응하기위해 콜센터를 운영한다

1.3 확신성

확신성(assurance)은 서비스 제공자인 기업과 직원의 역량, 신뢰, 보안, 정중함과 확신을 심어주는 능력을 말한다. 이 확신성 차원은 고객이 서비스에 대해 위험이 높다고 생각되는 금융 분야(은행, 증권, 보험 등) 또는 전문 분야(의료, 법률 등)의 경우에 특히 중요하게 인식된다.

기업 및 제공자에 대한 신뢰 및 믿음은 서비스 제공자가 올바른 서비스를 제공할 것이라는 기대를 나타내는 것으로 명성과 서비스 보증과 같은 형태로 평가될 수 있다.

이 요소는 기업의 슬로건 혹은 광고 캠페인에서 강조하기도 한다. 더불어 정중함은 서비스 접점에서의 종업원의 친절함, 공손함, 존경, 배려와 같은 요소들에 의해 평가되어진다.

금융기관은 전문가집단인 PB센터를 운영하면서 우량고객과 우호적인 관계를 구축한다

1.4 공감성

공감성(empathy)은 기업이 고객들을 보살피고 고객의 문제에 대해 가지는 관심과 의사소통을 말한다. 고객은 기업이 자신의 문제를 이해하고 해결해 주기를 바라며 이때 우선적으로 고객은 자신의 문제를 해결하기 위해 기업에 대한 접근이 용이하기를 원한다. 고객은 기업이 고객의 소리를 듣고 이해할 수 있는 언어로 지속적인 커뮤니케이션을 해주기를 바란다. 이는 고객과의 지속적인 관계구축을 하는 데 유용하게 작용될 수 있다. 그리고 이것은 기업이 고객의 니즈를 파악하려는 노력이라고 할 수 있다.

기업은 고객의 소리에 귀를 기울여야 한다

1.5 유형성

유형성(tangibles)은 물리적 시설, 장비, 직원, 커뮤니케이션과 같은 유형적인 증거를 말한다. 유형성은 고객이 서비스 품질을 평가하는 데 사용되는 물리적인 표현과 이미지를 제공하며, 신규고객이 서비스를 처음 접할 때 품질 평가에 큰 영향을 미치게 된다. 유형성은 호텔, 레스토랑, 소매점 등과 같이 고객이 직접 서비스를 제공받기 위해 서비

병원의 유형적 요소인 외관은 서비스 품질을 평가하는 데 중요하게 작용한다

스 시설 혹은 서비스 제공자를 찾는 경우 더욱 강조된다.

일부 기업의 경우 자신들의 서비스 품질이 뛰어나다는 것을 나타내기 위해 시설 및 외관과 같은 유형적인 요소에 많은 투자를 하기도 한다. 그러나 유형성은 서비스를 접하기 전에 초기 이미지 형성에는 효과적이지만 다른 품질 요소들이 뒷받침되지 않는다면 오히려 불만, 배신감, 혹은 분노와 같은 부정적인 감정을 야기할 수 있다. 그러므로 다른 차원들과 효율적으로 결합하여 사용하는 것이 효과적이라고 할 수 있다.

〈표 4-1〉은 다양한 서비스를 접하는 고객이 서비스 품질의 다섯 가지 차원을 어떻게 평가하고 있는지 구체적인 예시를 보여주고 있다.

〈표 4-1〉 서비스 품질 차원의 예시

	신뢰성	응답성	확신성	공감성	유형성
자동차 수리 (소비자고객)	• 문제를 처음에 수정 • 약속시간에 준비	• 이용용이 • 대기 없음 • 요구에 대한 반응	• 지식이 많은 수리공	• 고객의 이름을 알고, 이전의 문제 및 선호를 기억	• 수선시설 • 대기장소 • 유니폼 • 장비
항공사 (소비자고객)	• 일정에 따라 목적지로 출발과 도착	• 발매 • 탑승 • 수하물 처리에 대한 신속하고 빠른 대응	• 신인도 • 탁월한 안전 기록 • 유능한 승무원	• 고객의 특별한 요구에 대한 이해 • 고객욕구의 예측	• 항공기 • 발매소 • 수하물지역 • 유니폼
의료 (소비자고객)	• 일정에 따른 약속 준수 • 정확한 진찰	• 이용 용이 • 대기 없음 • 자진 경청	• 지식 • 기술 • 신뢰 • 평판	• 한 개인으로서 환자를 이해 • 이전의 문제를 기억 • 올바른 경청 • 안내	• 대기실 • 검사실 • 의료장비 • 문서자료
건축가 (사업고객)	• 약속된 때 예산 내의 설계도 전달	• 전화 응답 • 변화 수용	• 신뢰 • 평판 • 사회에서의 명성 • 지식과 기술	• 고객의 산업을 이해 • 고객의 특정 요구 및 이해를 인정 및 적용 • 고객에 대한 이해 노력	• 사무실 공간 • 보고서 • 스스로의 계획 • 청구서 작성 • 직원의 복장
정보처리 (내부고객)	• 요청할 때 필요한 정보 제공	• 요청에 대해 신속한 대응 • 관료적이 아닌 신속한 문제 처리	• 통찰력 있는 스탭 • 숙련 • 신임	• 내부고객을 이해 • 부서나 개인의 이해	• 내부 보고서 • 사무실 공간 • 직원의 복장
인터넷증권업 (소비자, 사업자고객)	• 정확한 정보의 제공 • 고객의 요구를 정확히 이행	• 이용 용이 • 휴지(休止) 시간이 없는 빠른 웹사이트	• 사이트 내 신뢰할 만한 정보 원천 • 브랜드 인지 • 사이트의 명백한 신임	• 필요할 때 사람이 응답	• 웹사이트 외관

자료원 : Zeithaml, Valarie A., A. Parasuraman, and Dwayne D. Gremler(2013), Services Marketing, McGraw-Hill, 6th ed.

1.6 SERVQUAL측정 문항

서비스 품질 측정을 위해 Parasuraman et al.(1988)의 22개 문항을 사용할 수 있다.

- 유형성(Tangible)

우리 서비스는 최신 장비를 갖추고 있다.

우리 서비스의 물리적인 시설은 시각적으로 보기 좋을 것이다.

우리 서비스의 종업원들은 옷차림과 용모가 단정할 것이다.

우리 서비스는 업무에 적합한 시설과 분위기를 갖출 것이다.

- 신뢰성(Reliability)

우리 서비스는 정해진 시간 안에 업무 처리를 약속하였다면 반드시 지킬 것이다.

우리 서비스는 고객에게 문제가 발생했을 때 관심을 보이고 해결해 줄 것이다.

우리 서비스는 믿고 의지할 수 있을 것이다.

우리 서비스는 약속한 시간에 서비스를 제공할 것이다.

우리 서비스는 업무 기록을 정확하게 유지할 것이다.

- 응답성(Responsiveness)

우리 서비스는 고객들에게 언제 업무를 처리해 줄 것인지 말해 줄 것이다.

우리 서비스의 종업원들은 고객에게 즉각적인 서비스를 제공할 것이다.

우리 서비스의 종업원들은 항상 자발적으로 고객을 도울 것이다.

우리 서비스의 종업원들은 아주 바쁠 때에도 고객의 요구에 신속하게 대응할 것이다.

- 확신성(Assurance)

우리 서비스의 고객은 종업원들을 신뢰할 수 있을 것이다.

우리 서비스는 고객이 안심하고 거래하기 위한 안전을 확보할 것이다.

우리 서비스의 종업원들은 예의가 바르고 공손할 것이다.

우리 서비스의 종업원들은 고객의 질문에 답변할 충분한 지식을 가지고 있을 것이다.

● 공감성(Empathy)

우리 서비스는 고객에게 개별적인 관심을 기울일 것이다.

우리 서비스는 고객이 편리하게 이용할 수 있게 영업시간을 맞출 것이다.

우리 서비스의 종업원들은 고객에게 개인적으로 신경을 써줄 것이다.

우리 서비스는 고객의 이익을 진심으로 생각해 줄 것이다.

우리 서비스의 종업원들은 고객의 필요를 이해할 것이다.

1.7 서비스 품질 개선 절차

다음과 같은 절차로 서비스 품질을 개선할 수 있다.

1) 현재의 서비스 품질 평가

Parasuraman et al.(1988)의 22개 문항을 사용하여 현재 서비스의 수준을 7점 척도 또는 5점 척도로 평가한다.

2) 현재의 서비스 마케팅 믹스 7P 평가

잘되고 있는 점과 부족한 점을 경쟁 상대와 비교하여 평가한다.

3) 7P 개선안 도출

이때, 추가로 발생하는 비용과 예산을 반영하여 개선안을 도출한다.

4) 서비스 품질 재평가

다시 개선된 7P를 바탕으로 변화될 서비스 품질을 평가한다. 설문조사 방법을 이용할 수 있다.

Service Issue

맘스터치, 품질경영으로 행정처분 절반 줄였다

토종 버거 · 치킨 브랜드 맘스터치는 2019년 경영권 변경 이후 품질 · 위생관리에 역량을 집중해 식약처 행정처분을 절반으로 감소시키는 성과를 거뒀다고 밝혔다.

맘스터치 BI. [사진=맘스터치]

맘스터치는 외식업에서 위생은 품질에 대한 약속이자 소비자 신뢰와 직결된 요소라고 판단, 2019년 12월 경영권 변경 이후 2020년부터 '품질경영'에 전사적인 노력을 기울이고 있다.

품질보증팀을 품질경영본부로 격상해 품질 중요성을 대내 · 외에 선포하고, '통합 품질위생 관리 시스템(이하 M-QMS)'을 가동 중이다.

M-QMS는 가맹본부와 협력업체, 가맹점의 삼각편대를 주축으로, 상품 기획부터 원재료 생산 및 유통, 판매까지 밸류 체인 전 과정을 표준화해 선제적으로 관리하는 것이 핵심이다.

맘스터치 가맹본부가 목표한 수준 높은 위생 및 품질기준이 가맹점에 자리 잡으면서, 2019년 51건에 달했던 식약처 행정처분 사례는 23년 26건으로 무려 절반가량 감소하는 등 성과가 나타나고 있다.

2019년에 단 0.3%(3개점)에 불과했던 '위생등급제 인증' 취득 매장의 경우, 지난 8월 기준 전체 매장의 약 17%(242개) 수준까지 크게 늘어났다.

올 상반기까지 식약처 행정처분 사례는 13건으로 전체 가맹점 수(1437개) 대비 위반건수 비율이 0.9%다. 맘스터치는 하반기에도 위생관리 체계 보완 및 QSC 실행 강화를 통해 식품위생법 위반 건수를 전년보다 낮은 수준으로 관리한다는 방침이다.

맘스터치는 전국 1430여 개 가맹점이 경쟁이 치열한 환경에서 지속적으로 성장하기 위해서는 품질과 위생관리가 선행돼야 한다고 판단, 가맹점 자체 관리 역량을 키울 수 있도록 지원하고 있다.

그 일환으로 전국 매장에서 매일 쉽게 위생을 관리할 수 있는 가맹점 자체 관리 가이드를 제공하고, 주기적인 교육을 진행하고 있다.

맘스터치는 역대급 무더위가 예상되는 여름

을 선제적으로 대비하기 위해 5월부터 9월까지를 '하절기 위생관리 강화 기간'으로 지정하고, 길어진 무더위와 집중 호우 등으로 인한 식품안전 이슈가 발생하지 않도록 집중적인 품질 위생관리 감독을 이어나간다.

하절기 위생관리 강화를 위한 관리 가이드를 수립해 전국 매장에 배포했고, 외부 전문기관을 통한 제3자 품질 위생 점검을 병행해 연말까지 약 400개 매장을 밀착 점검 중이다.

무더위에 따른 피해에 대비해 방충·방서 모니터링을 강화하는 등 해충방제 대응력을 높이고, 매장 내 식재료 관리 현황, 식중독 예방 특별점검 등 현장 식품 위생관리 활동도 확대했다.

또한, 매월 위생 점검 결과를 종합한 '월간위생'을 월 2회 카드뉴스 형태로 발행해, 전국 가맹점주와 품질관리 우수 사례 및 예방 위한 가이드를 공유하고, 계절 등 시기별로 필요한 위생 관리 포인트를 교육하는 등 정기적인 e러닝을 통해 가맹점의 품질 및 위생 역량 강화에 주력하고 있다.

추석 이후에도 더운 날씨가 이어지는 등 예년보다 높아진 평균기온을 대비해 매월 위생교육을 독려하는 프로그램을 시행하고, 성과 우수 매장에는 시상으로 환경 개선 비용을 지원하고 있다.

맘스터치는 국내 버거 프랜차이즈 중 가장 많은 매장 수를 보유한 만큼 전국 매장이 동일한 맛과 품질을 유지하도록 가맹점의 위생 검증 체계를 4단계로 확대해 운영 중이다.

가맹점에서 매일 실시하는 기본적인 '일상체크'와 함께 △각 매장별 본사 담당자의 정기 'QSC 점검' △본사 품질경영본부가 주관하는 '식품안전 점검' △외부 식품위생 전문 심사 기관이 주관하는 '3자 위생점검' △공인인증 분석 기관의 '판매 메뉴 미생물 분석'을 통한 안전성 검증 등 선제적인 위생 품질 감독 기능을 강화했다.

고객에게 최상의 맛과 품질을 제공하기 위해 협력업체의 품질관리 역시 'M–QMS'에 의거해 진행한다. 기존 협력 업체를 대상으로 정기·비정기 품질 위생 실사를 강화하고, 위생 등급별 차등관리제를 신설해 상품의 품질 및 안전성을 상시 감독하는 체계를 구축했다.

신규 원료 및 협력업체도 후보 업체에 대한 품질관리 역량 사전 평가와 삼진아웃제를 도입하는 등 품질보증 관리 체계를 강화했다.

소비자 불만사항 대응 체계도 원인 조사부터 재발 방지, 개선 조치까지 고객 중심의 관점에서 재정립했다.

올바른 정보 제공을 위한 식품 표시 검증 게시판의 운영 프로세스도 개선했다. 위생 클레임 발생 시 현장 개선 조치는 물론 재발 방지 가이드를 제작해 전 가맹점과 공유하고, 현실에 맞게 위생기준을 개정하는 등 적극적인 조치를 취하며 소비자 중심 경영 기반도 확충했다.

출처: KPI뉴스, 2024-09-24

2. e-SERVQUAL

인터넷의 발달과 전자상거래의 성장은 기존의 서비스 품질 차원이 온라인 서비스의 품질을 평가하는 데도 효과적인지에 대해 의문을 갖게 하였다. 이에 많은 연구들이 온라인 서비스를 이용하는 고객들이 구체적으로 e-service를 어떻게 평가하는지 알아보는 조사를 진행하였다.

e-servqual은 인터넷 웹사이트가 쇼핑, 구매 활동 및 서비스 제공이 효과적으로 이루어지는가를 평가하는 것이다. 세부적으로 e-servqual은 핵심서비스를 평가할 수 있는 네 가지 차원과 서비스 실패가 발생하였을 때 회복평가를 하는 데 이용되는 세 가지 차원으로 구성된다.

인터넷 및 모바일을 이용하는 고객은 개인정보 유출 문제로 인해 보안에 대한 관심이 높다

우선 웹사이트에 대한 문제점이 없는 상태에서 서비스 품질을 평가하는 데 사용하는 차원은 〈표 4-2〉와 같다.

〈표 4-2〉 e-서비스 품질 차원

품질 차원	정 의
효율성(efficiency)	고객이 웹사이트를 찾은 후 방문하는 것, 그리고 고객이 원하는 상품과 그것에 관련된 정보를 찾아내고 조사하는 것까지 최소한의 노력으로 가능한지의 여부
실행성(fulfillment)	기업이 제공하는 서비스 약속의 정확성, 고객이 필요로 하는 다양한 상품의 보유, 약속한 시간에 상품을 전달하는 것
시스템 가용성(system availability)	웹사이트의 기술적인 기능, 특히 고객이 상품을 구입할 수 있는지 여부와 제대로 사이트가 작동하는지 여부
보안성(privacy)	웹사이트가 안전한지 여부와 고객의 정보를 공개하지 않는 것

웹사이트를 이용함에 있어서 문제가 발생할 경우, 고객은 기업의 회복활동을 접하게 된다. 이때 기업이 제공하는 회복 서비스의 품질을 평가하는 데 이용하는 세 가지 차원은 〈표 4–3〉과 같다.

〈표 4–3〉 e–서비스 회복활동 평가 차원

회복평가 차원	정 의
응답성(responsibility)	고객에게 문제가 발생하였을 때, 적절한 정보를 제공하는 능력, 환불 시스템, 온라인 보증을 제공하는 능력
배상(compensation)	발생한 문제에 대해 고객에게 배상하는 정도
접촉(contact)	온라인이나 전화를 통해 고객과 직접 만나는 고객서비스 혹은 직원의 존재 여부

3. 서비스 품질을 측정하고 연구하는 이유

서비스 품질을 측정하고, 서비스 만족도 애호도를 함께 측정하면 서비스 품질 연구자 또는 학자는 아래 그림처럼 각 항목의 연결 정도를 데이터를 통해 통계적으로 추정한다.

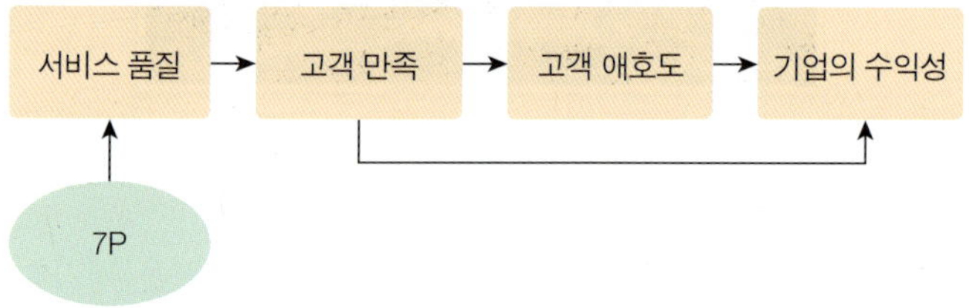

가장 간단한 분석방법은 회귀분석 모형을 사용하는 것이다. 종속변수(결과변수)로 만족도, 애호도, 수익성을 사용하고, 여러 개의 수식을 함께 추정하기도 한다. 아래 수식의 그리스 문자는 변수의 계수인데 이를 통계적으로 추정하여 알게 되면 특정 품질을 높이면 얼마나 만족도와 수익성이 증가할 것인지 모의실험(simualtion)할 수 있다. 수식의 i는 개별 서비스이다. 이를 연구한 논문을 참고할 수 있다. 참고: Yi, Y. J., Cha, K. C., & Lee, C. L. (2008). 기업의 수익성과 가치에 미치는 고객만족의 동태적 영향. Asia Marketing Journal, 10(1), 1–23.

$$만족도_i = \alpha 1 + \beta 1 \cdot 공감성_i + \beta 2 \cdot 신뢰성_i + \beta 3 \cdot 확신성_i + \beta 4 \cdot 유형성_i + \beta 5 \cdot 응답성_i$$

$$수익성_i = \alpha 2 + \gamma \cdot 만족도_i$$

Review Case

대한항공, 에어라인 레이팅스 선정 '2025년 올해 항공사' 수상

세계 최고 이코노미 항공사 · 안전한 항공사 탑 25에도 이름 올려

대한항공이 호주 항공 · 여행 전문 매체 '에어라인 레이팅스(Airline Ratings)'가 선정한 '2025년 올해의 항공사(2025 Airline of the Year)'상을 수상했다.

또한 '세계 최고의 이코노미 클래스 항공사(World's Best Economy Class)'와 '세계에서 가장 안전한 항공사 탑 25(Top 25 Safest Airlines)' 8위에도 선정되며 글로벌 항공사로서의 경쟁력을 인정받았다.

대한항공이 호주 항공 · 여행 전문 매체 '에어라인 레이팅스(Airline Ratings)'가 선정한 '2025년 올해의 항공사(2025 Airline of the Year)'상을 수상했다. [사진=대한항공]

에어라인 레이팅스는 전 세계 350여 개 항공사를 대상으로 ▲안전 등급 ▲승객 리뷰 ▲항공기 기령 ▲수익성 ▲좌석 클래스별 평가 ▲중대 사건 · 사고 기록 ▲ESG(환경 ·

사회 · 거버넌스) 노력 등을 종합적으로 평가해 매년 우수 항공사를 선정한다.

◆서비스 품질 향상 수상 비결 … 넓은 좌석 간격 · 기내식 개선

이번 수상은 대한항공이 승객 편의성을 높이고 안전하고 쾌적한 항공 여행을 제공하기 위해 지속적인 노력을 기울인 결과로 분석된다. 특히 이코노미 클래스의 좌석 간격이 다른 항공사보다 넓다는 점이 높은 평가를 받았다.

대한항공이 도입한 보잉 787−10 차세대 항공기에는 좌석 등받이를 최대 120도까지 기울일 수 있는 기능과 다양한 방향으로 조절 가능한 머리 받침대가 포함돼 있다. 또한 13.3인치(33㎝) 모니터를 제공해 동급 기종 대비 크고 선명한 화면을 제공한다.

기내식 서비스도 대폭 개선됐다. 대한항공은 국산 식자재 사용 비중을 늘려 건강하고 신선한 기내식을 제공하는 한편, 프레스티지 클래스 승객을 대상으로 기내식 사전 주문 서비스를 도입해 차별화된 경험을 제공하고 있다.

◆안전 운항과 지속적인 혁신 글로벌 메가캐리어 도약

대한항공은 안전 운항을 최우선 가치로 삼고 보잉 787−10, 에어버스 A350−900 등 최신형 중대형 항공기를 도입해 효율성과 신뢰성을 극대화하고 있다. 이러한 노력이 승객 안전을 강화하는 동시에, 에어라인 레이팅스 평가에서도 긍정적인 요소로 작용했다.

또한, 대한항공은 아시아나항공과의 기업 결합을 안정적으로 완료하며 글로벌 메가캐리어로서의 입지를 다지고 있다. 동시에 탄소 중립 정책에 발맞춰 ESG 경영을 강화하며 지속 가능한 항공사로 도약하고 있다.

◆'프리미엄부터 이코노미까지 모든 서비스에서 탁월'

샤론 피터슨(Sharon Petersen) 에어라인 레이팅스 CEO는 "대한항공은 아시아나항공 인수를 성사시키며 미래를 준비하는 역사적인 이정표를 세웠다"며 "차세대 항공기에 지속적으로 투자하며 기단 현대화에 앞장서고 있으며, 프리미엄 객실부터 이코노미 객실까지 모든 클래스에서 탁월한 서비스를 제공한다"고 평가했다.

한편, 대한항공은 지난해 에어라인 레이팅스가 선정한 '올해의 항공사' 2위와 '북아시아 최고의 장거리 항공사'를 수상한 바 있다. 대한항공은 항공업계를 선도하는 글로벌 항공사로 자리매김하기 위해 지속적인 서비스 혁신과 안전 강화를 이어갈 계획이다.

출처: 인천투데이, 2025-02-10

제 5 장

서비스 실패와 회복

Opening Case

683회 주문 후 허위 반품으로 거액 편취 … '블랙컨슈머' 대책 급하다

쿠팡의 무료 반품 서비스 악용해
3200만원 이익 챙긴 20대 '징역형'
반품 감소 위한 품질관리 등 필요

[사진=연합뉴스]

쿠팡(사진)서 멀쩡한 상품을 1600번 이상 주문하고 허위 반품 요청으로 약 3200만 원의 이익을 챙긴 20대가 최근 징역형을 선고받았다. 이커머스 업계의 무료 반품 서비스를 악용해 기업에 손해를 끼친 사례다. 편리한 서비스를 악용하는 블랙컨슈머(악성 소비자) 문제가 기업에 불필요한 비용 부담을 안기고 다른 소비자에게도 악영향을 준다는 지적이 제기된다.

법조계에 따르면 서울중앙지법 형사10단독 류경진 부장판사는 사기 혐의로 기소된 A씨에게 징역 8개월에 집행유예 2년, 120시간의 사회봉사 명령을 선고했다. A씨는 2023년 11월 30일부터 이듬해 4월 1일까지 쿠팡 로켓프레시를 통해 1683회에 걸쳐 상품을 주문, 배송받은 뒤 반품을 요청해 3185만6030원을 편취한 혐의로 기소됐다. 주문한 품목은 우유, 치즈스틱, 버터, 각종 야채와 과일, 아이스크림 등이다.

쿠팡은 신선 식품의 경우 배송 문제나 상품 하자로 반품 시 주문자에게 자체 폐기를 요청하며 대금을 환불해 준다. A씨는 이러한 쿠팡의 방침을 악용해 중간에서 이득을 취하기도 했다. 재판부는 "피고인은 제3자들에게는 할인된 금액으로 (쿠팡에 대신) 상품을 주문해 줄 수 있는 것처럼 말해 돈을 받은 후 물품을 주문했고, 배송이 완료된 후 반품 신청을 해 상품권을 편취했다"며 "그 수법이 계획적"이라고 지적했다.

유사한 사례는 지난해 초에도 있었다. 20대 이모씨가 쿠팡에서 주문한 물품을 반품 신청한 뒤 빈 상자만 보내거나 "미배송됐다"고 거짓 주장해 환불을 받는 수법으로 이익을 챙겼다. 이씨는 481회에 걸쳐 832만 원을 편취한 혐의로 벌금 400만 원을 선고받았다.

블랙컨슈머가 끊이지 않지만 무료 반품 서비스는 확산 추세다. 쿠팡뿐 아니라 알리익스프레스와 테무 등 중국계 C커머스도 가격 경쟁력과 무료 반품 등을 앞세워 시장 점유율을 빠르게 높여가고 있기 때문이다. 네이버는 물류 솔루션 '도착보장'을 이용하면 반품안심케어 사용료를 지원한다. 이달 중 배송 서비스를 개편해 네이버플러스 멤버십 회원에게 무료 반품·교환 서비스를 제공하기로 했다. SSG닷컴도 신세계유니버스클럽 회원이 백화점 상품을 반품할 때 배송비를 SSG머니 3000원으로 적립해 주고 있다.

그동안 국내 기업 대부분은 무료 반품에 적극적이지 않았다. 반품 배송비를 업체 측에서 부담하면 비용이 늘어나기 때문이다. 하지만 쿠팡의 질주에 C커머스 추격까지 더해지면서 충성 고객 확보를 위해 전략을 바꾼 것으로 분석된다.

블랙컨슈머는 기업에만 피해를 주는 게 아니다. 악의적인 반품으로 관리 비용이 쌓이면 멤버십 회비 인상 등 소비자에게 비용이 전가될 수 있기 때문이다. 업계 한 관계자는 "무료 반품을 제공하는 업체가 늘면 반품 규모와 처리 비용이 늘어날 수밖에 없다"며 "반품 감소를 위한 품질안전관리의 중요성이 더욱 강조돼야 할 것"이라고 말했다.

출처: 국민일보, 2025-03-04

Keyword

- 서비스 실패: 서비스를 전달함에 있어서 고객이 지각하는 수준의 서비스 성과를 제공하지 못하거나, 서비스 품질이 고객의 사전 기대에 미치지 못하는 것
- 고객이 불평하는 이유
  1) 보상의 획득
  2) 분노의 표출
  3) 서비스 개선에 대한 도움
  4) 다른 고객을 위한 행동
- 서비스 회복: 기업이 서비스 실패에 대해 취한 조치
- 서비스 회복 역설(service recovery paradox): 실패를 경험한 고객이 좋은 회복 전략을 제공받을 경우 애초에 실패를 경험하지 않은 고객보다 더 만족하고 애호 고객이 됨

제1절 | 서비스 실패란?

서비스 실패(service failure)란 기업이 서비스를 전달함에 있어서 고객이 지각하는 수준의 서비스 성과를 제공하지 못하거나, 서비스 품질이 고객의 사전 기대에 미치지 못하는 것을 말한다. 즉, 서비스 실패란 서비스 접점상황에서 고객의 불만족을 초래하는 바람직하지 못한 경험이라고 볼 수 있다. 이런 서비스 실패는 서비스 전달과정에서 발생하는 여러 가지의 실수 혹은 문제점, 서비스 제공자가 고객에 대한 약속을 위반하는 것, 또는 다양한 형태의 서비스 오류 등을 포함한다.

기업에게 서비스 실패는 흔하게 발생하는 현상이다. 실제로 많은 기업들이 실패 없는 서비스를 제공하려고 하였지만 성공하지 못했다. 여러 연구에서도 실패 없는 완벽한 서비스 제공은 불가능하다는 사실을 제시하였다. 따라서 기업은 자신들에게 발생할 수 있는 서비스 실패가 무엇인지 명확하게 인지하는 것이 중요하다.

서비스 실패의 유형은 크게 서비스 업종 및 종류에 따라 다양하게 나타날 수 있다. 일반적으로 서비스 실패 유형은 크게 세 가지로 나누어 볼 수 있다.

첫째, 서비스 전달 시스템에 대한 서비스 제공자의 반응과 관련된 실패이다. 이 실패는 가장 기본적으로 서비스가 제대로 이루어지지 않았을 경우 발생한다. 즉, 상품의 결

레스토랑에서는 주문을 잘못 받는 실수가 발생하기도 한다

함, 불가능한 서비스, 서비스의 제공 지연, 재고 부족과 같은 기본적인 문제부터 서비스 제공시설의 문제, 포장과 관련된 실수, 잘못된 정보 등과 같은 내용을 포함한다. 이는 핵심서비스의 실패라고 볼 수 있다.

둘째, 고객의 요청사항에 대한 서비스 제공자의 반응과 관련된 실패를 말한다. 이 실패에는 기업이나 직원이 고객이 원하는 특별한 요구사항 및 기호를 제대로 제공하지 못함으로써 발생하는 실패와 고객의 실수 등이 포함된다.

셋째, 서비스 제공자의 즉각적이지 못하고 부적절한 행동과 관련된 실패를 말한다. 이 실패는 서비스 제공자가 고객에게 관심을 보이지 않는 행동, 주문을 잘못 받거나 전달되지 않은 행동, 그리고 계산 착오와 같은 사항들이 포함된다. 또한 문제고객을 들 수 있다. 이때의 문제고객이란 음주 또는 장애가 있는 고객, 기업의 규칙을 위반하는 고객, 서비스 제공 시 비협조적으로 대응하는 고객 등이 포함된다.

제2절 | 서비스 실패에 대한 고객 행동

1. 고객 행동의 유형

서비스 실패를 경험한 고객은 불만족을 가지거나, 기업 혹은 서비스 제공자에 대해 부정적인 감정을 형성할 수 있다. 그러나 모든 고객이 자신이 경험한 서비스 실패에 대해 불평행동을 하지는 않는다.

1.1 불평하지 않는 고객

일반적으로 많은 고객들이 불만족한 상황을 단순하게 언급하거나 그냥 지나가는 등의 소극적인 행동을 하게 된다. 불평행동을 하지 않는 고객은 그들이 제기하는 불평이 시간과 노력의 낭비라고 생각한다. 그리고 자신들이 제기하는 불평행동을 통해 기업의 서비스가 더 좋아질 것이라고 보지 않을 뿐만 아니라 다른 사람에게도 도움이 되지 않는다고 생각한다. 때때로 그 고객들은 불평행동을 어떻게 해야 할지, 누구에게 해야 하는지, 어디서 하는지조차도 모른다. 결국 이 고객들이 서비스 실패 후 선택하는 행동은 기업 또는 서비스 제공자와의 관계를 유지할지 아니면 전환할지를 결정하는 일뿐이다.

대부분의 고객은 불평하지 않고 그냥 지나쳐 간다

1.2 불평하는 고객

서비스 실패로 인해 고객이 불평을 하는 경우는 크게 세 가지로 나누어 볼 수 있다.

첫 번째, 우선 불만족한 고객은 자신의 불만사항을 서비스 제공자에게 바로 언급할 수 있다. 이러한 경우는 서비스 제공자에게 있어서 서비스 품질을 개선할 수 있는 가장 좋은 기회이다. 왜냐하면 그 순간 불평사항을 받고 해결을 할 경우 고객만족을 추구할 수 있을 뿐 아니라 그 고객과 지속적인 관계를 유지할 수 있기 때문이다. 또한 불만족한 고객이 서비스 제공자에게 바로 불평을 하지 않더라도 사후에 전화, 인터넷 등을 통해 불평을 할 수도 있다. 이렇듯 제공자에게 직접 불평을 하는 경우가 가장 적극적이며 능동적인 불평행동이라고 볼 수 있다.

두 번째, 서비스 제공자 혹은 기업에게 불평을 하지 않는 고객은 친구, 동료, 친척과 같은 주변사람들에게 자신의 불평을 털어놓는 부정적 구전을 시행할 수 있다. 이러한 구전은 고객의 부정적인 감정을 강화시킬 뿐만 아니라 타인에게도 부정적인 이미지를 전달시킬 수 있기 때문에 기업에게 있어서는 심각한 사태를 초래할 수도 있다. 왜냐하면 이런 부정적 구전은 기업에게 직접 하는 것이 아니기 때문에 기업이 회복노력을 할 기회조차 없기 때문이다. 최근에는 인터넷과 소셜네트워크의 발달로 고객의 불평에 대한 부정적 구전이 빠르고 광범위하게 확대될 가능성이 높다.

마지막으로 불만족한 고객은 자신의 불평사항을 소비자보호원과 같은 제3자 정부기관 또는 참여연대와 같은 시민단체에게 불평을 표현할 수 있다. 이 경우에는 크게는 법적 문제 혹은 사회적 이슈가 될 가능성도 존재한다.

고객들은 전화, 고객게시판 등을 통해 자신들의 불만을 기업에게 표출하기도 한다

[그림 5-1]은 고객이 서비스 실패 후 일어날 수 있는 행동을 나타낸 것이다. 그림에서 보는 것처럼 고객에게 있어서 최후의 행동은 이탈이냐 유지이냐를 결정하는 것이다. 즉, 기업에게 있어서 위와 같은 불평행동을 하는 것 자체도 중요하지만 그 불평행동 이후 기업과 지속적인 거래를 할 것인지, 아니면 다른 기업 혹은 서비스 제공자로 전환을 할 것인지가 더욱 중요하다고 할 수 있다.

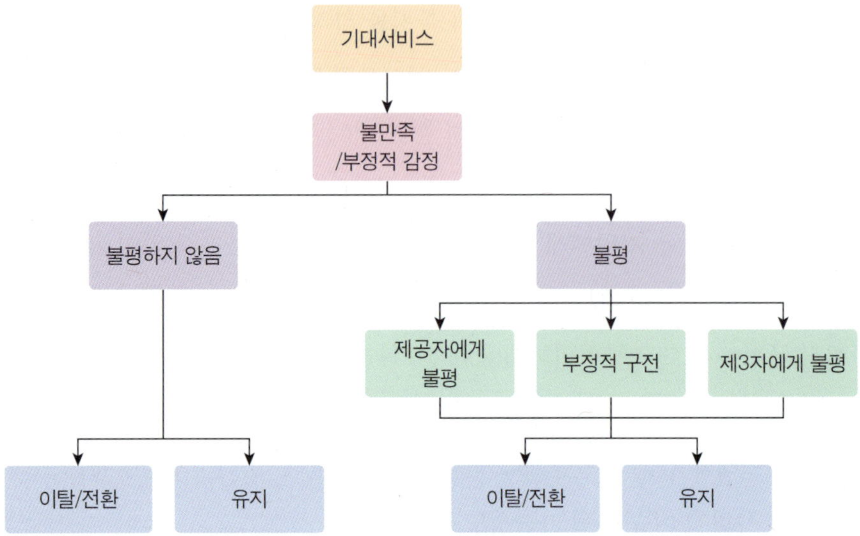

[그림 5-1] 서비스 실패에 따른 고객 행동

자료원 : Zeithaml, Valarie A., Mary Jo Bitner, and Dwaryne D. Gremler(2013), Services Marketing, McGraw-Hill, 6th ed.

제3자에게 이루어지는 불평행동은 기업에 대한 부정적인 이미지를 형성할 수 있다

2. 고객의 불평행동이 중요한 이유

2.1 고객이 불평을 하는 이유

서비스 실패에 대한 불만족 및 부정적 감정에 대한 불평행동이 발생하였을 때 기업은 그에 대한 효과적인 대응이 무엇보다 중요하다. 그렇다면 고객은 왜 불평행동을 하는 것인지에 대해 알아볼 필요가 있다.

고객이 불평행동을 하는 이유는 크게 네 가지로 나누어 볼 수 있다.

• **보상의 획득** : 고객의 일부는 자신이 실패한 서비스에 대한 경제적 손실을 회복하기 위해 반환 요청 및 보상을 원하거나, 서비스를 다시 제공받기 위해 불평행동을 한다. 고객에게 경제적 손실에 대한 보상 활동과 서비스를 다시 제공하는 행위는 기업에 따라서 같이 일어날 수도 있고 선택적으로 발생할 수도 있다.

• **분노의 표출** : 고객은 자신이 서비스 실패를 경험한 후 상한 자존심을 회복하기 위해 또는 자신이 겪은 분노와 좌절을 표출하기 위해 불평행동을 하기도 한다. 이런 경우의 불평행동은 서비스 프로세스가 너무 딱딱한 경우(복잡한 규정), 불합리한 경우, 그리고 서비스 제공자인 직원이 무례할 경우 발생하기 쉽다. 이 경우 고객은 서비스를 받는 데 있어서 자존심, 자존감과 같은 감정적 측면에서 타격을 받을 수 있고 상황에 따라서는 공정성에 대해서도 부정적으로 인식될 수 있다.

• **서비스 개선에 대한 도움** : 고객이 본인과 관련성이 높은 서비스(금융 거래 서비스 등)의 경우 서비스 개선을 위해 자발적으로 도움을 주고자 불평행동 혹은 불만족한 사항에 대해 언급을 하게 된다. 이는 고객의 적극적인 피드백이라고도 볼 수 있다.

• **다른 고객을 위한 행동** : 어떤 경우 고객은 다른 고객을 위해 자신의 불만족한 사항에 대해 문제를 제기하기도 한다. 즉, 자신이 겪은 불만족한 사항을 다른 고객이 접하지 않기를 바라는 것이다. 또한 자신이 제기한 문제가 해결되어 서비스가 개선되는 것을 희망한다.

고객의 불평행동은 분노의 표출(좌)을 위해서 혹은 보상을 받기 위해(우) 발생한다

2.2 불평고객의 특징

불만족한 고객이 모두 불평행동을 하는 것이 아니라면 어떤 고객이 불평을 하는지를 알아볼 필요가 있다. 불평을 하는 고객이 가지고 있는 특징은 다음과 같다.

우선 불만족한 고객 중에 얼마나 많은 사람이 불평행동을 하는가를 알아본 조사결과에 따르면 서비스 실패를 경험한 고객 중에서 실제로 불평행동을 하는 사람은 5%에서 최대 10%를 넘지 않는다고 한다. 고객의 불평이 적다고 무조건 서비스가 좋다고 평가할 수 없는 이유가 이것 때문이다.

그렇다면 어떤 사람이 불평행동을 할 가능성이 높은가? 시장조사 결과에 따르면, 사회적 · 경제적 지위가 높을수록 불평을 할 가능성이 높은 것으로 나타났다. 이는 그 사람들이 높은 교육수준, 소득에 따른 자신감으로 인해, 실패상황을 겪게 될 경우 문제제기를 효과적으로 언급할 능력 및 자신감을 갖고 있기 때문이라고 볼 수 있다.

고객이 불평을 가장 많이 하는 장소는 어디인가? 기존 연구들을 살펴보면 고객이 불만을 나타내는 장소는 직접 서비스를 받는 곳이 가장 많은 것으로 나타났다. 고객은 자신의 불만을 직접 대면 혹은 전화를 통하여 언급하고 해결하기를 바라는 것으로 이는 직원과의 상호작용을 하는 과정에서 이루어진다.

불만족한 고객이 모두 불평행동을 하는 것이 아니다. 불평행동을 하는 고객은 소수이다

제3절 | 서비스 회복의 개념 및 중요성

1. 서비스 회복이란?

서비스 회복(service recovery)은 기업이 서비스 실패에 대해 취하는 조치를 말한다. 서비스 실패는 다양한 이유로 인해 나타날 수 있다. 서비스가 제 시간에 이루어지지 않거나 불친절하게 제공될 경우, 서비스 자체가 제공되지 않을 경우, 그리고 기대한 만큼의 서비스 성과가 이루어지지 않은 경우 등이 서비스 실패의 원인이 된다. 또한 고객의 기분, 날씨 등 기업의 통제영역 밖에 있는 요소에 의해서도 실패가 발생할 수 있다. 이런 서비스 실패는 고객으로 하여금 불만족과 부정적인 감정을 형성하게 하고 이런 부정적인 감정은 결국 서비스 제공자 또는 조직에게 위협을 가하게 되는 결과를 초래한다. 그러므로 기업은 서비스 실패에 대해 효과적인 조치를 취하여 고객의 불만을 해소하는 것이 무엇보다 중요하다고 할 수 있다.

많은 연구들에 따르면 올바른 서비스 회복 노력은 고객만족, 애호도, 긍정적 구전, 수익에 영향을 미친다고 한다. 즉, 고객이 서비스 실패를 경험하였지만 기업이 제공하는 서비스 회복 노력에 대해 만족한다면 재구매 혹은 관계 유지를 할 가능성이 높게 된다. 다시 말해서 고객이 불평행동을 하고 난 후 그 문제가 빨리 회복된 고객일수록 불만족한 사항이 해결되지 않은 고객보다 재구매할 가능성이 높다. 반대로 불평하지 않은 불만족한 고객의 경우가 재구매할 가능성은 가장 낮다.

기업이 회복전략을 효과적으로 사용할 경우 다양한 이점을 가지게 된다. 우선 고객만족과 기업에 대한 애호도를 증가시킬 수 있고, 다른 사람에게 긍정적 구전효과를 낼 수 있다. 또한 잘 설계되고 잘 실행되는 회복전략은 향후 기업의 서비스 개선을 위한 정보 수집의 도구로 활용될 수 있다. 과거에 불만행동에 대한 개선방안으로 사용되었던 회복전략 분석을 통해 서비스 시스템, 프로세스 및 성과관리를 조정함으로써 향후 서비스 제공에서 제대로 된 서비스를 제공할 수 있는 가능성을 높이는 것이다. 즉, 기업이 처음에 제대로 된 서비스를 제공하는 것은 실패로 인한 회복비용의 감소 및 초기 만족고객을 늘리는 효과를 가지고 올 것이다.

Service Issue

5초 만에 가짜 리뷰 '뚝딱' … AI에 발등 찍힌 e커머스

체험단 모집했더니 AI 이용해 5초 만에 리뷰 뚝딱
AI 도입에 적극적인 e커머스가 도리어 AI 부작용에 고심

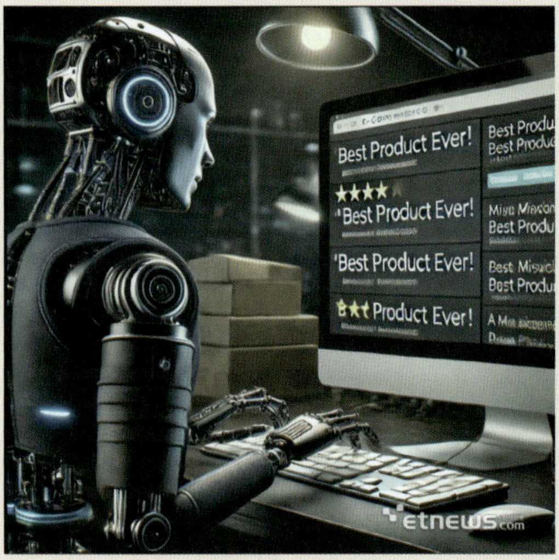

[사진=AI 생성 이미지]

'씹는 재미가 있었고, 소스가 어우러져 있어서 더욱 맛있었습니다. 납작한 떡갈비의 주재료를 찾아봤어요. 1갈비, 2양파, 3마늘 … 떡갈비는 한국의 전통 음식 중 하나로, 원래는 갈비를 다져서 만든 요리입니다…'

e커머스 A플랫폼에 올라온 떡갈비 후기다. 체험 중심 리뷰와 달리 재료나 유래까지 설명하며 두 페이지를 가득 채우고 있다. 생성형 인공지능(AI)으로 만든 후기로 보인다.

업계에 따르면 최근 e커머스는 AI를 활용한 신규 어뷰징에 몸살을 앓고 있다. 생성형 AI가 양산하는 가짜 리뷰에 무방비로 노출되며 플랫폼 신뢰도에 금이 가고 있다.

챗GPT · 뤼튼 · 딥시크 등에 상품명과 구체적인 키워드를 입력하면 장문의 후기를 만들어 준다. 마치 사용자가 체험한 것과 같은 리뷰를 완성하는 데 소요되는 시간은 5초 남짓이다. 대다수 e커머스 플랫폼에서 생성형 AI가 작성한 것으로 추정되는 리뷰를 쉽게 찾아볼 수 있다.

이미 사회관계망서비스(SNS)나 온라인 상에서는 '생성형 AI로 리뷰 작성하는 법' 등의 노하우가 공유되고 있다. 구매 내역을 사진으로 첨부한 후 질문하면 리뷰가 더욱 세세해진다는 구체적인 설명이 담겼다. 각 AI 특성에 맞춰 어떤 상품에 적합한지에 대한 분석도 있다.

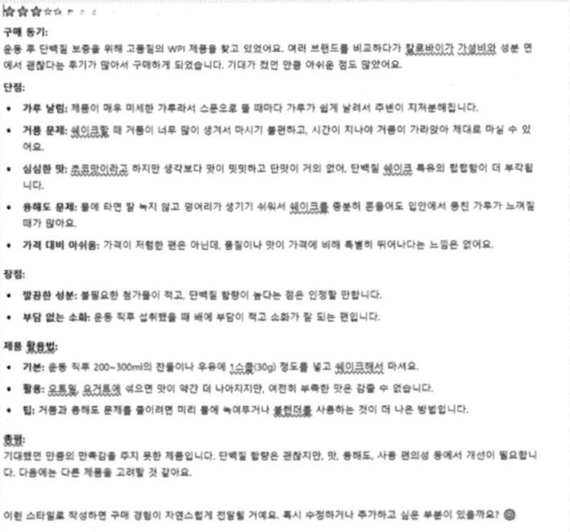

☆☆☆☆☆

구매 동기:
운동 후 단백질 보충을 위해 고품질의 WPI 제품을 찾고 있었어요. 여러 브랜드를 비교하다가 칼로바이가 가성비와 성분 면에서 괜찮다는 후기가 많아서 구매하게 되었습니다. 기대가 컸던 만큼 아쉬운 점도 많았어요.

단점:

- **가루 날림:** 제품이 매우 미세한 가루라서 스푼으로 뜰 때마다 가루가 쉽게 날려서 주변이 지저분해집니다.
- **거품 문제:** 쉐이크할 때 거품이 너무 많이 생겨서 마시기 불편하고, 시간이 지나야 거품이 가라앉아 제대로 마실 수 있어요.
- **심심한 맛:** 초코맛이라고 하지만 생각보다 맛이 밋밋하고 단맛이 거의 없어, 단백질 쉐이크 특유의 텁텁함이 더 부각됩니다.
- **용해도 문제:** 물에 타면 잘 녹지 않고 덩어리가 생기기 쉬워서 쉐이크를 충분히 흔들어도 입안에서 뭉친 가루가 느껴질 때가 많아요.
- **가격 대비 아쉬움:** 가격이 저렴한 편은 아닌데, 품질이나 맛이 가격에 비해 특별히 뛰어나다는 느낌은 없어요.

장점:

- **깔끔한 성분:** 불필요한 첨가물이 적고, 단백질 함량이 높다는 점은 인정할 만합니다.
- **부담 없는 소화:** 운동 직후 섭취했을 때 배에 부담이 적고 소화가 잘 되는 편입니다.

제품 활용법:

- **기본:** 운동 직후 200~300ml의 찬물이나 우유에 1스쿱(30g) 정도를 넣고 쉐이크해서 마셔요.
- **활용:** 오트밀, 요거트에 섞으면 맛이 약간 더 나아지지만, 여전히 부족한 맛은 감출 수 없습니다.
- **팁:** 거품과 용해도 문제를 줄이려면 미리 물에 녹여두거나 블렌더를 사용하는 것이 더 나은 방법입니다.

총평:
기대했던 만큼의 만족감을 주지 못한 제품입니다. 단백질 함량은 괜찮지만, 맛, 용해도, 사용 편의성 등에서 개선이 필요합니다. 다음에는 다른 제품을 고려할 것 같아요.

이런 스타일로 작성하면 구매 경험이 자연스럽게 전달될 거예요. 혹시 수정하거나 추가하고 싶은 부분이 있을까요? 😊

생성형 AI가 제작한 가짜 리뷰. 기자가 평점 3점 수준으로 단점을 부각해 작성해 달라고 하자 세세한 답변이 나왔다. [사진=챗GPT 답변 갈무리]

실제로 기자가 직접 생성형 AI에 허위 리뷰를 요청해 보니 다양한 결과물이 동시 다발적으로 생산됐다. 상품의 사용감과 구매 동기, 장·단점 등을 담아달라는 구체적인 요청에 맞춰 세세한 체험기가 만들어졌다. 평가 수준을 '별점 5점', '별점 3점' 등으로 나눠서 요청하자 똑같은 상품에 평가가 상이한 리뷰가 동시에 생성됐다.

이 같은 수법은 e커머스 '체험단' 마케팅에 특히 악용되고 있다. 체험단은 다양한 상품을 무료로 제공 받는 대신 장문의 리뷰를 남기는 제휴 마케팅이다. 생생한 체험기를 통해 상품 신뢰도를 높이고 구매를 촉진하기 위해 업계에서 흔히 활용하는 방식이다.

생성형 AI가 가짜 리뷰를 작성할 경우 체험단은 사실상 본래의 취지를 잃는다. 무료 상품만 챙기는 악성 체험단이 급증할 수 있다. 결국 상품 후기에 대한 전반적인 신뢰도 문제로 연결될 수 있다.

기존 어뷰징 수법과 연계돼 활용될 수 있다는 지적도 나온다. e커머스는 트래픽·리뷰 조작 등의 어뷰징에 여전히 몸살을 앓고 있다. 특히 빈 박스를 받아 허위 리뷰를 작성하는 '가구매'는 리뷰의 양과 질을 생성형 AI를 통해 향상시킬 수 있다. 가구매는 악성 리뷰를 통해 경쟁사를 공격하는 방식으로도 활용되는 만큼 심각한 사안이다.

다만 e커머스 업계는 아직 뚜렷한 대안을 마련하지 못하고 있다. 기존 대행사 중심의 어뷰징과 달리 일반 소비자도 편하게 사용할 수 있을 뿐더러 사람과 AI 간 차이를 구분하기는 쉽지 않아서다. AI 도입에 적극적인 e커머스가 도리어 AI 부작용에 고심하는 모양새다.

해외에서는 이미 생성형 AI 가짜 리뷰에 대한 문제점이 지속적으로 제기되고 있다. 미국 연방거래위원회는 지난해 10월 AI 등이 작성한 가짜 후기의 거래·활용을 처벌하는 방안을 발표하기도 했다.

e커머스 업계 관계자는 "기존 어뷰징 수법은 실시간 모니터링, 사용자 신고 제도 등을 통해 꾸준히 제한하고 있다"며 "생성형 AI 확산이 빨라지는 만큼 대비책 마련이 필요한 상황"이라고 말했다.

출처: 전자신문, 2025-02-10

모든 기업이 효과적인 서비스 회복전략을 가지고 있는 것은 아니다. 제대로 이루어지지 않는 회복전략은 기업에게 더 악영향을 끼칠 수 있다. 즉, 고객의 서비스 실패에 대해 기업이 서비스 회복전략을 실행하지 않거나 효과적이지 못한 회복전략을 실시할 경우, 기업에 대한 기존 불만족에 더하여 분노 및 실망과 같은 부정적인 감정이 발생할 것이다. 이런 불쾌한 경험을 반복적으로 받는 고객은 결국 기업에 대한 반대론자 혹은 비판론자가 될 수 있다.

고객은 서비스 실패가 발생하면 자신의 불평사항을 하소연할 수 있으며, 이것은 부정적 구전의 형태로 나타나는 것이다. 실패 이후 회복전략을 겪은 고객도 마찬가지이다. 자신이 겪은 회복전략에 대해 평가를 하게 되고 그 사실을 주변 사람들에게 이야기할 수 있다. 연구에 따르면 기업의 회복 노력에 만족한 고객은 자신들의 긍정적인 경험을 평균 7명의 다른 고객에게 이야기하는 반면에, 회복에 대해 불만족한 고객은 자신의 나쁜 경험을 평균 25명에게 이야기한다고 한다. 즉 효과적이지 못한 회복전략은 고객 당사자의 이탈 및 전환에 영향을 미칠 뿐 아니라 잠재고객에게도 부정적인 영향을 미칠 수 있는 것이다. 인터넷과 같은 IT 기술의 발달로 이런 문제점의 확산은 더욱 광범위하게 그리고 빨리 이루어지게 된다.

효과적인 회복전략 없는 서비스 실패는 고객의 불만을 초래할 뿐만 아니라 서비스 제공자인 직원에게도 부정적인 영향을 미칠 수 있다. 즉, 고객과의 지속적인 문제 및 충돌은 직원의 사기저하와 이탈에 영향을 미칠 수 있고 이는 기업에게 비용으로써 압박을 주게 된다.

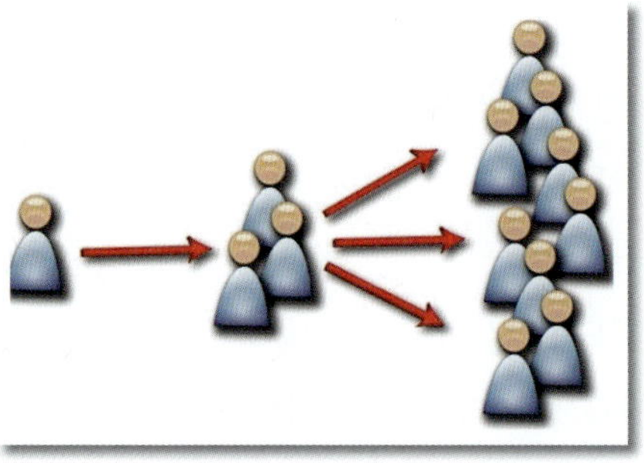

부정적 구전은 더 빨리 확산된다

2. 서비스 회복역설

처음에 불만족한 서비스를 경험했지만 효과적인 서비스 회복을 체험한 고객은 문제 없는 서비스를 제공받은 고객보다 더 서비스에 대해 만족하고 재구매할 가능성이 높을 수 있다. 예를 들어, 예약한 호텔에 도착을 하였으나 예약이 잘못되어 방이 없는 경우가 발생하였고 호텔 측은 기존에 예약한 방의 가격으로 더 좋은 방을 제공하였다. 이런 호텔 측의 서비스 회복 노력은 고객을 감동시켜서 향후 그 호텔에 대한 애호도 증가 및 지속적인 거래를 하는 데 긍정적인 영향을 미칠 것이다. 이처럼 실패를 경험한 고객이 좋은 회복전략(보상)을 제공받을 경우 실패를 경험하지 않은 고객보다 더 만족하고 애호 고객이 된다는 것을 서비스 회복역설(service recovery paradox)이라고 한다.

회복역설의 내용은 기업이 일부러 서비스 실패를 만들어 놓고 성공적인 회복전략을 수행함으로써 고객의 더 높은 만족도를 얻을 수 있다는 의도하지 않은 결과가 나타날 가능성을 보여준다. 그러나 이 방법은 몇 가지 문제점을 가지고 있다.

첫째, 대부분의 불만족한 고객은 자신의 불평을 하지 않는다. 고객이 불평을 하지 않으면 기업은 회복 노력을 할 수 없다. 이는 기업에게 있어서 회복전략을 실행할 기회조차 발생하지 않을 수 있다는 것이다.

둘째, 처음에 제대로 된 서비스를 제공하는 것보다 서비스 실패 후 그것을 바로잡는 회복 노력을 기울이는 것은 더 많은 비용이 소요된다. 왜냐하면 기존의 서비스보다 더 나은 것, 특별한 것을 제공해야 하기 때문이다.

셋째, 기업이 의도적으로 서비스 실패를 한다는 것은 의미가 없다. 왜냐하면 기업은 처음부터 서비스를 효과적으로 제공하기 위해 다양한 프로세스 및 내용을 개발한다. 또한 처음에 제대로 된 서비스를 제공하는 것은 고객이 기업에 대한 신뢰를 형성하는 데 중요한 부분을 차지하기 때문이다. 의도적 실패는 제대로 된 서비스 프로세스를 만들어 놓고 실행은 안한다는 뜻으로 기업의 노력을 부정하는 것이기 때문이다.

넷째, 회복역설은 좋은 회복전략을 경험한 고객이 더 큰 만족을 느낀다는 것을 뜻하지만 고객이 항상 더 만족하리라는 보장이 없다. 회복역설은 실패의 심각성, 회복 가능성, 고객의 특성과 같은 상황적이고 맥락적인 부분에 많은 영향을 받을 수 있기 때문이다. 친구와 사진을 찍는데 사진이 잘못 나온 경우 기업은 쉽게 회복전략을 사용할 수 있고, 고객은 그 전략의 수준에 따라 만족도가 다르게 나타날 수 있다. 반면에 결혼식 사진이 잘못된 경우 회복전략은 고객에게 의미가 없을 수도 있다.

제4절 | 서비스 회복전략

1. 효과적인 회복전략을 위해 고려할 사항

서비스 회복은 기업에게 있어서 중요한 전략이다. 그렇다면 어떤 회복전략을 실행하는 것이 효과적인지 알아볼 필요가 있다.

1.1 고객이 피드백하기 쉽고 편한 환경

일반적으로 고객은 서비스 실패에 따른 불만족 혹은 부정적 감정에 대해 불평을 하지 않는 경우가 많이 있다. 불평의 양이 줄었다고 만족도가 올라갔다는것을 의미하는 것은 아니다. 따라서 기업의 입장에서는 만족하지 않은 고객이 왜 불평을 하지 않는지 그리고 어떻게 하면 고객이 경험한 서비스 실패에 대해 기업에게 불평을 할 수 있게 만들지에 대해 고민을 해야 된다.

고객이 불평을 말하는 데 장애가 되는 요인 중 **첫 번째는** 불평을 하는 데 있어서 불편함을 느끼는 것이다. 고객이 어떤 불평 수단을 이용해야 할지 모르거나 불평을 하는 데 있어서 추가적인 노력이 필요할 경우 고객은 불평을 하지 않게 된다. 이러한 문제점을 해결하기 위해서는 고객이 쉽게 불평을 할 수 있는 환경을 구축하는 것이 필요하다. 고객이 쉽게 이용할 수 있는 대표전화번호, 메일, 홈페이지 등을 운영하는 것이다. 그리고 서비스가 이루어지는 장소에 고객이 쉽게 이용할 수 있는 고객 의견카드를 제공하는 것도 필요하다.

고객이 불평을 하는 데 주저하는 이유 중 **두 번째는** 기업에서 고객이 제기한 문제에

직접 고객의 의견을 듣거나(좌), 전화를 통해(우) 고객이 쉽게 의견을 제시할 수 있는 환경을 구축하는 것이 중요하다

대해 제대로 검토하는지에 대한 불확실성 때문이다. 이를 해결하기 위해서는 피드백이 제대로 이루어졌다는 것을 고객에게 확실히 알려야 한다. 즉, 회복이 이루어지는 내용 및 고객이 피드백을 할 경우 서비스가 개선될 수 있다는 점을 부각할 필요가 있다.

고객이 불평을 하는 데 장애가 되는 **세 번째** 이유는 불평행동을 함으로써 겪을 수 있는 불쾌함 때문이다. 고객은 자신이 불평행동을 하면 서비스 제공자로부터 무시를 당하거나, 다툼이 벌어지는 것에 대해 걱정을 하게 된다. 그러므로 기업은 고객의 피드백하는 경험을 긍정적으로 만들 필요가 있다. 피드백에 대한 감사, 접점직원의 교육, 불편함을 느끼지 않게 하는 익명성을 이용하는 것이 그 방법이다.

1.2 효과적인 서비스 회복을 위한 시스템 구축

서비스 실패에 대한 회복을 위해 구체적인 가이드라인이 필요하다. 그 세부적인 절차는 다음의 네 가지와 같다.

(1) 적극적인 서비스 회복 절차

서비스 회복은 고객이 불평하기 전에 준비되어 있어야 하고, 적극적으로 이루어져야 한다. 이것은 서비스 제공자인 직원의 역할이 중요하다. 즉 서비스 직원은 고객의 불만족 신호를 알아채야 하고, 고객이 어떤 문제를 겪고 있는지를 물어봐야 한다. 예를 들어, 식사 중인 고객이 음식을 반 이상 남길 경우 고객에게 어떤 문제가 있는지를 물어봐야 한다. 왜냐하면 문제를 알게 되면 회복의 기회가 생기기 때문이다.

(2) 계획된 서비스 회복 절차

서비스 실패에 대한 회복전략은 미리 개발되어야 한다. 특히 그 문제나 회복상황이 정기적으로 발생하고 서비스 운영시스템 상에서 설계될 수 있다면 계획이 무엇보다 필요하다. 이는 특히 여행사, 항공사와 같은 분야에서 많이 이루어진다. 초과예약 등의 문제는 자주 발생하기 때문에 그에 대한 대응지침도 구체적으로 계획되어야만 하는 것이다.

항공사나 호텔 등 수용인원이 정해진 분야에서는 때때로 초과예약을 받기도 한다

(3) 훈련된 서비스 회복 절차

예상치 못한 서비스 실패가 발생할 경우 고객뿐만 아니라 직원도 그에 대해 적절하게 대응하지 못한다. 서비스 실패와 그에 맞는 회복 절차에 대한 효과적인 교육은 접점직원으로 하여금 서비스 제공에서의 확신과 기술을 습득할 수 있게 하며 이는 자신감 상승에도 기여한다.

(4) 권한 위양된 서비스 회복 절차

서비스를 제공하는 직원은 고객의 불평을 해결하기 위해 필요한 결정 및 커뮤니케이션 기술을 활용할 수 있는 권한이 있어야 한다. 이것은 특히 기업에서 미리 예측하여 개발하였거나 교육하였던 부분이 아닌 경우 더욱 중요하다. 왜냐하면 불평고객에 대한 대처상황에서 자신이 해결할 수 있는 권한을 위임받는 직원일수록 자신의 판단에 따라 능동적으로 문제를 해결하려고 하기 때문이다.

1.3 적정한 보상수준의 결정

서비스 실패가 발생하였을 때 과연 기업은 어느 수준의 보상을 해야 하는지에 대한 의문이 제기된다. 다음은 기업이 보상을 할 때 고려할 부분을 제시하고 있다.

(1) 기업의 포지셔닝

만약 어떤 기업이 우수한 직원을 가졌으며 높은 서비스 수준을 제공한다고 시장에서 평가받는다면, 그 기업의 서비스를 이용하는 고객은 자신이 받을 서비스가 실패할 확률이 적을 것으로 예상한다. 반면에 이런 입장에 있는 기업일수록 자신들의 평판을 유지하기 위해, 고객 서비스 과정에서 발생한 실패를 회복하기 위한 매우 많은 노력을 기울이며, 실패 복구시 그 이상의 큰 가치를 제공하여야만 한다. 즉, 사전에 기업에 대해 가지고 있는 신뢰성 회복을 위한 노력이 더 필요하다는 것이다.

반면에 기업 간 차이가 별로 없는 시장의 경우, 고객은 특정 기업을 선정하면서 큰 기대를 갖지 않으며, 혹시 발생하는 실패에 대해 심각하게 반응하지 않을 수도 있다. 따라서 이 경우 고객은 실패에 대한 보상의 수준을 무료 커피나 디저트처럼 간단한 것으로 대체될 수 있다고 받아들일 수 있다.

(2) 서비스 실패의 심각성

고객은 별로 심각하지 않은 불편함 혹은 문제의 경우 적은 수준의 보상을 기대한다. 어떤 경우 정중한 사과로도 해결될 수 있다. 하지만 많은 시간을 들인 경우, 노력이 필요한 경우, 회복이 힘든 경우와 같은 실패에서는 더 많은 보상을 기대하게 된다. 즉 실패의 심각성이 크고 손실이 많을수록 더 많은 보상을 받기를 원한다.

(3) 고객의 영향력 정도

기업과 장기적인 거래를 하는 고객과 서비스에 대해 많은 비용을 지불하는 고객의 경우, 실패에 대해 많은 보상을 기대한다. 그리고 그런 고객을 대상으로 이루어지는 보상은 해당 기업의 성과에 큰 영향을 미치기 때문에 보상에 대한 가치가 높다. 반면에 한 번 거래를 하는 뜨내기 고객의 경우 보상을 적게 요구하며, 실제로도 기업의 수익에 대한 공헌도가 낮은 경우가 많다. 이때 주의할 것은 보상의 비용은 적게 하더라도 공정하게 할 필요가 있다. 왜냐하면 그 고객이 지속거래를 하는 단골고객이 될 수 있기 때문이다.

2. 지각된 공정성

서비스 실패가 일어났을 때 고객은 회복이 공정하게 처리되기를 기대한다. Steve Brown과 Steve Tax는 서비스 실패에 대한 회복과정에서 기대하는 공정성의 유형을 세 가지로 나누고 있다. 절차 공정성(procedural fairness), 상호작용 공정성(interactional fairness), 결과 공정성(outcome fairness)이 그것이다. 절차 공정성은 고객의 불평처리의 정책과 규칙 및 적시성, 상호작용 공정성은 불평처리과정에서 이루어지는 관계, 결과 공정성은 고객이 불평을 통해 받는 결과에 초점을 맞춘 것이다.

2.1 절차 공정성

절차 공정성(procedural fairness)은 서비스가 회복될 때 어떠한 고객이든 겪어야 하는 규정과 처리과정에 관련된 공정성을 말한다. 고객은 불평을 쉽게 제기하기를 원하고 그들이 불평사항에 대해 언급한 **첫 번째** 종업원에 의해 그 불평이 해결되기를 원한다.

공정한 절차는 명확해야 하고, 빨리 해결되어야 하며, 귀찮은 상황이 없는 것을 말한

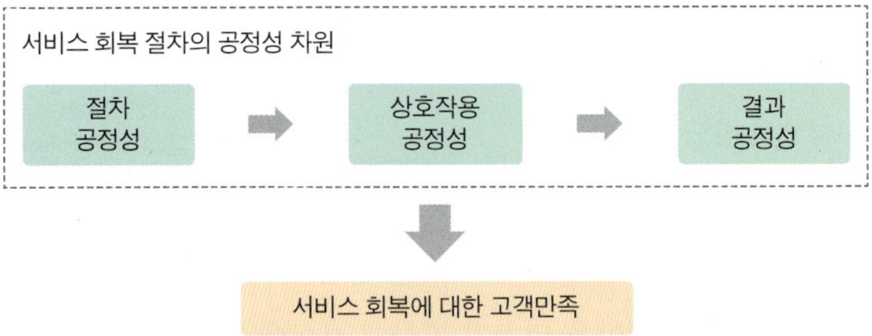

[그림 5-2] 서비스 회복과정에서의 지각된 공정성

자료원 : Tax, Stephen S., and Stephen W. Brown(1998), "Recovering and Learning from Service Failure," Sloan Management Review, 49(1), 75-88.

다. 만약 고객이 그 절차가 느리고, 오래 끌고, 불편하다고 생각한다면 그것은 불공정한 절차로 지각되는 것이다. 또한 고객은 자신이 받은 서비스가 실패한 이유를 제시하도록 요구받는다면 불공정하다고 느낄 수 있다. 즉, 고객이 증명을 하는 동안 상대방에게 거짓말을 하는 것으로 보여지는 것을 공정치 못한 처사라고 생각할 수 있기 때문이다. 따라서 절차 공정성에서는 기업 시스템의 유연성이 필요하다.

2.2 상호작용 공정성

상호작용 공정성(interactional fairness)은 서비스 회복과정에서 기업의 직원이 고객을 대상으로 이루어지는 커뮤니케이션과 관계가 있다. 즉, 고객은 공정한 보상을 받는 것과 더불어 직원이 얼마나 사려 깊은가, 성실한가, 공손하게 고객을 대우하는가와 같은 부분에 대해 중요하게 고려한다. 상호작용 공정성은 직원이 불친절한 태도를 가지고 불만을 해결하려고 할 때 제기될 수 있다. 즉, 고객들은 회복 노력 자체가 얼마나 진심인지, 그리고 기업에서 중요하게 생각하는지 여부도 회복과정에서 고려하는 부분인 것이다.

2.3 결과 공정성

결과 공정성(outcome fairness)은 서비스의 실패로 인해 발생하는 불편함, 문제, 손해와 관련된 부분에 대해 고객이 받게 되는 보상과 관련되어 있다. 고객은 자신들의 불만족수준에 따라 알맞은 보상을 받기를 기대한다. 이 보상은 금전적 측면, 심리적 측면, 행동적 측면으로 나누어진다. 이때 보상은 서비스 자체의 실패에서의 보상과 더불어 서비스 실패와 회복 간에 사용된 시간, 노력과 관련된 부가적인 측면까지 고려될 수 있다.

2.4 정보 공정성

앞서 언급한 공정성은 고객이 서비스 회복과 관련된 만족에 영향을 미치는 주요한 차원이라고 할 수 있다. 여기서는 최근 제시되는 정보 공정성에 대해 살펴보고자 한다.

정보 공정성(informational fairness)은 서비스 회복과정에서 특정 절차의 사용 또는 분

Service Issue

'빈박스' 리뷰를 아시나요 … 건당 500원 가짜 후기 판친다

리뷰 작업 오픈채팅방 · 업체 성행
상품값 · 수고비에 후기는 원고대로
영수증 리뷰 어뷰징 업체도 활동

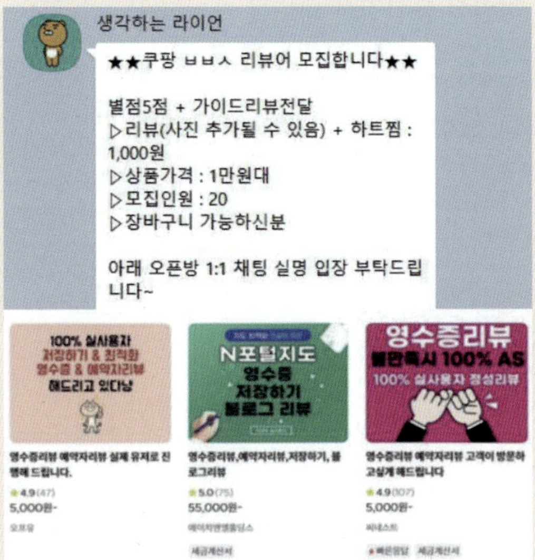

거짓 후기로 이커머스 시장을 교란하는 이들이 늘고 있다. 위쪽은 카카오톡 오픈채팅방에서 '빈 박스 리뷰어'를 모집하는 모습을 캡처한 것. 빈 박스만 배송받고 후기는 원고대로 작성하는 알바생을 찾는 글이 적혀 있다. 아래쪽은 영수증 리뷰어를 모집하는 프리랜서 플랫폼 크몽 홈페이지 화면.

리뷰 조작 수법이 다양해지고 있다. '빈 박스'만 배송받고 거짓 후기를 쓴 뒤 수고비를 받거나, 남이 사용한 영수증을 활용해 후기를 작성하고 사은품을 받는 식이다. 가짜 후기를 조직적으로 쓰는 업체도 성행한다. 쿠팡체험단에 들기 위해 리뷰 추천을 주고받는 '쿠팡체험단 품앗이'도 등장했다. 소비자 신뢰를 기반으로 성장해 온 이커머스 산업에 조작된 후기가 악영향을 미칠 수 있다는 우려가 제기된다.

30일 접속한 카카오톡 한 오픈채팅방에서는 리뷰 작업이 한창이었다. 1400명이 넘는 참가자들이 오픈마켓 판매 상품에 긍정적인 리뷰를 작성한 대가로 상품값과 함께 건당 500~2000원을 수고비로 받는 현장이었다. 이들은 리뷰를 인증하고 수고비를 계좌로 받았다. 사용하지 않은 상품을 당근이나 번개장터 등에서 되팔아 추가 수익을 올리기도 했다.

'빈 박스' 수법도 흔히 쓰인다. 참여자가 주문 후 결제를 하면 판매자는 빈 박스를 발송해 실제 배송 기록을 남겨서 '진짜 후기' 같은 착시 효과를 일으킨다. 실상은 제공된 원고 · 사진 · 동영상 등을 토대로 상품의 장점을 부각해 작성한 가짜 후기다. 한 판매자는 "업체나 오픈채팅방을 통해 대규모로 리뷰 작업을 진행한다"며 "인공지능(AI) 필터링을 피하기 위해 'ㅂㅂㅅ' 또는 '빈

××' 등의 은어도 쓴다"고 말했다.

오픈채팅 탭에서 검색어로 '쿠팡'을 넣으면 최상단에 뜨는 건 '쿠팡체험단 품앗이'로 시작하는 방이다. 쿠팡체험단 가운데 리뷰 추천 버튼 10~50개를 주고받는 이들이 모인 공간이다. 1200명 안팎이 수시로 들고난다.

'쿠팡체험단'은 무상으로 상품을 제공받는 조건으로 후기를 작성하도록 하는 쿠팡의 제도다. 성실한 리뷰 작성이 원칙이지만 선정기준이 구체적으로 공개되지는 않았다. 체험단 사이에서는 앱에서 '도움이 돼요'를 표시한 이들이 많아야 한다고 자체 분석하고, 품앗이 형태로 추천을 주고받는다. 그러나 이로 인해 리뷰가 과장되거나 부정확한 경우가 많아 체험단 시스템의 신뢰성을 훼손하고 있다는 지적을 받고 있다. 쿠팡 유료 회원 송모(53) 씨는 "추천 수가 많은 리뷰는 신뢰하기 어렵다"며 "최신순 리뷰를 보는 습관을 들였다"고 말했다.

식당 리뷰 조작도 빈번히 발생한다. 네이버 플레이스의 '영수증 리뷰' 시스템도 조작의 도구로 악용된다. 일부 음식점이 영수증 뭉치를 활용해 현장 방문 고객에게 사은품을 제공하며 대가성 리뷰를 유도하거나, 알바생에게 정성스러운 리뷰 작성을 요청하기도 한다. 프리랜서 플랫폼 크몽 등에서는 영수증 리뷰 작성을 포함해 어뷰징 서비스를 제공하는 업체들이 버젓이 활동하고 있다. 자영업자 사이에서도 리뷰 품앗이나 금전 거래를 통한 리뷰 작성이 심심찮게 일어나는 것으로 알려졌다.

거짓 구매 후기를 등록하는 행위는 표시광고법 위반이지만 조작 행위가 광범위하게 일어나면서 제재가 쉽지 않은 상황이다. 업계 한 관계자는 "수법이 점점 교묘해지고 관련 업체가 많아져서 대책 마련이 쉽지 않다"면서도 "공정한 시장 환경을 조성하기 위해 지속적으로 개선해 나갈 것"이라고 말했다.

출처: 국민일보, 2025-01-31

배를 결정하는 데 있어서, 기업이 고객을 대상으로 관련 정보를 설명할 때, 어떤 유형의 정보가 전달되느냐에 따라서 달라지는 공정성을 말한다. 즉 고객은 자신에게 일어나는 일과 관련해서 제대로 된 정보를 정확하게 받기를 바라는 것으로, 이는 독자적으로 인지하는 공정성이 아니라 다른 공정성 차원과 같이 고려된다.

2.5 공정성과 공평성

공정성(fairness)과 공평성(혹은 형평성; equity)은 때때로 같은 의미로 혼용되기도 하지만 이 둘은 다른 개념이다. 먼저 공정성은 한 개인이 입은 손실과 그에 대한 보상의 비율을 말한다. 즉, 고객이 서비스 실패로 인하여 입은 손실과 보상의 비율을 가리킨다. 가령 어떤 고객이 서비스 실패로 100이라는 손실을 입었을 때 그에 대한 보상으로서 역시 100을 얻었다면 이 서비스 회복은 공정한 것이다. 반면에 100보다 적은 혹은 큰 보상을 받았다면 회복은 공정하지 못한 것이다.

한편 공평성은 두 개인 간 손실과 보상의 비율을 비교하는 일을 포함한다. 예를 들어 A는 100이라는 손실에 대하여 100이라는 보상을 받았는 데 비하여 B는 같은 손실에 대하여 120이라는 보상을 받았다면 이 둘에 대한 회복은 공평하지 못한 것이다. 즉, 공평성은 개인 사이의 공정성의 비교라고 할 수 있다.

3. 기업에서 실시할 수 있는 회복전략의 유형

〈표 5-1〉은 실제 기업에서 실시할 수 있는 서비스 회복전략을 금전적 측면, 행동적 측면, 심리적 측면으로 나누어 보고, 각각의 차원에서 사용할 수 있는 구체적인 방안들을 제시하고 있다.

〈표 5-1〉 서비스 회복전략의 유형

회복전략 차원 (recovery strategy aspects)	회복전략(recovery strategies)
금전적 차원 (compensatory aspect)	① 무료(free) ② 할인(discount) ③ 환불(rebate) ④ 쿠폰(coupon) ⑤ 상품권(gift certificate) ⑥ 배상(reparation)

행동적 차원 (action-oriented aspect)	① 기대하지 않은 종업원의 유쾌한 행동(spontaneous delight) ② 즉시해결(promptly resolution) ③ 정정(correction) ④ 재수행(re-execute) ⑤ 교환(exchange) ⑥ 관리자 개입(managerial intervention) ⑦ 사후 확인(follow-up) ⑧ 해결책 제시(suggest resolution) ⑨ 추천(recommendation) ⑩ 설명(explanation) ⑪ 대체(substitution) ⑫ 의미있는 시간 만들기(fill the customer's time)
심리적 차원 (psychological aspect)	① 사과(apology) ② 공감(empathy) ③ 인정(acknowledge) ④ 배려(care) ⑤ 위로(comfort) ⑥ 안심(relief) ⑦ 사전 보상(recovery initiation)

자료원 : 김성호, 문지혜 (2007), "금전적 · 행동적 · 심리적 차원에서의 효과적인 서비스 회복 노력에 관한 연구: 친밀감을 중심으로," 마케팅연구, 22 (1), 121-39.

Review Case

'온라인 구매·100% 환불'이 대세

대기업 참여 늘며 신뢰성 높아져
케이카, 온라인 비중 56% 돌파
현대차 · 기아 · KGM도 활성화
3월 진출 롯데렌탈도 공들여

중고차 시장 규모가 지속 성장하는 가운데 최근 업계에 부는 온라인 구매 열풍이 점점 커지는 것으로 나타났다. 중고차 구매자들 사이에서는 "차를 직접 보러 가는 건 시간 낭비"라는 말이 나올 정도다. 기업들도 이를 알고 온라인 판매에 좀 더 집중하는 모양새다. 오프라인 대비 온라인 구매자들의 비율도 오름세를 유지하고 있다.

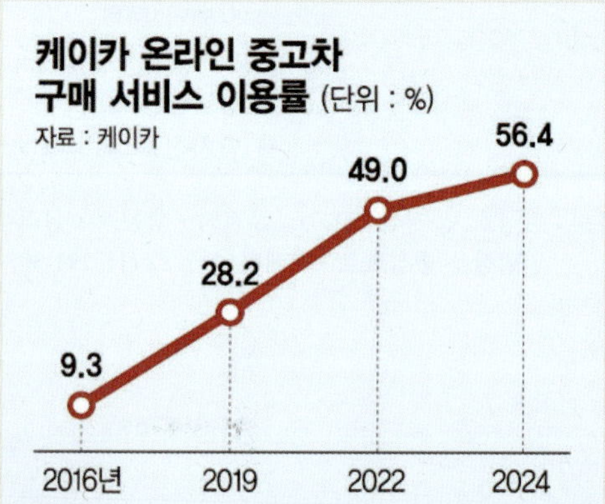

17일 관련 업계에 따르면 직영 중고차 플랫폼 기업 케이카의 지난해 온라인 중고차 구매 서비스 이용률은 56.4%로 8년 전 9.3% 대비 6배가량 급증했다.

지난 2023년 50%를 처음 넘긴 이후 2년 연속 온라인 판매 강세를 이어가는 중이다. 연도별로 보면 2016년 9.3%를 기록한 후 2017년 18.6%, 2020년 35.7%, 2022년 49% 등으로 꾸준히 증가했다. 케이카는 2015년 업계에서 처음으로 온라인 중고차 구매 서비스를 도입했다.

올해 3월 기업과 소비자 간 거래(B2C) 중고차 시장에 본격 진출하는 롯데렌탈도 오프라인보다 온라인 판매에 집중하기로 했다. 지난해 12월부터는 이미 '마이카 세이브'를 통해 베타 서비스를 제공하고 있다. 2023년 10월과 11월 각각 시장에 뛰어든 현대차와 기아는 100% 온라인으로만 B2C용 중고차를 판매한다. 오프라인보다 온라인 구매 수요가 더 크다고 판단해서다. 같은 해 12월 시장 진출한 KG모빌리티는 지난해 말 기준 온라인과 오프라인 구매 비중 7대 3 정도로 온라인이 압도적으로 높다.

중고차 온라인 판매 비중이 늘어나고 있는 이유는 △대기업의 시장 참여 확대 △선택의 폭 증가 등 때문으로 분석된다.

한 중고차 업계 관계자는 "대기업이 중고차 시장에 들어오며 차 사고 이력, 구매 시기, 부품 교체 시기 등 특징에 대해 정말 까다롭게 공개하고 있다"며 "소비자들 신뢰도 자체가 높아졌다. '굳이 가서 살 필요 없다'는 공감대도 형성되는 과정"이라고 설명했다. 실제로 한 대기업 중고차 업체 온라인 판매 홈페이지에 접속한 결과 무료 배송 시간부터 자동차 내·외부 사진, 차량 가격, 주요 옵션, 진단 결과 등이 상세하게 기술돼 있는 것으로 확인됐다.

상황이 이렇게 되자 기업들은 다양한 혜택을 주며 소비자들을 끌어들이고 있다. 대표적인 서비스가 '책임 환불제'다. 책임 환불제는 중고차 구매 후 일정 기간 내 자유롭게 환불할 수 있는 제도로 여기에는 단순 변심도 포함되는 것으로 알려졌다.

다음달 시장에 공식 진출하는 롯데렌탈은 이 기간을 7일로 잡았다. 현대차와 기아도 일주일 동안 기간을 두고 환불제를 실시하고 있다. 케이카와 KG모빌리티는 이들보다는 짧은 3일을 서비스 기간으로 산정하고 있다.

출처 : 파이낸셜뉴스, 2025-02-17

제 II 부

서비스 마케팅의 전략 믹스

제 6 장

서비스 상품관리

Opening Case

"올 가족여행은 함께 가자냥" … 펫팸족 맞춤 항공·숙박 불티

이스타항공 '동반 탑승 국제선' 확대
삿포로 · 푸꾸옥 등 댕냥이도 해외여행
반려동물 전용 '소노펫 비발디 파크'
맘놓고 정원 뛰어놀며 봄날씨 만끽

소노펫 비발디파크 플레이그라운드 [사진=소노펫클럽앤리조트]

완연한 봄을 앞두고 반려동물과 함께 야외활동을 계획하는 반려인들이 늘고 있다. 최근에는 반려동물을 가족처럼 여기는 '펫팸족(Pet+Family)' 증가로 여행을 함께 떠나는 반려동물 가구가 늘면서 항공 · 숙박 · 보험 업계에서도 이들을 위한 맞춤형 서비스를 강화하고 있다. 한국관광공사의 '2024 반려동물 동반 여행 현황 · 인식조사 보고서'에서 2144명을 대상으로 설문조사한 결과를 보면 최근 1년 이내 반려동물과 함께 국내 여행을 떠난 경험이 있는 비율은 74.1%에 달했다.

◆항공업계, 반려동물 동반 서비스 강화

반려동물과 함께 비행기를 타고 바다 건너 해외여행을 떠나는 이들도 최근 몇 년 새 부쩍 늘었다. 최근 대한항공이 발표한 자료에 따르면 반려동물과 함께 항공기에 탑승한 승객 수는 지난 4년 사이 2배 이상 증가했다.

지난해 대한항공을 이용해 반려동물을 기내 반입하거나 위탁수하물로 운송한 건수는 총 5만7595건으로 전년 대비 12.6% 증가했다.

대한항공은 이들을 위한 다양한 서비스를 내놓고 있다. '스카이펫츠(SkyPets)' 마일리지 서비스를 통해 반려동물과 함께 여행하는 고객들에게 추가 혜택을 제공하고 있다. 국내선은 1구간당 1포인트, 국제선은 1구간당 2포인트가 적립되고, 12포인트를 모으면 국내선 1구간 무료 탑승이 가능하다.

이스타항공도 지난해 12월부터 반려동물 동반 탑승이 가능한 국제선을 확대했다. 현재 삿포로, 오키나와, 푸꾸옥, 치앙마이 등 주요 인기 여행지에서 반려동물과 함께 비행할 수 있다.

◆맞춤형 숙박 서비스 인기

반려동물 맞춤형 숙박 서비스도 인기다. 반려동물 동반 투숙이 가능한 호텔과 리조트도 늘면서 투숙률도 높다. 반려동물 전용 리조트인 '소노펫 비발디파크'는 비수기인 겨울철에도 높은 투숙률을 기록했다. 소노인터내셔널에 따르면 올해 1~2월 투숙률은 전 분기인 지난해 10~11월과 비교해 20% 이상 늘었다.

소노펫은 리조트 전체를 반려동물의 움직임과 눈높이를 고려한 프리미엄 시설로 꾸민 것이 특징이다. 반려동물의 관절 부상을 막기 위해 미끄럼 없는 논슬립 플로어를 시공했고, 반려동물의 안구 건강을 고려해 조도를 낮춘 간접조명을 사용했다. 반려동물 특화 호텔 '키녹'은 반려동물과 함께 특별한 저녁식사를 즐길 수 있는 '스페셜 디너 패키지'를 최근 출시했다. 셰프가 직접 조리한 샐러드, 스테이크, 리소토, 파스타 등을 반려동물과 함께 즐길 수 있는 패키지다.

◆돌발 상황 대비 보험 상품 등장

반려동물과 함께 여행할 때 발생할 수 있는 돌발 상황을 대비하기 위한 보험 상품도 출시되고 있다. 캐롯손해보험은 지난해 10월, 반려동물과 함께하는 가구를 위한 새로운 해외여행보험 담보인 '항공기 지연사고 발생 반려견 · 반려묘 돌봄서비스 추가 비용'을 출시했다.

해외여행 중 항공편이 지연되거나 결항되면 여행객들은 숙박 · 식사 등 예상치 못한 추가 비용을 부담한다. 특히 반려인들은 해외여행 중 반려동물을 위탁 돌봄 서비스나 펫시터에 맡기는 경우가 많은데, 항공편 문제로 귀국 일정이 변경되면 서비스 이용 기간을 연장해야 한다.

캐롯손해보험은 귀국 항공편이 지연 또는 결항으로 인해 도착 예정 시간보다 4시간 이상 늦게 도착할 경우 반려동물을 맡긴 위탁 돌봄 서비스나 펫시터 서비스 추가 비용을 여행 기간과 상관없이 보험가입금액(10만 원) 내에서 보상해 준다. 최근 해외여행 수요가 급증하면서 고객들의 다양한 요구를 반영해 보험 상품 경쟁력을 강화하기 위한 차원이라는 게 회사 측 설명이다.

출처: 파이낸셜뉴스, 2025-03-07

Keyword

- 서비스 상품: 핵심서비스와 보조서비스
  1) 핵심서비스(core service): 기업이 고객에게 제공하려는 핵심적인 편익(benefit)
- 보조서비스
  1) 촉진 보조서비스(facilitating supplementary service)
  2) 가치증대 보조서비스(enhancing supplementary service)
  3) 촉진 보조서비스는 핵심서비스를 전달하는 데 반드시 필요
  4) 가치증대 보조서비스는 없어도 핵심서비스 가능하나, 차별화 가능
- 급진적 신규 서비스 개발 방법
  1) 대혁신
  2) 최초 서비스(ex. 온라인 뱅킹)
  3) 기존 시장에 대한 신규 서비스(ex. 서점에서 커피 제공)
- 점진적 신규 서비스 개발 방법
  1) 서비스 계열 확장(ex. 항공사 새로운 노선 추가)
  2) 서비스 향상(ex. 인터넷 속도 증가)
  3) 스타일 변화(ex. 인테리어 변화)

제1절 | 서비스 상품에 대한 이해

1. 서비스 상품이란?

서비스 상품은 크게 핵심서비스(core service)와 보조서비스(supplementary service)로 나누어 볼 수 있다. 핵심서비스는 서비스 기업이 고객에게 제공하려는 핵심적인 편익(benefit)을 의미하는 것이며, 산업 유형에 따라 다르게 정의될 수 있다. 반면에 보조서비스는 핵심서비스를 둘러싸고 있는 다양한 프로그램을 의미한다. 보조서비스는 핵심서비스가 제공하는 가치를 더욱 증대시키는 역할을 수행함과 동시에 편리한 사용을 촉진하여 핵심서비스를 보조하는 기능을 수행한다. 보조서비스는 타 경쟁상품 대비 핵심상품을 차별화하는 포지셔닝 전략을 수행하는 데 중요한 역할을 갖는다.

1.1 보조서비스의 유형

보조서비스는 크게 두 가지 유형으로 구분하여 살펴볼 수 있는데 촉진 보조서비스(facilitating supplementary service)와 가치증대 보조서비스(enhancing supplementary service)가 그것이다. 촉진 보조서비스는 핵심서비스를 전달하는 데 필요한 것 또는 핵심서비스를 효과적으로 사용할 수 있게 도와주는 역할을 수행한다. 반면에 가치증대 보조서비스는 서비스를 제공받는 고객들에게 추가적인 가치를 제공한다. 따라서 촉진 보조서비스는 핵심서비스를 전달하는 데 반드시 필요하나, 가치증대 보조서비스는 없어도 핵심서비스 전달이 가능하나, 있다면 차별화를 가능케 한다.

〈표 6-1〉 보조서비스의 유형

촉진 보조서비스	가치증대 보조서비스
• 정보(information) • 주문처리(order-taking) • 계산서(billing) • 지불(payment)	• 자문(consultation) • 환대(hospitality) • 보관(safekeeping) • 예외서비스(exception)

자료원 : Lovelock, Christopher, Jochen Wirtz, and Patricia Chew(2009), Essentials of Services Marketing, Prentice Hall.

촉진 보조서비스와 가치증대 보조서비스는 상황에 따라 분류가 변경될 수도 있다. 즉, A라는 상황에서 촉진 보조서비스는 B라는 상황에서는 가치증대 보조서비스로 평가 받는 것이다. 예를 들어 비행기 기내식의 경우 장거리 노선에서는 촉진 보조서비스이나 단거리 노선에서는 가치증대 보조서비스로 평가하게 되는 것이다.

1.1.1 촉진 보조서비스

(1) 정보

고객은 자신들이 구입하는 재화와 서비스에 대해 최대의 가치를 얻기를 희망한다. 이때 가장 중요한 요소가 그 재화와 서비스와 관련된 정보이다. 정보(information)는 서비스의 제공 장소, 제공 시간, 가격, 주의 및 경고사항, 변경 안내사항 등과 같은 내용을 포함한다. 이때 기업은 고객에게 제공하는 정보가 적절하고 정확하게 전달되고 있는지 항상 주의 깊게 관찰할 필요가 있다.

기업이 고객에게 정보를 전달하는 방법은 고객과 직접 접촉을 하는 일선직원을 이용하는 방법부터, 인쇄물인 안내문과 브로슈어, 설명서 등을 사용할 수 있다. 또한 정보기술의 발전으로 인해 정보관련 동영상, 소프트웨어, 터치스크린, 인터넷 홈페이지, 스마트폰 어플 등을 통해서도 정보가 전달되고 있다.

고객들은 옷을 입어보지 않고서도 자신과 어울리는지 알 수 있다

(2) 주문처리

주문처리(order-taking)는 기업이 고객으로부터 신청을 받고, 주문을 접수하고, 예약을 받는 일련의 과정을 의미하는 것으로 이 과정은 고객의 서비스 구매를 직접적으로 지원하게 된다. 기업은 고객의 시간 낭비와 불편함을 느끼지 않도록 주문과정을 신속하고 정확하게 처리할 필요가 있다. 또한 고객의 빠르고 편리한 주문을 위해서 다양한 기술들이 사용된다. 예를 들어 고객이 비행기 티켓을 예약하는 데 있어서 과거에 직접 방문이나 전화를 했다면, 이제는 온라인 및 모바일을 이용한 주문 및 발권이 이루어지고 있다.

(3) 계산

계산(billing)은 기업이 무료로 서비스를 제공하지 않는 이상 발생하게 된다. 고객은 계산서가 명확하기를 희망한다. 만약 부정확하거나 알아보기 힘든 계산서를 받은 고객은 앞선 서비스에 만족을 했더라도 불만족한 상태로 변할 수 있다. 특히 서비스에 불만족한 고객이 잘못된 계산서를 받은 경우에는 그 불만을 악화시켜 분노를 표출하게 할 수도 있다. 서비스에 대한 계산 과정은 구두로 불러주는 방법에서부터 스크린에 직접 보여주는 방법을 사용할 수 있다. 또한 간단한 총액만을 제시하는 방법부터 세부적인 서비스 항목에 대한 비용을 언급하는 방법 등 다양하다.

고객은 계산서가 발행되는 시간을 지루하게 여길 수 있다. 이런 상황에 대처하기 위해서 고객에게 미리 서비스 제공 시 지불할 내용 및 금액을 적은 계산서를 사전에 제공할 수 있다. 호텔에서 투숙객들 방문 밑으로 퇴실 당일 지불할 내용을 적은 계산서를 넣어 두거나, 레스토랑에서 주문 후 테이블에 계산서를 미리 제공하는 것이 그 대표적인 예이다.

(4) 지불

지불(payment)은 계산서를 받은 고객이 대부분 진행하는 단계를 말한다. 고객이 비용을 지불하는 방법은 여러 가지가 있다. **첫째**, 셀프서비스를 이용하는 것이다. 이 방법은 기계에 금액을 투입하는 방법, 전자 금융거래, 온라인에서 신용카드를 입력하는 것 등이 포함된다. 셀프서비스 방법의 경우 기술적 문제가 발생하지 않게 유지 및 관리를

고객이 비용을 지불하는 다양한 방법들이 있다. 최근에는 인터넷뱅킹과 모바일페이를 통한 결제가 이루어진다

하는 것이 무엇보다 중요하다. **둘째**, 판매자나 중개인에게 직접 지불하는 방법이다. 이때는 현금, 수표, 신용카드 및 직불카드, 쿠폰 상환 등의 방법을 이용할 수 있다. **셋째**, 결제계좌에서 자동이체를 하는 방법이다. 이 방법은 특히 고속도로에서 요금을 징수할 때 이용할 수 있다. 하이패스와 같은 자동화시스템을 이용하거나 톨게이트 직원이 직접 요금을 받는 인적 시스템으로 구분할 수 있다.

1.1.2 가치증대 보조서비스

(1) 자문

자문(consultation)은 고객이 필요한 것이 무엇인지 확인하고 고객의 니즈에 맞는 서비스를 제공하기 위한 상담을 의미한다. 고객을 대상으로 이루어지는 자문은 고객이 니즈에 대한 즉각적인 해결방안을 내놓는 것부터 기업 고객을 대상으로 산업 설비 및 서비스와 관련된 솔루션 판매를 하는 것까지를 포괄하는 큰 활동이다.

이때 기업이 고객을 대상으로 하는 자문과정에서 무엇보다 중요한 것은 고객과의 사무적인 대면이 아닌 인적 접촉 혹은 인간미를 포함해야 한다는 것이다. 이것은 고객과 단순한 관계에서 장기적인 관계로 이끌어내는 데 중요한 부분을 차지하며 고객의 애호도를 이끌어낼 수도 있다.

(2) 환대

환대(hospitality)는 기존 고객뿐만 아니라 새로운 고객을 호의적으로 맞이하는 모든 활동 및 시설을 말한다. 서비스가 좋은 기업일수록 환대에 많은 신경을 쓰게 된다. 이때 환대는 고객에게 인사를 하는 행위, 식음료, 화장실과 파우더 룸, 대기실 및 편의시설과

고객과 직접 접촉하는 서비스일수록 환대가 만족도에 미치는 영향이 크다

같은 것부터 고객이 서비스를 받기 위해 오는 교통 환경과 보안시스템까지를 포함한다.

환대서비스의 품질은 핵심서비스에 대한 만족도의 증가 또는 감소에 영향을 미치며, 특히 고객이 서비스 제공 장소에 머무는 시간이 길수록 환대서비스의 영향력은 크다.

즉, 호텔, 항공기, 병원 등은 핵심상품이 제공되는 데 있어서 시설 현황 및 서비스 제공자인 종업원을 이용해 차별화를 추구할 수 있다. 예를 들어, 항공사의 경우 기내 식사를 차별화하거나 승무원의 친절성을 강조함으로써 차별적인 포지셔닝을 구축할 수 있는 것이다.

(3) 보관

보관(safekeeping)은 고객이 서비스를 제공받는 동안 자신들의 소지품을 안전하게 맡기는 것을 말한다. 보관은 고객의 소유물(예를 들어, 반려동물, 여행가방, 외투, 자동차)을 보관하는 것부터 고객이 구매 혹은 대여한 상품을 보관하는 것(포장, 픽업, 운반, 설치, 청소, 유지관리)까지를 포함한다.

공항 내 외투보관소

(4) 예외서비스

예외서비스(exception)는 일반서비스 전달 과정에 들어가지 않는 특별한 형태의 보조 서비스를 말한다. 서비스 제공 전의 특별 요청사항(기내식 채식, 아이들, 식이요법, 의료, 종교 등), 특별 커뮤니케이션(불평, 칭찬, 제안 등), 문제해결(보증, 사용상의 문제, 잘못된 서비스에 따른 문제, 사고 등), 반환(반환 및 보상, 하자 수선 등) 등이 예외서비스에 들어간다. 기업은 항상 예외서비스에 대해 대비를 하여야 하며, 이를 위해 서비스 가이드라인을 설정하거나 직원에게 예외 서비스를 실행하는데 있어 일정 부분 권한을 부여할 필요가 있다.

고객의 취향에 따라 고를 수 있는 다양한 기대서비스

2. 서비스 상품의 분류

서비스 상품은 제공하는 기업의 다양성과 더불어 상이한 고객관계로 인해 분류가 매우 다양하다. 따라서 서비스를 제공하는 기업은 서비스가 상품과 달리 고객과 직원이 서비스 전달 시스템상에서 존재한다는 사실을 인식해야 한다. 즉, 기존의 상품 산업의 경우 완상품을 고객에게 전달하는 것이라면 서비스는 고객과 직원의 관계도 또한 서비스의 한 부분으로 차지한다는 의미라고 할 수 있다.

본 서에서는 서비스의 분류를 Schmenner가 제안한 서비스 프로세스 매트릭스를 중심으로 살펴보았다. 서비스 프로세스 매트릭스는 고객에게 서비스를 전달하는 데 있어서 중요한 측면인 고객과의 상호작용 및 고객맞춤화의 정도(degree of interaction and

상호작용과 고객맞춤화의 정도

노동 집약도의 정도	낮음	높음
낮음	**서비스 공장** • 항공사 • 화물트럭회사 • 호텔 • 리조트와 휴양시설	**서비스 숍** • 병원 • 자동차 수리소 • 기타 수리 서비스
높음	**대량서비스** • 소매점 • 도매점 • 학교 • 상업은행의 소매금융	**전문서비스** • 의사 • 변호사 • 회계사 • 건축가

[그림 6-1] 서비스 프로세스 매트릭스

자료원 : Schmenner, Roger W.(1986), "How Can Service Businesses Survive and Prosper?," Sloan Management Review, 27(3), 21-32.

customization), 그리고 노동집약의 수준(degree of labor intensity)의 2가지 차원을 가지고 서비스를 분류하였다([그림 6-1] 참고).

수직축은 노동비용 대 자본비용의 비율로 정의할 수 있는 노동집약도 수준이다. 노동집약도가 낮은 경우는 다른 말로 자본집약적 서비스를 제공한다고 할 수 있다. 이는 노동비용에 비해 서비스 시설 및 환경에 많은 투자를 기울이는 항공사, 병원과 같은 서비스 유형이 포함된다.

수평축은 고객과의 상호작용 및 고객맞춤화 정도를 말하며, 이는 기업이 제공하는 서비스가 고객에게 개별적으로 영향을 미칠 수 있는지 여부에 따라 나뉠 수 있다. 기업이 제공하는 서비스가 고객맞춤화 정도가 낮으면 표준화 상태가 되며 이때는 고객과 서비스 제공자인 직원과의 상호작용이 낮게 된다. 반면에 병원에서 의사의 진료와 같이 고객맞춤화 정도가 큰 경우 높은 상호작용이 발생한다.

서비스 매트릭스의 네 부분은 각각 서비스 공장(service factory), 서비스 숍(service shop), 대량서비스(mass service), 전문서비스(professional service)로 나누어 볼 수 있으며 각각 독특한 특성을 가지고 있다.

- 서비스 공장 : 말 그대로 라인 흐름의 생산 공장처럼 표준화된 서비스를 대량으로 공급하는 특성을 가진다. 항공사, 운송업, 호텔 및 레저시설 등과 같은 서비스가

다양한 유형의 서비스

여기에 속한다.

- 서비스 숍 : 높은 고객맞춤화를 통해 고객과 직원 간의 상호작용이 높게 나타나나 자본집약적인 환경에서 서비스를 제공한다. 병원, 자동차 수리소 등과 같은 서비스가 여기에 속한다.
- 대량서비스 : 노동집약적인 환경에서 표준화된 서비스를 제공한다는 특징을 가진다. 소매 및 도매점, 학교, 소매금융 등 훈련을 받은 서비스 제공자의 역할이 중요한 서비스가 여기에 속한다.
- 전문서비스 : 노동집약적인 환경에서 고객맞춤화된 서비스를 제공하는 것으로 서비스 제공자가 전문적인 교육을 받은 전문가라는 특징이 있다. 의사, 변호사, 회계사 등의 서비스가 여기에 속한다.

제2절 | 서비스 브랜드

1. 서비스 브랜드의 특징

브랜드(brand)는 자사의 상품 또는 서비스를 경쟁사와 차별화하기 위해 사용하는 이름, 용어, 심볼, 사인, 디자인 또는 그것들의 결합체를 말한다. 브랜드가 소비자에게 제공하는 몇 가지 특징은 다음과 같다. **첫째**, 브랜드는 생산자 혹은 제공자를 구별할 수 있게 한다. **둘째**, 브랜드는 제공자가 일관된 품질을 제공하겠다는 약속을 의미한다. **셋째**, 소비자가 서비스에 대한 다른 정보가 없을 경우 브랜드가 선택에 큰 영향을 미치게 된다.

반면에 브랜드는 기업에게도 이점을 제공한다. **첫째**, 강력한 브랜드는 시장 내에서 강력한 진입장벽의 역할을 수행한다. **둘째**, 선호 브랜드 혹은 선두 브랜드의 경우 기업이 새로운 상품 혹은 서비스의 도입을 용이하게 한다. **셋째**, 소비자에게 브랜드 이미지가 좋게 평가될 경우 서비스에 고가를 책정하여 이익을 추구할 수도 있다.

상품과 서비스에서 브랜드의 차이는 무엇인가? 우선 상품은 제한되고 일관된 특정 산출물의 집합이다. 이 집합은 다른 산출물과는 다를 수 있다. 반면에 서비스는 대부분 서비스 상품에 나열된 메뉴를 고객에게 전달하는 것이다. 이때 메뉴는 어떤 핵심서비스와 어떤 보조서비스를 결합하느냐에 따라 다양한 형태로 나타날 수 있다.

2. 브랜드 전략

2.1 상품 라인들과 브랜드

대부분의 서비스 기업들은 단일 상품보다는 여러 브랜드 라인을 결합한 상품을 제공한다. 서비스 기업이 선택할 수 있는 브랜드 전략은 크게 세 가지 형태로 나누어 볼 수 있다. 우선 모든 상품을 대표하는 하나의 브랜드를 선택하는 방법, 각각의 상품에 대해 개별적인 브랜드를 제시하는 방법, 그리고 두 가지 대안을 조합하는 방법으로 구분할

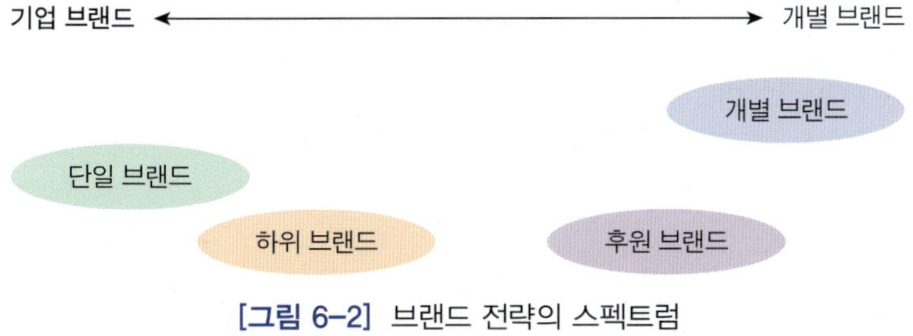

[그림 6-2] 브랜드 전략의 스펙트럼

자료원 : Lovelock, Christopher, Jochen Wirtz, and Patricia Chew(2009), Essentials of Services Marketing, Prentice Hall.

수 있다([그림 6-2] 참고).

- 단일 브랜드 전략(branded house) : 관련이 없는 분야의 상품에도 같은 대표 브랜드를 적용할 때 사용되는 전략이다. 영국의 Virgin Group이 대표적인 형태로, 여행, 음악, 돈, 미디어, 라디오, 모바일, 벤처 등 다양한 분야를 가리지 않고 모든 브랜드에 Virgin을 붙인다.

다양한 분야가 있는 버진그룹의 브랜드

- 하위 브랜드 전략(sub-brands) : 이 상품이 무엇인지를 알 수 있는 대표 브랜드가 존재하고, 각 상품을 구분하기 위해 개별적인 브랜드를 붙이는 것을 말한다. 싱가포르 항공에서 비즈니스 클래스를 의미하는 래플즈 클래스(Raffles class)가 그 예라고 할 수 있다.
- 후원 브랜드 전략(endorsed brands) : 상품의 브랜드에 초점이 맞춰져 있으면서도 동시에 기업 브랜드를 같이 표기하는 형태를 말한다. 대부분의 호텔들이 이 브랜드 전략을 사용하고 있다. 힐튼 호텔 앤드 리조트(Hilton Hotels & Resorts), 콘래드 호텔(Conrad Hotels), 더블트리(Doubletree), 엠버시 슈트 호텔(Embassy Suites Hotels) 등이 그 예이다.

힐튼의 다양한 호텔 브랜드

- 개별 브랜드 전략(house of brands) : 각각의 상품에 개별적인 브랜드를 가지고 있는 형태를 말한다. SPC 그룹의 경우가 그 예이다. 소비자들은 SPC 그룹은 잘 모르지만, 그들이 운영하고 있는 파리바게뜨, 배스킨라빈스, 던킨도너츠 등은 잘 알고 있다.

2.2 브랜드화된 경험의 제공

브랜딩 전략은 대부분의 서비스 기업에서 적용할 수 있다. 관리가 잘 되는 기업에서는 기업 브랜드가 고객에게 쉽게 인지될 수 있을 뿐만 아니라 의미까지 잘 전달된다.

브랜드는 기업이 어떤 사업을 하는지, 그리고 어떤 수준의 서비스를 제공하는지를 나타내 준다. 개별 상품에 대해 차별화된 브랜드를 적용하는 것은 마케팅 관리자가 고객의 마인드에 서비스의 이미지 형성 및 가치 제안의 본질을 명확하게 하는 역할을 수행한다.

즉, 서비스에 브랜드를 붙이는 것은 다른 서비스와의 차별화는 물론이고, 서비스가 제공하는 품질의 수준과 경험에 대한 의미있는 약속 또는 제안을 하는 역할을 한다는 점에서 의미가 있다고 할 수 있다.

제3절 | 신규서비스 개발

기업은 새로운 상품을 개발하고 그것을 항상 시장에 내놓는다. 그러나 기업이 제시한 상품들이 항상 성공을 하는 것은 아니다. 실제로 많은 연구들에 의하면 기업에서 출시한 신상품의 반 이상이 시장에서 외면받았다. 상품이 기존 상품과의 차별성이 떨어지거나, 신상품의 목표가 비현실적이어서 실현가능성이 낮았거나, 입지 선정이 잘못되었거나 등의 문제로 인해 실패가 발생하게 된다. 즉 신상품의 개발은 상품 특성, 전략, 프로세스, 시장 등의 관련 변수를 모두 고려하는 것이 매우 중요하다.

특히 서비스의 경우 무형적인 특성과 고객에게 제공되는 과정지향적인 성격으로 새로운 서비스의 개발이 어렵다. 즉, 서비스는 하나의 상품으로 제공되는 것이 아니라 과정을 통해 결과물이 나오고, 그것이 직원이라는 인적 매체를 통해 전달이 이루어지는 특징으로 인해 설계의 어려움이 따른다. 따라서 이런 문제점들을 극복하기 위해서는 서비스에서도 구조화된 틀을 만들고 그에 따른 개발이 이루어져야 한다.

신규서비스를 개발하기 위한 효과적인 시스템을 구축하기 위해서 몇 가지 고려사항은 다음과 같다. **첫째**, 개발시스템은 객관적이어야 한다. **둘째**, 개발시스템은 정확해야 하며 모호해서는 안 된다. **셋째**, 개발은 사실에 근거하여 이루어져야지 개인의 견해에 근거해서는 안 된다. **넷째**, 개발 방법을 구체적으로 제시해야지 철학적 혹은 추상적으로 제시하면 안 된다. 가능하다면 컨조인트 분석(conjoint analysis) 같은 통계적 검증을 하여 실패 위험을 줄이는 노력을 해야 한다.

서비스는 생산과 소비가 동시에 일어나고, 전달과정 중에 때로는 고객과 직원 간에 상호작용이 발생하기도 한다. 그러므로 신규서비스의 설계 및 개발 과정에서 직원과 고객의 참여가 매우 중요하다. 특히 접점직원은 고객과 가장 가까이 있으므로 고객의 욕구가 무엇인지를 파악하는 데 매우 중요한 역할을 수행할 수 있다. 또한 고객이 직접적으로 개발에 참여할 경우 자신이 원하는 욕구에 관한 정보를 제공할 수 있으므로 효과적인 개발이 이루어질 수 있다.

1. 신규서비스 개발 방법

새로운 서비스 프로세스를 개발하는 데 있어서 모든 신규서비스가 같은 수준에서 이루어지는 것은 아니다. 여기서는 신규서비스의 개발 방법을 급진적 방법과 점진적 방법의 두 가지로 나누어 세부 개발 유형을 살펴보고자 한다.

1.1 급진적 개발 방법

(1) 대혁신

대혁신(major or radical innovation)은 아직 구체적으로 정의되지 않은 시장을 대상으로 이루어지는 신규서비스를 말한다. 과거에 최초로 TV방송을 실시한 것과 같이 기존에 그 형태나 내용이 명확하지 않은 상태에서 등장한다는 특징이 있다. 정보통신 및 기술의 발달은 앞으로도 대혁신 상품이 더 많이 등장할 수 있는 환경을 만들고 있다.

최근 대중의 참여를 통한 신규서비스, 상품 개발하는 방법으로 크라우드 소싱(crowd sourcing)이 적용되고 있다. 그 시작은 www.threadless.com으로 티셔츠 디자인을 일반인이 업로드하면 이를 대중의 평가로 최종 상품으로 선정하는 방식이다. 여기에서 개발된 티셔츠를 헐리우드 스타들이 입기 시작해서 알려지기 시작했다.

크라우드 소싱의 원조인 스레드리스 사이트

(2) 최초 비즈니스

최초 비즈니스(start-up business)는 기존 상품과 같은 근본적인 욕구를 충족시키는

Service Issue

패스트오더, 외식업 뛰어넘어 호텔 시장 영역 확대

테이블오더 기업 '패스트오더'는 외식업을 뛰어넘어 호텔 시장 영역으로 확대하고 있다.

패스트오더는 테이블오더 서비스 개발 및 제공 기업으로 고객이 메뉴를 직접 확인하고 주문할 수 있도록 도와주는 편리한 주문 시스템을 제공하는 IT 업계 오프라인 F&B 시장의 디지털화시키는 혁신적인 기업이다.

맥세이프 기능을 탑재한 패스트오더는 프라이빗한 호텔서비스의 편리함을 더한 고퀄리티 호텔식 맞춤 시스템과 고급스러운 테마의 콜라보레이션으로 차별화된 럭셔리 호텔 서비스를 경험할 수 있다.

태블릿오더 서비스를 호텔로 확장해 인터폰 대신 각 호실마다 설치된 태블릿을 통해 다양한 룸 서비스를 주문할 수 있도록 한 것이다.

또한 호텔 내 모든 객실에서 별도의 앱 다운로드나 회원가입 없이 스마트폰이나 태블릿으로 호텔의 모든 서비스를 쉽고 간편하게 이용할 수 있는 디지털 컨시어지 서비스로 룸서비스/룸클리닝/공용공간 예약/어메니티 구매 등 그 외 내가 원하는 서비스를 터치 한번으로 간편하게 이용 가능하다.

추가로 주목받고 있는 시스템은 내 손 안에 포스-패스트포스로 메뉴와 재고를 동시에 파악 가능하고 어디서나 모바일로 매출관리도 한번에 볼 수 있으며 알림 메시지를 통해 조리 완료/음식 출발 등 고객님께 현재 진행 상황을 알려주는 기능도 탑재되었다.

가성비 좋은 QR모바일/고급형 맥세이프/간편한 선결제까지 다양한 기능을 제공하고 메뉴 라인업은 영상, 사진, 메뉴 설명과 호텔서비스의 럭셔리한 메뉴와 서비스를 통해 매출 증대를 극대화한다.

패스트오더 임철우 대표는 "패스트오더만의 기술과 역량을 활용해 사용자 인터페이스(UI),

사용자 경험(UX)을 기반으로 한 업데이트와 맞춤형 DIY메뉴 디자인 서비스를 도입시켜 사용 편의성을 높이고 콘텐츠 등 트렌드를 분석하여 차별화된 디자인, 운영 전략을 제안하고 직관성, 신속성, 편의성, 개인화에 맞춘 서비스를 제안, 구축했으며 체계적인 올인원 시스템을 통해 태블릿 서비스 경쟁력을 국내 호텔 업계와 글로벌 시장까지 확장시킬 계획"이라고 밝혔다.

출처: 아이티비즈, 2025-02-27

데 있어서 새로운 서비스를 등장시키는 것을 말한다. 기존 금융거래에서 온라인 뱅킹의 등장 등이 여기에 속한다.

(3) 기존 시장에 대한 신규서비스

기존 시장에 대한 신규서비스(new service for the currently served market)는 비록 그 서비스를 경쟁자가 제공한 적이 있다고 하더라도, 자사가 기존 고객에게 제공한 적이 없는 서비스를 제공하는 것을 말한다. 서점에서 커피를 제공하는 것, 헬스클럽에서 영양관리 서비스를 제공하는 것, 비행기에서 통신서비스(팩스, 전화, 인터넷)를 제공하는 것들이 여기에 속한다.

1.2 점진적 개발 방법

(1) 서비스 계열 확장

기존 서비스의 계열을 확장(service line extension)하는 것을 말한다. 레스토랑에서 메뉴를 추가하는 것, 항공사에서 새로운 노선을 추가하는 것, 법률회사에서 추가적인 법률 서비스를 실시하는 것과 같은 활동이 여기에 속한다.

항공사는 신규노선 개설을 통해 계열을 확장한다

(2) 서비스 향상

서비스 향상(service improvement)은 가장 흔한 형태의 서비스 혁신 방법이다. 이는 기존의 서비스 수준을 업그레이드하는 것으로 통신서비스에서 더 빠른 속도를 제공하거나 은행의 서비스 영업시간을 연장하는 방법 등이 있다.

(3) 스타일 변화

스타일 변화(style change)는 가장 간단한 방법의 서비스 혁신이지만 고객의 지각, 감성, 태도에 중요한 영향을 미칠 수 있는 방법이다. 레스토랑에서 실내 인테리어를 바꾸는 것, 기업의 로고를 변화하는 것, 자사 홈페이지를 변경하는 것 등이 여기에 포함된다. 이는 서비스를 근본적으로 바꾸는 것이 아니라 외형을 변화시킨다는 측면이므로 상품분야에서 포장을 변화시키는 것과 유사한 형태라고 할 수 있다.

맥도날드의 로고 변천사

2. 신규서비스 개발 단계

신규서비스 개발 단계는 사업전략을 개발 검토하는 과정부터 출시 후 평가까지의 과정으로 나누어 볼 수 있다([그림 6-3] 참고). 이 개발 단계는 크게 전방계획(front-end planning)과 실행(implementation)의 두 부분으로 나뉘어져 있다. 전방계획은 기업이 어떤 서비스 개념을 개발할 것인지를 보여주는 것이며, 후방계획인 실행은 서비스 개념이 어떻게 실행되는지를 나타내는 것이다.

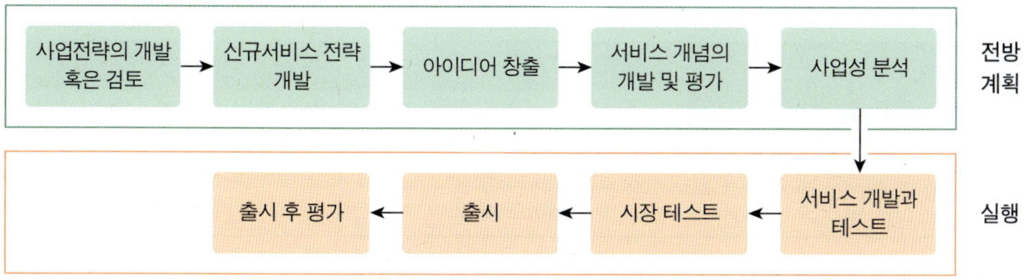

[그림 6-3] 신규서비스 개발의 단계

자료원 : Zeithaml, Valarie A., Mary Jo Bitner, and Dwaryne D. Gremler(2013), Services Marketing, McGraw-Hill, 6th ed.

2.1 전방계획

(1) 사업전략의 개발 혹은 검토

신규서비스 개발의 첫 번째 단계는 비전과 미션을 재검토하는 것부터 시작한다. 신규서비스 전략과 구체적인 아이디어는 기업이 추구하는 전략적 비전과 미션에 맞아야 한다.

예를 들어, 은행이 추구하는 전략적 비전이 고객이 원하는 시간과 장소에서 은행서비스를 제공하는 것이라고 한다면 은행이 새로운 서비스를 개발하는 데는 이 비전을 중심으로 이루어지게 된다. 이에 부합하는 전략은 광범위한 지역에 ATM을 배치하고, 은행지점을 확대하는 것, 인터넷 및 모바일 뱅킹 서비스를 강화하는 것 등이 포함될 수 있다.

(2) 신규서비스 전략의 개발

새로운 서비스를 개발하기 위해서는 기업의 목적, 비전, 능력 등을 고려해야 한다. 따라서 시장의 규모, 서비스의 유형, 시간의 범위, 수익 등에서 신규서비스 전략을 정의함으로써 아이디어 창출이 보다 용이해질 수 있다.

신규서비스 전략을 개발하는 방법 중의 하나는 성장 기회를 파악하는 틀을 이용하는 것이다. 〈표 6-2〉의 매트릭스는 기업이 누구를 대상으로 할 것인지(기존고객 또는 신규고객), 어떤 제공물을 이용할 것인지(새로운 서비스 또는 기존 서비스)에 따라 효과적인 전략을 제시하고 있다.

〈표 6-2〉 성장 기회를 파악하기 위한 신규서비스 전략

제공물	시장	
	기존 고객과 시장	신규 고객과 시장
기존 서비스	시장점유율 구축	시장 개척
신규 서비스	서비스 개발	다각화

자료원 : Ansoff, H. Igor(1965), Corporate Strategy, New York: McGraw-Hill.

(3) 아이디어 창출

신규서비스 개발의 세 번째 단계는 아이디어를 창출하는 것이다. 이 단계에서의 아이디어는 앞 단계인 신규서비스 전략에 근거하여 여과(screening)되어야 한다. 아이디어를 찾는 데는 다양한 방법들이 사용될 수 있다. 구체적으로 브레인스토밍, 직원과 고객으로부터의 아이디어 획득, 수요조사 등이 있으며 때로는 경쟁사의 서비스로부터 이루어진 학습결과들도 아이디어를 찾는 데 이용될 수 있다.

(4) 서비스 개념의 개발 및 평가

서비스의 무형성과 동시성 등의 특성은 서비스의 개념을 명확하게 하는 데 어려움을 제공한다. 즉, 무형의 서비스를 구체적인 용어로 묘사하는 것은 힘든 작업이다. 그러므로 기업은 이 단계에서 관련 부서 간 서비스의 개념을 명확하게 합의하는 것이 중요하다. 왜냐하면 개념을 정의하는 데 있어서 기업 내에서 관련자들 간의 견해가 다를 수 있기 때문이다. 관련자들 간의 충분한 의견 조율 후 최종 개념을 확정해야 한다.

개념을 명확하게 정의한 후, 서비스의 구체적인 특성을 기술하고 그 개념에 대해 고객과 직원들의 평가를 받는 것이 중요하다. 개념 및 특성 기술은 서비스가 제공할 수 있는 문제점 해결방법, 편익, 서비스 프로세스 등을 상세하게 설명해야 한다. 그리고 난 후 고객과 직원들에게 그 개념과 아이디어를 이해했는지, 개념에 대해 호의적인지, 그리고 추가적으로 필요한 것이 무엇인지에 대한 의견을 구함으로써 서비스 개념의 평가가 이루어진다.

(5) 사업성 분석

서비스 개념의 개발 단계에서 서비스 개념이 고객과 직원에게 호의적으로 평가가 된

다면, 그 다음은 실행가능성과 잠재수익성을 분석하는 사업성 분석 단계에 들어간다. 이 단계에서는 수요분석, 예상 매출액, 비용분석, 운영상의 실행가능성 등이 평가된다. 기업은 이러한 분석을 통해 자사에서 정한 실행가능성과 수익성 기준에 대비해서 서비스 아이디어가 통과할 수 있는지 검토할 수 있다.

2.2 실행

(1) 서비스 개발과 테스트

이 단계는 서비스 시상품(pilot product)을 개발하고 이를 고객이 수용할 수 있는지를 테스트하는 것을 말한다. 서비스는 상품과 달리 무형성 및 생산과 소비의 동시성과 같은 특성들로 인해 개발 및 테스트 단계가 매우 힘들게 진행될 수 있다. 따라서 이 단계에서는 신규서비스 개발과 관련된 사람들과 고객, 직원을 비롯하여, 기업의 마케팅, 생산, 인사조직 등 담당자들의 참여가 필요하다.

이 단계에서는 신규서비스 개념이 어떻게 실행되는지를 보여주는 구체적인 서비스 청사진(service blueprint)이 만들어져야 한다. 그리고 만들어진 서비스 청사진은 이해관계자가 모두 참여하여 반복적인 테스트를 거쳐 진화된 결과를 도출하게 된다. 그리고 개발 및 테스트의 최종적인 단계는 확정된 청사진을 가지고 서비스 제공자와 관련된 세부부서별로 상세집행계획으로 발전시키는 것이다.

(2) 시장 테스트

시장 테스트는 촉진, 가격, 유통 등 마케팅 믹스의 변화와 시장수용성 등을 평가하는 단계이다. 상품의 경우 특정지역에서 특정상품으로 한정하여 테스트를 진행할 수 있지만 서비스의 경우 기존 서비스 제공 시스템과 얽혀 있어서 새로운 서비스만 따로 시장 테스트를 하는 데 어려움이 따른다.

따라서 마케팅 믹스의 변화를 알아보기 위해서 가상적인 믹스를 고객에게 제시하여 구매의향을 조사하는 등의 방법을 이용할 수 있다. 그리고 이 단계에서는 서비스의 세부 운영상황이 자연스럽게 이루어지는지를 확인하기 위해 시험적인 가동을 해보는 것이 중요하다.

(3) 출시

이 단계는 실제로 시장에 신서비스를 내놓는 것이다. 이 단계에서는 크게 두 가지 측면을 살펴볼 필요가 있다. **첫째**, 서비스 품질에 가장 큰 영향을 미칠 수 있는 접점 직원들이 신규서비스를 명확하게 수용하도록 하는 것이다. **둘째**, 신규서비스의 모든 측면에 대한 체험 모니터링을 실시하는 것이다.

(4) 출시 후 평가

이 단계는 서비스 출시 기간 동안에 수집되어진 관련 정보들을 재검토한다. 그리고 신규서비스에 대한 시장의 실제 반응을 기초로 하여 서비스 제공과정, 충원요소, 마케팅 믹스의 세부 변수들을 수정하기도 한다.

제4절 | 서비스 보증

1. 서비스 보증의 유형 및 특징

1.1 보증의 의미 및 유형

보증(service guarantee)은 기업이 제공하기로 한 상품 혹은 서비스를 약속한 대로 제공하겠다는 일종의 서약을 말한다. 즉 보증은 기업이 상품 혹은 서비스를 제대로 제공하지 못할 경우에는 어떤 방법으로든 소비자에게 배상을 하겠다는 약속을 의미한다.

일반적으로 서비스는 무형적인 특징과 더불어 서비스의 제공과 동시에 소비가 이루어지므로 이미 수행된 것을 원래 상태로 되돌리기 힘들다. 이런 특징으로 인해 기업들은 서비스에서 보증을 하는 것을 힘든 것으로 판단하였다. 그러나 서비스에서 보증을 하는 것이 실제로 기업에게 효과적이라는 것을 알게 되고 또한 그것이 기업에게 하나의 상품의 특징 및 제공전략으로 이해됨으로써 보증에 대해 더 많은 관심이 이루어지고 있다.

기업들은 촉진수단으로 보증을 활용하기도 한다

서비스 보증의 유형은 크게 세 가지로 나누어 볼 수 있다.

첫 번째로 무조건적인 만족을 보증(unconditional satisfaction guarantees)하는 것이다. 이는 기업이 제공하는 서비스의 모든 측면(결과물이나 제공과정 모두)을 고객이 좋아해야 한다는 것을 의미한다. 즉, 불만족한 고객에게 무조건 보상을 한다는 것으로 이때 고객만족에는 어떤 한계나 제한도 없다.

두 번째로 서비스의 속성을 보증(service attribute guarantees)하는 것이다. 이것은 기업이 고객에게 자신들의 서비스의 중요한 속성에 대해 보증을 제공하는 것을 말한다. 페덱스(Fedex)가 특정 시간에 배송을 약속하는 것이 그 대표적인 예라고 할 수 있다.

세 번째로 결합된 보증(combined guarantees)이 있다. 이는 기업이 제공하는 서비스의 속성에 대해 성과 기준을 가진 전반적인 만족 보증이다. 즉, 속성별로 그에 맞는 기준이 존재하며, 전체적인 서비스에 대해서도 만족을 평가해서 일정 수준이 넘지 않으면 보상하는 형태를 말한다.

1.2 효과적인 보증의 특징

(1) 무조건적이어야 한다

효과적인 보증은 조건이 있으면 안 된다. 만약 보증에 여러 종류의 제약 조건, 입증 필요성, 한계 등을 포함하고 있으면 그것은 법 혹은 규정으로 보일 수 있다. 이런 보증은 일반적으로 효과적이지 못하다.

(2) 의미 있어야 한다

효과적인 보증은 의미가 있어야 한다. 명백한 사실이나 당연한 것을 보증하는 것은 고객에게 의미 없이 다가올 수 있다. 의미 없는 보증은 경쟁 환경에서 기업에게 차별적 경쟁우위를 제공하지 않는다. 다른 기업도 다 하는 보증은 매력적인 요소가 아니기 때문이다.

(3) 이해하기 쉬워야 한다

기업이 제공하는 보증은 고객과 직원 모두가 이해하기 쉽고 커뮤니케이션하기 쉬워야 한다. 보증에 사용된 용어가 헷갈리거나 장황할 때, 또는 보증이 너무 많은 제한과 조건을 포함하고 있을 때 고객과 직원 모두 무엇이 보증되는지를 명확하게 알기 어렵다.

(4) 청구하기 쉬워야 한다

효과적인 보증은 고객이 청구하기 쉬워야 한다. 만약 고객이 보증을 청구하기 위해 많은 양식을 작성하도록 요구받거나, 고객을 대상으로 서비스 실패에 대한 증거자료를 제출하도록 하는 것은 보증의 가치를 낮추는 일이다. 이는 특히 서비스 금액이 적을 경우 더욱 그렇게 인식된다.

2. 서비스 보증의 편익

서비스 보증은 마케팅 도구일 뿐 아니라 기업에게 있어서 품질을 정의하고 개선하는 데 도움을 줄 수 있는 역할을 수행할 수 있다. 기업에게 있어서 서비스 보증이 어떤 편익을 가져다 줄 수 있는지를 알아보면 다음과 같다.

첫째, 좋은 보증은 기업이 고객에게 초점을 맞출 수 있게 한다. 그러므로 기업이 의미 있는 보증을 개발하기 위해서는 고객이 무엇을 중요하게 생각하는지를 알아야 한다. 즉, 고객이 무엇을 기대하는지 그리고 무엇을 가치 있게 여기는지를 파악하는 것이 무엇보다 중요하다.

Service Issue

이베이, 3월부터 K셀러에 반품·환불비 지원 '리퍼제도' 시행

미국 이어 한국서 처음 시행 … 국내 셀러, 해외수출 부담 줄어

1년 내 반품 · 환불 요청, 이베이 계약 보험사가 부담
역직구 시장 확대 전망에 K셀러 유입 활성화 기대

유창모 이베이 크로스보더트레이더(CBT) 한국사업부 한국사업총괄 본부장이 14일 서울 서초구 드림플러스 강남에서 열린 '2025 이베이 셀러 인사이트 포럼(eBay Seller Insight Forum)'에 참석해 올해 역직구 사업 전략 등을 발표하고 있다. [사진=이베이]

국내 사업자가 해외로 상품을 판매하는 이른바, '역직구' 시장이 올해 더욱 성장할 것으로 전망되는 가운데 글로벌 이커머스 기업 이베이(ebay)가 내달부터 한국인 입점 판매자(K셀러)를 대상으로 반품 · 환불 관련 문제를 지원하는 제도를 실시한다. 미국 현지에서 적용하던 정책을 한국으로 확장해 K셀러의 경쟁력을 높이는 동시에 국내 역직구 시장의 판을 주도하겠다는 취지다.

본지 취재를 종합하면, 이베이는 서울 서초구 드림플러스 강남에서 '2025 이베이 셀러 인사이트 포럼(eBay Seller Insight Forum)'에서 올해 역직구 사업 전략 등을 발표하면서 3월부터 K셀러를 대상으로 '리퍼제도'를 처음 적용하기로 했다.

리퍼제도는 보증기간(1년) 안에 고객이 셀러에게 반품 · 환불을 요청하면 이베이와 계약된 보험사에서 환불을 처리해 주는 서비스다. 이베이가 K셀러에게 리퍼제도를 적용하는 건 이번이 처음이다. 그간 이베이는 미국 현지 셀러에게만 리퍼제도를 적용해 왔다.

중고 상품을 판매하는 셀러가 많은 이베이 특성상 고객의 반품 · 환불 요청은 셀러 입장에서 가장 부담스러운 것 중 하나다. 특히 보증기간 안에 반품 · 환불 요청이 들어오면 발생한 매출이 다시 빠질 뿐만 아니라 해외에서 다시 상품을 회수해야 하는 부담도 크다.

이베이가 3월부터 한국에서 리퍼제도를 시행하면, 이러한 K셀러의 부담이 크게 줄어들 전망이다. 고객의 반품 · 환불 요청 이후 이베이와

계약된 보험사가 부담을 떠안기 때문에, K셀러는 반품·환불에 따른 손실을 보지 않게 된다.

유창모 이베이 크로스보더트레이더(CBT) 한국사업부 한국사업총괄 본부장은 "3월에 한국 셀러들이 리퍼제도에 참여할 수 있도록 론칭을 할 예정"이라면서 "중고가전 관련 상품을 다루는 한국 셀러는 리퍼제도 시행을 기대해도 좋다"고 강조했다.

이베이가 K셀러 친화 정책을 강화한 건 국내 역직구 시장이 지금보다 더 커질 것으로 전망되는 만큼 K셀러 유입을 활성화시키겠다는 전략으로 풀이된다.

통계청 온라인쇼핑동향에 따르면 작년 역직구 시장은 1조70225억 원으로 전년 대비 1.5% 증가했다. 특히 대미 역직구 판매액은 전년 대비 41.7% 증가했고 유럽연합·영국(18.8%) 등에서 증가세를 보였다. 반면 대중 역직구 판매액은 전년 대비 7.4% 감소했다. 수출 채널이 중국을 벗어나 전 세계로 확장되고 있다는 것을 보여주는 대목이다.

역직구 시장이 확대하면서 이베이 셀러도 덩달아 성장했다. 작년 K셀러 수와 매출은 전년 대비 두 자릿수 신장했다.

유 본부장은 "역직구 생태계를 구축하고 전체적인 판을 키우고자 이베이는 셀링 경험을 개선해 나가려고 한다"며 "강 달러로 인해 셀러 수익률도 개선되고 있는 만큼 올해 초반 강한 드라이브가 걸릴 것"이라고 했다.

일각에서는 이베이가 최근 K셀러를 모집해 역직구 시장을 공략 중인 알리익스프레스(알리), G마켓, 쇼피코리아 등 경쟁사를 견제하기 위한 포석이 아니냐는 해석도 나온다. 올해 1월 역직구 사업인 '글로벌 셀링' 프로그램을 본격 시행한 알리는 '5년간 수수료 면제'라는 파격 혜택을 꺼내들었다. 수수료 면제 정책으로 역직구 K셀러를 단시간에 확보, 시장 주도권을 쥐겠다는 의도로 풀이된다.

G마켓의 최대주주인 신세계그룹은 중국 알리바바인터내셔널(AIDC)과 손을 잡고 이커머스 합작 법인을 만들기로 하면서 G마켓은 알리바바의 네트워크를 활용, 글로벌 진출 교두보를 확보하게 됐다.

쇼피코리아는 소량의 상품을 모아 공동 선적해 현지로 미리 보내는 공동 선적 서비스를 K셀러에게 제공하는 등 차별화하고 있다.

유 본부장은 "2024년은 글로벌 시장에서 알리, 테무 등이 크게 성장했고 그 가운데에서 여러 이슈들도 발생하는 등 많은 시장 변동이 있었다"며 "글로벌 시장이 변화됨에 따라 이베이에서도 여러 대응해야 할 부분이 있다"고 밝혔다.

출처 : 이투데이, 2025-02-17

둘째, 효과적인 보증은 기업에게 명확한 기준을 제시한다. 즉, 보증은 기업이 직원들에게 무엇을 기대하는지를 알려주는 것이며, 그 내용을 직원들과 소통하는 역할을 한다. 또한 보증의 내용은 직원들의 행동을 조정할 수 있게 하는 서비스의 목표를 제공하기도 한다.

셋째, 좋은 보증은 고객으로부터 피드백을 유도할 수 있다. 보증은 고객이 기업의 서비스에 대해 불평을 할 수 있도록 하는 인센티브를 제공한다. 즉, 단순하게 자신의 문제만을 표현하는 소수의 고객이 아니라 다양한 고객으로부터 대표성 있는 피드백을 받을 수 있게 하는 역할을 수행한다. 이렇듯 보증은 고객에게 불평을 할 수 있는 권리를 제공하는 것이다.

넷째, 보증이 이루어지는 때는 서비스 실패에 대한 회복을 할 수 있는 기회가 된다. 즉, 고객에게 즉각적으로 회복이 이루어진다면 기업은 고객의 불만족을 통제하거나 최소한 불만족이 커지지 않게 조치할 수 있다. 빠른 회복은 고객을 만족시킬 뿐만 아니라 애호도를 향상시키는 역할을 수행한다.

다섯째, 보증을 통해 발생된 정보는 추적 가능하며 지속적인 개선 노력으로 통합될 수 있다. 보증은 고객으로부터 의견을 들을 수 있는 체계를 제공할 수 있고, 그것을 통해 고객의 기대를 제대로 알지 못해서 발생할 수 있는 문제점을 줄이는 데 도움을 주게 된다. 즉, 고객과 서비스 운영 간의 피드백 연결 수준은 보증을 통해 강화될 수 있다.

여섯째, 보증은 고객이 가질 수 있는 위험을 감소시키며 기업에 대한 신뢰를 구축하게 한다. 서비스는 무형적이며, 때로는 높은 개인성 혹은 자아지향적인 특성을 나타낸다. 그래서 고객들은 이런 불확실성을 줄일 수 있는 정보나 단서를 찾으려고 한다. 보증은 고객의 위험을 감소시킬 수 있을 뿐만 아니라, 구매 전 서비스에 대한 긍정적인 평가를 증가시킬 수 있다.

3. 서비스 보증을 제공하지 않아도 되는 상황

서비스 보증은 모든 기업에게 다 적합하게 적용되는 것이 아니며, 모든 상황에서 보증이 필요한 것도 아니다. 그러므로 기업이 보증과 관련된 전략을 수립하기 전에, 과연 보증이 필요한지에 대한 질문을 해볼 필요가 있다. 서비스 기업에서 보증이 필요하지 않은 경우는 다음과 같다.

- **기업의 현재 서비스 품질이 낮은 경우** : 보증 제도를 마련하기 전에 기업은 자신의 현재 서비스 품질수준을 우선적으로 개선할 필요가 있다. 보증이 서비스 실패에 대한 안전한 믿음을 제공해 줄 수 있다는 장점을 가지나, 보증을 실천하면서 더 큰 비용이 발생할 수 있다는 문제점을 내포한다. 즉, 낮은 서비스 품질의 경우 서비스 실패가 발생할 가능성이 높고, 이는 기업에게 보증을 실행할 비용이 기업이 얻는 편익보다 더 크게 나타나게 된다는 것을 의미하는 것이다.
- **기업의 보증이 기업의 이미지와 맞지 않는 경우** : 만약 기업이 이미 높은 수준의 품질과 명성을 보유하고 있다면, 공식적으로 보증을 언급할 필요가 없다. 왜냐하면 기업의 브랜드가 곧 품질을 의미하는 것이고, 고객들이 그 브랜드를 선택한다는 것은 기업이 최고급 서비스를 제공해 줄 것이라는 믿음이 있기 때문이다.
- **기업이 통제할 수 없는 요인들이 너무 많은 경우** : 통제 가능한 서비스 실패가 아닌, 통제 불가능한 서비스 실패는 기업에게 보증을 제공할 수 없는 정당한 이유가 된다. 그러므로 통제 불가능한 경우까지 고려해서 모든 상황을 보증하는 것은 효과적인 방법이 아닐 수 있다. 예를 들어, 항공사에서 '우리는 언제나 정시 출발을 보증합니다'라는 보증은 날씨와 같은 통제 불가능한 상황에서도 보증의 비용을 지불해야 한다는 것을 의미한다.
- **고객들의 속임수와 남용이 우려되는 경우** : 서비스 보증에 대해 고객의 속임수, 부당한 탄원과 같은 기회주의적인 행동은 기업으로 하여금 보증을 꺼리게 하는 원인이 된다. 예를 들어, 서비스 제공에서 시간 지연의 보증으로 제공물을 무료로 제공한다는 보증이 있다고 했을 때, 고객들이 무료 제공을 받기 위해 의도적으로 지연시키는 부당한 행위를 할 수 있기 때문이다.
- **보증의 비용이 기업의 편익을 초과할 경우** : 보증에 투자하기 전에 기업은 자신들이 얻을 수 있는 편익(고객 애호도, 품질개선, 신규고객 창출 등)과 소요되는 비용(실패에 대한 보상, 예비비 등)을 고려해야 한다. 이때 비용이 더 클 경우 보증 전략을 재검토해 봐야 한다.
- **고객들이 서비스로부터 위험을 적게 인식할 경우** : 보증은 고객이 서비스 기업이 제공하는 서비스 품질에 대해 불확실성을 가질 경우 효과적으로 이용할 수 있는 방법이다. 즉, 보증은 고객들로 하여금 그 서비스를 이용함으로써 겪는 위험을

감소시키는 역할을 수행한다. 만약 고객이 서비스 선택에서 위험을 거의 지각하지 않거나, 서비스 자체가 비싸지 않고, 다른 서비스 대안이 많고, 품질 다양성이 많지 않을 경우 보증에 대해서 중요하게 인식하지 않게 된다. 이 상황에서는 고객은 보증보다는 다른 촉진활동에 더 많은 관심을 기울일 수도 있다.

- **고객들이 경쟁기업과 비교해서 서비스 품질의 차이를 적게 인식할 경우** : 서비스 산업에서 경쟁자들 간의 품질이 매우 다양할 경우, 보증은 매우 효과적으로 이용될 수 있다. 또한 경쟁자들의 서비스 품질 수준이 전반적으로 낮게 인식될 경우 보증은 경쟁사를 자사와 구분하여 서비스 선택에 중요한 요인으로 작용한다.

Review Case

대형마트서 명품 팔고 백화점은 과일·채소 …
'유통 공룡' 변신 빨라진다

"상품 빼고 시간을 팔아라" … 이마트 · 신세계百 생존 건 '유통 실험'
하이마트, '체험' 늘렸더니 매출 135%↑ … "프리미엄 팔아야 생존"

이마트타운 월계점. 소비자들이 평일 오전에도 쇼핑카트를 끌고 의류 매장을 둘러보거나 서점에서 책을 읽으며 여가를 보내고 있다.(위쪽) 1층의 한 화실(化室)에서는 꽃꽂이 수업이 한창이다

"유통업의 경쟁 상대는 테마파크나 야구장이다"

정용진 신세계그룹 부회장이 10년 전 취임식에서 한 말이다. 백화점과 대형마트가 살아남으려면 '상품'이 아닌 '시간'을 팔아야 한다는 파격 주문이었다. 신세계그룹은 일사불란하게 '수술 준비'에 들어갔다. 당장 내부 보고서에서 '평효율' 단어를 빼버렸다. 평효율은 '매장 1평당 매출'을 뜻하는 지표다. 수십년간 백화점과 대형마트의 성과를 측정하는 척도로 쓰였다. 더는 공간을 진열대로 꽉 채울 궁리만 하지 않겠다는 선언과도 같았다.

이마트의 빈 공간에는 벤치와 카페, 서점이 들어섰다. 신세계백화점은 1층 명품 매장을 빼고 과일과 채소를 팔기 시작했다. 지하에 있던 아쿠아리움은 백화점 꼭대기로 올렸다.

경쟁사도 바쁘게 움직였다. 롯데하이마트는 지난 1월 첫 체험형 매장 '메가스토어 잠실점'을 열었다. 매장을 테마파크처럼 꾸미고 가전은 '덤으로 사는' 부가 서비스로 재배치했다. 현대백화점은 식품관을 통째로 배송하는 온라인몰 '투홈'을 열었다.

지난 100년 동안 단 한 번도 바뀐 적이 없던 오프라인 '유통공룡'들이 멸종 위기를 직면하면서 일제히 '진화'를 시작한 것이다.

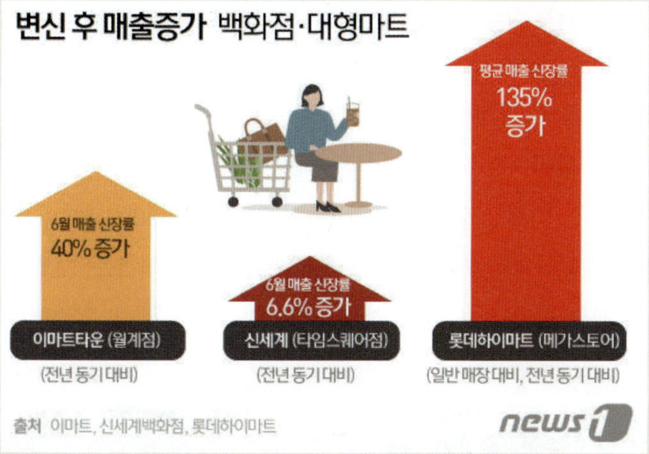

◇ "시간을 팔아라" … 이마트 월계점, '체험' 늘렸더니 매출 40%↑

"이마트에서 구찌(CUCCI)를 파네?"

유통업계에 따르면 이마트타운 월계점의 6월 매출은 전년 동기 대비 40% 증가했다. 코로나19 여파로 대형마트를 찾는 발길이 뚝 끊긴 점을 고려하면, 첫 달부터 순풍을 달았다는 평가다.

이마트타운 월계점은 리뉴얼 재개점한 첫 '미래형 이마트' 모델이다. 구(舊) 월계점을 완전히 뜯어고쳐 이마트 매장 비중을 기존 80%에서 30%로 확 줄였다. 나머지 여백은 벤치와 카페, 꽃집, 서점, 취미 공간으로 꾸몄다. 상품은 뒤로 빼고 여가와 체험을 앞세운 '문화 공간'으로 탈바꿈했다. 월계점의 첫발을 내딛는 순간 이마트는 사라지고 널찍한 '테마파크'가 펼쳐진다. 입구에는 스타벅스 매장과 음식점이 줄지어 서 있다. 건너편에서는 꽃이 가득한 화실(花室)에서 꽃꽂이 수업이 한창이다.

1층 광장 '아트리움'에는 피아노 한 대가 전시돼 있다. 전 세계에 단 3대만 존재하는 명품 피아노 '플레옐 리리코'다. 사람들은 광장에 모여 작품을 감상하거나, 벤치에 앉아 한가롭게 책을 읽었다. 1층 맨 구석에 가서야 '숨은' 이마트 매장을 찾을 수 있다.

2층은 아예 서점, 카페, 패션, 취미 공간으로 채웠다. 고객들은 쇼핑 카트를 세우고 서점에서 책을 읽거나, 자녀와 함께 놀이공간 '바운스 어드벤처'에서 놀이를 즐겼다. 백화점처럼 의류 매장을 둘러보거나 카페에 앉아 시간을 보내는 연인도 눈에 띄었다.

심지어 '명품 매장'까지 입점했다. 한 30대 여성 소비자는 "어머, 여기서 구찌를 파네?"라며 반가운 듯 매장을 둘러보기도 했다. 월계점은 전국 이마트에서 유일하게 명품 매장을 운영하고 있다. 품목은 ⊿구찌 ⊿프라다 ⊿발렌시아가 ⊿버버리 ⊿알마니 등 15종에 달한다. 병행수입 상품이지만 매장 A/S도 지원한다. 가격은 정상가보다 약 30% 저렴하다.

한 유통업계 관계자는 "대형마트가 '매장'을 줄이고 '여백'을 늘린다는 것은 과거에는 상상조차 할 수 없던 시도"라며 "치밀한 '역발상' 마케팅으로 지역 수요를 완전히 흡수했다"고 평가했다. 실제로 월계점 반경 1.5㎞ 내에는 2만5000세대의 아파트가 있다. 이마트 관계자는 "평일에도 책을 보거나 취미 생활을 즐기러 오는 주민들이 확연히 늘었다"며 "1인당 체류 시간도 과거와는 비교할 수 없을 정도"라고 귀띔했다.

신세계백화점 타임스퀘어점 1층 식품전문관 전경(오른쪽 · 신세계백화점 제공) 22일 반찬 매장에서 소비자들이 반찬을 고르고 있다(왼쪽)

◇ 신세계百 1층서 과일 · 채소 팔고 … 하이마트는 '테마파크'로 변신

백화점과 가전매장도 앞다퉈 '변신'을 꾀하고 있다.

신세계백화점 타임스퀘어점은 국내 백화점 중에서 가장 파격적인 '실험'이 진행되는 점포다. 지난해 10월 건물 한 동 전체를 '생활전문관'(리빙관)으로 바꾸더니 올해 1월에는 1층을 '식품전문관'(푸드마켓)으로 리뉴얼했다.

백화점 역사상 1층에서 명품과 화장품이 빠진 적은 없다. '백화점은 1층이 먹여 살린다'는 말이 나올 만큼 가장 많은 매출을 일으키기 때문이다. 하지만 신세계 타임스퀘어점은 2개동 중 1개동을 식품에 내줬다. 이유는 간단하다. 백화점에 사람이 오지 않아서다.

신세계의 '도박'은 대성공이었다. 타임스퀘어점 1층 식품관은 평일 오전부터 북적였다. 소비자들은 1층에서 장을 보며 과일 · 채소를 골랐다. 유모차를 끌고 정육점에서 고기를 고르는 주부도 있었다. 건너편 명품 · 화장품 매장의 한산한 분위기와 달리 장(場)이 열렸다. 가격도 백화점치고 아주 비싸지 않다.

신도림에서 왔다는 주부 박모씨(41)는 "백화점 식품관이 가격대가 있지만 품질이 좋아 종종 찾고 있다"며 "1층을 식품관으로 꾸며놓으니까 (명품 · 화장품 매장보다) 부담이 덜하다"고 말했다. '식품관 효과'는 곧바로 나타났다. 신세계 타임스퀘어점의 6월 매출은 전년 동기보다 평균 6.6% 늘었다. 가전 매출이 25%로 가장 높았지만 식음, 식품 매출도 각각 19.5%, 17.5%씩 성장했다.

롯데하이마트 '메가스토어'(Mega store)도 잇달아 '대박'을 터뜨리며 오프라인 가전 매장의 새 지평을 열고 있다. 롯데하이마트 메가스토어 3개 점포(잠실 · 수원 · 안산선부)의 전년 동기 대비 매출 신장률은 평균 135%에 달한다. 올해 1월 가장 먼저 문을 연 잠실점은 코로나19 사태의 직격탄을 맞고도 매출이 35% 성장했다. 안산선부점(3호점)은 재개점 1달 만에 매출이 무려 240% 껑충 늘었다.

메가스토어는 롯데하이마트의 '차세대 성장동력' 모델이다. 매장을 가득 메웠던 TV, 냉장고를 싹 비우고 카페, 네일숍, 게이밍 존 등 '생활 공간'으로 채웠다. 수원점에는 셀프 빨래방과 펫스파룸(반려동물 목욕공간)까지 있다. 본업인 가전은 소비자들의 '체험'을 더 풍족하게 만들어 주는 소재로 스며들었다. 예컨대 반려동물을 키우는 소비자는 수원점으로 산책을 왔다가 펫 스파룸에서 목욕을 시킬 수 있다. 게임을 좋아하는 MZ세대(2030세대)는 게이밍 존에 마련된 컴퓨터로 최신 게임을 즐길 수 있다. 1인 가구는 밀렸던 빨래를 가져와 셀프 빨래를 하면 된다. 일단 놀러 와서 즐기고, 마음에 들면 구매하는 방식이다.

롯데하이마트는 올해까지 메가스토어를 6호점까지 늘릴 예정이다. 한 업계 관계자는 "가전의 '스펙'만 보고 구매하는 시대는 지났다"며 "매장에서 놀고, 먹고, 즐기다가 마지막에 가전을 구입하는 '체험 소비'가 자리 잡았다"고 분석했다.

롯데하이마트 메가스토어 수원점

◇ "오프라인 '진화' 못하면 멸종한다 … 온라인엔 없는 '五感' 제공해야"

전문가들은 오프라인 유통업계의 '혁신'이 더 가속할 것이라고 입을 모은다. 종국에는 유통시장의 구조가 '프리미엄형 오프라인'과 '가성비형 온라인'으로 양극화할 것이라는 전망도 나온다.

서용구 숙명여대 경영학과 교수는 신세계와 롯데의 오프라인 전략을 '골리앗의 복수'에 비유하면서 "온라인에서는 충족할 수 없는 '오감'(五感) 쇼핑을 무기로 온라인에 대항하고 있다"고 분석했다.

서 교수는 "신세계, 롯데가 골리앗이라면 쿠팡, 네이버쇼핑은 골리앗을 위기로 몰아넣는 다윗과 같다"며 "1~2인 가구의 증가, 소비 패턴의 변화 속에서 과거와 같은 매장 구성 방식으로는 대형마트와 백화점은 생존할 수 없다"고 경고했다. 그는 "오프라인 유통공룡도 이제 진화를 해야 할 때가 왔다. 진작에 바뀌었어야 한다"며 "온라인이 제공할 수 없는 것들, 즉 프리미엄과 체험 소비로 고객을 유인해야 한다"고 조언했다.

서 교수는 대형마트와 백화점이 '식품'을 강화하는 것도 같은 맥락이라고 봤다. 그는 "언택트(비대면) 소비가 많아졌지만, 식품은 여전히 직접 보고 사야 하는 상품"이라며 "수박을 살 때도 소리는 어떤지, 줄무늬는 선명한지 따지지 않나"고 반문했다.

이어 "과거처럼 싼 가격만 선호하는 경향이 사라지고 '스토리'와 '프리미엄'에 지갑을 여는 소비 패턴이 생긴 것은 오프라인 유통업에도 큰 기회"라며 "매장에서만 느낄 수 있는 체험, 스토리, 브랜드를 선보이는 전략에 역량을 쏟아야 한다"고 당부했다.

출처: news1, 2020-07-27

제 7 장

서비스 참여자관리

Opening Case

'아샤추'부터 '신라면툼바'까지 모디슈머 전성시대

소비자가 상품 재창조하는 '모디슈머' 열풍
유행 민감한 식음료업계, 신상품 출시 활발

서울 성동구에 마련된 '짜파게티 분식점 팝업스토어'에서 방문객들이 짜파게티를 활용한 다양한 커스텀 요리를 즐기고 있다. [사진=이뉴스투데이DB]

'모디슈머'(Modisumer) 트렌드가 실제 상품으로 출시되는 사례가 늘고 있다. 모디슈머는 '수정하다'(Modify)와 '소비자'(Consumer)의 합성어로 자신만의 방식으로 상품을 재창조하는 소비자를 뜻한다. 특히 식품 분야에서는 나만의 레시피를 개발해 즐기는 '내시피족'(나의+레시피)이 등장했다. 기업 입장에서는 이미 소비자들 사이에서 인기를 얻은 레시피를 활용해 상품 개발과 마케팅 비용을 절감할 수 있다는 장점이 있다.

7일 업계에 따르면 트렌드에 민감한 식음료 업계에서 모디슈머 레시피를 적용한 신상품 출시가 활발히 이뤄지고 있다. 농심은 일부 소비자들 사이에서 신라면에 우유와 치즈, 새우, 베이컨을 넣어 만든 '신라면 투움바' 레시피가 인기를 끌자 지난 9월 '신라면 툼바 큰사발면'으로 상품화해 출시했다. 해당 상품은 출시 18일 만에 210만 개가 판매되며 편의점에서 농심 용기면 상품 중 매출액 1위를 기록하기도 했다. 이에 농심은 라면 툼바를 봉지면으로도 선보였다.

농심은 앞서 모디슈머 트렌드를 반영한 상품 '짜파구리'를 출시한 바 있다. 지난 2009년 농심이 운영하던 인터넷 커뮤니티에 한 소비자가 농심 '짜파게티'와 '너구리'를 조합한 이색 레시피를 소개했고 이후 2013년 지상파 예능 방송을 타면서 전국적으로 알려졌다. 2020년 2월에는 봉준호 감독 영화 '기생충'이 오스카상을 수상하며 영화에 등장한 짜파구리가 전 세계적으로 주목을 받았다. '기생충' 흥행 이후 미국과 일본 소비자들로부터 상품 출시 요청이 이어지자 농심은 국내에 이어 해외 시장에 짜파구리를 출시했다.

[사진=이디야커피]

카페 업계에서는 '아샷추'와 '아망추' 같은 메뉴가 대표적이다. 아샷추는 아이스티에 에스프레소 샷을 추가한 메뉴로, 소비자들이 커스터마이징해 즐기던 조합이 SNS를 통해 인기를 얻으며 이디야, 투썸플레이스 등에서 정식 메뉴로 출시됐다. 아망추는 아이스티에 냉동 망고를 넣어 먹는 레시피로 한 소비자가 SNS에 소개한 후 입소문이 나면서 출시된 사례다.

투썸플레이스가 지난 6월 선보인 아샷추는 출시 2주 만에 판매량 30만 잔을 돌파하며 커피 신메뉴 중 최단기간 최다 판매라는 신기록을 세웠다. 투썸플레이스에 따르면 아샷추와 아이스티는 10 · 20세대 판매 비중이 약 40%에 달한다. 30 · 40세대가 주도하는 커피 소비패턴과 차이를 보이며 트렌드의 중심에 있는 잘파세대(Z세대+알파세대)로부터 호응을 얻고 있다는 설명이다.

한 TV 예능 프로그램에서 소개된 '뚱바라떼' 레시피가 한국을 찾는 해외 관광객들 사이에서 필수 메뉴로 떠오르기도 했다. 편의점에서 얼음컵에 바나나맛 우유와 커피를 넣어 만드는 레시피가 한국식

'바나나밀크'로 불리며 직접 제조 후 마셔 보는 영상이 각종 SNS를 통해 확산하자 투썸플레이스는 지난 8일 '바나나 샷 아메리카노'와 '바나나 샷 라떼'를 선보였다.

편의점 GS25가 지난 6월 내놓은 '통오이김밥' 역시 소비자들 사이에서 먼저 입소문이 난 레시피다. 배우 최화정이 유튜브 채널에 다이어트 비법으로 해당 레시피를 소개한 후 관심이 높아지자 GS25는 통오이김밥을 이벤트성으로 출시했다. 매일 1000개씩 5일간 총 5000개를 한정 판매했는데, 모두 2시간 이내에 완판됐다. 모디슈머 맞춤형 예능 프로그램도 인기다. KBS '신상출시 편스토랑'에서 트로트 가수 장민호가 만든 '꾸덕명란크림우동'은 GS25 냉장면 카테고리 1위와 동시에 해당 프로그램 개발 상품 중 매출 1위에 오르기도 했다.

업계 관계자는 "소비자들 사이에서 이미 익숙한 레시피로 상품을 출시하면 초기 화제성 확보와 판매량 증대 효과를 볼 수 있다"며 "소비자와 소통이 활발하고 트렌디하다는 이미지를 얻을 수 있다는 장점도 있어 많은 업체가 발 빠르게 나서고 있는 것으로 보인다"고 말했다.

출처: 이투데이뉴스, 2024-11-07

Keyword

- 내부 마케팅: 기업과 직원 간 마케팅
- 감정노동: 직원이 양질의 서비스를 제공하는 데 필요한 육체적 혹은 정신적 노동 이상의 노력
- 직원의 훈련
  1) 전문기술 및 상호작용 기술의 훈련
  2) 권한 위임
  3) 팀워크 촉진
- 고객의 채용, 교육, 보상
  1) 적절한 고객의 채용
  2) 고객에 대한 교육과 훈련
  3) 공헌한 고객에 대한 보상
- 관계 마케팅: 기존의 거래/단발성 중심에서 고객 유지와 관계 향상에 초점을 맞춤
  1) 고객 활성화(activation)
  2) 고객 애호도(loyalty)
  3) 고객 유지(retention)
  4) 교차판매(cross-selling) - 관계 향상

서비스의 제공에서는 기업과 고객과의 관계뿐만 아니라, 직원과 고객, 고객과 고객, 기업과 직원 간의 관계 등 다양한 관계가 형성된다([그림 7-1] 참고). 따라서 서비스에서 참여자(people/participant)가 누구인지 그리고 어떤 역할을 수행하는지를 이해하기 위해서는 서비스의 관계 속에 있는 여러 이해당사자들의 특징을 이해하는 것이 무엇보다 중요하다. 본 장에서는 서비스 제공에 관련된 주요 참여자들에 대해서 살펴보고자 한다.

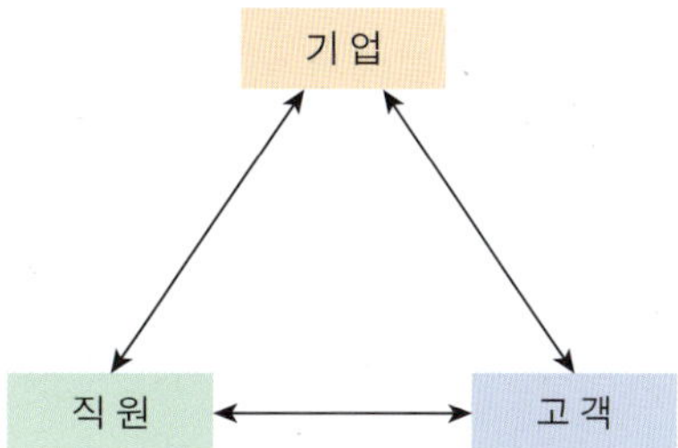

[그림 7-1] 서비스 삼각형

제1절 | 서비스에서 직원

1. 내부 마케팅

1.1 접점직원의 중요성

- **직원이 곧 서비스이다** : 대부분의 서비스에서는 접점직원이 직접 서비스를 제공한다. 즉 고객은 직원의 행위를 곧 서비스로 인식하고, 서비스 제공물이 곧 직원인 것이다. 따라서 기업이 서비스를 향상시키기 위해서는 직원에 대한 투자를 한다고 할 수 있다.
- **고객은 직원을 서비스 기업으로 인식한다** : 접점직원이 혼자 서비스를 제공하지 않더라도 고객이 보는 입장에서는 접점직원이 하는 활동을 서비스로 볼 수 있다.

고객은 직원을 보고 서비스를 평가하기도 한다

즉, 고객이 병원을 방문할 경우 병원에서 일하는 모든 직원(접수창구 직원부터 의사, 간호사까지)이 병원을 대표한다고 생각할 수 있으며, 이들의 모든 행위는 고객이 서비스를 평가하는 데 영향을 미칠 수 있다.

- **직원은 브랜드이다** : 고객이 기업에 대해 가지는 전체적인 이미지는 고객과 직원 간의 상호작용에 의해 구축된다. 금융상담을 위해 은행을 방문한 고객의 예에서 살펴보자. 고객은 직원이 자신의 금융 상황과 이루고자 하는 목표를 잘 이해하고 관심을 가지고 있다고 느끼면, 그 직원에 대한 호의적인 평가뿐만 아니라 그 은행 브랜드에 대해서도 긍정적인 평가를 할 수 있다. 즉, 직원은 브랜드가 가진 이미지를 향상시키고 고객에게 호의적으로 인식시키는 데 중요한 역할을 한다.
- **직원은 마케터의 역할을 수행한다** : 접점직원은 기업을 대표할 뿐만 아니라 고객의 만족에 직접적인 영향을 미칠 수 있다. 즉, 직원은 무형의 서비스를 유형화할 뿐만 아니라 서비스를 알리는 움직이는 광고의 역할도 한다. 그리고 때로는 단순하게 서비스를 전달하는 것 이상으로 다른 서비스를 추천하거나 추가적인 서비스를 이용하도록 제안하는 적극적인 마케팅 활동을 하기도 한다.

1.2 직원만족과 고객만족

만족한 직원이 고객만족을 이끌 수 있고, 다시 만족한 고객은 기업의 서비스에 대해 긍정적인 반응을 하게 되며, 이런 고객의 우호적인 반응은 직원의 직무만족을 강화한다고 한다. 즉, 직원의 만족이 고객만족을 이끌 수 있는 중요한 요인이라고 보는 것이다.

직원이 조직 내에서 느낄 수 있는 존중감, 그리고 조직의 인적자원관리 시스템은 직원에게만 영향을 미치는 것이 아니라 결국 고객에게까지 영향을 줄 수 있다. 일부 연구

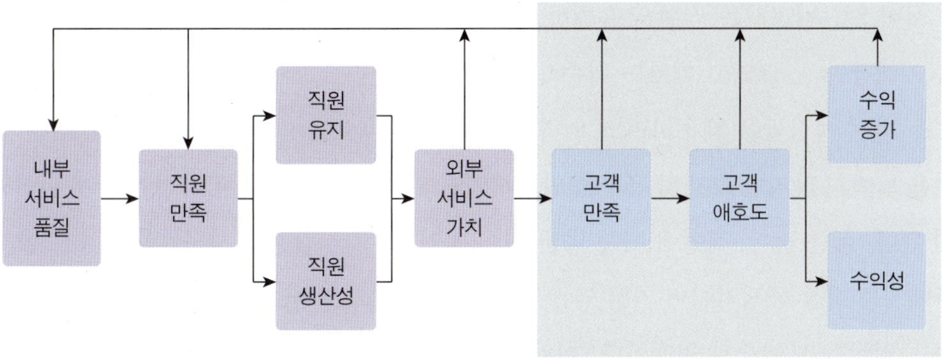

[그림 7-2] 서비스 수익 사슬

에 따르면 고객만족과 직원의 이직률 간에는 높은 관련성이 있다고 한다. 실제로 고객만족도가 높은 매장에서 근무하는 직원에 비해 고객만족도가 낮은 매장에서 일하는 직원의 이직률이 상대적으로 더 높게 나타났다. 또한 다른 연구에서는 조직에서 공정하게 대우를 받는다고 생각한 직원일수록 더 고객을 우호적이고 적극적으로 대하고 이것은 결국 고객만족을 이끌어 낸다는 결과를 보여주기도 하였다.

[그림 7-2]는 직원만족이 고객만족 그리고 고객애호도와 수익 증가까지 연결되는 과정을 보여주고 있다. 서비스 수익 사슬을 살펴보면, 내부서비스 품질(인적자원관리 등)이 직원만족에 영향을 미치며 그 결과 직원이 조직에 남아 있게 되고, 더불어 직원의 생산성 증가를 가져온다고 보고 있다. 그리고 이를 바탕으로 외부 서비스 가치를 향상시키고 고객만족과 고객애호도 그리고 수익 향상에 기여하는 것이다. 여기서 유의할 것은 직원만족이 고객만족의 원인이 아니라, 직원만족과 고객만족 간에 서로 높은 관련성으로 인해 상호작용이 발생한다는 것이다. 즉, 각 요소 간의 높은 상호작용이 일어날수록 기업은 더 높은 성과를 얻을 수 있는 것이다.

1.3 감정노동

감정노동(emotional labor)은 미국의 사회학자인 Hochschild가 처음 사용한 용어로, 직원이 양질의 서비스를 제공하는 데 필요한 육체적 혹은 정신적 노동 이상의 노력을 의미한다. 즉, 감정노동은 서비스 업무의 일선에 있는 직원들이 고객에게 보여주길 요구받는 감정과 직원이 내부적으로 느끼는 실제 감정 간의 차이가 있을 때 발생한다.

서비스를 제공하는 직원은 유쾌하고, 친근하고, 긍정적이며, 사려 깊은 사람이 되기를 기대받는다. 그리고 때로는 겸손하기까지 해야 한다. 그래서 몇몇 기업들은 이런 성격을 가진 사람들을 채용하려고 노력한다. 그러나 때로는 직원은 이러한 긍정적인 감정을 느끼지 않지만 고객의 욕구를 만족시키기 위해 본심을 숨겨야 하는 상황에 직면하게 된다. 예를 들어, 직원이 기분 나쁜 일이 있거나, 혹은 감정을 상하는 경우에도 고객들에게는 항상 긍정적이며 기쁜 얼굴을 보여줘야 하고, 또한 고객들은 직원이 당연하게 웃는 얼굴을 보여주길 기대한다. 이런 과정에서 직원들은 감정적 압박을 받으며 스트레스가 증가한다. 심하면 정신적 · 육체적 문제가 발생하고 최악의 경우 일터를 떠나게 된다. 실제 감정노동으로 인하여 콜센터 직원 중에는 우울증 약을 처방받아 복용하는 사례가 많이 있다.

서비스 기업은 직원의 감정노동의 문제를 해결하기 위해 다양한 노력을 기울이고 있다. 우선 감정적 스트레스를 적게 받는 사람들을 선발하는 것부터, 직원의 감정적 스트레스를 조절하고 고객의 압박에 효과적으로 대처할 수 있도록 직원을 훈련시키고 있다.

감정노동은 결국 직원이 서비스 환경에서 멀어지게 하는 일탈행위의 원인이 된다

2. 인적자원관리

2.1 적합한 직원의 채용

기업이 서비스를 효과적으로 제공하기 위해서는 우선 우수한 직원을 채용하는 것이 필요하다. 특히 서비스의 경우 '사람이 곧 재산이다'라는 측면에서 볼 때, 기업에게 맞는

Service Issue

"14조 시장 잡아라" … 감정노동자 마음 읽는 정신건강 AI 뜬다

[사진=오픈AI 달리]

감정노동자의 정신건강을 챙기는 인공지능(AI) 서비스가 주목받고 있다. AI가 심리 상담이 필요한 사람들에게 맞춤형 상담을 제공하고 정신건강의 위험 신호를 조기에 감지해 예방하는 역할을 수행하면서 보다 정교하고 개인화된 정신건강관리의 시대를 열고 있다.

8일 관련 업계에 따르면 과도한 정서적 자원의 사용은 근로자의 '번아웃(Burnout)'을 유발하는 것으로 알려져 있으며 실제 콜센터 근무자의 높은 우울감은 중요한 사회적 화두로 대두되고 있다.

국가인권위원회의 2021년 '콜센터 노동자 인권상황 실태조사'에 따르면 노동자 1990명 가운데 48%가 스트레스 등으로 '죽고 싶다고 생각해 본 적 있다'고 답했다. 과도한 실적 압박, 업무 모니터링 등 부당한 처우를 매달 5, 6차례 경험한다고 답했다.

우리 사회는 우울증, 불안장애 등 정신건강 문제에 대한 인프라와 치료 여건이 부족한 상황이다. 이 같은 환경을 보완하기 위해 AI를 활용한 멘탈케어 서비스가 주목받는 것이다. 시장조사업체 폴라리스마켓리서치는 관련 시장 규모가 2023년 9억2153만 달러(약 1조 3330억 원)에서 2032년까지 103억3409만 달러(약 14조 9483억 원)까지 급성장할 것으로 예측했다.

KAIST 전산학부 이의진 교수 연구팀은 중앙대학교 박은지 교수팀, 미국 애크런 대학교의 감정노동 분야 세계적인 석학인 제임스 디펜도프 교수팀과 다학제 연구팀을 구성해 근로자들의 감정적 작업 부하를 실시간으로 추정해 심각한 정신적, 신체적 질병을 예방할 수 있는 인공지능

모델을 개발했다.

연구 결과, 상담원의 목소리보다 생체 반응을 분석할 때 감정적 작업 부하를 더욱 정확하게 측정할 수 있음이 확인됐다. 감정노동자는 감정을 억제한 채 응대해야 하므로 표정이나 음성만으로 정확한 분석이 어렵기 때문이다. 연구진은 현업 상담사 31명을 대상으로 가상의 응대 시나리오를 적용해 음성, 행동, 생체 신호 데이터를 수집하고, 176개의 음성 특징 및 228개의 생체 신호 특징을 추출해 총 9종의 AI 모델을 학습·비교했다.

연구팀은 이번 연구를 통해 근로자가 감정적 작업 부하가 높은 상황과 그렇지 않은 상황을 87%의 정확도로 구분해 내는 데 성공했다. 이 시스템은 콜센터뿐 아니라 고객 응대가 필요한 다양한 직종에 적용될 수 있어 감정노동자들의 장기적인 정신건강 보호에 크게 기여할 것으로 기대된다.

이의진 교수는 "감정적 작업 부하를 실시간으로 측정할 수 있는 기술을 통해 감정노동의 직무 환경 개선과 정신건강을 보호할 수 있다"며 "개발된 기술을 감정노동자의 정신건강을 관리할 수 있는 모바일 앱과 연계하여 실증할 예정이다"고 말했다.

세계 최대 이동통신 전시회 '모바일월드콩그레스'(MWC)에서도 AI를 접목한 정신건강 솔루션이 주목을 받았다.

야타브엔터는 AI와 메타버스를 결합한 심리상담 플랫폼 '메타포레스트'를 선보였다. 이 플랫폼은 상담사와 내담자가 실시간 표정 인식이 가능한 아바타를 통해 소통하는 메타버스 기반 심리상담 서비스다. SKT의 AI 얼굴 표정 추적 기술을 적용해 사용자의 표정을 아바타에 실시간 반영하며 얼굴 주요 포인트 478개를 감지하는 기술로 정교한 표정과 시선 방향까지 구현해 몰입감 있는 상담이 가능하다.

출처: 이투데이, 2025-03-09

적절한 직원을 채용하는 것은 서비스의 시작이라고 할 수 있다.

기업에게 적합한 직원을 채용하기 위해 고려할 사항은 다음과 같다.

첫째, 우수한 인력을 확보하기 위해서는 다른 기업과 경쟁을 해야 한다. 즉, 기업은 어떤 인력이 우수한지를 파악해야 하고 더불어 잠재적인 지원자들에게 자사가 매력적인 조직임을 알려야 할 필요가 있다.

둘째, 서비스 역량과 서비스 성향을 갖춘 사람을 채용해야 한다. 잠재직원이 파악되면 기업은 지원자들을 대상으로 면접 등의 방법을 이용하여 자사가 제공하는 서비스를 잘 수행할 수 있는 적합한 직원을 선택해야 한다. 서비스 역량은 기업의 서비스 관련 직무를 수행하는 데 필요한 기술 및 지식을 말하는 것으로, 전문서비스(법률, 의료, 금융 등)의 경우 중요하게 고려된다.

그리고 서비스 성향은 서비스 업무 수행에 대한 관심 정도를 말하는 것으로, 직원이 고객 또는 다른 동료 직원을 대상으로 서비스를 하는 것, 그리고 서비스에 대한 태도 등을 의미한다. 일부 연구에 따르면 타인에 대한 배려성, 사교성, 사려깊음 등의 성격을 가진 사람일수록 서비스 성향이 강하다고 보기도 한다.

셋째, 기업은 직원들이 선호하는 고용주가 되어야 한다. 직원의 높은 선호를 받은 기업만이 우수한 직원을 유치할 수 있다. 이것은 기업이 직원을 최우선으로 고려하고 있다는 것을 의미하는 것으로, 직원에 대한 다양한 프로그램들(훈련, 승진, 내부지원 등) 등을 제공함으로써 평가받기도 한다.

2.2 직원의 훈련

고객지향적인 인력을 개발 및 유지하기 위해서, 기업은 우선적으로 직원의 능력을 개발해야 한다. 즉, 직원을 채용한 후에는 그 선발된 직원들이 기업의 서비스를 고객에게 효과적으로 전달할 수 있도록 훈련시키고 능력을 개발하는 작업을 시행해야 한다. 이 훈련은 크게 세 가지 측면에서 볼 수 있다.

- **전문기술 및 상호작용 기술의 훈련** : 기업은 좋은 서비스를 제공하기 위해서 관련된 전문기술 및 지식을 직원에게 훈련시켜야 한다. 직원들은 고정교육 프로그램, 인턴십 프로그램, 직장 내 교육훈련(on the job training: OJT)을 통해 전문기술 및 지식을 습득하게 된다. 그리고 서비스 직원은 고객과 좋은 관계 유지 및 효율적인 응대 방법 등을 배우는 상호작용 기술과 관련된 훈련도 받게 된다.
- **권한위임** : 권한위임(empowerment)이란 직원에게 고객에 대한 의사결정 권한의 일부를 주는 것을 의미한다. 많은 서비스 기업의 경우 고객의 욕구를 효과적으로 충족시키기 위해 고객의 요구사항 및 불만을 즉각 해결하는 방법의 하나로 접점직원에게 권한위임을 하기도 한다. 이 권한위임이 효과적으로 이루어지기 위해서는 직원에게 의사결정을 할 수 있는 지식과 수단을 전달하는 것과 더불어 효과적인

권한위임을 할 수 있도록 인센티브도 같이 제시해야 한다.

- **팀워크 촉진** : 많은 서비스 업무의 특성상 직원이 같이 일을 할 때, 고객만족이 높아지게 된다. 또한 서비스의 높은 업무 스트레스는 팀워크를 통해서 줄일 수도 있다. 즉, 서비스 조직이 팀워크를 촉진시키면 직원의 서비스 제공능력을 키울 수 있을 뿐만 아니라 고객만족에도 영향을 미치게 되는 것이다.

2.3 고객지향적인 내부 지원시스템

서비스 직원이 업무활동을 효율적으로 처리하기 위해서는 고객지향적인 내부시스템의 지원이 무엇보다 중요하다. 왜냐하면, 직원이 고객중심적인 서비스를 제공하고 싶어도 내부시스템이 받쳐주지 않을 경우 양질의 서비스를 제공하기 어렵기 때문이다.

고객지향적인 내부지원시스템을 만들기 위한 전략은 다음과 같다.

- **내부서비스 품질의 측정** : 내부서비스가 협조적으로 이루어지도록 하기 위해서는 내부서비스를 측정하고 보상하는 방법을 이용하는 것이다. 기업이 내부서비스 품질을 측정하게 되면, 내부서비스 품질을 중요하게 생각하는 기업 문화를 만들 수 있다. 또한 내부서비스 품질 측정은 양질의 내부서비스 창조, 내부고객의 욕구 파악, 내부조직의 운영실태를 파악할 뿐만 아니라 그 개선방안을 마련하는 데도 효과적이다.
- **기술지원 및 장비 제공** : 서비스 직원에게 적합한 장비가 없거나, 장비가 있더라도 제대로 작동되지 않을 경우 효과적인 서비스 제공이 어렵게 되고, 결국 직원의 서비스 의지를 약화시키게 된다. 따라서 기업은 서비스 직원에 대한 직무 효율성 및 능률을 향상시키기 위해서 기술지원 및 적합한 장비의 제공이 필요하다.
- **서비스 지향적인 내부 프로세스의 개발** : 접점직원이 좋은 서비스를 제공하도록 하기 위해서는 조직의 내부 프로세스가 서비스 지향성을 가지고 설계되어야 한다. 이는 내부의 서비스 관련 처리 절차가 서비스 성과를 지향해야 할 뿐만 아니라, 고객가치와 고객만족을 염두에 두고 설계되어야 한다는 것을 뜻한다.

2.4 우수한 직원 지키기

적합한 직원을 채용하고 그들을 대상으로 효과적인 훈련을 시행하고, 그에 맞는 시스템을 구축하는 것도 중요하다. 이와 더불어 같이 고려해야 할 것은 우수한 직원이 기업을 떠나지 못하도록 해야 한다. 우수한 직원의 이탈은 고객만족, 다른 직원의 사기, 서비스 품질에 부정적인 영향을 미치며, 때로는 치명적인 손상을 가져올 수 있다.

우수한 직원을 관리하기 위해서는 우선 직원으로 하여금 기업에게 관심을 가지고 몰입할 수 있도록 하는 것이 중요하다. 이를 위해서 기업은 자신들의 비전을 이해시키고 공감하게 하는 것이 중요하며, 때로는 기업의 비전을 수립하는 데 직원을 참여시켜 동기부여를 유도하기도 한다. 또 다른 방법은 직원을 기업의 또 다른 고객으로 인식하는 것이다. 즉 기업의 내부고객으로 직원을 인식하고 그에 맞는 내부고객 마케팅 전략을 수립하는 것이 필요하다. 마지막으로 우수한 직원을 대상으로 보상 및 승진을 시켜 주는 것이다. 고객에게 양질의 서비스를 제공하려고 노력하는 직원이 그 노력을 인정받지 못하고 그에 따른 보상도 제대로 이루어지지 않을 경우, 직원은 좌절하게 되고 결국 기업을 떠나게 된다.

Service Issue

"참치 덮밥, 갈비탕 … 이런 밥이 공짜"
출근할 맛 나겠네 … 우리 회사는 왜 이래?

네이버 구내 식당에 나온 갈비탕. [사진=독자 제공]

"공짜 밥 먹는 맛에 회사 출근한다!"

직장인들이 느끼는 점심 식사 비용에 대한 부담이 갈수록 커지며 '구내 식당'이 직원 복지 가운데 중요한 요소로 주목 받고 있다. 특히 이직이 잦은 IT 및 게임업계 직원들 사이에서는 '공짜 밥 주는 회사', '밥 맛있는 회사' 정보를 공유까지 하는 상황. 이직 조건 중 하나로 구내식당 유무를 고려하는 이들도 적지 않다.

'밥 맛있는 회사'로 소문난 대표적인 IT 기업 가운데 하나는 네이버다.

직원들에게 점심은 물론 아침, 저녁까지 삼시 세끼를 공짜로 제공한다. 아침은 자판기에서 샐러드 등을 무료로 뽑아 먹을 수 있고, 점심과 저녁은 구내식당에서 공짜로 즐길 수 있다. 참치 덮밥, 갈비탕, 닭곰탕 등 메뉴 구성도 외부 식당 못지않다. 그러다 보니 직장인 커뮤니티 등에 "외부인도 먹을 수 있느냐"는 질문이 잊을만 하면 올라올 정도다.

네이버 구내 식당에 나온 참치덮밥. [사진=독자 제공]

네이버에 재직 중인 A 씨는 "리모트 타입으로 회사 출근과 재택을 병행하고 있는데, 별 일이 없는 때는 구내식당 메뉴를 보고 회사에 나간다"고 말했다.

게임회사 크래프톤도 '맛집'으로 꼽히는 곳 중 하나다. 한 끼에 1만5000원짜리 식사를 아침, 점심, 저녁 모두 무료로 제공한다. 석식까지 무상 제공하다 보니 많은 직원이 일부러 저녁까지 먹고 퇴근하기 일쑤다. 맥주도 마음껏 마실 수 있다. 뿐만 아니라 넷플릭스 '흑백요리사'에 출연한 중식 대가 여경래 셰프가 구내식당에서 대표 메뉴를 선보이는 등 다양한 프로모션도 진행하고 있다.

'런치플레이션'(점심과 물가상승의 합성어)이라는 단어가 등장할 정도로 직장인들 사이에서 점심값이 부담으로 작용하며, 구내식당은 이직에 영향을 끼칠 만큼 중요한 고려사항이 되었다.

실제로 시장조사전문기업 엠브레인 트렌드 모니터가 최근 전국 직장인 1000명을 대상으로 진행한 조사에 따르면, 전체 응답자의 76.7%가 구내식당이 직원 복지에 중요한 제도라고 응답했다. 필수 복지 중 하나라고 꼽은 답변도 65.5%에 달했다.

크래프톤 구내 식당의 맥주 코너. [사진=이영기 기자]

크래프톤 구내 식당 메뉴. [사진=이영기 기자]

직장인 커뮤니티 '블라인드'에서도 구내식당 비교글이 꾸준하게 올라오고 있다. 구내식당 메뉴 사진을 올리고 '가성비' 식사인지 확인 받는 경우는 물론, '밥값'이 비싸기로 소문난 판교에서는 외부인도 출입 가능한 구내식당을 찾는 이들도 적지 않다.

한편 기업들이 직원 복지 차원에서 구내식당 수준을 앞다퉈 높이며 단체급식 및 식자재유통 시장 규모는 해마다 커지는 모양새다. 업계에서는 현재 약 13조 원 수준인 단체급식 시장이 해마다 20%씩 성장해 오는 2030년엔 최소 20조 원 이상으로 커질 것으로 내다보고 있다.

출처: 헤럴드경제, 2025-02-24

제2절 | 서비스에서 고객

서비스에서 고객은 일방적으로 서비스를 전달받는 존재가 아니라 서비스가 생산되는 과정 혹은 장소에 등장하며, 직원과의 상호작용을 하고, 다른 고객에게 영향을 주고받으면서 서비스를 생산/소비한다. 이렇듯 서비스에서 고객의 참여는 서비스의 성공적인 제공과 만족에 긍정 혹은 부정적인 영향을 미칠 수 있기 때문에 고객의 역할에 대한 이해와 그 활동을 구체적으로 이해할 필요가 있다.

1. 고객의 중요성

1.1 서비스에서 고객참여

서비스를 제공함에 있어서 어느 정도의 고객참여는 불가피하게 발생한다. 서비스에서 고객의 참여가 발생할 수밖에 없는 것은 생산과 소비가 동시에 일어나고, 이때 직원과 고객의 상호작용이 서비스의 품질에 영향을 줄 수 있기 때문이다.

고객이 서비스에 참여하는 수준은 서비스의 유형에 따라 다르게 나타난다(〈표 7-1〉 참고). 낮은 수준의 참여의 경우, 직원들이 서비스의 생산 및 전달을 전담하고 고객은 단지 서비스를 받는 환경에 있기만 하면 된다. 영화관, 공연장 등의 서비스 환경이 그 대표적인 예이다. 중간 수준의 서비스 참여는 기업이 서비스를 생산하는 데 고객의 투입이 필요한 경우를 말한다. 고객이 투입된다는 것은 고객의 욕구, 정보, 노력, 물리적 증거물 등을 서비스 제공과정에 추가시키는 것으로 그 수준에 따라 서비스 품질이 다르게 나타날 수 있다. 높은 수준의 고객참여는 서비스의 구매과정에 고객이 참여 혹은 역할 수행을 제대로 할 경우에만 좋은 서비스가 이루어지는 것을 말한다. 예를 들어, 체중조절 프로그램의 경우 고객이 서비스 제공자인 트레이너의 지시를 얼마나 따르느냐와 관련 내용을 숙지하고 적극적으로 참여하느냐에 따라 다른 결과를 가져올 수 있다.

〈표 7-1〉 서비스에서 고객의 참여수준

	낮은 수준(서비스 제공 과정에 고객참석만 요구됨)	중간 수준(서비스 생산에 고객자원 투입이 요구됨)	높은 수준(고객과 서비스 제공자가 함께 서비스 생산/창출)
특징	• 상품이 표준화되어 있음 • 개인에 관계없이 동일한 서비스가 제공됨 • 요금 지불이 고객의 유일한 참여방법임	• 고객자원의 투입(정보, 물질)으로 표준서비스가 고객화됨 • 고객요구에 따라 제공되는 서비스가 달라짐 • 고객자원의 투입은 적절한 결과를 얻기 위해 필요하며, 기업은 서비스만 제공함	• 적극적인 고객참여가 고객맞춤화된 서비스를 만들어 냄 • 서비스는 고객의 구매와 적극적인 참여 없이는 창출될 수 없음 • 고객자원의 투입은 강제적이며 결과는 제공자와 함께 만들어짐
개인 서비스의 예	• 항공여행 • 모텔 • 패스트푸드 레스토랑	• 미용실 • 건강진단 • 풀서비스 레스토랑	• 결혼컨설팅 • 개인훈련 • 체중조절 프로그램
기업 서비스의 예	• 유니폼 세탁서비스 • 해충방제 • 인테리어용 온실관리 서비스	• 대행사가 만든 광고 • 캠페인 • 급료서비스 • 화물운송	• 경영컨설팅 • 중역관리 세미나 • 컴퓨터네트워크 설치

자료원 : Zeithaml, Valarie A., Mary Jo Bitner, and Dwaryne D. Gremler(2013), Services Marketing, McGraw-Hill, 6th ed.

1.2 다른 고객

많은 서비스 상황에서 고객은 다른 고객과 함께 서비스를 받기도 하고, 다른 고객이 서비스를 받는 동안 대기하기도 한다. 이때 다른 고객은 같은 서비스를 받는 동료 고객이라고 할 수 있고, 이들은 서비스의 성과 및 제공과정에서 영향을 주거나 받을 수 있다. 즉, 다른 고객은 서비스 품질을 지각하는 데 긍정적 영향을 미칠 수 있지만, 때로는 품질평가에 악영향을 미칠 수도 있는 존재이다.

우선 고객의 서비스를 체험하는 데 다른 고객의 부정적인 영향을 미치는 경우를 살펴보면, 참여고객의 수가 너무 많아서 서비스가 지연되거나, 서비스 환경이 혼잡한 경우를 들 수 있다. 이때 고객은 서비스 제공자가 잘못하지 않아도 서비스 품질에 대해 부정적인 평가를 내리게 된다.

반대로 다른 고객이 존재함으로써 서비스 품질 지각에 긍정적인 영향을 미치기도 한다. 예를 들어 스포츠 경기나 공연장과 같은 환경에서는 다른 고객과 함께 즐기는 체험이 고객의 서비스 평가에 좋은 자극제로 영향을 미칠 수 있다. 다른 고객에게 주는 좋은 영향을 사회화라고 한다. 대표적으로 교회나 피트니스 센터에서 고객이 다른 고객의 사회화에 도움을 주는 일은 많다. 때로는 기존에 경험하지 않은 서비스의 경우 다른 고객이 많이 이용하는 것을 본다면, 서비스에 대한 기대수준이 올라가게 되고 더불어 긍정적 서비스 평가가 이루어질 수 있다.

2. 고객의 역할

2.1 부분직원

서비스 산업에서 고객은 때때로 기업의 생산성을 강화 및 확대시켜 주는 부분직원(partial employee)으로서의 역할을 수행하기도 한다. 즉, 고객이 조직의 생산역량을 강화시킨다는 의미는 고객의 노력, 시간, 그리고 자원이 서비스 생산에 공헌한다면 그것이 결국 조직의 한 부분으로 간주되어야 한다는 것을 의미한다. 특히 소규모의 공급자와 소비자가 존재하는 기업 간 거래(B2B) 경우에 고객의 참여는 서비스의 품질과 양을 높여 기업의 생산성 향상에 크게 기여한다. 하지만 서비스 생산과정에 고객을 참여시키는 것에 대해서는 찬반의견이 존재한다. 고객참여를 부정적으로 보는 측면에서는 고객이 생산상품의 양과 질에 부정적인 영향을 미칠 수 있다고 보고 있다. 즉, 고객참여를 통해 발생하는 불확실성을 줄이기 위해서 고객과 분리된 서비스 제공시스템을 운영해야 한다고 주장한다. 반면에 서비스를 받는 고객을 부분고객으로 보고 고객참여를 증대시킨다면 오히려 능률적으로 서비스를 제공할 수 있다고 보는 긍정적 측면이다. 초기에 서비스 과정에 참여할 때는 익숙하지 않지만 지속적인 서비스 이용과 교육을 통한다면 오히려 조직의 생산성 증가를 가져올 수 있다는 것이다. 실제로 셀프서비스 주유소의 경우에도 고객이 서비스 제공과정에 참여함으로써 인력 감소 및 주유소의 생산성이 증가하게 되었다.

2.2 공헌자

공헌자(contributor)로서의 역할은 고객이 자신이 받는 서비스의 품질 혹은 자신이 느끼게 될 만족에 스스로 공헌을 한다는 것을 의미한다. 즉, 고객은 자신이 서비스 과정에 참여함으로써 서비스 조직의 생산성을 증가시킬 수 있는지 여부에 대해서는 관심이 없다. 다만 이 서비스 과정에 자신이 참여를 함으로써 스스로의 욕구가 충족될 수 있는지 여부만이 중요한 관심사항이 된다.

학교의 교육서비스를 생각한다면, 수업에서 가만히 앉아 있는 것은 학습효과가 올라가기를 기대하기 어렵다. 학생이 수업에 적극적으로 참여할 때 그 학습효과가 올라가는 것이다. 병원서비스의 경우에도, 환자가 의사의 처방에 적극적으로 응대하고 식습관을 바꾸는 등 자발적 참여가 커질수록 치료효과가 더 크게 나오는 것이다. 이렇듯 고객은 서비스의 품질과 만족에 대해 직접적으로 공헌활동을 하게 되고, 공헌활동을 하는 고객은 자신이 그 역할을 잘 수행했다고 믿을수록 그 서비스에 대한 만족도가 더 크게 나타날 수 있게 된다.

2.3 경쟁자

고객의 또 하나의 역할은 잠재적인 경쟁자(competitor)라는 것이다. 셀프서비스의 상황을 예로 들어보자. 셀프서비스는 고객이 직원이 제공하는 서비스 과정에서 일부분을 스스로 하는 것이다. 즉, 고객의 셀프서비스 행위는 기업의 입장에서는 부분직원으로 인식할 수 있는 부분이며, 이 부분에서 고객이 그 행위를 하지 않을 경우 서비스가 제대로 이루어지지 않게 된다. 따라서 고객의 셀프서비스는 기업의 직원 입장에서는 잠재적인 경쟁자로 인식할 수 있는 부분이다.

육아서비스를 하는 조직의 입장에서 보면, 자녀를 스스로 돌보는 소비자는 자신들에게 있어서 육아서비스의 경쟁자로 볼 수 있으며, 청소서비스 조직에서는 청소를 직접 수행하는 소비자를 자신들의 경쟁자로 인식할 수 있는 것이다.

고객은 부분직원, 공헌자, 경쟁자로서의 역할을 수행하기도 한다(왼쪽부터)

3. 고객참여를 높이는 전략

3.1 고객의 직무 정의

조직이 서비스를 제공하는 과정에서 고객의 참여를 높이는 전략을 추구하기 위해서는 우선적으로 고객이 원하는 참여 유형을 결정한 후 고객의 직무를 정의해야 한다. 고객의 직무를 정의하는 첫 번째 과정은 고객의 참여 수준을 파악하는 것이다. 모든 서비스에서 고객의 참여 수준이 높은 것은 아니다. 서비스의 종류에 따라 참여 수준이 다르게 나타난다. 출석만 하면 되는 낮은 참여 수준의 서비스(콘서트, 연극 등), 고객이 일정 부분 참여를 원하는 중간 참여 수준의 서비스(미용실 등), 고객이 적극적으로 참여를 할 경우 결과가 좋아지는 높은 참여 수준의 서비스(다이어트 프로그램)로 나눌 수 있다.

우선 기업은 현재의 참여 수준을 파악한 다음, 고객이 현재의 참여 수준에 만족하는지 여부를 파악해야 한다. 현재의 참여 수준에 대한 만족 정도가 낮은 경우, 참여 수준을 올리거나 내리는 등 참여 수준의 변화를 가져올 수 있다. 그리고 이러한 변화는 고객이 가지고 있는 서비스의 포지셔닝을 변화시키는 것과 같은 효과를 가져오게 된다. 이런 과정을 거쳐 참여 수준이 결정되면 고객은 자신들이 해야 할 일을 명확하게 정의할 수 있을 것이다. 고객의 직무는 자기 자신을 돕기, 남을 돕기, 기업을 판촉하기 등으로 나눌 수 있다.

- **자신 돕기**(helping oneself) : 고객의 능동적인 참여를 통해 스스로 서비스를 직접 수행하는 것이다. 고객이 스스로 서비스를 수행하면 기업의 생산성 증대, 고객의

Service Issue

'정답은 고객' … 소비자 리뷰팀 운영 · 의견 반영 상품도

지누스 그린티 에센스 메모리폼 매트리스

코로나19 영향으로 비대면 소비에 대한 소비자 관심이 높아지면서 오프라인에서 온라인 중심으로 소비가 변화하고 있다. 통계청 조사 결과 2020년 1분기 국내 온라인 쇼핑몰 거래액 규모는 약 36조8400억 원이었다. 총 거래액 규모는 역대 최대 규모였던 2019년 4분기(37조4100억 원)보다 소폭 줄었다. 그러나 1분기 모바일 쇼핑 거래액은 약 25조 원에 달하며 역대 최대치를 기록했다.

직접 가서 보지 않고도 간단하게 온라인이나 모바일을 통해 상품을 구매하는 것이 이제 흔한 일이 됐다. 이에 따른 부정적인 측면도 있다. 최근 상품에 대한 불만이 있는 후기는 게시판 하단으로 내리고 좋은 후기는 위로 노출시켜 소비자를 속인 온라인 쇼핑몰 여러 곳이 적발됐다. 물건을 직접 보고 살 수 없는 온라인 쇼핑몰 특성상 리뷰는 소비자의 지갑을 여는 중요한 요소라는 것을 알고 이를 악용한 것이다. 그러나 온라인을 통해 사업을 확장하고 상품을 개발하기 위한 기업들은 리뷰를 통해 고객의 소리를 듣기 위해 노력한다.

◆ 66만 리뷰로 증명한 아마존 베스트셀러 매트리스 '지누스'

아마존 베스트셀러에 오르며 한국 시장에서 입지를 다지고 있는 지누스가 바로 그 기업이다. 국내 매트리스 제조 및 유통 기업 지누스는 오프라인에서 들을 수 없는 고객의 목소리를 듣고자 온라인 후기에 집중했다. 고객 후기가 점차 늘어나면서 지누스는 내부에 리뷰팀을 별도로 구성해 운영하고 있다.

주로 평점이 낮은 리뷰를 통해 소비자가 지적한 단점, 혹은 보완하면 좋은 부분 등에 대한 리뷰를 분석하고 거기에서 개선점과 새로운 아이디어를 찾았다. 후기가 기업 성공에 중요한 요소라는 생각으로 매 분기별 주주들을 위한 보고 자료에도 고객 리뷰 현황에 대한 분석을 상세하게 보고한다.

그 결과 지금까지 국내외 쌓인 지누스 리뷰는 66만 건에 달하며 가격 대비 우수한 상품력을 바탕으로 동일 카테고리의 타 브랜드 대비 내실을 튼튼하게 다져가고 있다.

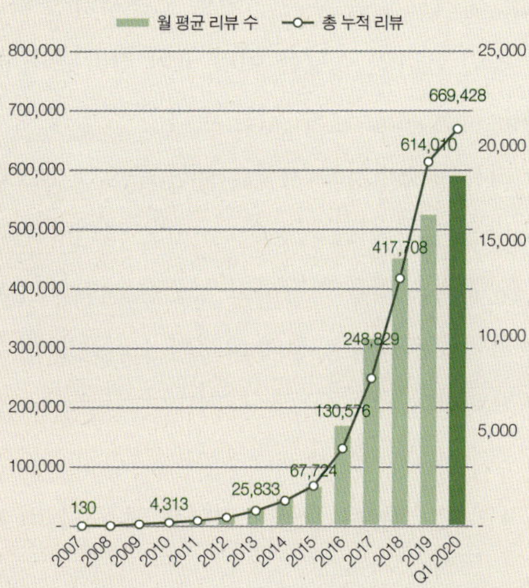

'지누스' 월 평균 리뷰 수 및 누적 리뷰 그래프

◆ 고객의 커피 소비 스타일을 분석한 브라운백 커피

고객의 이야기를 귀 기울여 듣고 특화된 상품 및 서비스를 제공하기도 한다. 브라운백 커피는 고객의 취향과 예산까지 고려한 원두 제조 및 온라인 판매 브랜드다. 현재 홈페이지 기준 고객 리뷰는 3만 8000여 개로 후기를 분석해 새로운 커피를 만드는 데 반영한다.

브라운백 커피는 10만 회 이상의 로스팅, 30만 건 이상의 주문 데이터를 기반으로 한 스마트 로스팅과 포커스 블렌딩 기술로 국내에서 가장 다양한 자체 블렌드 커피를 제공하고 있다. 최근에는 개인의 커피 소비 스타일을 고려한 멤버십 서비스 '브라운백 커피 클럽'를 론칭했다. 고객들의 요청한 혜택과 서비스를 모아 커피를 소비하는 양과 주기에 맞춰 제공하는 것이 특징이다.

출처: 아시아경제, 2020-06-29

가치, 품질, 만족이 증가할 수 있다. 할인마트에서의 셀프 계산대 등이 여기에 속한다.

- **타인 돕기**(helping others) : 서비스를 받는 과정에서 고객은 다른 고객의 도움을 받기도 한다. 처음 서비스를 접하는 고객이 주변의 다른 고객에게 도움을 요청하는 행위가 여기에 속한다. 이미 서비스에 익숙한 고객이 멘토로서의 역할을 수행하는 것은 직원의 역할을 한다는 측면과 더불어 스스로 업무에 대한 몰입도를 높일 수

있다는 특징을 가지게 된다.

- **회사 판촉하기**(promoting the company) : 어떤 경우 고객의 직무가 판매 혹은 판촉이 될 수도 있다. 이 대표적인 형태가 구전 커뮤니케이션이다. 실제로 소비자들은 특정 서비스에 대한 정보를 광고와 같은 상업적인 매체보다는 주변인들의 경험을 통한 추천에 더 큰 영향을 받기도 한다. 주변의 긍정적인 구전 혹은 추천은 긍정적 서비스 경험을 하게 하는 시작이 될 수 있다.

3.2 고객의 채용, 교육, 보상

고객의 직무가 명확하게 정의된 후 기업은 자신들의 서비스를 개발하는 데 고객들이 그 역할을 어떻게 하면 잘 수행할 수 있는지 고려해야 한다. 이는 고객이 서비스 과정에 참여하는 것으로 일종의 부분직원의 역할을 수행하는 것으로 보고 조직의 인적자원관리시스템에서 고려되는 채용, 교육, 보상의 측면을 같이 고려할 필요가 있다.

- **적절한 고객의 채용** : 우리 서비스가 효과적으로 전달되기 위해서는 역할을 제대로 할 만한 적임고객을 채용하는 것이 중요하다. 기업은 광고, 인적판매, 기타의 다양한 홍보활동을 통해 고객에게 조직이 원하는 역할에 대해 명확히 전달할 수 있다. 즉, 사전에 조직이 원하는 고객의 역할을 보여줌으로써 고객은 그 조직과 거래를 할지 여부를 스스로 판단할 수 있으며, 거래를 선택한 고객은 고객참여에 대한 불확실성의 감소를 가져오게 된다.
- **고객에 대한 교육과 훈련** : 고객이 그들의 역할을 효과적으로 수행할 수 있도록 하기 위해서는 적절한 교육과 훈련이 필요하다. 이 과정을 통해 고객은 서비스의 가치를 이해하게 되고, 역할에 필요한 기술들을 습득하게 된다. 공식교육프로그램, 고객에게 제공되는 서비스 안내책자, 서비스 공간에서 표시물, 다른 고객의 안내, 직원의 설명 등이 여기에 속한다.
- **공헌한 고객에 대한 보상** : 고객이 역할 수행에 대해 보상을 받을 경우, 그 역할을 좀 더 효율적으로 수행할 것이며, 적극적 참여를 유도할 수 있게 된다. 보상의 유형은 서비스 제공과정에서 고객의 통제요인의 증가, 시간 절약, 금전적 절약, 심리

적 · 육체적 편익의 제공 등이 있다. 이때 조직이 고려할 것은 고객에게 보상을 명확하게 알려줄수록 고객이 보상을 인지할 가능성이 높게 되고, 결국 참여가 증가할 수 있다는 것이다.

제3절 | 관계마케팅

1. 관계마케팅이란?

1.1 관계마케팅의 정의와 목표

관계마케팅(relationship marketing)이란 기존의 거래/단발성 중심의 마케팅에서 관계 중심으로 마케팅 패러다임이 변화한 것을 의미한다. 기업에서 추구하는 관계마케팅은 신규 고객의 창출보다는 기존고객의 유지와 관계 향상에 초점을 맞추는 전략이라고 할 수 있다. 즉 관계마케팅을 추구하는 마케터는 신규고객을 창출하는 것보다 기존고객을 유지하는 것이 더 비용이 적게 든다는 것을 인지하고, 고객을 효과적으로 유지할 수 있는 구체적인 전략을 수립할 필요가 있다.

관계마케팅의 목표는 기업에게 수익을 가져다 줄 수 있는 고객기반을 구축하고 유지하는 것이다. 따라서 기업은 고객의 가치가 증가함에 따라 고객과의 관계를 강화시키기 위한 세부적인 노력을 기울일 필요가 있다.

[그림 7-3]은 관계마케팅이 추구하는 목표를 보여주고 있다. 기업은 우선 고객으로 하여금 자사의 서비스를 경험하게 하는 고객 획득 단계를 갖는다. 그리고 그 고객이 자사의 서비스에 대해 만족하는 단계, 그 만족한 고객이 자사와 지속적인 관계를 갖는 유지 단계 순으로 이루어진다. 이때는 기업과 고객 간의 신뢰가 형성되고 고객애호도가 구축될 수 있다. 최종적인 관계마케팅의 목표는 고객이 자사의 서비스에 더 몰입하게 되고 고객과 기업 간의 파트너 단계가 되는 고객 강화 단계이다.

[그림 7-3] 관계마케팅의 목표

1.2 고객과 기업에게 돌아가는 편익

(1) 고객에게 돌아가는 편익

고객은 기업과의 장기적인 관계 유지를 통해 다양한 편익들을 얻을 수 있다. 때로는 이런 편익들이 오히려 서비스의 핵심속성보다 더 고객에게 중요하게 인식되기도 한다.

고객이 인식하는 편익은 크게 신뢰 편익, 사회적 편익, 특별대우 편익으로 구분할 수 있다.

- **신뢰 편익**(confidence benefit) : 고객이 서비스 제공자인 기업에 대해 높은 신뢰 및 믿음을 갖게 된다면, 서비스 제공자가 제공할 앞으로의 서비스 성과수준에 대해서 미리 예측할 수 있다. 이런 예측 가능성은 고객들로 하여금 서비스 구매에 따른 걱정 및 위험을 줄여주고 서비스 이용의 편안함을 제공할 수 있다는 장점을 가진다.
- **사회적 편익**(social benefit) : 오랜 시간 동안 서비스 제공자와 고객이 거래가 이루어지면 고객은 서비스 제공자에 대해 높은 친밀감을 형성하게 되고, 수준이 더 크게 되면 그들과 사회적인 관계를 가질 수도 있다. 이런 사회적 관계는 경쟁사가 지금 거래하는 서비스 제공자보다 더 나은 서비스 혹은 더 저렴한 가격에 서비스를 제공할지라도, 현재의 서비스 제공자와의 관계를 계속 유지하는(혹은 덜 전환하게 하는) 요인이 될 수 있다.
- **특별대우 편익**(special treatment benefits) : 이 편익은 고객이 서비스 제공자로부터 특별한 거래, 특별한 가격, 우대를 받게 된다는 것을 뜻한다. 바쁠 때 뒷문을 이용할 수 있게 해주거나, 줄을 서는 시간을 단축시켜 주는 것이 여기에 속한다. 그러나 이 편익은 몇몇 서비스 산업(예를 들어, 항공사의 마일리지 프로그램)에서 중요하게 고려될 수 있으나 대부분의 서비스 산업에서는 다른 편익보다는 덜 중요하게 인식하기도 한다.

(2) 기업에게 돌아가는 편익

- **경제적 편익**(economic benefits) : 고객과 서비스 기업 간의 장기적인 관계는 결국 구매의 증대, 마케팅과 관리비용의 감소를 가져오고, 기업이 별도의 가격할인을 하지 않더라도 마진을 유지할 수 있도록 하는 등 기업의 재무성과에 긍정적인 영향을 미친다.
- **고객행동 편익**(customer behavior benefits) : 서비스 기업이 단골고객을 획득함으로써 얻게 되는 편익은 크게 세 가지로 볼 수 있다. **첫째**, 구전 커뮤니케이션을 통한 무료 광고 효과를 얻게 되는 것이다. **둘째**, 기업의 이익에 도움이 되는 고객의 자발적인 행동을 이끌 수 있다. 단골고객이 화장실에 문제가 있다는 것을 재빨리 직원에게 알리는 것 등이 여기에 속한다. **셋째**, 단골고객이 다른 고객에게 사회적 편익을 제공하는 것이다. 즉, 자신이 먼저 서비스를 접해 본 경험을 토대로 신규고객에게 멘토의 역할을 하는 것이다.
- **인적자원관리 편익**(human resource management benefits) : 단골고객은 기업에게 인적자원으로서의 역할을 수행한다. **첫째**, 단골고객이 서비스 제공과정에서의 서비스 공동생산에 공헌할 수 있다. 미리 서비스 과정을 준비해서 서비스 제공시간을 단축시켜 줄 수 있다. **둘째**, 단골고객은 기업과의 사회적 편익을 제공받게 된다. 이는 기업과의 친밀감과 더불어 직원들과의 유대감을 형성한다. **셋째**, 만족한 고객이 많으면 기업은 직원 유지가 쉬워진다. 이는 만족고객이 많을수록 신규고객을 유치하기보다는 기존고객과의 관계를 강화하는 데 더 노력을 할 것이고 이는 고객과 직원과의 관계 강화에 도움을 주게 된다.

2. 고객 관계에 영향을 미치는 요인

2.1 핵심서비스의 제공

고객과 서비스 기업 간의 관계를 형성하는 데 가장 큰 영향을 미치는 요인은 핵심서비스의 제공(core service provision)이라고 할 수 있다. 기업이 우수한 서비스 품질을 제공하고 이를 바탕으로 고객만족을 추구하지 않는다면 고객과 기업 간의 관계 유지는 장기적으로 이루어질 수 없다. 이때 서비스 품질은 최고가 된다는 의미는 아니며, 우리 고객이 원하는 기대수준을 충족시키는 정도는 제공해야 한다.

2.2 전환장벽

현재 관계를 맺는 서비스 제공자를 바꾸려고 할 때, 고객은 새로운 서비스 제공자와의 관계를 시작하는 데 여러 가지의 장벽에 부딪히게 된다. 이런 장벽들을 전환장벽(switching barriers)이라고 한다. 그리고 이런 전환장벽은 현재 관계를 벗어나고자 하는 고객의 의사결정에 영향을 미치게 되어 궁극적으로는 고객 유지에 도움을 주기도 한다.

전환장벽이 발생하는 요인은 크게 고객의 타성(inertia)과 전환비용(switching cost)으로 구분할 수 있다. 고객의 타성은 고객이 시장에서 유사한 서비스를 제공하는 서비스 기업들을 다른 것으로 보는 것이 아니라, '그게 그거지, 서비스가 별거 있겠어'라고 생각하는 것을 의미한다. 이 타성은 고객이 자신이 새롭게 선택한 신규 서비스에 적응하기 위해서 시간과 노력을 더 들여야 한다고 생각할수록 저항 강도가 커진다. 즉 굳이 비슷한 서비스인데 새로운 것을 선택하면서 노력을 기울이는 것보다 적은 노력으로 현재 서비스를 이용하고자 하는 성향이 더 커지는 것이다.

반면에 전환비용은 고객이 기존 서비스 대신에 새로운 서비스로 바꾸는 데 비용이 발생하기 때문에 현재의 서비스를 더욱 이용하는 것으로 일종의 서비스 애호도가 생기는 것을 말한다. 고객이 새로운 서비스를 선택할 때 발생하는 비용은 금전적 비용뿐만 아니라 시간, 노력, 심리적 측면을 포함한 비금전적 비용을 모두 포함한다. 즉 고객은 새로운 서비스를 위해 필요한 설치비용뿐만 아니라 새로운 서비스와 기존 서비스 특성을 비교하기 위해 투입한 시간과 노력, 새로운 서비스를 받아들이기 위한 마음가짐, 새로운 서비스를 배워야 하는 과정을 다 비용으로 인식한다. 이런 비용은 고객이 필요하다고 생각되면 신규 서비스로의 변화를 추구하지만 반대로 불필요하다고 생각하면 기존 서비스에 만족하고 다른 서비스로 변화를 거부하게 된다.

2.3 관계유대

전환장벽이 고객이 극복해야 할 문제이기 때문에 기업과 고객과의 관계가 유지된다고 보는 관점이라면, 관계유대(relationship bonds)는 고객이 기업과 관계를 유지하기를 원하기 때문에 이루어지는 것이라는 관점에서 다르게 볼 수 있다. 관계유대는 크게 네 가지로 나누어 볼 수 있다.

- **제 1수준 – 재무적 유대**(financial bonds) : 고객은 재무적인 인센티브를 제공받기 위해서 기업과 관계를 유지한다. 많은 양을 구매하는 고객에게 정가보다 낮은 가격을 제시하거나, 오랫동안 거래한 단골고객에게 가격할인을 해주는 기업의 활동 등이 여기에 속한다.
- **제 2수준 – 사회적 유대**(social bonds) : 이것은 재무적인 인센티브 이상의 것을 제공함으로써 기업과 소비자를 묶는 것을 의미한다. 사회적 유대를 형성하거나 고객–직원, 고객–고객 간 대인관계를 구축하는 것이 여기에 속한다. 사회적 유대를 형성하는 단계에서도 1수준인 재무적 유대 또한 중요한 고려요인이 된다.
- **제 3수준 – 고객화 유대**(customization bonds) : 이 유대는 제1, 2 수준의 유대전략을 모두 포함하면서 그 이상의 무엇을 제공하는 것이다. 고객화 유대에서 중요하게 고려하는 것은 대량 고객화(mass customization)와 고객 친밀성(customer intimacy)이다. 대량 고객화는 표준화된 가격과 대량생산에서 고객의 욕구에 맞게 서비스 프로세스를 유연화하게 갖추는 것을 말한다. 이 두 전략을 종합하면 고객화 유대는 개별 고객에 대한 정보를 자세히 알고, 그들의 욕구에 맞는 맞춤 솔루션을 개발하는 것을 의미한다.
- **제 4수준 – 구조적 유대**(structural bonds) : 구조적 유대는 1, 2, 3 수준의 유대뿐만 아니라 개별화된 시스템 설계까지를 포함한다. 즉, 서비스 제공자가 고객에게 보다 개별화된 서비스를 제공할 수 있도록 서비스 제공시스템을 구축하는 것으로 대부분 기술에 기반을 두고 있으며 고객의 생산성을 높이는 데 긍정적으로 작용한다. 이 구조적 유대는 다른 수준의 유대에 비해서 다른 기업에서 모방하기 어렵다는 특징을 갖는다.

3. 관계마케팅의 실행 : 데이터베이스 마케팅

기업의 데이터베이스(database)는 여러 사람 혹은 집단들 사이에서 공유되어 사용되어질 목적으로 통합적으로 관리되는 데이터의 집합을 의미하는 것이며, 데이터베이스 마케팅은 기업이 지속적이고 체계적으로 데이터베이스를 구축하는 것에서부터, 구축된 데이터베이스를 통해 고객 예측 및 고객과 장기적인 관계를 유지하기 위한 전반적인 마케팅 활동을 말한다.

데이터베이스 마케팅(database marketing)은 데이터베이스를 구축하는 것이 최종 목표가 아니라, 구축된 데이터를 통해 고객에게 재접근하고 지속적인 관계 유지 및 강화를 추구하는 것이 핵심 목표라고 할 수 있다.

고객은 크게 잠재고객과 거래고객으로 나누어 볼 수 있다. 고객의 유형별로 다른 전략이 사용되어진다. 구체적으로 잠재고객을 대상으로 하는 전략은 신규고객을 확보하는 전략적 접근이 필요한 반면, 거래고객을 대상으로 하는 전략은 확보된 신규고객과 지속적인 관계를 유지하여 이들을 우량고객화하는 전략적 접근이 필요하다. 여기서는 거래고객을 대상으로 이루어지는 마케팅 전략을 중심으로 살펴보기로 한다.

고객별로 RFM을 측정해야 한다. **R은 Recency이다**. 최근 방문, 최근 거래일을 기록한다. 최근 거래일이 오래 지연되었다면 캠페인을 통해 다시 활성화하는 전략을 고려하여 야 할 것이다. **F는 Frequency이다**. 방문한 횟수, 거래 빈도를 기록한다. 자주 오는 단골 고객임을 확인하는 것이다. 마지막으로 **M은 Monetary이다**. 구매액, 거래 금액, 지불금액 등이다. 고객 마일리지 프로그램은 대부분 M에 관련한 기록으로 만들어지지만, R과 F도 함께 고려한 고객 우대정책 개발이 요구된다. 이것은 우리를 떠난 고객의 정보도 분석을 위해 데이터베이스에 저장하고 있어야 한다.

3.1 고객 활성화 전략

고객 활성화 전략(customer activation strategy)은 신규고객이 자사와 지속적인 관계를 유지하여 우량 고객화를 추구하는 전략으로 이 전략을 위해서는 서비스의 구매빈도를 증가시키거나 대량 구매를 유도하기 위해 다양한 인센티브를 제공하는 등의 방법을 사용할 수 있다. 이 전략을 사용할 때 가장 중요한 것은 기업이 자사와 지속적인 관계를 유지할 수 있는 프로그램을 개발하는 것이다. 대표적으로 포인트 누적 프로그램이나 마일리지 프로그램들이 이에 속한다. 예를 들어, 쉽게 접하는 스타벅스, 커피빈과 같은 커피전문점에서는 커피 10잔을 마시면 1잔을 무료로 제공하는 쿠폰도장을 발행한다. 또한 SK 캐쉬백의 경우 SK 계열사뿐만 아니라 이마트, CGV, 대한항공 등의 제휴사를 이용할 경우 거래금액에 따라 포인트를 누적시켜 준다. 항공사의 경우 탑승 횟수 및 항공거리에 따라 마일리지를 제공하고 누적된 마일리지별로 차별화된 서비스를 제공한다.

3.2 고객 애호도 전략

신규고객을 우량고객으로 전환시키기 위한 전략의 하나로 고객의 이탈을 막는 전략을 고객 애호도 전략(customer loyalty enhancement strategy)이라고 한다. 이 전략에서 중요한 것은 고객이 경쟁사로의 브랜드 전환을 막는 것이다. 이 전략은 앞서 설명한 고객 활성화 전략과 유사한 특징을 가지고 있으나 가격할인과 같은 직접적이고 즉각적인 인센티브를 제공하여 고객을 유지하는 것보다는 고객이 브랜드 자산을 형성하여 서비스에 대한 애호도를 증대시키는 데 초점을 맞추고 있다.

특정 브랜드를 선호할 때 고객은 가격보다는 그 브랜드를 통해 얻을 수 있는 차별화된 가치에 더욱 초점을 맞추게 된다. 예를 들어, 비행기에 탑승할 때 이코노미석을 비즈니스석으로 업그레이드 해주거나, 호텔에서 객실의 등급을 올려주는 행동들이 여기에 속한다. 고객은 이런 활동을 접함으로써 자신이 기업으로부터 대우받고 있다고 느끼고 더욱 애호도를 가지게 되는 것이다.

3.3 고객 유지 전략

고객 유지 전략(customer retention strategy)은 앞서 설명한 고객 활성화 전략, 고객 애호도 전략과 유사한 전략으로 특히 자동차, 컴퓨터, 가전상품과 같은 내구재를 대상으로 사용될 수 있다. 내구재의 경우 최초 구매 후 반복구매가 일어나기까지 상당기간이 소요된다. 그래서 첫 번째 구매가 두 번째 구매로 이어지기에는 어려움이 많다. 이런 이유로 기업은 고객에게 상품과 관련된 정보를 지속적으로 제공함으로써 고객과 관계를 유지시키는 활동이 필요하다.

3.4 교차 판매 전략

교차 판매 전략(cross-selling strategy)은 하나의 서비스를 이용한 고객으로부터 얻어진 고객 데이터베이스를 다른 서비스의 판매를 위해 사용하는 것을 말한다. 기존에 서비스를 구매한 고객에게 다른 서비스를 구매하도록 제안하거나, 처음 구매했던 서비스와 연관성 높은 서비스들을 연계해서 판매하는 방법들이 있다. 교차 판매의 한 형태로는 상향 판매(up selling)가 있다. 이것은 고객이 구매하고자 하는 서비스보다 한 단계 이상 가격 및 품질이 높은 서비스를 권유하거나 추가 서비스를 구입하도록 권유하는 것을 말한다. 예를 들어, 가격은 비싸지만 무제한 인터넷이 가능한 통신서비스를 권유하는 것이 여기에 속한다.

Review Case

“예약 손님만 받아요” 미용실 예약제에 주눅든 고령층

‘예약제 미용실’ 방문한 노인 사연 화제
코로나19 이후, 미용업 예약제 정착
업주는 시간 활용 … 고객은 대기시간 줄여 만족도↑
전화 · 방문 예약 병행 등 … 디지털 소외 계층 위한 개선 필요

최근 예약 없이 미용실에 방문했다가 여러 차례 문전박대를 당했다는 한 어르신의 사연이 온라인 커뮤니티를 통해 공유되면서 많은 이들의 공감을 샀다. 노년층 등 디지털 소외 계층은 미용실도 이용하기 어려운 세상이 됐다는 한탄과 함께 예약제가 서비스의 질 향상에 기여한다는 의견도 나왔다.

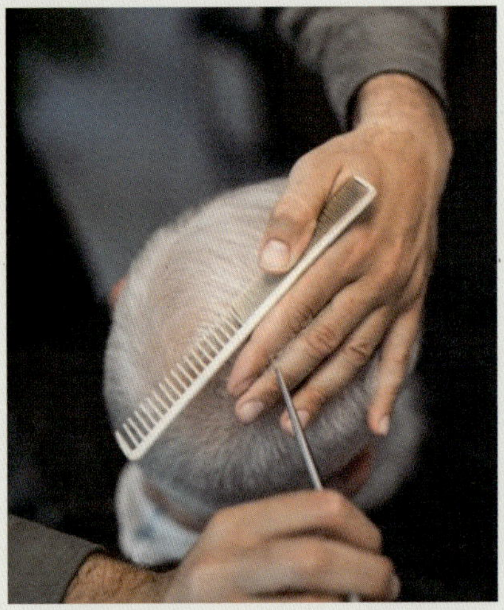

고령층 등 디지털 소외 계층을 위한 미용실 예약제 개선 방안이 필요하다는 지적이다. 사진은 기사의 특정 내용과 관련 없음. [사진=이미지투데이]

◆예약할 줄 몰라서 퇴짜 … 누리꾼 공감 폭발

온라인 커뮤니티의 글에 따르면 대전에서 미용실을 운영 중이라는 글쓴이는 한 노인이 가게 밖을 서성이는 모습을 발견하고 다가갔다가 안쓰러운 사연을 들었다고 한

다. 노인은 이미 몇 군데서 예약하지 않았다는 이유로 거절당한 탓에 잔뜩 주눅이 들었고, 추운 날씨 때문에 손까지 떨고 있었다.

노인 손님은 "예약할 줄 모른다"며 거듭 사과를 했고, 글쓴이는 안타까운 마음에 노인 손님을 안으로 모시고 파마를 해드렸다는 것이다. 그러면서 "우리에겐 쉬운 거절도 어르신에겐 크게 다가올 수 있구나 싶었다"면서 "예약할 줄 모르는 게 왜 사과할 일인가"라며 반문했다.

해당 게시물에 누리꾼들은 크게 호응하며, 예약제 미용실에 대한 불편함에 공감했다. '손님 없어도 안 받아 주더라' '나도 퇴짜 맞은 적 있다' '참 번거로운 세상이 됐다' '지긋한 나이는 예약제 어려워요' '그냥 갑자기 머리하고 싶을 때도 있는데 불편하다' 등 반응이 쏟아졌다.

예약제 미용실 이용에 불편을 겪은 한 노인의 사연이 온라인 커뮤니티에서 화제가 됐다. 사진은 기사의 특정 내용과 관련 없음. [사진=게티이미지뱅크]

◆ 언제부터? 코로나19 장기화로 예약제 정착

혼자 운영하는 1인 미용실이나 강남 · 청담동 등 일부 유명 업장은 통상 예약제로 운영됐지만, 동네에 있는 대다수 미용실은 문턱이 높지 않았다. 그래서 유독 머리스타일 변화로 기분 전환하고 싶은 날이나 가게 앞을 지나다가 즉흥적으로 이용할 수도 있었다. 그렇다면 언제부터 미용실 예약제가 통용됐을까?

한국화장품미용학회지에 게재된 '코로나19 이후 미용실 예약시스템과 서비스 품질이 고객 신뢰에 미치는 영향(2023년)' 논문 등을 보면 코로나 장기화로 대면 접촉을 기피하는 현상이 심해지고, 정부의 예약제 권고 지침 등으로 인해 자연스럽게 예약제가 정착된 것으로 보인다.

예약제의 순기능도 있다. 업주 입장에선 손님이 없는 빈 시간을 활용할 수 있고, 인건비 절감에도 도움이 된다. 이를 통해 전반적인 서비스 품질도 높일 수 있다는 것이다. 고객은 순서를 기다리는 대기시간을 줄이고, 편리하게 원하는 시간에 바로 서비스를 받을 수 있다.

전화・방문 예약 병행 등 예약 방식 개선에 대한 고민이 필요하다는 지적이다. 사진은 기사의 특정 내용과 관련 없음. [사진=이미지투데이]

◆디지털 소외 계층 불편 … 예약 방식 개선해야

다만 지금의 미용실 예약제는 인터넷 예약이 많아 노년층, 장애인 등 디지털 기기에 서툰 이들이 불편을 겪을 수 있어 방법적인 측면에 대해 고민이 필요하다. 예약제를 비판할 것이 아니라 '예약이 어려운 것을 개선해야 한다'는 지적이 나오는 이유다.

일례로 예약제만으로 운영된다는 것을 가게 앞에 써 붙여 적극적으로 알린다거나, 전화 예약을 병행하는 것은 어떨까. 또 매장에 예약을 돕는 직원을 두고 방문 예약을 받거나, 즉석 방문 고객을 위해 순차적으로 대기번호를 부여할 수도 있다. 궁극적으로는 보다 간단한 예약 시스템을 개발하려는 노력도 필요하다. 이를 통해 모든 소비자를 포용하는 서비스를 제공하는 것이 신뢰와 만족도를 높이는 방안이 될 것으로 보인다.

출처: 농민신문, 2025-03-08

제 8 장

서비스 프로세스관리

제1절 서비스 프로세스

제2절 서비스 접점

제3절 서비스 청사진

제4절 서비스 프로세스 재설계

Opening Case

캐나다서도 '당근, 당근' 대박났다…韓보다 100배 큰 동네 사로잡은 비법

앱스토어 소셜 네트워킹 부문 2위…글로벌 앱 제쳐
현지화 전략 주효, 누적 가입자 200만 돌파

국내 대표 지역생활 커뮤니티 당근의 글로벌 서비스 '캐롯'(Karrot)이 캐나다에서 큰 호응을 얻고 있다. 글로벌 사회관계망서비스(SNS)도 제치는 성과를 보여 주고 있는 데다 사용자도 계속 늘고 있어 미국까지 포함한 북미 시장 공략에 청신호가 켜졌다. 우리나라보다 면적이 100배 넓어 '내 동네'의 개념이 전혀 다른 캐나다에서 철저한 현지화 전략을 추진한 게 주효했다는 평가다.

18일 당근에 따르면 캐롯은 17일(현지 시각) 캐나다 애플 앱스토어 소셜 네트워킹 부문 2위, 구글 플레이스토어 소셜 부문 4위에 올랐다. 이는 페이스북 등 글로벌 SNS보다 앞선 순위이다. 글로벌 SNS뿐만 아니라 '키지지'(Kijiji) 등 현지의 대표적진 C2C(개인 간 거래) 서비스도 제쳤다.

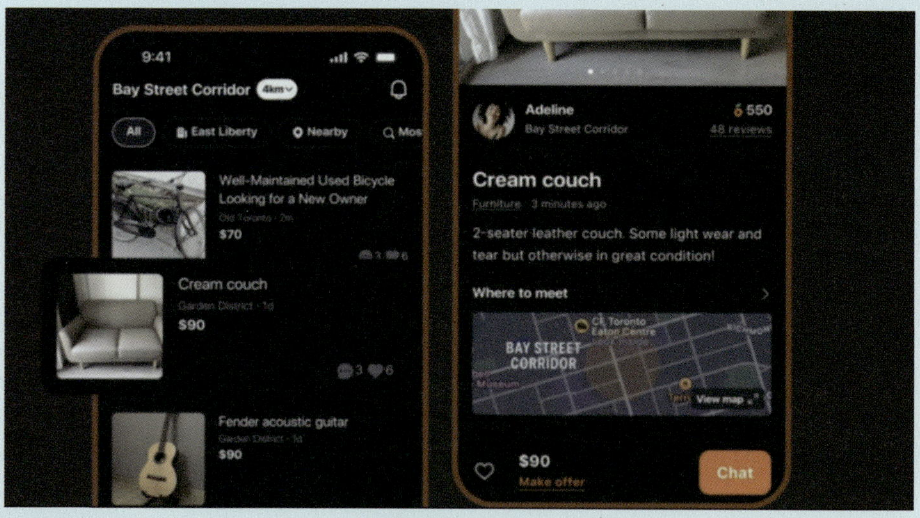

캐롯 캐나다 서비스 화면

이런 성과는 가입자 수에도 나타난다. 지난해 5월 캐나다에서 가입자 수 100만 명을 돌파한 뒤 8개월 만에 200만 가입자를 확보했다. 2021년 캐나다에 법인을 설립해 100만 가입자 확보까진 3년여가 걸렸다는 점을 감안하면 최근 성장세가 가파르다. 토론토, 밴쿠버, 캘거리, 에드먼튼 등 주요 거점 도시에서 서비스를 시작한 캐롯은 현재 불어권인 퀘벡을 제외한 캐나다 전역으로 서비스 범위를 확장했다.

당근은 캐롯이 캐나다에 안착할 수 있었던 배경으로 철저한 현지화 전략을 꼽는다. 캐롯은 당근의 한국 초기 모습과 유사하다. '동네'라는 개념에 집중해 위치 정보시스템 인증을 기반으로 대면 중고거래 기능만을 구현해 서비스 중이다. 하지만 서비스 곳곳에 국가의 문화, 환경을 고려한 맞춤형 현지화 전략이 배어 있다. 우선 한국의 거래 가능 거리 범위가 최소 1㎞에서 최대 10㎞라면, 북미의 경우 최소 2㎞에서 최대 50㎞까지 거래할 수 있게 했다. 북미의 경우 상대적으로 거주 지역이 넓게 분포돼 있고 동네로 인식하는 반경이 절대적인 거리보다는 이동에 걸리는 소요시간에 중점을 두는 경향이 많아서다.

또한 북미 시장에서의 캐롯은 국내의 '매너온도' 대신 1000점 만점의 '캐롯 스코어'를 적용하고 있다. 36.5라는 숫자를 보면 자연스럽게 체온을 떠올리는 한국 사용자와 달리, 북미에선 직관적으로 체온을 떠올리지 않기 때문이다. 사용자 편의를 극대화하는 기술도 계속해서 적용 중이다. 최근 캐롯 캐나다는 사용자가 올린 이미지를 인공지능(AI)이 자동으로 분석해 중고거래 게시글을 작성해 주는 'AI 포스팅' 기능을 도입했다. 더욱 빠르고 간편하게 게시글을 등록할 수 있도록 하기 위해서다.

이 같은 현지화 전략은 2022년부터 당근 공동 창업자인 김용현 대표가 현지에서 진두지휘하고 있다. 김 대표는 올해 캐다나에서 목표를 월간 활성 이용자(MAU) 100만 명 달성으로 잡았다. 이후 목표는 미국이다. 향후 5년 내 북미 지역 50개 도시로 캐롯의 서비스 지역을 확장한다는 계획이다. 김 대표는 "한국 드라마나 K팝처럼 당근을 K스타트업의 글로벌 진출 성공 사례로 만들고 싶다"며 "현재 캐나다에서 가장 먼저 유의미한 성과를 거두고 있는 만큼 앞으로도 적극적인 투자를 통해 북미 전반에 걸쳐 영향력을 확대해 나갈 계획"이라고 말했다.

출처: 아시아경제, 2025-02-18

Keyword

- 프로세스 맵 그리는 다양한 방법, 툴이 존재함
  1) 상위, 하위 프로세스 존재
  2) 프로세스 담당자(책임자) 지정이 필요함.

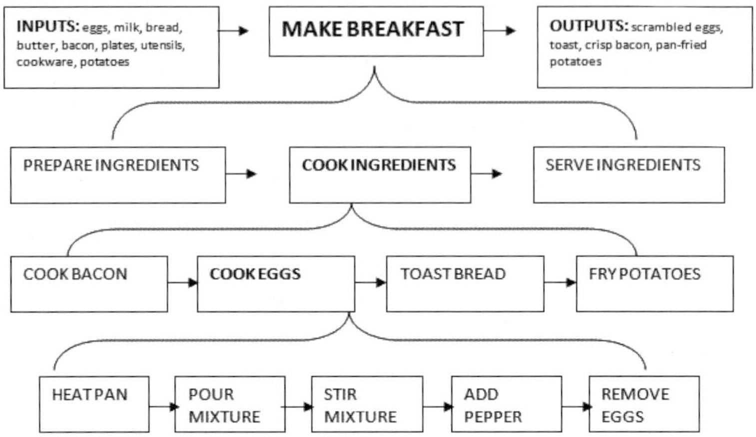

Proposed Patient Appointment Procedure

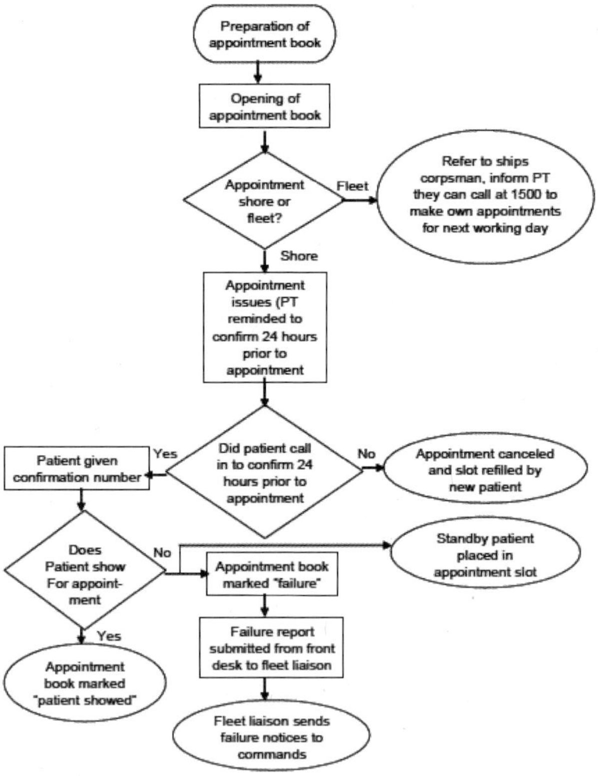

출처: https://en.wikipedia.org/wiki/Business_process_mapping

- 서비스 청사진(프로세스 맵)의 구성요소
  1) 고객의 행동
  2) 현장 접점직원의 행동
  3) 후방 접점직원의 행동, 가시선 고려
  4) 지원 프로세스
  5) 물리적 증거
- 프로세스 재설계의 유형
  1) 의미 없는 서비스 단계의 제거
  2) 셀프서비스로 전환
  3) 직접 서비스의 제공
  4) 묶음 서비스의 제공
  5) 프로세스의 물리적 형태를 재설계(ex. 동선관리)

제1절 | 서비스 프로세스

서비스 프로세스(service process)란 서비스가 제공되는 실행절차, 메커니즘, 그리고 활동의 흐름으로, 한마디로 말하면 서비스 제공 및 운영시스템을 의미한다. 또한 고객은 자신이 직접 경험하는 서비스 자체뿐만 아니라 서비스가 제공되는 절차나 서비스 운영 프로세스를 통하여 서비스의 품질을 종합적으로 평가하게 된다.

1. 서비스 프로세스의 복잡성과 고객화

일부 서비스는 제공과정이 복잡해서 그 과정을 완료하기 위해서는 고객에게 서비스의 일부분을 수행하도록 요구하기도 한다. 관료적 서비스의 경우 흔히 이런 유형을 볼 수 있으며 이는 고객의 외면을 받는 원인으로 작동하기도 한다.

서비스 프로세스는 그 제공과정에서 얼마나 표준화되어 있는지(standardization), 고객화되어 있는지(customization)에 따라서 구분할 수 있다. 어떤 방식이 더 우월한 서비스인지에 대해서는 정답은 없다. 단지 표준화와 고객화 정도를 보고 소비자가 자신에게 맞는 서비스를 판단하고 선택하는 데 중요한 단수로 작용할 수 있다는 점이다. 예를 들어 비행기 여행을 위해 항공사를 선택한다고 하자. 무료 음식이 제공되지 않고, 좌석 지정을 할 수 없으나 표준화된 서비스를 제공하는 저가의 사우스웨스트항공과 고객의 욕구에 맞춤서비스를 제공하는 고객화된 다소 비싼 싱가포르항공이 있다. 당신은 어떤 항공사를 선택하겠는가? 위와 같이 항공사의 서비스 프로세스는 소비자들에게 자신들에게 적합한 항공사를 선택할 수 있는 정보를 제공하는 역할을 하기도 한다.

표준화된 서비스를 제공하는 사우스웨스트항공

고객화된 서비스를 제공하는 싱가포르항공

2. 서비스 프로세스의 분류 : 다양성과 고객 접촉

〈표 8-1〉은 서비스 프로세스를 2개의 다양성 차원(낮은 다양성, 높은 다양성)과 3개의 고객 접촉 정도에 따라 분류하고 있다.

낮은 다양성 수준인 표준화된 서비스는 다양성 수준이 한정적으로 정의되고, 서비스 수행이 일상적이며 상대적으로 기능(기술)이 낮은 서비스 제공자를 필요로 한다. 반면에 높은 다양성 수준인 고객화된 서비스는 서비스를 수행하는 데 있어서 서비스 제공자에게 보다 많은 유연성과 판단력을 요구한다. 그리고 서비스를 주고받는 고객과 서비스 제공자 간의 정보가 교환된다는 특징을 가진다.

서비스 전달에서 고객 접촉은 크게 세 가지로 구분할 수 있다. **첫째**, 고객이 직접 물리적으로 서비스 프로세스에 참여를 하는 것이다. 이때 서비스 제공자와 직접적으로 상호작용이 없는 경우(셀프서비스)와 상호작용이 있는 경우의 2개로 나눌 수 있다. **둘째**,

〈표 8-1〉 서비스 프로세스의 분류

<table>
<tr><th colspan="2">고객 접촉</th><th>낮은 다양성(표준화된 서비스)</th><th>높은 다양성(고객화된 서비스)</th></tr>
<tr><td colspan="2">고객 접촉 없음</td><td>• 드라이크리닝
• 신용카드</td><td>• 자동차 수리
• 맞춤양복
• 컴퓨터 프로그래밍
• 건물 디자인 및 설계</td></tr>
<tr><td colspan="2">간접 고객 접촉</td><td>• 인터넷 쇼핑
• 온라인 뱅킹</td><td>• TV, 인터넷 경매 참여</td></tr>
<tr><td rowspan="2">직접 고객 접촉</td><td>고객-직원 상호작용 없음</td><td>• 자동판매기
• ATM, 즉석사진촬영
• 엘리베이터 탑승</td><td>• 뷔페 이용, 마트 장보기
• 도서관에서 정보 찾기
• 렌터카 이용, 헬스클럽 시설 이용</td></tr>
<tr><td>고객-직원 상호작용 있음</td><td>• 레스토랑 이용
• 강의
• 은행지점 금융거래</td><td>• 가정용 카페트 청소, 조경서비스
• 초상화, 카운셀링
• 미용실, 외과수술</td></tr>
</table>

고객과 서비스 제공자가 전자매체 등을 통해 간접적으로 접촉하는 경우를 의미한다. **셋째**, 고객과의 접촉이 없이 서비스가 이루어지는 경우이다.

일반적으로 고객과 기업의 접촉을 접점이라고 하는데 이는 다음의 서비스 접점에서 자세히 다루고 있다.

제2절 | 서비스 접점

1. 접점의 의미와 중요성

서비스 접점(service encounters)은 고객과 서비스 기업이 서로 직접적인 상호작용하는 순간을 의미하는 것으로 고객이 서비스에 대한 인식을 결정짓는 중요한 시점이라는 뜻에서 '진실의 순간(moments of truth)'이라고도 한다. 고객은 서비스를 받는 순간순간마다 서비스의 품질을 평가하게 된다. 이렇게 품질을 평가하는 순간순간이 서비스 접점에서 이루어지며, 이 접점에서의 만족도가 고객의 품질 평가와 재방문 혹은 재구매 의도에 영향을 미치게 된다.

대부분의 서비스에서 접점은 존재하지만 그 접점의 정도는 차이가 있다. 접점이 거의 없는 경우도 있고, 접점이 매 순간마다 발생하기도 한다. 예를 들어, 고객이 놀이공원에 간다면 서비스 접점은 티켓을 구매하는 순간부터 놀이기구를 타고 즐기는 과정까지 거의 70회 이상의 접점이 발생할 수 있다. 만약 고객이 이 수많은 접점 상황에서 하나라도 만족스럽지 못한 상황에 접하게 된다면 전체 서비스의 평가에 대해 부정적인 영향을 미치게 된다.

서비스 접점은 고객이 서비스에 대한 첫인상을 결정하는 데 영향을 미치기도 하지만, 고객이 서비스 만족이나 애호도를 결정하는 데 중요한 부분을 차지하기도 한다. 만약 고객이 그 서비스를 처음 접할 경우, 종종 최초의 접점이 서비스 기업의 전반적인 인상을 평가하는 데 중요한 부분을 차지한다. 왜냐하면 최초의 거래는 다른 사전평가 기준이 없기 때문에 처음 만나는 접점 상황이 더 크게 지각되고 중요하게 인식되기 때문이다. 반면에 고객이 서비스 기업과 반복적으로 만나온 기존고객이라면, 한 번의 접점이 첫인상을 결정하기보다는 각각의 접점에서의 고객의 만족 혹은 기억들이 누적되어 기업의 인상 혹은 이미지를 결정하는 데 중요하게 작용한다.

서비스 접점에서의 긍정적인 경험들은 고객이 서비스 기업의 품질을 높게 평가하는 반면, 부정적인 경험들은 서비스 품질을 낮게 평가하게 된다. 만약 고객의 서비스 경험들이 긍정적인 상황과 부정적인 상황이 반복된다면 고객은 서비스 품질에 대해 확신을 하지 못하게 되고 서비스 품질의 일관성에 대해 의문을 품게 되며, 누적될 경우 다른 경쟁서비스로의 전환을 할 가능성도 높다.

2. 접점의 유형

2.1 원격 접점

원격 접점(remote encounter)은 고객과 서비스 제공자 사이의 어떠한 인적 접촉이 없이 서비스 기업과 접촉하는 형태를 의미한다. 고객이 ATM을 이용하여 은행서비스를

다양한 유형의 원격 접점

이용하거나, 자동 티켓발권기를 이용하여 티켓을 구입하거나, 모바일 어플이나, 인터넷 쇼핑몰을 이용하여 구매하는 것들이 원격 접점에 속한다. 원격 접점은 서비스 직원과 직접적인 접촉을 통해서 서비스 품질을 평가하기보다는 서비스의 물리적 증거, 서비스 제공 기술 프로세스, 그리고 서비스 시스템을 통해 품질을 평가한다. 또한 기술의 발전, 특히 인터넷 및 모바일의 발달은 서비스에서 고객과의 원격 접점의 가능성을 더 많이 발생시키고 있다.

2.2 전화 접점

전화 접점(phone encounter)은 은행, 보험회사 등의 금융조직, 통신조직, 공공서비스 등에서 전화를 통해 고객과 만나는 것을 의미한다. 제조업뿐만 아니라 서비스 기업에서도 대부분의 기업은 고객의 서비스 문의, 주문접수, 배송문의, 불만접수 등의 과정을 전화를 이용하여 실시한다. 전화 접점은 원격 접점과 달리 전화를 받는 직원들의 목소리, 반응, 직원의 지식 등과 같은 요소들이 품질 평가에 영향을 미친다. 즉, 고객과 직원과의 상호작용이 어떻게 이루어지느냐에 따라 서비스 품질수준이 달라질 수 있다.

2.3 대면 접점

대면 접점(face-to-face encounter)은 직원과 고객이 직접적으로 만나는 접점 상황을 의미한다. 예를 들어 놀이공원을 방문하였을 경우, 고객은 티켓판매대, 주차장, 놀이기구 타는 공간 등 다양한 장소에서 직원과 직접 접하게 된다. 다른 유형의 접점과 달리, 대면 접점은 서비스의 품질을 파악하고 판단하기가 가장 어렵다. 왜냐하면 직원의 언어적 행동뿐만 아니라 비언어적 요소들도 서비스 품질을 평가하는 중요한 요소가 될 수 있기 때문이다. 비언어적 요소들로는 직원의 복장, 서비스 장비, 안내책자, 물리적 환경 등과 같은 유형적 단서들이 포함된다. 또한 서비스 기업(혹은 직원)과의 상호작용 과정에서 발생하는 고객의 반응 또한 서비스 품질에 영향을 미치는 요인이 될 수 있다.

3. 기술기반 서비스 접점 : 셀프서비스기술

서비스 접점에 대한 연구들의 대부분은 사람과 사람 사이에 발생하는 대면 접점을 대상으로 보고 있다. 그러나 기술의 발달로 인해 기술을 기반으로 서비스 접점이 발생하고 이를 통해 고객의 만족과 불만족의 발생에 대해 관심을 가지기 시작하였다. 인터넷을 기반으로 하는 서비스, 자동응답 서비스 등과 같은 서비스 등이 여기에 포함되며, 이런 서비스를 셀프서비스기술(self-service technologies: SST)이라고 한다. 즉, 셀프서비스는 서비스 직원의 어떠한 직접적인 관여가 없이 고객과 직원과의 상호작용 없이 전적으로 고객에 의해 생산되는 서비스를 의미한다. 이 기술기반서비스는 고객의 서비스 참여수준에서 본다면 가장 높은 수준의 고객참여가 이루어지는 서비스 유형이라고 할 수 있다.

3.1 고객이 셀프서비스기술(SST) 상황에서 만족하는 경우

고객이 SST 상황에서 만족하는 경우는 크게 3가지로 나누어 볼 수 있다.

첫째, 긴급한 욕구를 해결할 때이다. 소비자가 시간 및 공간의 제약으로 어려운 상황에 처할 때 기술이 해결해 준다면 감동을 하게 된다. 예를 들어, 현금이 없는 상황에 처했을 때 눈에 보이는 ATM은 구원자가 될 수 있을 것이다.

둘째, 다른 대안보다 더 나은 경우이다. SST를 이용하는 것이 다른 대안보다 낫다고 생각할수록 만족이 증가할 것이다. 즉, 사용하기 쉽고, 시간이 절약되고, 언제 어디서나 이용하기 쉽다면 SST를 더 좋아할 수 있다. 예를 들어, 영화관에서 줄을 서서 티켓을 구매하는 것보다 티켓발권기에서 바로 구매하는 것이 시간을 절약할 수 있다면 더 매력적

Service Issue

확산되는 '셀프 결제'… 고객 '불편' vs 점주 '효과적'

식당가 · 대형마트, 키오스크 · 셀프 계산대 속속 도입
주문 및 결제 시 실수 잇따라
대형마트, 계산 돕는 직원 배치로 "큰 문제 없어"

"그동안 캐셔분이 알아서 계산해 줬는데 혼자서 하려니 어려움이 크네요" 고객들은 키오스크와 셀프 계산대를 앞에두고 피로감을 호소했다. 반면 점주 입장에서는 비용 절감 및 편의성 측면에서 긍정적인 효과가 크다는 입장이다.

유통가에 급속도로 확산되고 있는 '셀프 결제 시스템'를 두고 고객과 점주 사이 입장차가 확연하다.

한 마트에서 고객들이 셀프 계산을 하고 있다. [사진=배종완 기자]

키오스크나 셀프 계산대를 이용하는 고객들은 불편함과 피로감을 호소하고 있고, 점주는 비용 절감 및 편의성 면에서 긍정적인 효과를 나타내고 있다는 입장이다.

최근 키오스크는 B2C(기업 소비자 간 거래) 시장에서 대세가 돼고 있다. 식당이나 카페는 키오스크가 없는 곳이 드물 정도다. 식당의 경우 테이블에 아예 모니터를 설치해 주문은 물론 결제까지 할 수 있도록 했다.

식당 측은 키오스크 도입을 통해 관리 비용을 줄일 수 있다. 무엇보다도 계산대를 책임지는 인력을 뺄 수 있다. 하지만 고객들은 불편한 것이 많다.

그나마 젊은 세대는 몇 번 해보면 적응할 수 있지만 노인들은 사용하기에 큰 어려움을 겪을 수밖에 없다.

식당 키오스크의 경우 주문만 내리는 시스템과 주문 즉시 결제까지 하는 시스템이 있다. 그런데 고객이 주문 시 실수로 중복 주문을 하는 경우가 있다. 또 원하는 메뉴 외 다른 메뉴를 주문하기도 한다. 전체 주문 결과를 확인해야 하지만 그러지 못한 경우가 있어 음식이 나왔을 때

황당한 경우가 생긴다. 고객은 안 시켰고 주문은 들어가 음식이 나온 상황이다.

음식을 주문할 때마다 카드를 꼽아 결제하는 것도 상당히 불편하다. 특히 주류를 파는 곳의 경우, 본의 아니게 이것저것 지속적으로 시키게 되는데 정신도 혼미해져 가는 상황에서 결제를 반복해야 한다. 실수가 생길 수밖에 없다.

한 식당에 설치된 키오스크. [사진=배종완 기자]

프랜차이점의 경우 결제를 하는 동안 뒷사람이 기다리고 있을 때 머리가 뜨거워진다. 왠지 모를 불안감에 휩싸이는 것. 나이드신 분들은 이 시스템을 사용하는 것을 거의 포기하게 된다.

대형마트 및 오프라인 마트에서도 셀프 계산대를 속속 도입하고 있다.

지난 2019년 계산대 줄을 줄이고, 유인 계산대에서 근무하는 직원들의 스트레스를 줄이기 위해 셀프 계산대를 도입한 다이소는 2020년 코로나로 비대면 서비스에 대한 요구 등이 겹치면서 셀프 계산대를 확대했고, 현재 직영점 매장 중 약 90여 프로의 매장이 셀프 계산대를 사용하고 있다.

이마트는 빠르게 셀프 결제를 할 수 있는 '스피드 계산대'를 전국적으로 약 1000여 대 운영중이다. 홈플러스는 2005년 9월 영등포점을 시작으로 현재 전국 대형마트 90여 곳에서 약 500여 대를 운영하고 있다. 롯데마트는 2017년 8월 서초점을 시작으로 셀프 계산대를 처음으로 도입했다. 현재 111개 점에서 총 1100대 이상의 셀프 계산대를 운영하고 있다.

이들은 공통적으로 "품목이 많지 않은 고객의 경우, 셀프 계산대를 이용하는 것이 고객 입장에서도 더 빠르고 편하다고 느끼기 때문에 시스템을 도입했다"고 말한다. 실제로 마트의 경우 계산 줄이 길어 셀프 계산대를 통해 시간을 줄일 수는 있다.

하지만 고객들은 셀프 계산을 포기하고 다시 일반 계산줄로 들어가는 경우가 많다. 셀프 계산을 포기한 한 고객은 "상품을 하나하나 찍는 행위가 불편하기도 하고, 계산 시 상품권을 사용하는 경우 복잡하다"고 말했다.

셀프 계산 시 실수가 생겨 소송으로 번질 뻔한 일이 벌어지기도 했다. 얼마전 한 커뮤니티에 올라온 글에 의하면 A씨는 다이소 셀프 계산대를 이용하면서 실수로 금액이 지불되지 않았고, 이를 인식하지 못한 채 나왔다. A씨는 "이후 경찰서에서 고소가 들어왔다는 전화를 받았다"며 "실수로 계산하지 않고 나갔을 경우 도난범으로 신고하는 것은 문제가 있는 것 아닌가"라고 밝혔다. 이에 대해 다이소 측은 "이번 일은 큰 문제

없이 잘 해결됐으며, 고의가 없는 경우 원칙적으로 문제 제기를 하지 않는다"고 해명했다.

대형마트 관계자들은 "셀프 계산 시스템이 잘 정착돼고 있고 주변에 도움을 줄 수 있는 직원을 배치해 큰 문제가 없다"고 설명한다. 한 마트 관계자는 "셀프 계산을 통해 계산 대기열 단축, 고객 프라이버시 보호 측면에서 보다 개선된 쇼핑 환경을 제공할 수 있게 되었으며, 각 점포에는 고객의 결제과정을 돕고 셀프 계산대 운영·관리를 담당하는 전담 인력이 상주하고 있다"고 밝혔다.

출처: 아시아타임즈, 2024-09-13

인 대안으로 인식할 수 있다.

셋째, 기능을 충실히 할 때이다. SST는 기술을 기반으로 이루어지는 서비스이다. 따라서 기술상의 문제로 인해 고장이 발생하는 경우가 많이 있다. 그렇게 되면 소극적으로 기술상 고장만 나지 않는다면 만족하게 될 수 있다.

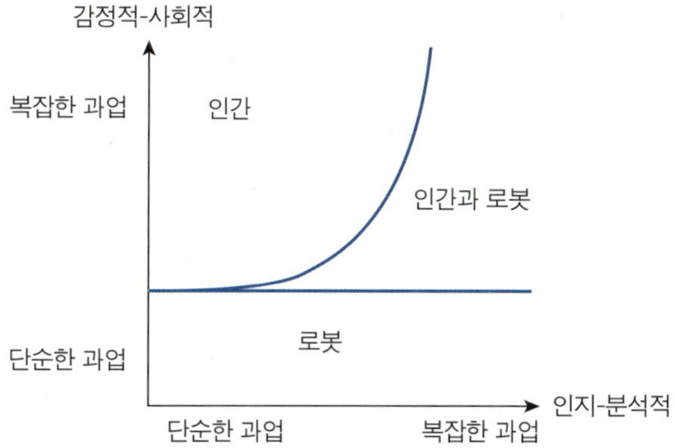

[그림 8-1] 감정적, 인지적 작업의 복잡성에 기반한 서비스 제공

출처: Wirtz, J., Patterson, P. G., Kunz, W. H.,Gruber, T., Lu, V. N., Paluch, S.,& Martins, A. (2018). Brave new world: service robots in thefrontline. Journal of Service Management, 29(5), 907-931.

서비스 로봇의 최초 전개는 인지와 정서의 복잡성이 낮은 단순하고 반복적인 과업에 집중되었다. 이제 서비스 직원이 고객과의 상호작용에서 로봇이나 AI의 지원을 받을 수 있다. 따라서 직원은 많은 양의 작은 일을 처리할 필요가 없고, 대신 상위 가치와 상위 수준의 일에 집중할 수 있다.

3.2 고객이 셀프서비스기술(SST) 상황에서 불만족하는 경우

고객이 SST 상황에서 불만족하는 경우도 있다.

첫째, 기술의 실패이다. 이는 SST가 정해진 대로 작동하지 않을 경우에 발생한다. 예를 들어, ATM이 카드를 인식하지 못하거나, 버튼이 제대로 작동하지 않는 경우 등이 여기에 속한다.

둘째, 과정의 실패이다. 이는 SST가 제대로 작동된 것으로 보여지나 실제로는 고객과 관련된 부서나 관련 절차가 제대로 작동되지 않았음을 나중에 발견하게 되어 이루어지는 실패이다. 예를 들어, 온라인 쇼핑을 통해 상품을 구매할 때, 제대로 주문을 넣었지만 상품이 제시간에 도착하지 않거나 잘못된 상품이 도착하는 경우가 여기에 속한다.

셋째, 조잡한 설계에 의한 실패이다. 이는 기술적 오류 혹은 서비스 설계상에 잘못된 경우를 의미한다. 기술이 혼란스럽거나 메뉴 옵션이 명확하지 않을 경우와 같이 설계의 문제가 있거나, 배송이 오래 걸리거나, 서비스 변경 및 수정이 불가능한 경우와 같은 서비스 제공과 관련된 설계의 실패가 여기에 포함된다.

넷째, 고객의 실패이다. 이는 고객이 기술을 잘못 사용하거나 제대로 사용할 능력이 없는 경우 발생하게 되는 실패이다. 고객의 기술사용이 준비되지 않은 상황을 기술준비도(technology readiness)가 부족하다라고 부른다. 이 실패는 상대적으로 다른 실패와 달리 기술상의 문제라기보다는 기술을 접한 고객에게 제대로 기술을 전달하지 못한 것으로 고객의 불평에 대한 인식이 다를 수 있다.

Service Issue

2029년 '에이전틱 AI' 시대 온다 … 고객 문제 80% 해결

AI 에이전트 [사진=셔터스톡]

시장조사업체 가트너는 에이전틱 AI가 오는 2029년까지 고객 서비스 문제의 80%를 자동으로 해결할 수 있을 것으로 예측했다. 이를 통해 운영 비용이 30% 감소할 것으로 예상된다.

5일(현지시간) 씨엑스투데이에 따르면 텍스트 생성이나 요약에만 국한됐던 기존의 AI 모델과 달리, 에이전틱 AI는 자율적인 작업 완료가 가능하다. 지시대로 특정 작업을 수행하는 AI 에이전트와는 다소 다른 개념이다.

에이전틱 AI를 통해 고객은 다양한 질문을 할 수 있고, 고객과 서비스 팀이 소통하는 근본적인 방식이 새롭게 정의될 것으로 예상된다. 할당된 업무를 처리하는 것 외에도, 에이전틱 AI는 고객이 연락하기 전 문제를 사전에 식별하고 해결할 수 있는 역량도 갖추고 있다. 곧 이러한 사전 예방적 고객 서비스가 업계 표준이 될 것이라는 설명이다.

또한 기업이 에이전틱 AI를 이용해 고객과 소통하는 것처럼, 가까운 미래에는 고객도 자신만의 AI를 이용해 기업에 연락하는 경우가 점점 더 많아질 것으로 예상된다. 에이전틱 AI는 정보를 제공할 뿐만 아니라, 고객을 대신에 멤버십을 취소하고 웹사이트를 탐색하며 최적의 배송료를 협상할 수 있을 것이라는 설명이다. 이에 대비하기 위해 가트너는 기업이 몇 가지에 대비할 것을 조언했다.

첫째, 자동화에 대비해야 한다. 에이전틱 AI의 자동화된 상호작용이 더욱 확대될 것으로 예상됨에 따라 확장 가능한 인프라에 투자하고, 셀프 서비스 채널을 최적화해 봇 트래픽을 관리해야 한다.

둘째, AI 기반 서비스 볼륨을 처리할 수 있도록 모델을 업데이트하고 동적 라우팅을 구현해 사람과 AI의 상호작용을 구분해야 한다.

셋째, AI 상호작용 정책을 설정하라. 데이터 개인정보 보호, 보안 및 에스컬레이션을 다루는 AI 주도 상호작용에 대한 가이드라인을 개발해야 한다.

넷째, 상품 팀과 협업하라. 에이전틱 AI를 상품에 통합해 선제적으로 문제를 감지하고 외부 AI에 대한 의존도를 낮추기 위해 협력해야 한다.

가트너는 처음에는 일상적인 상호작용에 집중하다가 점차 더 복잡한 작업으로 확장함으로써, 기업이 에이전틱 AI를 효과적으로 활용하고, 인간 상담원을 보완하며 서비스 제공을 향상시킬 수 있을 것으로 전망했다.

출처: 디지털투데이, 2025-03-06

제3절 | 서비스 청사진

1. 서비스 청사진의 의미

서비스 청사진(service blueprint)이란 서비스에서 역할이나 관점이 다양한 사람들이 서비스에 대해 이해하고 그 서비스를 객관적으로 다룰 수 있도록 하기 위해 서비스 프로세스와 시스템을 명확하게 나타내고 있는 일종의 지도라고 할 수 있다. 서비스 청사진은 특히 서비스 개발의 설계단계에서 유용하게 이용된다.

서비스 청사진은 서비스를 제공하는 과정(process), 고객과 직원의 역할(roles), 고객과 기업/직원이 만나는 접점(encounter), 그리고 서비스의 요소들을 동시에 표현함으로써 서비스를 시각적으로 볼 수 있게 한다. 또한 서비스 청사진은 고객이 서비스를 경험하게 되는 서비스 증거이며, 서비스를 수행하는 데 있어서 지침이며, 서비스 제공 프로세스를 나누는 방법이라고 할 수 있다.

기업이 서비스 청사진 기법을 이용함으로써 얻게 되는 이점은 다음과 같다.

첫째, 서비스 청사진은 고객이 실제로 경험할 수 있는 전방(front stage)과 고객이 눈으로 볼 수 없는 직원의 활동 및 프로세스인 후방(back stage)으로 구분할 수 있다. 기업이 운영 측면에만 너무 초점을 두면 후방의 업무는 효율적으로 수행될 수 있으나, 고객을 대응하는 전방의 업무를 간과하게 된다. 그러나 전방의 업무는 고객과 직원이 직접 접하고 고객이 서비스 품질을 평가하는 데 영향을 미치는 매우 중요한 활동 요인이므로 소홀하게 대해서는 안 되는 부분이다. 서비스 청사진은 이 두 요소를 동시에 보여줌으로써 어느 한쪽도 소홀하게 해서는 안 된다는 것을 나타낼 수 있게 한다.

둘째, 서비스 청사진은 고객과 직원이 어떻게 상호작용을 하고 있는지를 보여주며, 그 상호작용에 있어서 후방의 업무와 시스템이 어떻게 지원되는지를 보여준다. 이는 기업 내부의 인적자원관리부서와 마케팅부서, 운영부서(조직)에 도움이 될 수 있는 자료로써의 역할을 수행한다.

셋째, 서비스 청사진은 서비스 프로세스에서 발생할 수 있는 실패점(failure points)을 보여준다. 관리자가 이러한 서비스 실패점을 인식하게 되면, 실패를 방지하기 위한 방법을 준비하거나, 기존 서비스 제공 설계 계획을 보완할 수 있다. 그리고 이런 과정은 궁극적으로 서비스 실패의 발생을 줄이게 된다.

넷째, 서비스 청사진은 고객이 기다려야 하는 프로세스의 단계를 말해준다. 따라서 마케팅 담당자는 서비스 수행시간과 관련 업무 사이의 대기시간을 포함한 각각의 활동 표준을 개발할 수 있고, 그에 따라 대기시간을 적절하게 활용할 수 있게 한다.

2. 서비스 청사진의 요소

서비스 청사진은 고객의 행동, 현장 접점직원의 행동, 후방 접점직원의 행동, 지원프로세스의 영역과 그 행동영역을 구분하는 세 가지의 수평라인으로 구성된다.

2.1 서비스 청사진의 주요 요소

(1) 고객의 행동

고객의 행동은 고객이 서비스를 구매하고 경험하고 평가하는 프로세스에서 고객의 행동, 상호작용, 그 외 활동들이 포함된다. 즉, 고객의 서비스 체험 전체가 고객의 행위 영역으로 청사진에 표시된다. 법률서비스의 예를 들면, 법적 대리인의 선임 여부 결정, 법적 대리인과의 통화, 직접 대면 미팅, 관련 문서를 주고받는 것, 선임비용의 계산 등을 모두 포함한다.

(2) 현장 접점직원의 행동

고객의 행동과 마주보는 위치에 있는 접점직원 중 고객의 눈에 직접적으로 들어오는 직원의 행위를 현장 접점직원의 행동이라고 한다. 법률서비스의 예를 들면, 이 직원은 고객과 초기 상담을 하거나 문서 등의 전달과 관련된 초기 업무를 진행할 수 있다.

(3) 후방 접점직원의 행동

서비스 제공과정에서 현장 접점직원들의 행동을 지원하기 위해 후방 접점직원의 행동이 이루어진다. 예를 들어, 고객과 전화통화를 하거나, 관련 서류를 준비하는 직원의 행동이 여기에 속한다. 이 직원은 직접적으로 고객의 눈에 보이지는 않지만 고객에게 직접적인 영향을 주는 것으로 이 후방 접점직원의 행동은 청사진에서 현장 접점직원의 행동 아래 영역에 포함된다.

(4) 지원 프로세스

서비스를 제공하는 접점직원들을 지원하기 위해 기업조직 내부에서 이루어지는 상호작용을 의미한다. 법률서비스에서 관련 직원들에 의한 법적 조사, 주요 문서 준비, 클라이언트와의 미팅을 위한 비서의 지원 등이 여기에 속한다.

(5) 물리적 증거

물리적 증거는 청사진에서 고객 행동 위쪽에 표현된다. 일반적으로 접점의 각 단계의 위에 서비스의 실제 물리적 증거가 명시되어 있다. 법률서비스의 예를 들면, 법적 대리인과 고객과 직접 만나는 상황에서의 물리적 증거는 사무실 외관, 인테리어부터 변호사가 입은 의상까지를 포함한다.

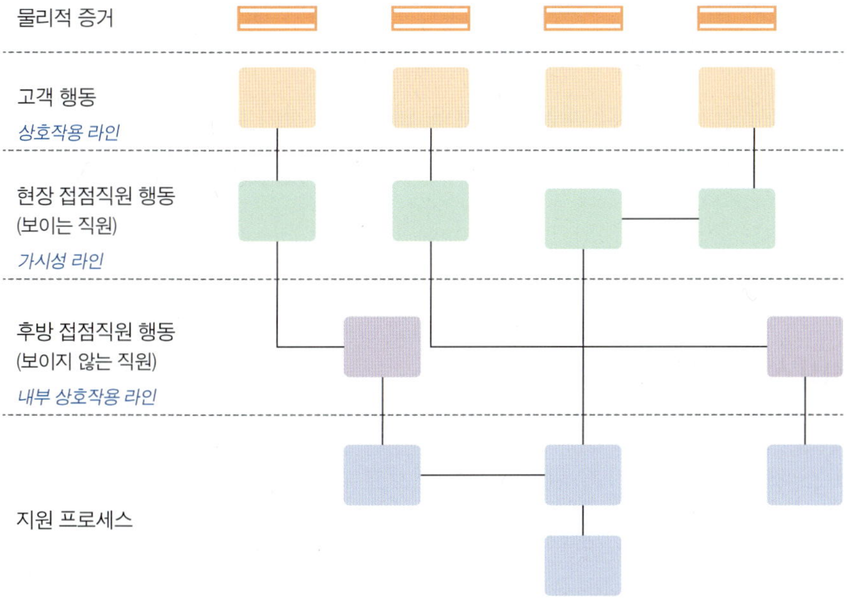

[그림 8-1] 서비스 청사진의 구성요소

2.2 주요 영역을 구분하는 수평라인

서비스 청사진에서 주요 영역을 구분하는 수평라인은 세 가지로 나눌 수 있다.

- **상호작용 라인**(line of interaction) : 이 라인은 고객과 조직과의 상호작용을 의미한다. 즉, 고객 행동과 현장의 접점직원의 행동을 구분하는 것으로 이 라인을 마주보고 고객과 조직 혹은 서비스 제공자와 직접적인 만남인 접점이 발생한다.
- **가시성 라인**(line of visibility) : 이 라인은 고객에게 보이는 직원의 서비스 활동과 보이지 않는 직원의 활동을 구분하여 준다. 서비스 청사진에서 이 가시성 라인 위쪽의 활동과 아래쪽의 활동을 비교하여 살펴보면 서비스가 얼마나 많은 고객에게 제공되는지를 간단하게 알 수 있다.
- **내부 상호작용 라인**(line of internal interaction) : 이 라인은 접점직원(현장 접점직원, 후방 접점직원)의 행동과 여타 지원부서 및 지원 프로세스의 활동을 구분한다.

서비스 청사진이 여타 서비스 활동과 관련된 프로세스 등과 구분되는 가장 큰 차이점

중의 하나는 고객과 서비스 프로세스에서 고객의 관점(고객 행동)이 포함된다는 것이다.

그러므로 서비스 청사진을 효과적으로 설계하기 위해서는 도형에 도표의 시작을 고객의 관점에서 실시하고, 각 제공 시스템을 연결하는 것이 바람직하다. 그리고 각 행동 영역에 있는 칸은 행위자(고객, 직원 등)가 수행하거나 경험하게 될 단계를 보여주는 것이다.

3. 서비스 청사진의 작성

서비스 청사진을 작성하기 위해서는 고객으로부터 얻어지는 정보뿐만 아니라, 여러 관련 부서에서 이루어지는 정보들도 필요하다. 따라서 청사진의 설계와 작성은 한 사람 혹은 한 부서에서만 할당되어서 이루어지는 것이 아니라 여러 부서들의 대표가 참여하여 진행할 필요가 있다.

서비스 청사진을 작성하기 위한 과정은 총 6단계로 나누어 볼 수 있다.

- **1단계** : 청사진으로 나타내야 할 서비스 프로세스를 파악하는 것이다. 서비스 청사진은 다양한 수준으로 개발할 수 있으므로, 우선 서비스 청사진을 시작할 때 그 수준을 결정하는 것이 필요하다. 기초적인 서비스 개념 수준에서 작성할 수도 있고, 세분화하여 각 세분시장별로 다르게 작성하는 복잡한 수준으로 이루어질 수도 있다. 이는 기업이 청사진을 통해 보고자 하는 목적이 무엇인지에 따라 수준이 달라지며, 목적이 정해진 후 기업은 도식화 할 프로세스를 파악할 수 있다.
- **2단계** : 서비스를 체험하는 고객과 세분시장을 파악하는 것이다. 기업이 시장세분화를 실시하는 이유는 세분시장마다 고객의 욕구가 다르고 그에 맞는 상품/서비스가 제공되어야 한다는 것이다. 따라서 세분시장에 따라 서비스 프로세스가 다양하다고 본다면 특정 고객(혹은 세분시장)에 맞는 청사진을 작성하는 것이 중요하다. 전체 시장을 겨냥한 추상적인 수준에서 하나의 청사진을 만들 수는 있지만, 상세한 수준으로 나눌 경우 유용성이 떨어진다는 단점을 가진다. 따라서 청사진의 유용성 증대와 혼란을 줄이기 위해서 세분시장마다 다른 청사진을 작성해야 한다.
- **3단계** : 고객의 관점에서 서비스 프로세스를 도식화하는 것이다. 이 단계는 고객

1단계	청사진화 할 서비스 프로세스 파악
2단계	고객과 고객 세분시장 파악
3단계	고객 관점에서 프로세스 도식화
4단계	접점직원 행동과 기술행동 도식화
5단계	필요한 지원 기능과 접점 활동의 연결
6단계	각각의 고객 행동 단계마다 서비스의 물리적 증거 추가

[그림 8-2] 서비스 청사진 작성 단계

이 서비스를 구매하고, 경험하고, 평가할 때 고객에게 실제로 일어나는 행동을 도식화하는 것이다. 특히 고객의 관점에서 서비스를 파악하면 고객에게 영향을 미치지 못하는 서비스 프로세스나 단계에 초점을 맞추는 행동을 피할 수 있다는 이점이 있다. 따라서 이 단계는 누가 우리의 고객인지 파악을 하고, 고객이 서비스를 어떻게 경험하는지 알아보려는 기업의 노력이 필요하다.

- **4단계** : 접점직원인 현장직원과 후방직원의 행동과 기술행동을 도식화하는 것이다. 고객의 관점에서 프로세스를 나타낸 후, 상호작용 라인을 그리고 현장 접점직원과 후방 접점직원을 구분하는 가시성 라인을 그리게 되면 보이는 활동과 보이지 않는 후방 활동을 구분할 수 있게 된다. 또한 기술로 제공되는 서비스(technology-delivered service) 또는 기술과 인적 측면에 모두 제공되는 서비스와 관련된 행동들을 가시성 라인의 윗부분에 도식화 할 수 있다.
- **5단계** : 후방 접점활동과 내부지원기능을 연결하는 것이다. 이 단계는 후방 접점활동과 내부지원기능 간을 구분할 수 있는 내부 상호작용 라인을 그리고 접점활동과 내부지원 프로세스를 연결하는 것이다. 여기서는 고객에 대한 내부지원기능이 직·간접적으로 고객에게 어떤 영향을 미치는지를 명확하게 파악할 수 있게 된다.
- **6단계** : 고객의 행위단계마다 서비스 물리적 증거를 추가하는 것이다. 고객이 서비스를 경험하는 각 단계에서 고객이 보거나 느낄 수 있는 물리적 증거를 추가할 수 있다.

4. 프로세스 맵 그리기 (AS-IS와 TO-BE)

프로세스는 맵(map)으로 도식화하여 그린다. 도식화된 프로세스는 담당자들과 소통과 이해를 위해 매우 중요하게 실무에서 사용된다. 프로세스 그리는 방법으로 먼저 조직을 구분한다. 조직은 사람이나 계산대, 조리대와 같이 다양할 수 있다. 그 다음 개별 활동을 사각형으로 구분하여 표기한다. 이것을 수행하는 데 필요한 시간을 기록하는 것은 프로세스의 효율성을 위해 반드시 필요하다. 다음은 한 레스토랑의 고객이 입장하여 퇴장하는 프로세스를 예시로 그린 것이다. 이렇게 현재의 프로세스를 "AS-IS"라고 부른다.

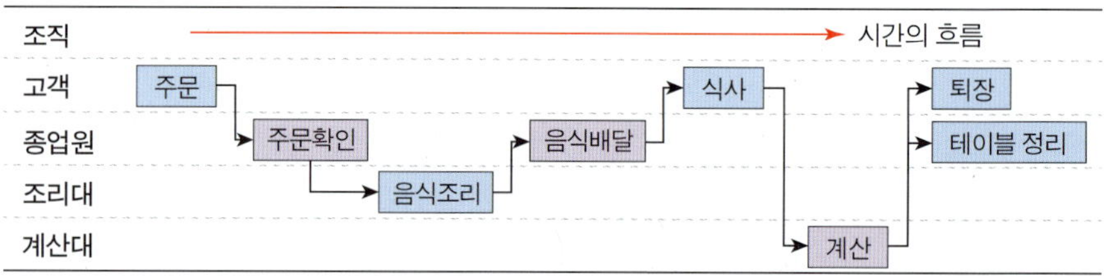

[그림 8-3] AS-IS (현재) 프로세스 맵

AS-IS 프로세스는 고객이 입장하여 주문하면, 종업원이 주문을 확인하고, 이를 조리대에 전달한다. 그 다음 조리대는 음식을 조리한다. 음식이 완성되면 종업원은 음식을 배달하고, 고객은 식사를 시작한다. 고객이 식사를 마치고 계산하고 이후 퇴장하면 동시에 종업원은 테이블을 정리하는 프로세스이다.

이제 이 현재의 프로세스를 개선하여 보자. 아래는 개선안인 "TO-BE" 프로세스이다.

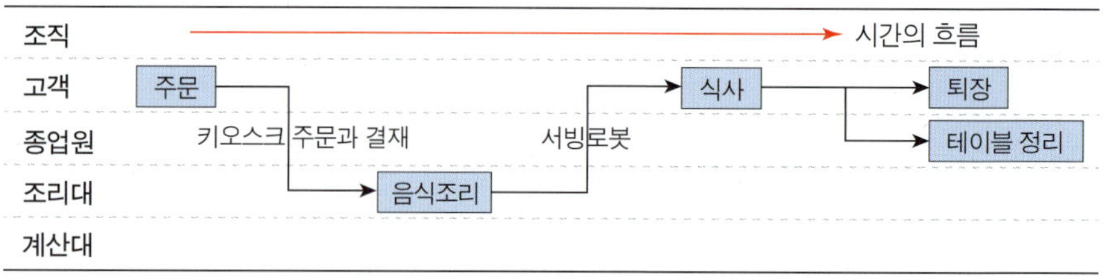

[그림 8-4] TO-BE (개선) 프로세스 맵

개선한 프로세스는 키오스크 주문과 서빙로봇을 도입하였다. 종업원의 역할을 크게 줄일 수 있고, 주문과 동시에 계산이 이루어져서 계산대의 역할을 없앨 수 있다. 그렇다면 이 개선 프로세스를 확정할 때 고려해야 할 점은 무엇이 있을지 살펴보자.

- 장점: 종업원 인원 감축, 서비스 제공시간과 절차의 단순화
- 추가 발생비용: 테이블 키오스크 설치비용, 서빙로봇 렌탈비용
- 단점: 서비스 접점의 유실로 고객자산(customer equity) 형성 미흡, 단골고객 관리 미흡

따라서 전체 비용 증가와 감소뿐만 아니라, 단점도 함께 고려해서 결정해야 한다. 오래된 종업원 때문에 찾는 고객이 있을 수 있기 때문이다. 이 예시에는 구체적 활동마다 시간을 기입하지 않았지만, 실제 사용할 때는 반드시 각 활동마다 소요되는 시간을 적어야 한다. 또한 이 프로세스를 책임지는 담당자를 명시해야 한다. 프로세스는 기업의 부서를 넘나드는 교차기능(cross functional)의 성격을 대부분 가지고 있기 때문에 프로세스 책임자의 선정이 필요하다.

제4절 | 서비스 프로세스 재설계

처음에 제대로 설계된 서비스 프로세스도 시간이 변화함에 따라 재설계가 필요하다. 이것은 처음에 서비스가 잘못됐다는 것이 아니라, 기술의 발전, 고객의 욕구 변화, 부가서비스 특성, 신상품 제공과 같이 기존에 제공되던 서비스가 맞지 않게 됐다는 것을 의미한다.

1. 서비스 프로세스 재설계의 이유

서비스 프로세스를 재설계하는 이유는 크게 2가지로 나눌 수 있다.

첫째, 외부 환경의 변화이다. 기업을 둘러싼 환경의 변화는 서비스의 변화를 가져오게 한다. 이는 기존의 서비스 중에서 특정 활동이 더 이상 필요하지 않게 될 수도 있다는 것을 의미한다. 따라서 서비스 조직은 서비스 프로세스를 재설계하거나, 새로운 브랜드 프로세스를 창출할 필요가 있다. 의료서비스의 예를 들면, 외국 병원의 등장으로 인한 경쟁의 심화, 의료법의 변화, 그리고 건강에 대한 고객의 관심 및 욕구의 증가 등으로 새로운 서비스 프로세스의 필요성이 증대된다. **둘째**, 내부요인에 의해서 서비스 프로세스의 진부화 현상이 발생하기도 한다. 내부 프로세스가 약화되거나, 규율과 규범이 약화되는 경우, 비공식적인 표준이 발달하는 경우 서비스 프로세스가 제대로 이루어지지 않게 되고, 결국 재설계가 필요하게 된다. 조직에게 재설계의 필요성을 알려주는 몇 가지 징후로는 많은 정보의 교환, 유용하지 않은 데이터, 서비스 제공에서 많은 예외사항 발생, 절차에 대한 고객불만 증가 등이 있다.

기업의 서비스 프로세스를 재설계하기 위한 담당자는 서비스 품질과 서비스의 생산성을 동시에 달성시킬 수 있는 방법을 추구하는 것이 필요하다. 그리고 이 방법은 장기적으로 기업의 업무 성과를 증대시키는 데 도움을 줄 수 있을 것이다. 서비스 프로세스의 재설계를 위해서는 고객만족의 증대, 생산성 개선, 서비스 프로세스 상의 실패 감소, 서비스 시작에서 끝날 때까지의 시간 감소 등에 초점을 맞추고 진행할 필요가 있다.

2. 서비스 프로세스 재설계의 유형

서비스 프로세스의 재설계 유형은 크게 다섯 가지로 구분할 수 있다.

첫째, 의미 없는 서비스 단계의 제거이다. 서비스 프로세스에서 전방과 후방의 과정은 서비스 접점에서 기업에게 수익을 만들어 내는 데 초점을 두기 위해 단순화할 필요가 있다. 예를 들어, 렌트카를 빌리고자 하는 고객은 서류 작성, 렌트비용의 지불절차, 렌트카의 반납에 대해서 큰 관심을 가지지 않는다. 단지 렌트카를 빌리는 것에 초점을 둔다. 그렇다면 렌트카 서비스 기업에서는 고객에게 의미 없는 서비스 단계를 제거함으

셀프서비스는 음식을 주문하는 형태에서 자신이 원하는 의류를 주문하는 형태까지 확대되고 있다

로써 관련 업무를 단순화시킬 수 있을 것이다. 방문하지 않고 온라인으로 렌트카를 대여하고, 공항 등 다른 교통편과 연계가 쉬운 곳에 반납을 진행하게 되면 고객의 반납절차가 간편해진다. 그리고 이러한 결과로 서비스 생산성과 고객만족이 증가하게 된다.

둘째, 셀프서비스로 전환하는 것이다. 일반적으로 기업의 셀프서비스가 증가하면 생산성이 증가할 수 있다. 만약 콜센터의 업무를 웹사이트에서 진행하도록 하면 콜센터 운영과 관련된 비용을 줄일 수 있을 것이다.

셋째, 직접서비스의 제공이다. 이것은 고객이 서비스 기업에 방문하도록 하는 것이 아니라 서비스를 고객에게 직접 가져다주는 것을 말한다. 이는 고객의 편의 증대 및 서비스 기업이 고정된 장소가 필요없으므로 물리적 시설 확충에 따른 추가비용을 줄일 수 있다는 점에서 효과적이다.

넷째, 묶음서비스의 제공이다. 이는 특정 고객군에게 한 번에 다양한 종류의 서비스 혹은 묶음서비스를 제공하는 것이다. 서비스 묶음은 특정 고객의 욕구에 맞게 형성된 것으로 고객군에게 최적화되어 있기 때문에 고객만족을 추구할 수 있다. 그리고 이것은 거래를 더 빠르게 해주고, 각 서비스를 개별적으로 판매하는 것에 대한 마케팅 비용을 줄이는 효과를 가져온다.

다섯째, 서비스 프로세스의 물리적 형태를 재설계하는 것이다. 물리적 형태를 재설계하는 것은 고객의 경험을 개선시키기 위해 서비스 시설과 장비 등의 변화를 통해 유형적 시설의 변화를 주는 것이다.

〈표 8-2〉 서비스 재설계의 다섯 가지 유형

구분	잠재적 기업 편익	잠재적 고객 편익	문제 및 한계점
무의미한 단계 제거	• 효율성 개선 • 생산성 증대 • 고객화된 서비스 역량의 증가 • 기업 차별화	• 효율성, 속도 개선 • 고객에게 서비스 기업으로 업무 이전 • 서비스 전달과 활동의 구분 • 서비스 고객화	• 효율적이고 유연한 서비스 수행을 위해 고객 교육 및 직원 훈련 필요
셀프 서비스	• 저비용 • 생산성 개선 • 기술 수준 고취 • 기업 차별화	• 서비스 속도 증가 • 접근성 개선 • 비용절감 • 통제 지각의 증대	• 역할 수행을 위한 고객 훈련 필요 • 관계형성과 대면 상호작용 기회의 제한 • 고객 피드백의 어려움
직접 서비스	• 점포 위치의 한계 제거 • 고객기반 확장 • 기업 차별화	• 편리성 증대 • 접근성 증대	• 물류 부담 증가 • 비용 증대 예상 • 신뢰와 역량 필요
묶음 서비스	• 기업 차별화 • 고객 유지 • 1인당 고객서비스 사용 증가	• 편리성 증대 • 서비스 고객화	• 표적고객에 대한 광범위한 지식 요구 • 낭비로 인식될 수 있음
물리적 서비스	• 직원 만족 개선 • 생산성 증대 • 기업 차별화	• 편리성 증대 • 기능 향상 • 관심 유발	• 모방의 용이성 • 효과와 유지를 위한 비용 • 산업에 대한 고객기대의 증대

자료원 : Berry, Leonard L. and Sandra K. Lampo(2000), "Teaching an Old Service New Tricks: The Promise of Service Redesign," Journal of Service Research, 2(3), 265-275.

Review Case

가치 소비를 꿈꾸는 소비자와 만난 'ESG'… '환경', '지속 가능성' 키워드 내세운 기업들

비건과 제로 플라스틱을 외치고, 재활용과 자연순환에 의의를 가지는 브랜드들의 움직임이 늘고 있다. 이 같은 활동의 원인은 사회적 가치에 관심이 높은 MZ 세대가 '미닝아웃(소신소비)'의 주축이 되기 시작하면서, 기업 역시 ESG 경영(환경 Environment, 사회 Social, 지배구조 Govermance)을 중시하게 된 때문으로 보인다.

▶ MZ세대의 '환경'에 대한 생각?

#1. "한 소셜 데이팅 앱의 발표에 따르면, Z세대는 피크닉이나 등산과 같은 야외 데이트에서부터 식물과 관련된 다양한 관심사까지 대화 상대와의 공통된 프로필 관심사나 환경에 대해 공감하며 소통하기를 원하는 것으로 나타났다. 특히, 매칭 상대를 고려할 때 환경에 관한 관심이 큰 영향을 끼치고 있다고 전해진다. 이러한 트렌드를 반영해 해당 앱에서는 회원들이 친환경 라이프스타일에 대한 열정을 공유하고 대화를 나눌 수 있도록 프로필에서 식물과 관련한 관심사를 새롭게 도입했다."

#2. "잡코리아와 알바몬이 성인남녀 5087명을 대상으로 '친환경 생활에 대한 인식과 현황'(2019)에 관한 설문조사를 실시한 결과, '일상에서 환경보호를 위한 친환경 생활을 반드시 하는 것에 대해 어떻게 생각하는가'에 대한 질문에 75.4%가 '반드시 해야

한다(필수다)'라고 답했다. '현재 일상에서 환경보호를 위한 필환경 생활을 하고 있다'는 질문에는 '철저하게 필환경 생활을 하고 있다'는 대답이 20.0%, '필환경 생활을 조금씩 시도하고 있다'는 76.5%에 달했다.(참고: 잡코리아 · 알바몬, 2019)"

▶ 유통 · 식음료 업계 → '생분해성 소재 · 일회용품 절감을 통한 탄소 감축' '비건'

쓰레기 발생을 최소화하는 제로웨이스트 매장으로 운영되는 올가홀푸드 방이점(사진 풀무원)

(사진 스타벅스 코리아)

'아이시스8.0 ECO'(사진 롯데칠성음료)

환경 문제에 있어서 가장 발 빠르게 변화의 움직임을 보이는 곳은 유통과 식음료 업계다. 생수 및 음료 페트병이 유색에서 투명색으로 교체되고, 라벨을 빼기 시작한 '라벨 프리'는 이제 '트렌드'이자 '경쟁력'이 되었다(투명 플라스틱은 고품질 원료로 재활용을 높인다). 또 일회용컵 사용을 줄이기 위해 카페 브랜드에서는 가게 내부 이용 시 컵, 빨대 등 일회용품 제공을 중단했다. 대표적으로 스타벅스커피 코리아의 'Better Together: 가치있는 같이' 프로젝트가 있다. 스타벅스는 전국 매장에서 일회용컵을 대신할 '리유저블(Reusable)'컵 사용을 점진적 도입, 2025년도 일회용컵 사용률 0%에 도전한다. 리유저블컵 서비스는 일부 시범 매장에서 일회용컵을 대신해 일정 금액의 보증금이 있는 리유저블컵을 고객에게 제공하게 되며, 사용하고 난 컵은 리유저블컵 운영 매장의 무인 반납기 등을 통해 반납하면 보증금이 반환되는 방식이다. 스타벅스는 올해 시범 매장 운영 이후 향후 보완점 등을 개선해 2025년에는 전국의 스타벅스 매장으로까지 리유저블컵 사용을 확대, 일회용컵 사용을 전면 중단한다는 목표다. 이밖에도 스타벅스는 그동안에도 일회용품 사용 절감을 위해 종이빨대 전면 도입 및 일회용컵 줄이기 캠페인, 친환경 소재 포장재 사용, 커피박 재활용 등 친환경 활동을 이어오고 있는 중이다.

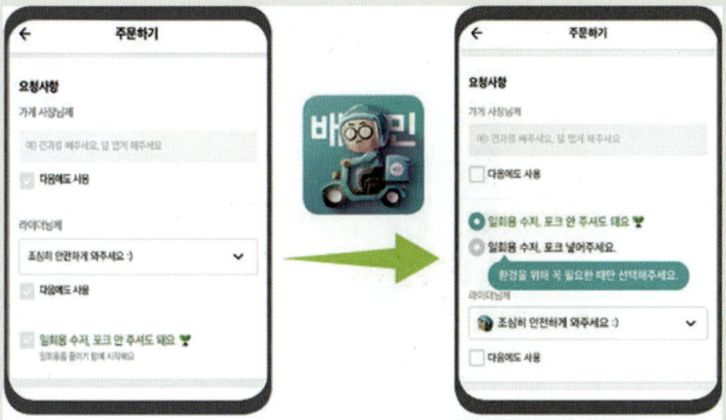

(사진 배달의 민족, 환경부)

풀무원 계열의 로하스 프레시 마켓 올가홀푸드는 2020년부터 '녹색특화매장'을 운영하고 있다. '녹색특화매장'은 환경부가 운영하는 '녹색매장'을 보다 확장 · 발전시킨 개념으로, 환경을 생각하는 녹색 소비문화 확산을 목표로 하고 있다. 올가 방이점은 소비자들이 친환경 소비를 직접 체험하고 참여할 수 있도록 '지속가능성 존(Zone)', '친환경 포장 존', '친환경 생활용품 존', '로하스 키친존' 등 4개의 테마로 구성했다. 건강과 환경에 관심이 많은 남녀노소 소비자를 타깃으로, 상품 포장 구매 시 쓰레기 발생을 최소화하고 홈메이드 가정식 전문 코너, 제과 · 제빵류, 건강음료가 있는 베이커리 등의 상품과 서비스를 제공한다.

최근 팬데믹으로 인해 비대면, 배달 서비스가 늘며 발생하는 생활 쓰레기 역시 논란이 뜨겁게 일고 있다. 이에 배달앱 3사가 플라스틱 1회용 수저류(수저 · 포크 · 나이프)

사용을 줄이기 위해 적극 나섰다. 지난 4월 22일 환경부는 배달의민족, 요기요, 쿠팡이츠 등 배달앱 3사가 음식 배달 시 제공되는 1회용 수저류 사용을 줄이기 위해 꼭 필요한 경우에만 1회용 수저류를 선택하도록 각 사의 앱 화면에 적용하기로 했다고 밝혔다. 기존에는 배달앱을 통해 주문을 할 때 1회용 수저류가 제공되도록 기본값이 설정되어 있어, 미제공을 선택하지 않으면 1회용 수저류가 제공되는 형태였다. 이를 통해 불필요한 폐기물이 발생되기도 했던 것. 이에 배달앱 3사는 소비자가 1회용 수저류를 요청하는 경우에만 제공되도록 올해 6월 1일부터 본격적으로 기본값 변경을 적용한다.

▶ 호텔 업계 → '일회용품 절감을 통한 탄소 감축' '비건'

L7호텔×'미르 패키지'[사진=롯데호텔]

MZ세대에게 호텔은 그저 특별한 날에 즐기는 곳이 아니다. '호캉스'나 '호텔 프로모션', '호피스(호텔+오피스) 패키지' 등 호텔 이용도가 높아지면서, 기업 역시 그들의 관심사인 '가치 소비'에 중점을 둔 친환경적인 프로모션과 패키지를 선보이기 시작한 것이다.

환경부의 일회용품 규제에 따라 2022년부터는 50실 이상 숙박업소에서는 일회용 위생용품 무료 제공이 없어진다. 이에 일부 호텔 업계에서는 다회용 대용량 용기(디스펜서) 등 대체품을 선택하고 '친환경 호텔' 전환에 나섰다. 워커힐은 기존 사용하던 플라스틱 컵을 유리잔으로, 종이 코스터는 세척해 재사용할 수 있는 실리콘 소재로 교체했다. 짚을 원료로 하는 생분해성 용기를 도입해 일부 식음료 업장의 테이크아웃 및 포장 고객 서비스에 활용하고, 워커힐 HMR 상품을 비롯한 브랜드 상품의 패키지 또한 종이 재질의 박스테이프와 완충제를 도입하거나, 환경친화적인 소재로 만들어진 것을 채택해 사용하고 있다. 객실에는 고객이 체크아웃 후에도 사용할 수 있는 친환경 소재의 어메니티 상품과, 포장을 최소화한 생분해성 소재의 슬리퍼, 종이나 옥수수 전분 재질의 런드리 백(Laundry bag) 등을 비치할 계획이다.

'비건 인 스타일 패키지'(조선호텔앤리조트), 워커힐의 친환경 어메니티와 포장재

L7호텔은 미국 친환경 아웃도어 브랜드 '미르(MiiR)'와 함께 생활 속 기부를 실천할 수 있는 '베드 앤 도네이션(Bed & Donation)' 패키지(~12월 31일)를 선보인다. 미르는 '착한 텀블러'로 알려진 사회적 기업으로, 베드 앤 도네이션 패키지 이용 시 기본 객실 1박과 더불어 일회용컵 대신 텀블러 사용을 유도하고 기부 문화 장려를 위해 기부도 할 수 있도록 미르 텀블러 1개를 제공한다. 텀블러를 프런트에서 수령한 후 상품 하단의 기부코드(Give Code)를 미르 홈페이지에 입력하면 텀블러 금액의 3%가 물, 건강, 위생 분야에 기부된다.

그런가 하면 호텔가는 '비건 라이프'를 지향하는 사람들을 위한 호캉스 상품도 기획하고 있다. 조선호텔앤리조트는 환경을 중시하면서도 푸드 시장 및 지속가능성을 고려한 가치소비 트렌드에 발맞춰 웨스틴 조선 서울과 레스케이프에서 비건이 함께 참여할 수 있도록 구성한 '비건 인 스타일' 패키지를 선보인다(~8월 31일). 이번 '비건 인 스타일' 패키지는 비건과 관련된 다양한 카테고리의 라이프스타일 브랜드와의 협업을 통해 어메니티, 메이크업, 스낵, 주류, 패션 등을 경험할 수 있는 것이 특징이다. 비건주의 하이 퍼포먼스 브랜드 '아베다'와의 협업을 통한 100% 비건 성분의 화장품을 제공하거나, 투숙 기간 동안 몸을 가볍게 유지할 수 있도록 스낵, 주류와 조식을 비건 스타일로 꾸몄다.

일회용품 사용에 대한 논란이 꾸준히 제기되고 있는 상황에서 이와 같은 변화는 반가워할 부분이지만, 한편으론 소비자들 사이에선 위생 문제에 대한 우려 역시 적지 않다. '취지는 좋지만, 코로나 시국에 위생상 걱정이 된다', '디스펜서가 환경 취지에 맞는 것인지 알 수 없다', 그리고 '위생 관리 역시 쉽지 않다'는 것. 더불어 옥수수 전분과 같은 생분해되는 친환경 케이스로 제공하거나, 샴푸바와 페이스 · 보디바와 같이 종이로 포장된 고체 바 타입의 어메니티 등의 대체재 등에 대한 의견을 제시하고 있다(실제로 아난티 호텔, 안테룸 서울 등 국내 일부 호텔에서는 비누 형태의 어메니티를 제공하고 있다).

▶자동차 업계 → '온실가스 감축', '산림 복구를 통한 탄소 감축'

지프는 트리플래닛과 함께 강원도 산림 기능 생태 복구 숲 조성에 나선다.[사진=지프]

자동차 산업과 환경에 대한 문제는 떼려야 뗄 수 없는 관계이다. 그린피스에 따르면 2018년 자동차 산업 전체의 '탄소 발자국'(개인 또는 단체가 직접 · 간접적으로 발생시키는 온실 기체의 총량)은 전 세계 온실가스 배출량의 9%에 해당한다고 한다. 이에 국내외에서는 온실가스 저감을 위해 전기자동차, 연료전지자동차, 하이브리드자동차 등 온실가스 저감자동차, 친환경 차량을 개발 · 상용화를 목표로 하고 있고, 자동차 업계 역시 '탄소중립 시대'를 선언, 브랜드의 특색을 입힌 친환경 캠페인을 선보이고 있다.

서울스퀘어 및 메르세데스-벤츠 전시장 소등 전후 모습[사진=메르세데스-벤츠 코리아]

볼보자동차의 경우 2040년까지 기후중립 기업이 되겠다는 비전에 따라 모든 운영 및 상품에 있어 탄소 배출량을 다루는 포괄적인 계획을 수립했다. 볼보는 이를 위한 첫 번째 단계로 2025년까지 차량 수명 주기에 있어 탄소 발자국을 40%까지 줄이는 것을 목표로 제시했다. 메르세데스-벤츠 역시 지난 2019년 지속 가능 전략인 '앰비션(Ambition) 2039'를 발표하며, 오는 2039년까지 탄소 중립을 실현하겠다고 선언했다. 지난 3월에는 '지구촌 전등 끄기'(매년 3월 마지막 주 토요일 1시간 동안 전등을 소등함으로써 기후변화의 심각성을 되새기는 활동)를 통해 지구 환경을 보전하자는 캠페인 취지에 동참, 화제가 된 바 있다. 국내에서는 지난 2016년 공공건물에서만 1시간 소등으로 3131톤의 온실가스 감축 효과를 거뒀다고 알려져 있다. 메르세데스-벤츠 코리아는 한국 사무실이 위치한 서울스퀘어와 협의해 지난 3월 27일 저녁 8시 30분부터 1시간 동안 사무실 내부뿐만 아니라 건물 외벽의 메르세데스-벤츠 삼각별 로고와 미디어 파사드를 일제히 소등했다.

지프(Jeep®)는 지구의 날을 맞아 환경 보호 사회혁신기업 '트리플래닛'과 함께 강원 산림 기능 생태 복구 숲 조성을 위한 업무협약을 체결했다. 지프와 트리플래닛과의 업무협약은 2050년까지 총 30억 그루의 나무를 심어 매년 탄소 감축에 나서기 위한 산림청 '2050 탄소중립 산림부문 추진전략'의 일환으로 이뤄진다. 이는 지프를 산하로 하는 그룹 스텔란티스(STLA)가 '상품, 공장, 기타 시설 전반에 걸쳐 탄소 중립을 향한 목표 아래 재능과 자산을 투입해 탈(脫)탄소 경제에 기여하겠다'는 비전에 맞춘 프로젝트이기도 하다. 한편 지프는 5월 중 진행 예정인 정통 오프로드 드라이빙 축제 '지프 캠프 2021' 역시 오토 캠핑을 기반으로 친환경 '그린 캠핑(Green Camping)' 콘셉트로 선보인다. 개최지이자, 지난 2018년 큰 화재로 국가재난사태까지 선포됐던 강원도의 숲 조성 사업에 지프 캠프 참가자와 임직원의 이름으로 약 1000그루의 나무를 기부한 데 이어, 캠프에선 일회용품 사용을 지양하고, 쓰레기를 배출하지 않도록 노력하는 한편 바다를 정화하는 활동도 진행할 예정이다.

▶ 화장품 업계 → '공병 재활용 순환', '비건'

소셜벤처 '동구밭' 공장 (사진 매일경제 한주형 기자, 매경DB), 아로마티카 제로 스테이션 1층 [사진=아로마티카 홈페이지 갈무리]

화장품 업계에서는 '천연재료', '동물 실험 반대', '비건', '친환경' 키워드에 초점을 맞추고 있다. 지금의 소비자들은 상품 구매 전, 성분 소재는 물론 제작 과정까지 꼼꼼하게 따져보고 기업이 이를 투명하게 공개하길 바란다. 이에 응답하듯 기업들 역시 개발

과정에서 화학성분을 줄이고, 동물 실험을 하지 않거나, 동물성 성분도 사용하지 않는 '비건' 상품을 선보인다. 최근에는 화장품을 담는 용기의 '재활용 과정'의 어려움을 해소하기 위해 '공병 재활용 캠페인'을 진행하는 브랜드들도 어렵지 않게 만나볼 수 있다.

지난 4월 22일, 지구의 날을 맞이해 클린&비건 뷰티 브랜드 아로마티카는 서울 강남구에 위치한 본사 건물 1층에 플래그십 스토어 '아로마티카 제로 스테이션'을 열었다. 아로마티카 브랜드의 가치관과 라이프스타일을 체험할 수 있는 공간으로, 이곳에서 판매되는 상품은 물론, 공간 역시 친환경 소재로 꾸며졌다. 대표 공간인 '리필 스테이션'에선 공병 사용량을 최소화하고자 선보인 공간으로 18종의 아로마티카의 베스트 상품을 그램(g) 단위로 구매 가능하다. 이외에도 내부의 '티 카페' 이용 시 일회용컵을 사용하지 않고 텀블러 지참을 권유하고 있다.

'동구밭' 역시 '친환경', '플라스틱 프리' 하면 떠오르는 대표적인 라이프스타일 브랜드일 것이다. 2015년 설립된 동구밭은 발달장애인과 비장애인이 모여 고체화장품을 제조 판매하는 소셜 벤처이다. 천연 CP(Cold Process) 비누, 약산성 비누, 설거지 비누, 샴푸바, 린스바 등은 플라스틱과 보존제, 화학성분을 사용하지 않고 만들었다. 친환경적인 삶을 목표로 하는 소비자들은 기꺼이 동구밭의 상품에 관심을 가지고 구매를 이어가고 있다.

▶ 브랜드의 노력, 에너지 순환이 가능할까?

도서『쓰레기 거절하기』의 저자 산드라 크라우트바슐은『우리는 플라스틱 없이 살기로 했다』로 잘 알려진, 제로 웨이스트에 앞장서는 인물이다. 그는 저서『쓰레기 거절하기』를 통해 현재의 '낭비 사회'가 만들어지게 된 일부 배경을 다음과 같이 설명한다. '우리 사회가 현재 엄청난 규모의 낭비 사회로 바뀐 데에는 개인의 결정보다 훨씬 더 많은 요소들이 연관되어 있다. (…) 일회용 포장 시스템을 활성화하면 상품을 판매하고 나면 업체들은 더 이상 들여야 할 비용이 없다. 포장 산업도 일회용 포장 시스템의 꾸준한 발전에 반대할 이유가 없다. 그렇다면 재사용 시스템이 마트에서 실질적으로 사라지고, 소비자의 셀프 서비스 쇼핑이 점점 일상화된 데에는 포장용품의 낭비로 돈을 버는 사람들의 이해관계가 깔려 있다. 이런 점을 고려하면 업체들이 늘 앞세우는 고객들의 요구와 위생 규정은 위선적인 변명으로 보인다. 그게 아니더라도 최소한 이런 상황이 벌어지게 된 원인이 아니라 결과임은 분명하다.'

결국 현대의 '낭비 사회'는 '습관'과 '편리성'을 근거로 한 소비의 형태뿐만 아니라 많은 이해 관계를 따진 결과물이다. 그런 가운데 기업의 '환경적인' 변화는 언제나 반가운 소식이다. 과거부터 '상품 생산단계에서 나오는 비닐 · 플라스틱은 별다른 규제 없이 소비자에게 책임을 떠안기는 식'이라는 의견이 거론되어 왔다. 하지만, 일회용 상품을 사용하고 버리는 일방적인 구조에서 그치지 않고, 상품의 일회용 포장을 '리필'과 '재사용'이란 시스템으로 대체함으로써 소비자의 선택지를 다양화시키는 흐름이다. 물론, 정부와 지차체의 역할과 필요성 역시 빼놓을 수 없다. 지난해 국내 한 언론사의 보도에 따르면 경제협력개발기구(OECD)는 2017년 환경성과평가 보고서에서 한국을 '폐기물의 80% 이상을 재활용하고 폐기 방식도 매립에서 재활용으로 전환한 모범국가'로 꼽은 것에 반해, 국내 재활용 업체와 전문가들은 '한국의 실질 재활용률은 40% 정도'밖에 안 된다고 지적했다(참고 및 출처: '당신의 재활용 수고, 60%는 그대로 버려진다' 2020.12, 한국일보, 최다원 기자 외). 플라스틱 용기의 바닥을 자세히 살펴보면 폴리프로필렌(PP), 폴리에틸렌(PE), 유리, 고밀도 폴리에틸렌(HDPE) 등 다양하게 분류된다. 이처럼 원료 소재가 까다롭거나, 단일소재가 아닌 경우 사실상 재활용이 어렵다. 무조건 '재활용품'에 담는다고 '재활용이 되는 것이 아닌 것'이다. 결국엔 기업과 소비자의 이러한 책임과 노력뿐만 아니라 폐기물의 친환경적 처리와, 에너지회수율을 높일 수 있는 정책이나 제도적 지원이 보다 다양하게 동반되어야 할 부분이다.

출처: 매경이코노미, 2021-05-06

제 9 장

서비스 물리적 증거관리

Opening Case

'전 세계 가장 멋진 동네 4위' 성수동은 어떻게 '팝업 성지'가 됐나

크고 작은 팝업스토어 성행, 매력적인 공간으로 붐업
조금씩 팝업 중심서 벗어나나 … 젠트리피케이션 등도 숙제

대상 종가가 운영하는 김치 팝업스토어 전경. 이 팝업스토어는 지난해 11월 '레드닷 디자인 어워드'에서 브랜드 · 커뮤니케이션 부문 본상을 수상했다. [사진=연합뉴스]

◆ 입장권 없는 테마파크

이 단어만큼 요즘 대한민국에서 가장 핫한 상권인 성수동을 정확히 설명하는 표현은 없을 것이다. 마치 인기 있는 놀이기구를 타기 위해 길게 줄을 선 것처럼 팝업스토어나 맛집 앞에 길게 늘어선 사람들, 소금빵, 감자튀김, 아이스크림 등 다양한 음식을 들고 동네를 즐기는 모습, 그리고 테마파크 한정판 굿즈를 구매하듯 커다란 쇼핑백을 든 사람들까지. 성수동은 시즌별로 콘텐츠가 달라지는 테마파크처럼 매주, 매달 모습을 바꿔가며 전 세계 사람들을 불러 모으고 있다.

성수동을 테마파크처럼 만드는 데 가장 큰 역할을 한 것은 역시 매주 바뀌는 팝업스토어다. 팝업

스토어는 이제 성수동 하면 빠질 수 없는 키워드다. 팝업스토어가 대중에게 유행하기 전에는 팝업이 무엇인지 되묻는 경우가 많았다. 하지만 이제는 더이상 팝업의 개념을 설명할 필요가 없을 정도로 대중적인 리테일 트렌드로 자리 잡았다.

◆ 성수동, '팝업 성지'의 시작

성수동은 과거 1970~1980년대 대한민국 수제화 산업의 중심지로 공장과 창고가 밀집한 지역이었다. 그러나 외환위기와 글로벌화로 인해 수제화 산업이 쇠퇴하면서 성수동은 한동안 침체기를 겪었다.

이후 저렴한 임대료와 독특한 공업지대 분위기에 매력을 느낀 예술가들과 소규모 창업자들이 모여들며 새로운 활력을 불어넣었다. 이후 블루보틀과 디올 같은 글로벌 브랜드가 들어선 이후, 성수동은 명실상부 글로벌 동네로 자리 잡았다. 최근에는 영국 잡지 '타임아웃'이 성수동을 '전 세계에서 가장 멋진 동네' 4위로 선정하기도 했다.

성수동에서 팝업스토어가 급격히 증가한 데에는 프로젝트 렌트의 역할이 매우 중요했다. 프로젝트 렌트는 2018년부터 성수동을 중심으로 유휴 공간을 활용해 소규모 브랜드를 위한 팝업스토어를 기획하고 운영하며, '성수동=팝업 성지'라는 공식을 만들어 내는 데 큰 기여를 했다.

시기적으로 보면 2022년 초반, 코로나 팬데믹 종료와 함께 대팝업스토어 시대가 본격적으로 시작됐다고 볼 수 있다. 재택근무와 격리로 집에만 있던 사람들이 오프라인 공간으로 나와 사람들과 교류하기 시작한 이 시기부터 프로젝트 렌트는 '어메이징 오트' '롯데 가나 초콜릿 하우스' 등 다양한 콘셉트의 팝업스토어를 오픈하며 약 100회 이상의 팝업 이벤트를 개최했다. 이를 통해 F&B(푸드 앤 베버리지) 중심이었던 성수동에 부족했던 체험형 콘텐츠를 채워 나갔다.

현재 성수동은 크고 작은 공간에서 다양한 브랜드의 팝업스토어가 열리며 하나의 산업 생태계를 형성하고 있다. 공간을 공급하는 건물주와 임차인부터, 브랜드와 공간을 연결하는 스위트스팟이나 쉐어잇 같은 대관 플랫폼과 부동산 업체, 그리고 브랜드 의뢰를 받아 팝업스토어를 기획·운영하는 광고·홍보 대행사들까지. 여기에 인테리어 설치·철거 업체와 사회관계망서비스(SNS) 채널 및 인플루언서까지 참여하며 팝업스토어라는 하나의 산업이 성수동에서 유기적으로 발전하고 있다.

팝업스토어는 이제 단순히 상품 판매 공간을 넘어 브랜드 경험을 제공하는 공간으로 진화했다. 성수동은 공장과 창고를 개조한 독특하고 넓은 공간, 서울 도심과의 접근성, 다양한 소비층을 타겟팅할 수 있는 환경 덕분에 팝업스토어 운영에 최적의 장소로 자리 잡았다.

지난해 10월 카카오가 성수동서 운영한 브런치스토리 오프라인 팝업 전시 모습. [사진=연합뉴스]

서울 성동구 성수동에 문을 연 중국 패스트패션 업체 '쉬인'(SHEIN) 오프라인 팝업스토어에서 시민들이 매장을 살펴보고 있다. [사진=연합뉴스]

◆성수 팝업스토어의 빛과 암

팝업스토어 덕분에 성수동은 전 세계적으로 유명한 상권이 됐지만, 최근 몇 가지 문제점도 나타나고 있다.

첫째는 소비자의 팝업 피로도로 인한 로드상권 팝업 트렌드의 하락이다. 성수동에서는 매달 약 100여 개의 팝업스토어가 열리며 패션·뷰티부터 식음료까지 다양한 브랜드가 경쟁적으로 오픈하고 있다.

그러나 이러한 과잉 공급은 소비자들에게 피로감을 주고 있다. 많은 팝업스토어가 비슷한 포토존, 굿즈샵, 쇼룸 등의 구성으로 획일화되면서 소비자들의 관심이 점차 줄고 있다.

LG전자가 지난해 7월 성수동에 오픈한 홈라이프스타일 '라이프집 집들이' 팝업스토어 모습. [사진=연합뉴스]

둘째는 높은 임대료로 인한 젠트리피케이션이다. 팝업스토어 열풍은 성수동 상권에 활기를 불어넣었지만, 동시에 임대료 상승과 젠트리피케이션 문제를 심화시키고 있다. 성수동 주요 상권인 연무장길의 월평균 임대료는 2018년 대비 2023년 약 2~3배 상승했으며, 단기 임대를 선호하는 팝업스토어 특성상 많게는 일 1500만 원 등 일반 상가보다 훨씬 높은 임대료가 책정되고 있다. 특히, 단기 임대를 기반으로 하는 팝업스토어는 상가임대차보호법 적용을 받지 않아 임대료 상승을 더욱 부추기는 실정이다. 결과적으로 수제화 거리, 오래된 노포 같은 기존 지역 상권은 점차 사라지고 있으며, 대기업과 유명 브랜드들이 연무장길을 장악하고 있다. 이는 지역 고유의 정체성을 약화시키고 다양성을 훼손하는 결과를 초래하고 있다.

셋째는 팝업스토어가 많은 폐기물을 발생시키고 있다는 점이다. 팝업스토어는 단기적으로 운영되고 철거되는 특성상 대량의 폐기물을 발생시킨다. 성수동에서 한 달 동안 발생하는 폐기물량은 약 500톤(t)에 달하며, 이는 2018년 대비 10배 이상 증가한 수치다.

팝업 폐기물은 일반쓰레기로 분류돼 재활용도 하지 않아도 되며, 재활용이 어려운 현수막, 합판, 플라스틱 패널 등으로 구성돼 있어 환경적 부담도 크다.

팝업스토어 철거 과정에서 발생하는 소음과 먼지는 인근 주민들에게 불편을 초래하기도 하고, 기업들이 ESG(환경 · 사회 · 지배구조) 경영을 강조하면서도 이러한 문제를 방치하는 것은 모순적이라는 비판이 제기되고 있다.

'빵빵이의 일상' 팝업스토어를 둘러보는 방문객들. [사진=연합뉴스]

◆ 올해 성수동의 팝업 트렌드는?

그렇다면 올해 성수동에서는 어떤 팝업 트렌드가 나타날까. 필자는 이를 세 가지로 정리해 봤다.

먼저 '탈성수' 현상으로 올해 팝업스토어 시장은 성수동 중심의 팝업스토어 트렌드에서 벗어나 백화점과 쇼핑몰로 무게중심이 이동하고 있다. 스위트스팟에서 발간한 '2024 팝업스토어 트렌드 총결산' 자료에 따르면 작년 팝업스토어 중에서 성수동은 약 28%, 현대/롯데/신세계 등 유통사 팝업은 약 43%로 유통사 팝업의 비중이 성수동을 넘어선 것을 볼 수 있다.

성수동은 여전히 다양한 브랜드의 주요 팝업스토어 상권으로 남아 있지만, 높은 임대료와 소비자 피로도가 문제로 지적되면서 대형 유통사들이 새로운 팝업스토어 플랫폼으로 부상하고 있다.

특히, 백화점 팝업 트렌드의 시작점이라고 할 수 있는 더현대는 인기 있는 팝업스토어를 주기적으로 유치하며 젊은층과 MZ세대를 중심으로 한 고객 유입 효과를 극대화했고, 3년 만에 약 700개의 팝업스토어를 운영하며 연매출 1조 원을 돌파하는 기록을 세웠다.

백화점과 쇼핑몰 팝업스토어에서는 IP(지식재산권) 기반 캐릭터 굿즈 팝업스토어나 글로벌 브랜드의 팝업스토어가 큰 인기를 끌고 있는데 이것은 성수동 등의 로드형 팝업스토어와는 달리 상품 판매와 함께 브랜드 정체성과 가치를 체험할 수 있다는 점이 브랜드 담당자들에게 큰 장점으로 다가오고 있다.

두 번째 트렌드는 외국인 팝업 방문객 증가다. 팝업스토어는 한국인뿐만 아니라 이제 외국인 관광객들에게도 필수 방문 코스로 자리 잡았다. 새로운 여행 트렌드인 데일리케이션(Dailycation, 한국인의 일상을 체험하고 최신 한국 트렌드를 경험하는 여행 방식)이 확산되면서 외국인 관광객들도 한국인들처럼 성수동을 방문해 팝업스토어를 구경하는 사례가 늘어나고 있다.

한국관광공사에 따르면, 2024년 성수를 방문한 외국인 관광객 수는 약 21만 명으로, 5년 전보다 5배 증가했다. 특히 K–뷰티 관련 팝업스토어는 외국인 관광객들에게 큰 인기를 끌며 한국 여행의 새로운 트렌드로 자리매김할 전망이다.

세 번째 트렌드는 '지역점령형 팝업' 등 새로운 형태의 팝업스토어 등장이다.

지역점령형 팝업스토어는 소비자들의 팝업스토어 피로도가 증가하면서 등장한 새로운 스타일의 팝업스토어 방식이다. 기존 팝업스토어가 한정된 공간에서 소비자가 컨베이어 벨트를 탄 듯 미션을 수행하고 경품을 받는 틀에 박힌 형식으로 운영됐다면, 지역점령형 팝업은 지역 곳곳에 마치 보물찾기처럼 숨겨둔 브랜드의 공간들을 소비자들이 자유롭게 돌아다니며 다양한 콘텐츠를 선택적으로 체험할 수 있도록 설계된 것이 특징이다.

버버리가 성수동에서 3개의 팝업스토어와 연무장길을 자사 브랜드의 옥외광고로 점령한 사례를 시작으로, 아디다스의 '아디다스 그라운드 성수'는 성수동 일대 7개 장소를 활용해 브랜드 헤리티지와 다양한 체험 콘텐츠를 선보이며 큰 성공을 거뒀다.

또한 무신사의 '무신사 뷰티 페스타'나 '세븐틴 스트리트' 팝업스토어는 방문객들을 해당 지역으로 유도하며 인근 소상공인 매출 증대에도 긍정적인 영향을 미쳤다.

팝업스토어가 지방으로 확장되면 이러한 경향은 더욱 두드러진다. 대전 둔산로를 축제로 만든 '새로 소주' 팝업스토어나 전주 한옥마을을 점령한 '짱구 팝업스토어' 등은 지역에 새로운 활력을 불어넣으며 단순히 브랜드 홍보를 넘어 지역 경제와 상생할 수 있는 가능성을 보여 준다.

팝업스토어의 성지로 자리 잡은 성수동은 전 세계적으로 유례없는 팝업스토어 시장의 발전을 이루며 다양한 이해관계자들이 얽히고 설키며 팝업스토어 생태계를 만들어 내고 있다. 이러한 팝업스토어는 단순한 유행을 넘어 새로운 리테일 트렌드로 자리 잡았으며, 침체된 상권에 활력을 불어넣는 중요한 역할을 하고 있다. 앞으로도 팝업스토어가 지속 가능한 방식으로 발전하며, 지역 경제와 브랜드가 상생할 수 있는 혁신적인 플랫폼으로 성장하기를 기대한다.

출처: 이코노미스트, 2025-03-09

Keyword

- 물리적 증거(physical evidence): 서비스가 제공되고 기업과 고객이 상호작용하는 환경
  1) 물리적 시설 → 서비스스케이프(service scape)
- 서비스스케이프의 환경차원
  1) 주변 여건(ambient condition)
  2) 공간 배치와 기능성(spatial layout and functionality)
  3) 사인(signs), 심볼(symbols), 인공물(artifcats)
- 가시선 관리: 눈에 보이는 부분과 보이지 않는 부분의 관리가 필요
- 사회화의 도구: 잘 설계된 서비스 스케이프는 기업이 고객과 직원에게 어떤 역할을 기대하고 수행하기를 원하는지 제시함으로써 서비스의 사회화(socialization)를 촉진하는 도구
- 밀도와 혼잡도
  1) 밀도는 혼잡도의 충분조건이지만, 필요조건은 아니다
  2) 밀도는 절대적인 개념, 혼잡도는 상대적인 개념

제1절 | 물리적 증거

물리적 증거(physical evidence)란 서비스가 제공되고 기업과 고객이 상호작용하는 환경을 말한다. 즉 서비스 커뮤니케이션을 촉진시키거나 서비스 성과에 영향을 미칠 수 있는 유형재를 의미한다. 물리적 증거는 서비스가 제공되는 공간인 물리적 시설(physical facility)을 포함하는 것으로, 본 서에서는 물리적 시설을 서비스스케이프(servicescape)라는 개념으로 살펴보고 있다.

1. 물리적 증거란?

일반적으로 서비스는 무형성이란 특징을 가지고 있기 때문에 사람들은 서비스의 유형적 단서(tangible cues)인 물리적 증거를 가지고 서비스의 품질을 평가하게 되고, 구매결정 및 구매 후 서비스의 만족을 평가하게 된다. 물리적 증거의 구성요소는 물리적 시

설인 서비스스케이프(servicescape)와 기타 유형적 단서들로 구성된다(〈표 9-1〉 참고).

서비스스케이프는 외관, 주차, 조경과 같은 외부 속성들과 내부 설계, 레이아웃, 향기, 조명 등과 같은 내부 속성들로 구성된다. 정보통신기술의 발달로 인해 인터넷의 웹페이지, 모바일 앱과 같은 가상 서비스스케이프도 최근에는 주요한 물리적 증거로 보고 있다.

〈표 9-1〉 물리적 증거의 구성요소

서비스스케이프	기타 유형적 단서
시설 외관 • 외관 설계 • 사인 • 주차 • 조경 • 주변환경 시설 내부 • 내부 설계 • 설비나 장비 • 사인 • 레이아웃 • 공기 품질 및 온도 • 소리/음악/향기/조명	명함 사무용품 청구서 보고서 직원 복장 유니폼 팜플렛 웹페이지 가상 서비스스케이프

서비스 기업의 물리적 증거에 대한 의존도는 자신들의 서비스 유형에 따라 다르게 나타난다. 금융, 보험과 같은 서비스산업은 상대적으로 물리적 증거에 영향을 덜 받는 반면에 병원, 레스토랑, 호텔과 같은 서비스 산업은 물리적 증거가 소비자의 서비스 수준 및 만족도 평가에 큰 영향을 미칠 수 있다.

〈표 9-2〉 고객 관점에서 본 물리적 증거

서비스 유형	서비스스케이프	기타 유형적 단서
보험	거의 없음(일부 지점)	보험정책 자체 청구서 정기간행물 회사 팜플렛 편지/카드 웹사이트
병원	건물 외관 주차 방향/안내 표지 대기장소 외래 진료소 환자 입원실 의료장비 회복실	유니폼 보고서/사무용품 청구서 웹사이트

항공	탑승구 비행기 외관 비행기 내부(장식, 시트, 공기)	티켓 기내식 유니폼 웹사이트
익스프레스 메일	관계없음	포장 상태 트럭 유니폼 컴퓨터 웹사이트
스포츠 행사	주차 경기장 외관 티켓 발권 장소 입구 좌석 화장실 구내매점 운동장 전광판	티켓 직원 유니폼 프로그램 팀 마스코트 웹사이트

제2절 | 서비스스케이프의 주요 환경 차원

서비스스케이프는 물리적 증거의 시설 측면을 나타내는 것이다. 서비스스케프의 환경 차원은 기업의 통제가 가능한 내 · 외적 요인들을 모두 포함하고 있는 것으로 다양한 요소들이 포함될 수 있다. 여기서는 이 요소들을 크게 주변 여건(ambient condition), 공간 배치와 기능성(spatial layout and functionality), 사인(signs) · 심볼(symbols) · 인공물(artifacts)의 세 가지 차원으로 범주화시켜서 살펴보고 있다.

1. 주변 여건

주변 여건(ambient condition)이란 사람의 오감과 관련된 환경 요소를 말한다. 이 환경

요소는 의식적으로 관찰되는 것뿐만 아니라 직접 관찰하지 못하더라도 개인의 심리적인 상태, 인식, 태도에 영향을 미칠 수 있다.

주변 상황과 분위기는 바람직한 환경을 위한 수많은 디자인 요소와 항목으로 구성된다. 주변 여건으로는 온도, 조명, 소음, 음악, 향기 또는 냄새, 모양, 공기의 질 등의 요소들이 포함된다. 이 요소들은 고객들의 서비스 경험을 평가하는 데 기계적인 단서들로서 각 요소들이 개별적으로 인지되거나 전체적으로 인지될 수 있다.

음악은 서비스 환경에서 고객의 인지와 행동에 가장 큰 영향을 미치는 요소 중의 하나로서 음악의 유무, 음악의 종류, 빠르기 등에 따라 고객의 행동이 달라진다. 예를 들어, 백화점이나 마트와 같은 쇼핑시설을 방문한 고객은 음악이 없는 경우와 비교하면 음악이 있는 상황에서 쇼핑시간과 대기시간이 짧다고 지각하는 경우가 많이 있다. 그리고 음악의 빠르기도 서비스 환경 평가에 영향을 미친다. 낮은 볼륨의 느린 음악은 소비자로 하여금 더 여유롭고 편안하게 쇼핑할 수 있게 영향을 미치는 것이다. 실제로 패스트푸드점에서 나오는 빠른 음악과 레스토랑에서 나오는 느린 음악은 고객의 행동 속도에 영향을 미친다는 연구들을 살펴보면 사람들이 음악의 템포에 맞추기 위해 의도적이든 아니든 자신들의 속도를 조절하는 경향을 보인다고 한다. 즉, 식당에서의 빠른 음악과 큰 소리는 식사의 속도를 빠르게 할 수 있으며, 결국 테이블 순환을 빠르게 할 수 있는 요인으로 작용할 수 있다는 것이다.

향기는 대기에 퍼져 있는 환경 향기 또는 냄새를 말하는 것으로 환경 차원에서 중요한 부분을 차지한다. 향기는 고객에 의해 의식적 혹은 무의식적으로 느껴질 수 있으며 이는 서비스가 제공되는 특정 상품과는 관련이 없을 수도 있다. 사람들은 베이커리나 커피전문점을 지나갈 때 상점으로부터 나오는 빵 굽는 냄새, 커피향 등을 경험하게 된

커피 향기나 빵 굽는 냄새는 고객을 상점으로 유인하는 역할을 하기도 한다

컬러 마케팅의 예

다. 그리고 이 요소는 소비자를 상점으로 유인하는 효과를 발휘할 수도 있고 소비의 양을 늘릴 수도 있다. 즉 향기의 존재가 상점의 분위기, 소비자의 감정 반응과 서비스 평가, 구매의도에 영향을 미칠 수 있는 것이다.

온도와 공기도 하나의 요소로 작용할 수 있다. 특히 온도와 공기는 적정 한도 내에서는 사람들의 반응에 영향을 미치지 않을 수 있다. 그러나 그 한계치를 넘어서면 사람들의 급격한 반응을 이끌어 내게 된다. 만약 한여름에 쇼핑하는 중간에 에어컨이 고장이 났다고 하자. 후덥지근한 실내 온도와 불쾌한 공기는 쇼핑몰에 대한 고객의 감정에 부정적인 영향을 미칠 것이고 이는 고객이 쇼핑을 하지 않고 떠나게 되는 결과를 낳을 수도 있다.

색 또한 사람들의 감정에 유의적인 영향을 미칠 수 있는 요소이다. 색조는 따뜻한 색(빨강, 노랑, 주황 등)과 차가운 색(파랑, 초록 등)으로 분류할 수 있다. 일반적으로 따뜻한 색은 행복한 기분, 흥분 등과 관련되고, 차가운 색은 평화로움, 평온과 관련된다. 그래서 따뜻한 색은 빠른 의사결정을 독려하기도 하고 때로는 충동구매를 자극하기도 한다. 반면에 차가운 색은 소비자가 고관여 상품을 구매할 때 효과적인 영향을 미치기도 한다.

2. 공간배치와 기능성

공간배치와 기능성(spatial layout and functionality)은 서비스 환경의 또 다른 주요 영역이다.

Service Issue

첨단 기술과 미식의 향연' … 귀성길 흥겹게 할 고속도로 휴게소의 변신

세종~포천 처인휴게소 스타벅스・푸바오 굿즈
로봇이 만든 음식・UAM・VR 체험 남한강휴게소
휴게소 음식 1위, 칠곡(부산)휴게소 '한미식당'

세종~포천 고속도로 처인휴게소 전경. [사진=계룡건설]

매년 찾아오는 큰 명절, 귀성・귀경길 고속도로 정체가 이어질 때마다 안전과 휴식을 위해 휴게소에서 보내는 시간이 길어질 수밖에 없다.

테마파크부터 드론・도심항공교통(UAM) 등 첨단 모빌리티, VR・AR 체험관, 미식까지, 오감이 즐거운 체험형 휴게소를 소개한다.

한국도로공사 등에 따르면, 가장 '신상' 휴게소로는 세종~포천 고속도로의 처인휴게소(양방향)가 있다.

세종~포천 고속도로, 안성~용인~구리 구간(72.2㎞) 고속도로 개통과 함께 문을 연 처인휴게소는 상공형 양방향 통합 휴게소로, 고속도로를 가로지르는 두 개의 반지가 겹쳐진 형태의 독특한 구조를 띠고 있다.

포천 방향 275대, 세종 방향 318대의 차량 수용이 가능하다. 미래형 도심 항공 모빌리티(UAM) 체험을 비롯해 자율주행 청소 로봇, 조리 셰프 로봇 등도 선보인다. 방문객은 VR스포츠 엔터테인먼트와 디지털 라이프 콘텐츠 체험도 가능하다.

가장 눈에 띄는 것은 고속도로 휴게소 중 유일하게 테마형 스타벅스를 유치했다는 점이다. 성수동 디저트 3대장인 '구욱희씨', '5to7', '붕어유랑단'과 함께 베이커리 맛집 윤셰프와 콜라보한 엔제리너스 베이커리 카페를 유치했다.

용인시 에버랜드와 연계해 아이돌급 판다 '푸바오' 캐릭터 굿즈와 포토존도 마련했다.

지난해 5월 개장한 남한강휴게소에서도 드론 UAM, VR, 로봇이 만드는 음식 등 4차 산업 체험이 가능하다.

중부내륙고속도로 남양평 하이패스 IC 부지에 위치한 이 휴게소는 중부내륙고속도로 296km(창원기점) 기점인 경기도 양평군에 자리 잡았다.

무인 안내소 역할을 하는 홀로그램 패널에서는 실제 사람 크기의 아바타 안내원이 방문객을 맞이한다. 로봇이 즉석에서 제조하는 치킨과 아이스크림 등 식품도 구매할 수 있다.

김천추풍령테마파크 전경. 2024.01.25. [사진=한국도로공사]

휴게소 옥상의 실물 크기 드론 UAM(Urban Air Mobility) 모형은 실제로 탑승 가능하며 드론으로 촬영한 남한강휴게소 주변 경관을 VR기기로 확인할 수 있다. 드론 UAM 내부 좌석은 VR 영상에 맞춰 움직여 탑승객에게 남한강휴게소 주변을 나는 듯한 경험을 제공한다.

드론 축구대회 규격에 맞게 설치한 드론 경기장, 애견파크 및 애견 동반 식당, 글램핑존, 캠핑용품 스토리지 등도 즐길 수 있다.

경부고속도로 제1호 휴게소로 널리 알려진 추풍령(부산)휴게소에는 지난해 5월 '추풍령 테마파크'가 들어섰다. 짚라인코스터, 78개 코스의 어드벤처 놀이기구, 15m 높이 숲속놀이터, 벽천폭포, 반려견 놀이터, 원형광장, 휴게정원, 포토존이 조성돼 있다.

전국 휴게소 음식, 그중에서도 가장 소문난 맛집을 찾는 미식가라면 칠곡(부산)휴게소를 방문하면 된다.

한국도로공사가 지난해 '휴게소 음식 FESTA'를 열고 예선과 본선, 국민투표를 실시한 결과 칠곡(부산)휴게소의 한미식당이 대상을 차지했다. TV프로그램 맛집으로 소개된 한미식당 분점으로, 대표 메뉴로는 치즈시내소, 돈까스, 햄버거 등이 있다.

이 밖에 보성녹차(영암)휴게소의 보성꼬막비빔밥은 최우수상, 음성(하남)휴게소의 이정동묵밥 은 우수상을 받았다.

지역 특산물 등 다양한 식재료를 활용해 특색있게 개발한 메뉴를 맛보고 싶다면 섬진강(부산)휴게소의 웰빙 청매실 재첩비빔밥, 진영(순천)휴게소의 할매잔치국수, 내린천휴게소의 참살이 산나물 비빔밥을 즐겨 보는 것도 좋다.

출처: 뉴시스, 2025-01-25

공간배치란 기계설비, 시설, 가구 등 주요 시설의 배열방식, 크기 및 형태와 관련된 것으로 이것들을 어떻게 정리하여 배치할 것인가와도 관련된다. 특히 기능성이란 서비스의 성과를 달성하기 위해 이것들을 더 용이하게 하는 능력을 말한다. 시설의 잘못된 배치와 기능성은 서비스 운영의 효율성을 떨어뜨릴 뿐만 아니라 고객의 경험에도 부정

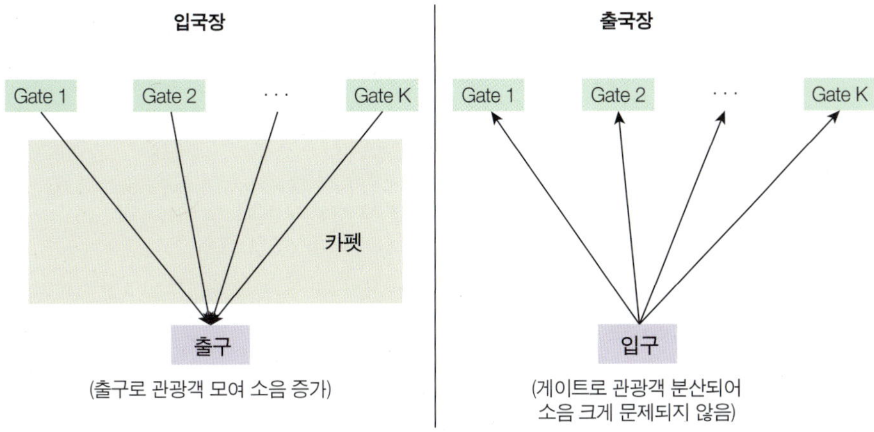

[그림 9-1] 공항 입국장과 출국장

공항의 입국장에는 대부분 카펫이 깔려 있다. 이것은 여러 게이트에서 출구쪽으로 사람이 집중하여 이동하고, 오랜 비행시간으로 빨리 공항을 빠져나가고 싶은 심리가 있기 때문에 이동하는 사람들의 신발에서 나는 소음을 차단하기 위해서이다. 반면에 출국장은 입구나 보안대를 통과한 이용객들이 여러 게이트로 분산되어 이동하기 때문에 비교적 소음 발생이 덜하다.

적인 영향을 미친다. 식당의 테이블이 너무 가깝게 배치된 경우, 공연장의 의자가 불편한 경우, 백화점이나 마트의 부족한 주차공간 등은 모두 고객에게 나쁜 인상을 심어줄 수 있다. 그리고 이런 부정적인 인상은 고객만족과 구매행동에도 부정적인 영향을 미칠 수 있는 것이다.

특히 공간배치와 기능성은 직원의 의존성이 낮은 셀프서비스 환경에서 중요하게 고려된다. ATM, 셀프 세차, 셀프 주유소 같은 환경은 고객이 이용하기 쉬울수록 고객만족을 이끌어 낼 수 있기 때문이다.

고객이 서비스를 효과적으로 받을 수 있는 공간배치를 하는 것이 무엇보다 중요하다

또 하나 유념해야 할 것은 가시선의 관리이다. 서비스 제공 시 눈에 보이는 부분과 보이지 않는 부분의 경계관리가 필요하다. 보여줌으로써 서비스의 무형성에 대한 보완이 가능하지만, 잘못된 시설이나 위생 문제, 청결하지 못한 주변 환경이 노출되어 오히려 서비스 품질을 낮게 평가할 수 있기 때문이다.

3. 사인, 심볼, 인공물

물리적 환경의 주요 항목들은 그 환경을 이용하는 사람들에게 그 장소에 대한 정보를 알려주는 사인(signs)의 역할을 수행한다. 고객에게 길을 안내해 주거나, 규칙을 알려주기도 한다. 고객은 조직이 제공하는 사인을 통해 새로운 정보를 접함으로써 발생할 수 있는 지각된 혼잡성 또는 스트레스를 감소시킬 수 있다.

심볼(symbols)과 인공물(artifacts)은 사인에 비해 사용자들에게 간접적인 단서를 제공하는 역할을 수행한다. 서비스 환경에서의 고급스러운 가구들, 카펫, 미술품 또는 벽에 걸린 자격증, 유명인과 찍은 사진 등은 모두 그 장소를 방문한 사람들에게 상징적인 의미를 전달하고 있으며, 전체의 이미지를 형성하는 데 영향을 미친다.

특히 사인, 심볼, 인공물은 처음 서비스를 접하는 고객이 서비스 환경에 대한 첫인상에 중요하게 영향을 미칠 수 있고, 잘 알지 못하는 새로운 서비스에 대한 개념을 전달하는 데 효과적으로 작용할 수 있다. 특히 고객이 특정 서비스에 대해 잘 알지 못할 때, 그들이 볼 수 있는 환경의 요소들을 가지고 서비스가 어떤 측면을 가지고 있는지 범주화하거나 서비스 수준을 예측하는 등 사전평가를 통해 서비스에 대한 기대를 형성하게 된

소비자들이 직접적으로 품질을 평가하기 힘든 경우 인테리어, 상징과 같은 것을 통해 품질을 유추한다

다. 예를 들어, 병원을 방문한 고객은 병원의 유형적 시설인 규모, 인테리어, 치료기기 등을 보고 병원에 대한 믿음을 형성할 수 있게 된다.

제3절 | 서비스스케이프의 유형

서비스스케이프는 서비스의 특성에 따라 달라질 수 있다. 본 서에서는 서비스스케이프의 유형을 복잡성(complexity)과 사용 정도(usage)의 두 가지 차원을 이용하여 분류하였다(〈표 9-3〉 참고).

〈표 9-3〉 서비스스케이프의 사용과 복잡성에 따른 서비스 조직의 유형

서비스스케이프의 사용	서비스스케이프의 복잡성	
	정교함	간단함
셀프서비스 (고객만 이용)	워터파크 이베이(eBay)	ATM 자동차 세차 간단한 인터넷 서비스 속달우편취급소
대인서비스 (고객과 직원 모두 이용)	호텔 레스토랑 진료소 병원 은행 항공 학교	세탁소 소매점 미용실
원격서비스 (직원만 이용)	통신 보험 기타 전문 서비스	전화 우편 접수 창구 자동 음성메시지

자료원 : Bitner, Mary Jo(1992), "Servicescapes: The Impact of Physical Surroundings on Customers and Employees," Journal of Marketing, 56(April), 57-71.

1. 서비스스케이프의 사용

우선 서비스스케이프의 유형은 서비스스케이프가 실제로 영향을 미치는 대상이 누구인지에 따라 구분할 수 있다. 즉, 대상이 고객, 직원, 아니면 둘 다일 수 있다.

셀프서비스(self-service)는 고객이 대부분의 서비스 활동을 수행하는 것으로 소수의 직원이 참여하는 형태를 말한다. 셀프서비스의 형태는 은행의 ATM, 영화관, 인터넷 서비스, 그리고 골프나 테마파크와 같은 오락서비스 등이 포함된다. 따라서 조직은 셀프서비스 환경을 구축하기 위해서 고객들이 사용하기 쉽고, 즐겁게 이용할 수 있는 환경을 설계하는 것이 무엇보다 중요하다.

원격서비스(remote service)는 서비스스케이프에 대해 고객이 거의 참여를 하지 않는 형태를 말한다. 고객은 서비스 시설을 거의 볼 수 없는 상태에서 서비스를 받게 된다. 이동통신, 보험서비스부터 전화 및 우편접수 서비스, 자동응답 서비스 등이 여기에 속한다. 원격서비스에서 조직은 직원들의 동기를 유발시킬 수 있고, 생산성 및 운영 효율성을 강화할 수 있는 시스템 설계를 하는 것이 필요하다.

대인서비스(interpersonal service)는 고객과 직원이 모두 서비스스케이프 상에서 존재하는 형태를 말한다. 호텔, 레스토랑, 병원, 미용실 등의 산업이 여기에 속한다. 이 서비스에서 조직은 고객과 직원을 모두 만족시키고 이용을 촉진할 수 있는 환경을 구축하는 것이 중요하다. 또한 대인서비스는 고객과 직원과의 접점활동이 중요한 부분을 차지한다. 따라서 기업은 서비스 전달을 통한 사회화의 특성과 품질에 대한 관심을 기울여야 할 것이다.

서비스스케이프가 영향을 미치는 주요대상은 고객(좌), 직원(중), 고객과 직원(우)일 경우로 구분할 수 있다

2. 서비스스케이프의 복잡성

서비스스케이프의 유형에 영향을 미치는 또 하나의 요인은 서비스스케이프가 얼마나 복잡한가의 수준이다. 서비스스케이프의 요소, 공간 및 시설은 어떤 경우에 매우 복잡할 수도 있고, 반면에 간단한 환경을 만들 수도 있다.

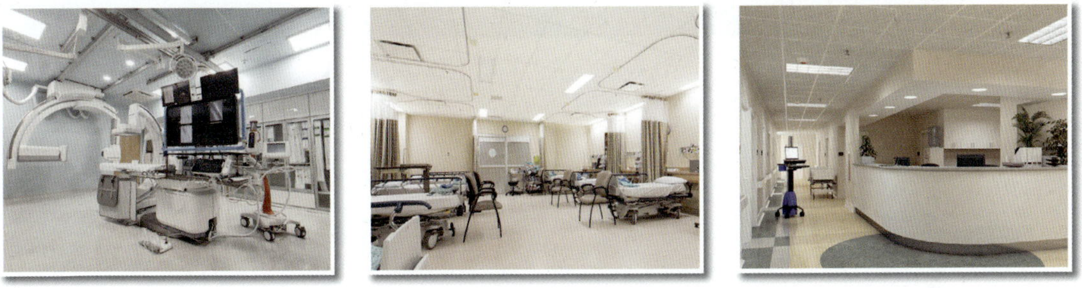

다양한 시설이 존재하는 병원 환경

정교한(elaborate) 환경이란 서비스스케이프의 요소와 공간이 많고 시설이 복잡한 것을 의미한다. 호텔의 객실 및 부대시설, 병원의 병실과 의료기기 등 다양한 종류의 서비스스케이프를 보유하고 물리적 시설이 많은 부분을 차지하여 기능이 복잡한 형태가 여기에 속한다. 정교한 서비스스케이프를 가진 조직에서는 서비스 시설에 대한 세세하고 구체적인 설계를 해야 하며, 의사결정 과정에서도 고려해야 할 부분이 많다는 것을 염두해야 한다.

간단한(lean) 환경이란 서비스스케이프의 여러 요소들과 공간이 매우 간단하게 구성된 경우를 말하며, 편의점의 간이택배취급소와 같은 형태가 여기에 속한다. 이 서비스

누구나 쉽게 이용 가능한 편의점 택배 시설

스케이프를 가진 조직에서는 간단하고 쉽게 이용할 수 있는 설계를 구성하는 것이 무엇보다 중요하다.

제4절 | 서비스스케이프의 전략적 역할

1. 포장

서비스스케이프에서 포장(package)은 서비스가 가진 특성 중 유형적 증거를 나타내고 내부에서 가진 특성을 외부로 형상화하는 것을 말한다. 서비스에서의 유형적 증거는 상품에서의 포장과 같이 특별한 이미지를 형성하거나 소비자가 특정한 감정을 가질 수 있도록 설계된다. 서비스스케이프는 고객이 조직이나 서비스를 본 후 느끼게 되는 외형적인 인상을 의미하는 것으로 고객이 조직의 서비스에 대해 가지는 초기의 느낌과 이미지 형성에 영향을 미치는 역할을 수행한다. 즉 서비스스케이프는 다른 말로 조직의 무형적인 서비스를 시각적으로 은유한 것이라고 할 수 있다. 이렇게 포장으로서의 서비스스케이프의 역할은 신규고객이 자사의 서비스에 대한 기대를 형성하는 데 영향을 미치므로 새로운 고객에게 특히 중요하며, 새롭고 독특한 서비스를 구축하려는 조직에게도 중요한 부분을 차지한다.

서비스스케이프는 조직의 외관 및 시설부터 시작해서 접점직원의 유니폼과 같은 외적인 모습과 통합되어 고객에게 전달된다. 페덱스는 일괄적이고 통일적인 이미지를 고

일관된 메시지를 전달하는 페덱스

객에게 전달하기 위해서 운송 매체, 창고, 직원, 그리고 배송 상자까지 모두 고려하여 페덱스의 고유 이미지를 형성하였다. 이는 "페덱스에서는 정시에 정확한 물건을 배송할 것"이라는 메시지를 고객에게 일관되게 전달하는 데 효과적으로 이용될 수 있다.

2. 촉진제

촉진제(facilitator)로서 역할은 서비스스케이프가 서비스 환경에서 고객과 직원의 행동을 지원하는 역할을 수행한다는 것을 말한다. 서비스스케이프는 어떻게 설계되느냐에 따라 서비스를 제공하는 환경에서 참여자의 행동의 흐름들이 촉진되거나 억제될 수 있으며, 그들이 원하는 목적을 달성하기 쉬워지거나 어려워질 수 있다.

잘 설계된 서비스 시설은 고객에게는 좋은 경험을 제공할 뿐만 아니라 종업원들에게는 만족스러운 서비스를 수행할 수 있게 한다. 반면에 잘못 설계된 환경에서는 고객과 직원 모두에게 불만을 야기시킬 수 있다. 예를 들어, 공항을 이용하는 승객이 공항의 부실한 표지판, 안내시설 및 의자 부족, 찾기 어려운 휴게시설, 환기 및 어두운 조명 등에 대해 불만족할 수 있다. 이것은 고객의 불만과 더불어 그곳에서 일하는 직원들에게도 불만을 야기할 수 있게 하여 업무에 대한 동기부여를 저해할 수도 있다.

3. 사회화의 도구

사회화란 사회에 적응하며 살아가기 위해서 사회 구성원들과 상호작용을 통해 사회생활에 필요한 가치, 기술, 지식, 규범들을 학습하는 것을 말한다. 잘 설계된 서비스스케이프는 기업이 고객과 직원에게 어떤 역할을 기대하고 수행하기를 원하는지를 제시함으로써 서비스의 사회화(socialization)를 촉진하는 도구라고 할 수 있다. 예를 들어, 새로운 사무실에 처음 출근한 직원은 사무실의 크기, 사무실의 가구 형태 및 품질, 자신의 책상 위치 등을 보고 조직 내에서 자신의 위치를 일부 파악할 수 있을 것이다.

마찬가지로 고객이 특정 시설을 방문할 경우 그 서비스 환경에서 직원의 역할과 더불어 자신이 어떤 행동을 취해야 하며, 직원과 어떤 접점 활동이 있을 것인지를 알게 된다. 예를 들어 처음 식당을 방문할 때 출입구의 위치 표시, 메뉴 선정 방법에 대한 안내를 보면 그 장소에서 자신이 어떤 행동을 해야 할지를 파악할 수 있다.

일반적으로 소비자는 커피를 마시기 위해서 편의점에서 커피를 구매할 수도 있고, 스타벅스와 같은 커피전문점을 방문할 수도 있다. 편의점을 방문할 경우, 상품을 구매하고 바로 나오거나 그 자리에서 빨리 마시고 나가는 행동을 보일 것이다. 반대로 스타벅스를 방문할 경우, 편안한 좌석을 찾게 되고 그곳에서 좀 더 많은 시간을 보낼 수 있을 것이다. 이처럼 조직이 제공하는 서비스 환경에 따라 고객은 전혀 다른 행동을 취할 수 있는 것이다.

4. 차별화의 도구

서비스스케이프의 유형적 시설은 경쟁자로부터 자사를 차별화(differentiator)하는 도구로 이용될 수 있다. 또한 조직이 속한 세분시장에 홍보 및 전달의 역할을 수행할 수 있다.

조직은 서비스스케이프의 재설계를 통해 서비스 기업을 재포지셔닝할 수도 있고, 때로는 새로운 고객을 창출할 수도 있다. 예를 들어 새로운 레스토랑을 개업한다고 하자.

조직은 독특한 실내장식, 색상, 그리고 음악 등을 통해 그 레스토랑이 기존에 시장이 아닌 특정 세분시장을 대상으로 한다는 사실을 보여줄 수 있다.

유형적 시설은 특정 서비스 조직의 한 영역을 다른 영역과 차별화를 시킬 수도 있다.

항공기의 경우 좌석의 크기 및 폭을 달리하여 좌석의 등급을 세분화시킨다. 즉, 퍼스트클래스, 비즈니스석, 이코노미석과 같이 서비스 조직 내 시설의 차별화를 할 수 있다.

어떤 곳에서 음식을 먹느냐에 따라 고객의 행동은 달라진다

그리고 이런 시설 차별화는 가격 차별화를 통해 완성되며, 이 차별화는 편안함 및 만족을 위해 비용을 더 지불할 용의가 있는 고객에게 효과적으로 이용될 수 있다.

호텔은 룸을 등급화하여 차별화 전략을 시행하기도 한다

5. 음악과 색의 활용

색과 음악의 빠르기, 장르의 선택 그리고 향기에 대한 선택은 물리적 환경에 영향을 미친다. 그러나 이를 학문적으로 연구한 결과는 매우 미흡한 실정이다.

먼저 백그라운드 음악에 대한 연구이다. 연구자는 학생들을 대상으로 레스토랑에서 보인 행태를 비교하여 제시하였다.

참고: Ronald E. Milliman, The Influence of Background Music on the Behavior of Restaurant Patrons, *Journal of Consumer Research*, Volume 13, Issue 2, September 1986, Pages 286–289, https://doi.org/10.1086/209068

유의수준이 0.05보다 큰 것은 느린 음악과 빠른 음악과 차이가 없다는 것을 의미한다. 따라서 고객이 머무르는 시간에서는 느린 음악이 길었고, 총이익에서도 느린 음악에서 더 많았다. 패스트푸드는 고객 간 구매하는 음식의 다양성, 금액이 크게 차이 나지

〈표 9-4〉 느리고 빠른 음악에 따른 고객 시간의 차이

변수	느린 음악	빠른 음악	유의수준
서비스 시간	29분	27분	〉0.05
고객 체류시간	56분	45분	0.01
자리 잡기 전 떠난 고객 그룹의 비율	10.5%	12.0%	〉0.05
구매 금액	$55.81	$55.12	〉0.05
Bar 구매 금액	$30.47	$21.62	0.01
추정된 총이익	$55.82	$48.62	0.05

않을 것이다. 이때는 고객 회전율(return on seat)을 높이기 위해 빠른 음악을 사용하는 것이 좋을 것이다. 반면에 고급 레스토랑처럼 고객 회전율보다는 한 사람당 구매금액, 객단가를 높이는 전략이 필요하다. 이 경우에는 오래 머무를 수 있도록 느린 음악을 사용하면 체류시간이 길어져, 추가로 와인 등 객단가를 높이는 데는 느린 음악이 매출에 도움이 될 것이다.

문화별로 색상에 대해 느끼는 차이가 있다. 진출하고자 하는 문화별로 금기시하는 색이 있는지 물리적 환경을 결정할 때 고려할 필요가 있다(출처: https://eriksen.com/marketing/color_culture).

색상이 문화 간 소통에 중요한 만큼, 인식은 지역마다 다르며, 단일 색상이 전 세계적으로 다르고 대조적인 의미를 가질 수 있다.

● 빨간색(red)

– 서구 문화권에서 빨간색은 흥분, 위험, 긴박감, 사랑을 불러 일으킨다. 빨간색을 녹색과 결합하면 색상 구성표가 축제 때와 같이 느낀다. 이는 크리스마스의 전통적인 색상이다.
– 빨간색은 인도(신부가 전통적으로 빨간색 웨딩드레스를 입는 나라)에서 순수함과 관련이 있다.
– 라틴 아메리카 국가에서 빨간색은 흰색과 결합하면 종교적 의미를 가질 수도 있다.
– 중동에서 빨간색은 위험과 주의를 불러 일으킨다.

– 중국에서 빨간색은 행운과 행복을 상징한다(미국의 중국 레스토랑에서 빨간색을 사용하는 이유 중 하나이다). 또한 중국 설날의 색상이기도 하다.
– 이전 동유럽 블록 국가에서는 빨간색이 여전히 공산주의와 연관될 수 있다.

● **파란색**(blue)

– 서구 문화권에서 파란색은 안전과 신뢰를 나타낸다. 이 색상은 일반적으로 남성성과 연관되고 권위, 충성심, 보안을 나타낸다. 이러한 이유로 많은 은행에서 사용되며 경찰 제복의 표준이 되었다.
– 미국 마케팅에서 파란색은 가장 일반적으로 사용되는 색상 중 하나이며, 심각한 부정적인 의미가 없기 때문에 종종 글로벌 대상에게 안전한 색상으로 간주된다.
– 동양 문화권에서 파란색은 불멸, 영성, 천국과 관련이 있다. 그리고 힌두교에서 이 색상은 사랑과 신성한 기쁨을 구현하는 크리슈나와 관련이 있다.
– 가톨릭 인구가 많은 라틴 아메리카 문화권은 또한 파란색을 종교와 연관시킨다. 파란색은 성모 마리아의 망토의 색이기 때문이다. 그러나 애도와 연관될 수도 있다.

● **녹색**(green)

– 서구 문화권에서 녹색은 종종 환경, 진보, 행운과 관련이 있다. 이 색상은 안전하고 건강하여 성장과 장수를 촉진한다.
– 인도네시아에서는 부정적인 의미를 불러 일으킨다. 인도네시아에서는 금지된 색으로 여겨지고, 엑소시즘과 불륜을 상징한다.
– 중국에서 녹색은 불륜을 나타낼 수도 있는데, "녹색 모자를 쓴다"는 표현은 남자가 아내에게 속고 있다는 것을 의미한다(자존심 있는 남자는 중국에서 녹색 모자를 쓰지 않는다).
– 녹색은 멕시코의 국가색으로 독립과 애국심을 상징한다. 그러나 남미에서는 녹색이 죽음의 색이다.
– 녹색은 이슬람과도 밀접한 관련이 있으며, 현재 여러 국기에서 해당 종교의 상징으로 사용된다.

● 주황색(orange)

– 주황은 서양 문화권에서 가을, 따뜻함, 수확을 상징한다.

– 중동에서는 애도와 상실과 관련이 있다.

– 많은 동양권 국가에서는 주황색을 사랑, 행복, 건강과 연관시킨다.

– 인도 문화권에서는 주황색(특히 노랑–주황 색조)이 신성한 것으로 여겨진다.

– 일본인에게 주황색은 사랑, 용기, 행복을 상징한다.

● 노란색(yellow)

– 미국에서 노란색은 행복, 낙관주의, 따뜻함과 관련된 밝고 명랑한 색상이다.

– 노란색은 다른 지역에서 다양한 부정적인 의미를 갖는다. 이집트와 라틴 아메리카 대부분 지역에서 이 색상은 죽음과 애도와 관련이 있다.

– 독일인에게 노란색은 시기와 질투를 상징한다.

– 황금빛 노란색 색조는 많은 국가에서 돈, 지위, 물질적 성공과 관련이 있다.

– 일부 아프리카 국가에서는 돈과 성공과 관련이 있기 때문에 사회에서 높은 지위에 있는 사람들만 이 색상을 입는다.

● 갈색(brown)

– 미국에서 갈색은 안정적이고 신뢰할 수 있는 흙빛 색상이다. 식품 용기는 전통적으로 갈색이며 UPS와 같은 배송 회사에서 이 색상을 사용한다.

– 중동에서 갈색은 지구와 조화를 이루는 편안한 색상으로 여겨진다.

– 콜롬비아와 니카라과와 같은 일부 라틴 아메리카 국가에서는 이 색상이 비난을 받을 수 있다.

– 동양권 국가와 인도는 갈색을 애도와 연관시킨다.

● 검은색(black)

– 검은색은 미국에서 세련미, 우아함, 힘을 불러일으키며, 고급 브랜드에서 자주 사용한다.

– 라틴 아메리카에서 이 색상은 남성성과 연관되며, 검은색은 종종 남성이 입는다.

Service Issue

한국공항공사, 전국 공항 테마음악과 향기마케팅

한국공항공사는 오는 10일부터 전국 공항에서 AI를 활용한 음악 송출과 향기마케팅을 추진한다.

공사는 AI 기반 뮤직 큐레이션 기술을 활용해 공간 특성과 음원 데이터를 분석하여 공항 맞춤형 음악을 선정할 예정으로 김포, 김해, 제주 등 전국 13개 공항에서 여행, 비즈니스, 계절 등을 테마로 터미널 공간별 특성에 최적화된 음악 경험을 제공할 계획이다.

김포공항에서는 10일부터 AI 기반 뮤직 큐레이션을 활용한 음악 송출과 향기마케팅을 시행한다.

또한, 김포, 김해, 제주, 청주, 대구 등 5개 공항에서는 보안검색 대기공간과 도착장에서 2020년 공사가 첫 개발한 공항 시그니처 향 '여행의 설렘' 단일 향기를 세분화하여 지역 특색을 담은 향기마케팅을 선보인다.

올봄 김해공항에서는 벚꽃이 생각나는 포근한 플로럴 향, 제주공항에서는 제주특산물 한라봉을 연상시키는 시트러스 향, 대구공항에서는 대구 시화인 목련꽃의 향을 느낄 수 있도록 했다.

공사는 공항이 단순히 머무는 공간이 아닌 문화와 예술이 공존하는 공간으로 여행객들에게 차별화된 경험을 지속적으로 제공할 계획이다.

출처: 비지니스코리아, 2025-03-07

– 검은색은 또한 많은 문화권에서 애도와 연관된다.

● 흰색(white)

– 흰색은 서양 사회에서 결혼, 순수함, 청결함과 연관된다.

– 많은 아시아 문화권에서 죽음, 애도, 겸손을 나타낸다.

제5절 | 서비스스케이프에 대한 고객 반응의 이해

1. 서비스 환경에 대한 고객 반응

1.1 Mehrabian–Russell의 자극–반응모델

이 모델은 사람들이 어떻게 환경 자극에 반응하는지를 보여준다([그림 9–1] 참고). 주변의 자연적 혹은 인위적인 환경에 대해 사람들의 의식적 · 무의식적인 시각과 해석은 그들이 그것에 대해 어떻게 느낄 것인지에 영향을 주게 된다.

이 모델에서 가장 중요한 것은 사람들의 느낌(feelings)이며, 이 느낌은 환경에 대한 사람들의 반응을 다르게 나타날 수도 있게 한다. 즉, 사람들은 유사한 환경이라 할지라도 다른 느낌을 받을 수 있고 그 느낌에 따라 다른 반응을 이끌어 낼 수 있다. 즉, 사람이 많이 붐비는 장소라도 그것을 어떻게 느끼느냐에 따라 다르게 반응을 할 수 있다. 예를 들어, 사람이 많은 백화점을 방문할 경우, 우리는 원하는 상품을 신속하게 찾기 어렵다고 생각하게 되고 결국에는 이렇게 붐비는 환경을 피하게 된다. 반대로 여름축제에 갔다고 생각한다면 사람이 많은 상황에 활기차고 생동감이 있다고 느낄 수 있을 것이며, 결과적으로 그곳에 머무르고 같이 축제를 즐기고 싶다는 감정과 기분을 형성하게 될지도 모른다.

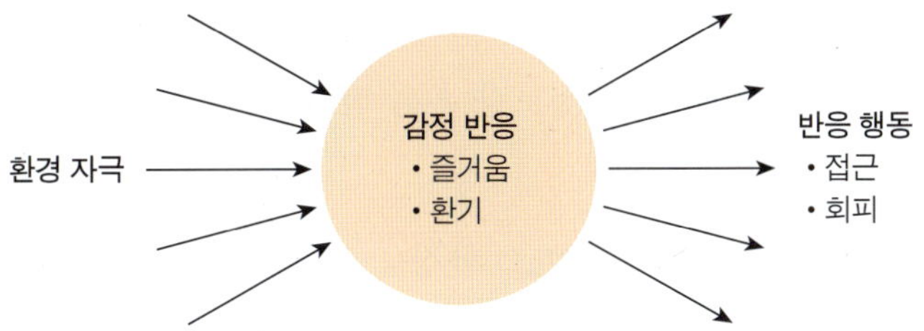

[그림 9-2] 자극모델

1.2 Russell의 감정모델

환경에 대한 사람의 감정(affect) 또는 느낌(feeling)은 사람들이 환경에 대해 어떻게 반응할 것인지에 중점을 두고 있다. 이를 위해서 Russell의 감정모델을 살펴볼 필요가 있다([그림 9-2] 참고).

사람이 환경에 대해 가지는 정서적 반응은 즐거움(pleasure)과 환기(arousal)의 두 가지 차원으로 나누어 볼 수 있다. 즐거움은 개인이 환경에 대해 얼마나 좋아하는지 혹은 싫어하는지와 같이 환경에 대한 직접적인 반응을 나타낸다([그림 9-2]의 가로축). 반면에 환기는 개인이 얼마나 자극을 느꼈는지를 나타내는 것으로 깊은 수면 단계(졸리는 상태)

[그림 9-3] 감정모델

에서 가장 높은 흥분 단계(활력 있는 상태)까지로 나타낼 수 있다([그림 9-2]의 세로축). 이때 환기는 환경에서 개인이 가진 정보량 혹은 정보에 대한 부담에 따라 다르게 나타날 수 있다.

Russell의 감정모델은 소비자가 서비스 환경을 접하는 동안 어떻게 느끼고 있는지를 직접적으로 판단할 수 있도록 해준다. 그러므로 기업은 고객이 자사의 환경을 접함으로써 갖기를 바라는 감정 상태를 파악하여 그에 맞는 서비스를 제공할 수 있다.

2. 서비스 환경에 대한 고객 반응 통합모델

Bitner는 서비스 환경인 서비스스케이프의 통합적 모델을 제시하였다([그림 9-3] 참고). 이 모델에 따르면 서비스 환경 차원은 주변 여건, 공간/기능, 사인 · 심볼 · 인공물 등을 포함하였다. 실제로 사람들은 서비스 환경을 개별적으로 보지 않고 하나로 지각한다. 그러므로 효과적인 환경 디자인을 위해서는 차원의 각 요소들을 환경에서 서로 어울리게 만들어야 한다.

통합모델에서는 고객의 반응뿐만 아니라 직원의 반응을 조절요인으로 살펴보고 있다. 이는 같은 서비스 환경에서도 고객에 따라 다른 효과를 미칠 수 있다는 것을 뜻하는 것으로 고객이 누구인지, 고객이 무엇을 원하는지에 따라 환경에 대한 반응은 다르게 나타나게 된다. 또 하나로 직원의 반응이다. 실제로 서비스 환경에 머무르는 시간은 고객보다 직원이 많다. 그러므로 서비스 환경을 설계할 때는 어떤 환경이 직원의 만족, 생산성 향상, 그리고 고객에게 전달하는 서비스의 질을 향상시킬 수 있는지를 고려해야 한다.

고객과 직원의 내부반응은 크게 인지적 반응(신념, 범주화, 상징적 의미), 감정적 반응(기분, 태도), 생리적 반응(고통, 안정, 움직임, 신체적 적합도)으로 구분할 수 있다. 이런 내부반응은 고객과 직원의 반응에 영향을 미치고 결국에는 행동에 영향을 미치게 된다.

즉, 복잡하고 시끄러운 환경에서 벗어나고 싶어하거나, 조용한 환경에 더 오랫동안 머무르기를 희망하거나, 마음에 드는 상품에 대한 충동구매를 하는 등의 행동으로 나타날 수 있다.

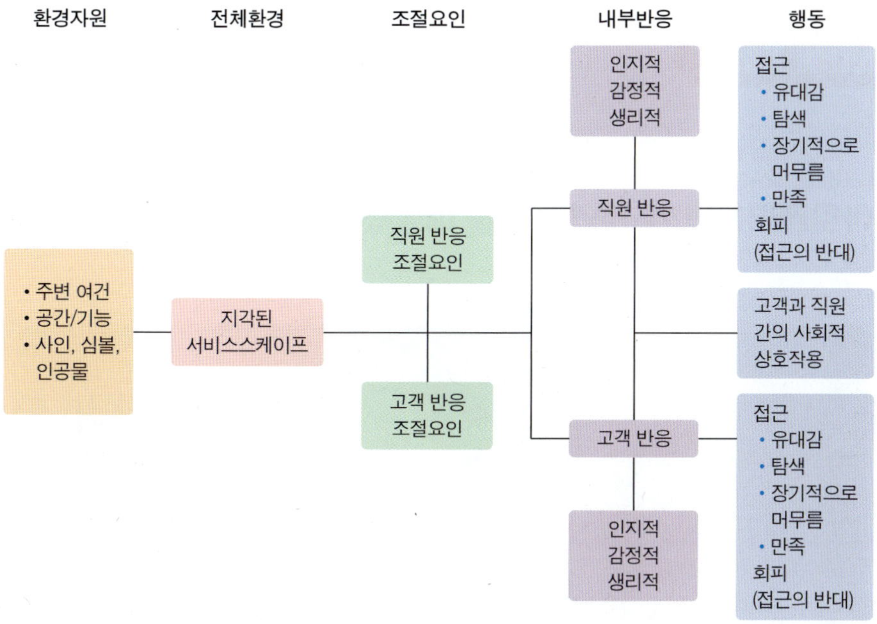

[그림 9–4] 서비스스케이프 통합모델

자료원 : Bitner, Mary Jo(1992),“ Servicescapes: The Impact of Physical Surroundings on Customers and Employees,”Journal of Marketing, 56(April), 57-71.

밀도와 혼잡도를 고려할 필요가 있다. 밀도는 절대공간의 크기 대비 사람의 수라고 정의할 수 있다. 반면에 혼잡도는 상대적, 주관적인 혼잡함의 척도이다. 따라서 밀도는 혼잡도의 충분조건이지만, 필요조건은 아니다. 즉, 밀도가 높더라도 물리적 증거를 잘 관리하면 소비자들은 혼잡하다고 느끼지 않을 수 있다.

Review Case

아모레퍼시픽 왜 14년간 글꼴 매달렸나 … 롯데도 뛰어든 사연

아모레퍼시픽은 지난달 글꼴 '아리따'를 소재로 한 전시회 '세상을 아름답게 하는 목소리, 아리따'를 개최했다. [사진=아모레퍼시픽]

아리따체(아모레퍼시픽), 더 잠실체(롯데마트), 티몬체(티몬), 야체(야놀자), 을지로체(배달의민족).

기업의 정체성을 드러내는 상징이 CI(기업이미지, 로고)에서 서체로 확대되면서 전용 글꼴 개발에 나서는 기업이 늘고 있다. 특히 소비자들과 접점이 많은 유통기업들은 서체를 무료 배포하며 확산되길 노린다. 기업 사칭과 이미지 훼손을 우려해 서체 사용을 제한하는 기업들과 대조적이다.

◆글꼴에 꽂힌 기업들

지난달 아모레퍼시픽은 서울 용산 사옥 1층에서 전용 서체 '아리따'의 개발 과정을 소개하는 전시회를 열고 손글씨로 글꼴을 직접 따라 쓸 수 있는 체험 행사를 진행했다. 지난 2004년 타이포그래피 전문가 안상수 디자이너를 중심으로 시작된 아리따 개발 프로젝트는 14년간 돋움(국문), 산스(영문), 흑체(중문) 등의 세부 글꼴을 탄생시켰다. 아리따체는 화장품, 생활용품, 건강식품 등 아모레퍼시픽과 동종 사업을 하지 않는 경우 인쇄나 출판, 영상, 웹 등에 자유롭게 사용할 수 있다.

12일 아모레퍼시픽 관계자는 "서경배 회장이 한글의 아름다움을 알리기 위한 문화 프로젝트 차원에서 추진한 작업"이라며 "그간 기업의 서체는 광고 제목이나 상품 포장 등에 한정적으로 적용되는 경우가 많았지만, 아리따 서체는 다양한 용도에 쓰일 수 있도록 완결된 자족(字族)으로 구성됐다"고 설명했다.

롯데마트는 지난해부터 누에와 누에고치의 모습에서 착안한 글꼴 '더 잠실체'를 무료 배포하고 있다. 앞서 공개한 행복체, 드림체, 통큰체 등 서체 3종에 이은 네 번째 글꼴이다. 더 잠실체는 국문, 영문 외에 롯데의 해외 사업장이 있는 베트남 · 인도네시아의 언어로도 개발됐다. 서현선 롯데마트 디자인부문장은 "더 잠실체는 MZ세대 직원의 의견을 반영해 젊고 새로운 이미지를 담은 것이 특징"이라며 "기업이나 개인이 용도와 상관 없이 쓸 수 있도록 범용성에 신경 썼다"고 말했다.

기업이 시간과 비용을 들여 전용 서체를 개발하는 주된 이유는 독창적인 이미지 구축에 있다. 구글, 애플, 던킨 등 글로벌 기업들은 회사를 가장 직관적으로 나타내는 디자인 요소로 서체에 주목해 왔다.

국내 서체 마케팅의 대표적인 성공 사례는 2011년 카드업계에 후발주자로 뛰어들었던 현대카드다. 이 회사의 전용 글꼴 '유앤아이'는 카드뿐 아니라 안내문과 광고, 임직원 명함 등 다양하게 적용돼 현대카드의 이미지를 각인시키는 데 큰 역할을 했다.

기업들은 고유의 서체를 확산시키며 더 큰 홍보 효과를 노리기도 한다. 서체를 통해 쌓이는 친숙한 이미지가 자연스레 상품 · 서비스에 대한 소비로 이어지길 기대하는 것이다. 김대종 세종대 경영학과 교수는 "많은 사람들이 전용 서체를 사용하도록 해 고객과 기업문화를 공유하고 유대감을 강화할 수 있다"고 설명했다.

◆무료 배포로 ESG 경영

서체를 무료로 배포함으로써 소상공인 · 중소기업과의 상생 경영 의미가 강조되기를 기업들은 기대한다. 티몬 관계자는 "개인이나 기업이 인터넷에 있는 서체를 잘 모르고 사용했다가 저작권 비용을 물게 되는 문제가 종종 있다"며 "이런 우려를 없애고자 무료 배포한 서체(티몬체)는 자유롭게 수정, 배포할 수 있도록 했다"고 말했다.

롯데마트는 자체 개발한 서체 '더 잠실체'를 무료 배포하고 있다. [사진=롯데마트]

전문가들은 기업의 사회공헌 활동이 문화적으로 확대되는 사례로도 본다. 아리따체를 개발한 안상수 디자이너는 "글자는 문화 그 자체다. 한국 문화의 가장 근본은 한글이며, 그 주춧돌이 한글꼴"이라며 "기업들이 서체 개발을 통해 한국 문화의 고유성을 단단히 하고 더욱 잘 가꿀 수 있는 밑바탕을 마련하는 데 기여한 것"이라고 평가했다.

출처: 중앙일보, 2024-04-13

제 10 장

서비스 가격관리

Opening Case

불황 속 기회, 요노族 잡아라

'묶음 상품' '광고형 요금제' 속속

기업들은 이런 요노 소비 트렌드를 읽고 발 빠르게 움직이는 모습이다.

넷플릭스는 2022년 광고형 스탠다드 요금제(월 5500원)를 선보였다. 광고형 요금제는 영상 중간에 15~30초 길이 광고를 내보내는 대신 기존 요금보다 가격을 낮춘 요금제다. 넷플릭스에 따르면 국내 신규 가입자 중 55%가 이 요금제를 선택하고 있다. 지난해 4분기 넷플릭스 광고형 요금제 가입자 수는 전 분기 대비 30% 늘었다. 반면 OTT 확산과 요노 소비가 맞물려 정체기를 맞은 국내 인터넷(IP)TV 3사는 OTT 플랫폼과 결합한 상품을 내놓는 등 이용자 잡기에 사활을 거는 모습이다. SK브로드밴드는 넷플릭스, LG유플러스는 디즈니플러스와 손을 잡고 결합 상품을 내놓는다. KT도 IPTV 이용료와 OTT 이용료가 결합된 다양한 할인 요금제를 내놓고 있다.

무료 음악 스트리밍을 이용하는 이용자도 부쩍 늘었다. 앱 리테일 분석 서비스 와이즈앱・리테일・굿즈에 따르면 지난해 10월 국내 '스포티파이' 월간 이용자 수(MAU)는 128만 명을 기록했다. 스포티파이는 스웨덴에 본사를 둔 음원 스트리밍 플랫폼 업체다. 전 달 9월 스포티파이가 오디오 형식 광고를 청취하면 스포티파이 서비스를 무료로 이용할 수 있는 '스포티파이 프리'를 출시한 뒤로 한 달 만에 이용자가 56% 급증했다. 광고 기반 무료 음원 서비스를 제공하는 음원 플랫폼은 국내에서 스포티파이가 유일하다. 대학원생 기선명 씨(28)는 "유료로 이용하던 음악 스트리밍 서비스를 해지하고 유튜브 프리미엄(유튜브뮤직 포함)을 이용해 왔는데 이마저도 요금이 오른 뒤엔 해지하고 스포티파이를 무료로 이용 중"이라고 말했다.

유통 업계에는 '박리다매' 경쟁이 붙었다. 요노 소비가 지속되자 저마다 1000원 이하 초저가 상품을 내놓으며 고객 잡기에 나선 것. 가격 경쟁은 100원, 10원 단위까지 세분화된 상황이다.

가장 적극적으로 움직이는 곳은 편의점 업계다. CU를 운영하는 BGF리테일은 최근 990원짜리 땡초어묵 삼각김밥 판매를 시작했다. 지난해 내놓은 1000원짜리 매콤어묵 삼각김밥보다 10원 더 저렴하다. 세븐일레븐은 지난 1월 15일 800원짜리 커피 음료인 '세븐셀렉트 착한 아메리카노'를 선보였다. 900원짜리 파우치 음료, 지난해 말 내놓은 1000원 콘칩에 이은 초저가 상품이다.

초저가 상품은 판매 실적도 좋다. CU의 개당 290원짜리 캡슐커피는 2주 만에 1000개 판매됐고, GS25가 지난해 선보인 550원짜리 라면은 45만 개 팔렸다. 세븐일레븐의 900원짜리 파우치 음료는 6개월 동안 100만 개 넘게 팔렸다. 지난해 GS25 1000원 이하 상품의 전년 대비 매출 신장률은 46.5%다. CU의 1000원 이하 상품 매출 신장률은 29.8%로 3년 새 최고치로 나타났다.

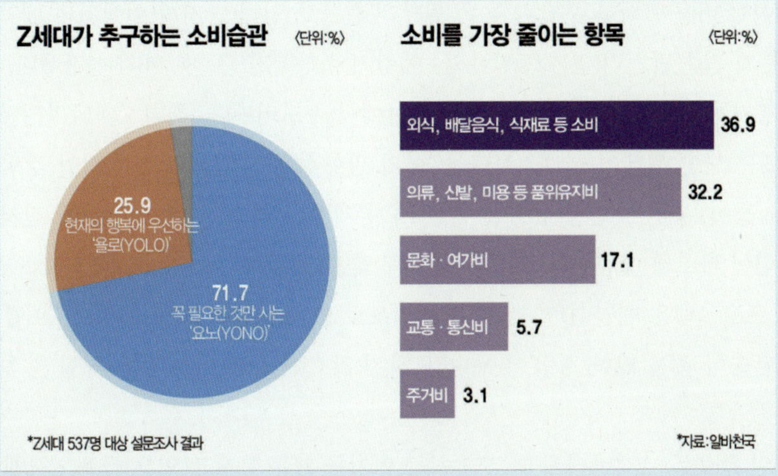

'짠돌이 소비'와는 달라
놀이로 승화 … 티끌 모아 "쓸 땐 쓴다"

독특한 점은 2030세대들이 요노 소비를 어쩔 수 없는 선택이 아닌 즐거운 놀이 문화로 받아들이고 있다는 점이다. 몇 년 전부터 SNS에서 유행해 온 '무지출 챌린지'나 '거지방(무지출을 인증하는 채팅방)' 등이 이런 변화에 영향을 미쳤다는 분석도 있다. 점심은 직접 싸간 도시락으로 해결하고, 커피는 회사 탕비실에서 해결하는 식이다.

인스타그램에 해시태그(#) 무지출 챌린지를 검색하면 1만5000개 넘는 인증 게시물이 나오고, 이를 주제로 하는 유튜브 영상이 조회 수 수십 만, 100만을 넘어가기 일쑤다. 금융 앱들은 '무지출일'을 달력 형식으로 보여줘 절약을 독려한다. KPR 디지털커뮤니케이션연구소가 소비 경향 빅데이터를 분석한 결과, 지난해 상반기 '무지출'과 '무소비' 관련 언급량이 2022년 상반기 대비 85% 늘었으며 '플렉스', '욜로' 관련 언급량은 12% 줄어든 것으로 나타났다.

전문가들은 이런 현상이 전형적인 불황형 소비의 단면이라고 해석하면서도 절약을 놀이로 승화하는 소비 방식이라고 본다. 전미영 연구위원은 "SNS, 앱 등보다 재미있고 현명하게 절약하는 방법을 찾으면서 자기 효능감도 높이는 방법"이라며 "경기 불황이 장기화되면서 젊은 세대에 요노 소비는 감춰야 할 습관이 아닌, 과시할 만한 문화로 자리 잡고 있다"고 풀이했다.

무조건 아끼기만 하는 절약이 아니라 쓸 땐 쓰면서 '가심비(가격 대비 심리적 만족)'를 추구한다는 점도 요노의 또 다른 특징이다. 여행이 대표적이다. 고물가 · 고환율 부담 속에서, 요노족은 비용 대비 만족도가 높은 단거리 여행지(일본 · 동남아)를 선호하는 경향을 보인다. 마이리얼트립에 따르면 최근 장거리 여행 비용에 대한 부담과 높은 원달러 환율로 인해 단거리 여행지의 예약 비중이 늘었다. 지난해 4분기 기준 단거리(일본, 동남아 등) 여행지 예약 비중은 68%까지 성장했다.

가심비를 챙기는 요노 소비는 취미 · 교육 분야에서 두드러진다. 취미 · 액티비티 플랫폼 프립에 따르면 최근에는 단순 원데이 클래스보다는 '삶의 방향성'과 연결되는 장기적인 경험이 인기를 끌고 있다. 예를 들어, 승진과 연봉 상승을 위한 자기 계발 클래스, 결혼을 고려한 진지한 만남 모임 등 다양한 모임이 빠르게 매진된다. 겨울 자작나무 숲 트레킹처럼 건강, 트렌드, SNS 공유까지 모두 챙길 수 있는 프로그램은 매일 70명 넘게 몰릴 정도로 뜨거운 반응을 얻고 있다. 프립 관계자는 "소비자는 이제 단순히 '해볼 만한 경험'이 아니라 '하지 않으면 손해일 것 같은 경험'을 찾는다"고 설명했다.

또 독서 모임 플랫폼 트레바리에 따르면 최근 인기를 끄는 독서 모임은 금융 · 경제나 철학, 심리학, 문학을 주제로 하는 모임이다. 과거에는 재테크, 투자 등 실용적인 주제가 주를 이뤘다면 최근에는 거시 · 글로벌 경제 흐름을 이해하려는 움직임이 많아지고 있다는 것. 트레바리 관계자는 "요노 트렌드는 최소한의 소비를 의미하는 것이 아니다"며 "소비를 줄이는 것이 아니라 자신에게 의미 있는 것에 집중하는 방향으로 변화하고 있다"고 분석했다.

출처: 매일경제, 2025-02-20

Keyword

- 가격 탄력성(price elasticity): 가격 변화에 따른 매출의 변화의 비율
- 준거가격(reference price): 상품이나 서비스에 대해 소비자들이 머릿속에 가지고 있는 가격기준
- 비금전적 비용
  1) 시간비용
  2) 탐색비용
  3) 편의비용
  4) 심리적 비용: 이용하지 못하는 경우에 발생하는 두려움, 거절에 대한 두려움 등
- 서비스 품질 지표로서의 가격
- 진입가격(penetration pricing) vs. 초기 고가격(cream skimming pricing)
- 저가격 전략
  1) 할인
  2) 단수가격(ex. 9만 9천 원)
  3) 일치가격(ex. 고객의 가격민감도를 이용하여 가격 조절; 성수기, 공연 좌석등급 등)
  4) 진입가격
- 고가격 전략
  1) 프리미엄 가격
  2) 초기 고가격
- 차별화 전략
  1) 가치가격(ex. 사우스웨스트 비용 절감)
  2) 세분시장가격(ex. 학교 앞 학생 할인)
- 결합가격
  1) 묶음가격
  2) 보완가격(ex. 포로가격, 이분가격, 미끼가격 등)
  3) 결과중심가격(ex. 결과에 따라 가격 다르게, 영화 흥행 여부 보고 결정)

본 장에서는 고객이 서비스의 가격을 지각할 때 상품의 가격결정에서의 인식과 어떻게 다르게 반응하고 그에 따라 기업이 어떤 가격전략을 추구하는지를 살펴보고자 한다.

따라서 서비스 가격 수준에 대한 고객의 평가가 객관적 수치가 아닌 고객의 심리적 측면에서 살펴본다는 점이 중요하다.

제1절 | 가격의 개념과 중요성

1. 가격의 개념

가격(price)이란 시장에서의 상품의 교환가치로서, 상품이나 서비스를 소유하거나 사용하는 대가로서 소비자가 지불하는 금전적 가치를 일컫는 개념이다. 기업이 적절한 가격을 결정하는 것은 단순한 것이 아니라, 기업의 매출과 이윤에 직접적인 영향을 미친다는 점에서 매우 중요하다고 할 수 있다.

가격에는 그 하한선과 상한선이 존재한다. 우선 가격의 하한선(floor)이란 기업이 상품을 생산하는 데 소요되는 원가이자 비용이다. 상품가격이 단위당 생산비용(unit cost)과 같다면 상품의 판매로 인하여 발생하는 이윤이나 손실은 존재하지 않는다. 즉, 손익분기점(break even point)이 된다. 기업의 궁극적인 존재이유는 고객만족을 통한 이윤의 창출과 극대화이므로 기업은 생산비용 이하의 가격을 책정할 수 없다. 반면에 가격의 상한선(ceiling)은 가격의 하한선의 경우처럼 고정적으로 존재하지 않는다. 가격의 상한선은 고객이 상품이나 서비스에 대하여 지각된 가치(perceived value)이다. 이는 단위당 생산원가를 산출하기 힘든 경우에 주로 해당되는데 희귀품이나 골동품, 예술작품, 그리고 서비스에서 흔히 찾아볼 수 있다. 고객은 상품이나 서비스에 대하여 자신이 지각하는 가치가 가격보다 높을 경우에 해당 상품이나 서비스를 구매한다.

2. 가격의 중요성

가격결정의 중요성은 다음과 같다.

첫째, 가격은 기업의 매출과 수익에 직접적이고 결정적인 영향을 미친다. 가격의 하락은 일반적으로 매출의 증가를 가져오고 반대로 가격의 상승은 매출의 감소를 가져온다. 이런 특성은 특히 가격 탄력성(price elasticity)이 높은 상품의 경우에서 뚜렷하게 나타난다. 가격 탄력성이란 가격의 변화에 따른 매출의 증가 또는 감소와 같은 변화의 비율을 나타낸 것을 말한다. 일반적으로 생활필수품, 의약품, 학용품 등을 포함한 필요 상품(need good)은 그 가격 탄력성이 낮은 편이고, 고급 화장품, 패션의류, 보석 등과 같은 사치품 혹은 고가의 상품들은 가격 탄력성이 높다.

둘째, 가격은 특정한 상품이나 서비스에 대한 기업의 매출뿐만 아니라 시장수요에도 영향을 미친다. 일반적으로 상품의 가격이 하락하면 시장 내에서 상품의 수요가 증가한다. 반대로 상품가격이 상승하면 시장 내에서 수요의 감소를 가져오게 된다.

셋째, 가격에 대한 통제는 상품, 촉진, 유통과 같은 다른 마케팅 믹스에 비하여 가장 빠르게 이루어질 수 있고 변경 또한 매우 용이하다. 예를 들어 상품의 디자인을 바꾸거나, 성능을 개선하거나, 혹은 새로운 기능을 추가하는 일 등은 많은 시간과 노력을 필요로 한다. 또한 유통경로의 새로운 디자인이나 유통경로 구성원을 확보하는 일도 많은 시간과 비용 등이 소요된다. 반면에 가격에 대한 결정과 변경은 하룻밤 사이에 빠르게 이루어질 수도 있다.

넷째, 가격은 그 통제와 변경이 빠른 만큼 경쟁자에 의한 모방을 비롯한 다른 반응들도 빠르게 나타날 수 있다. 경쟁자의 빠른 반응과 모방은 자사의 가격전략 효과를 약화시킬 수 있다. 결과적으로는 자사의 가격인하에 따른 경쟁자의 모방에 의한 적대적인 반응은 결국 자사와 경쟁자 모두의 매출과 이윤을 감소시키는 출혈전쟁인 가격전쟁(price war)의 위험성을 내포하고 있다.

다섯째, 가격은 고객이 지각하는 상품의 품질이나 이미지에 중요한 영향을 미친다. 일반적으로 소비자들은 특정상품이 고가격일 경우 품질이 우수하거나 고급스러운 이미지를 가지고 있다고 인식한다. 즉 고가와 고품질은 유사한 개념으로 인식하는 것이다.

여섯째, 가격은 기업의 마케팅 활동 중에서 각종 법규로부터 가장 명확하고 많은 규제를 받는다. 한 기업의 가격 인상이 문제가 될 수도 있고, 몇몇 기업이 담합을 통해 가격을 좌지우지하면 시장에 부정적인 영향을 미치므로 법적인 규제가 발생한다.

제2절 | 서비스 가격에 대한 이해

1. 서비스 가격에 대한 고객 지식 : 준거가격

고객은 서비스를 선택할 때 가격을 얼마나 중요하게 고려할까? 혹은 서비스의 가격을 책정할 때 원가가 어느 정도인지 알고 있을까? 그렇다면 고객이 과연 가격이 싸다 혹은 비싸다고 판단하는 기준은 무엇일까? 이 질문들에 대한 대답은 고객이 자신만의 준거가격(reference price)을 가지고 있느냐에 따라 달라진다. 준거가격은 상품이나 서비스에 대해 소비자들이 머릿속에 가지고 있는 가격기준을 의미한다. 즉, 자신이 최근에 지불한 가격, 가장 자주 지불하는 가격, 혹은 지금 고려하는 서비스와 유사한 제공물을 구매하기 위해 과거에 지불했던 가격 등을 종합하여 기준이 되는 가격으로 머릿속에 설정이 되는 것이다.

하지만 고객들은 상품과 달리 서비스가 적정가격인지를 판단하는 준거가격을 명확하게 설정하기가 힘들다. 그 이유는 다음의 다섯 가지로 나누어 볼 수 있다.

첫째, 서비스의 다양성이 고객의 지식을 제한한다. 눈에 보이지 않는 무형성과 대량생산이 되지 않는 서비스의 특성으로 인해 서비스 제공자인 기업은 자신들이 제공하는 서비스를 다양하게 만들 수 있다. 즉, 다양한 형태로 서비스 제공이 가능하고 그에 따라 가격도 복잡할 수 있다. 우리가 보험을 가입할 때 각 기업마다 제공하는 종류, 공제사항, 고객별 특성, 제한사항, 혜택 등이 다양하게 구분된다. 그리고 각 서비스 제공자로부터 제시된 제공물이 동일한 것인지는 일반 고객이 판단하기가 어렵다.

둘째, 서비스 제공자들이 가격을 추정하지 않는다. 고객이 서비스 가격에 대한 준거가격을 형성하지 못하는 이유 중의 하나는 서비스 제공자들이 사전에 가격을 미리 계산하지 않기 때문이다. 예를 들어, 병원의 의료서비스를 받는다면 환자가 입원하자마자 병원은 환자의 병원비를 다 추정할 수가 없다. 환자를 검진한 후, 다양한 치료를 마치고 난 후 퇴원할 때 최종적으로 비용이 결정되는 것이다. 병원뿐만 아니라 법률, 컨설팅과 같은 복잡한 서비스에서는 소비자가 사전에 가격을 추정하기 힘들다. 따라서 소비자는 사전에 가격에 대한 지식 없이 서비스 구매를 결정해야 한다.

셋째, 개별 고객은 다양한 욕구를 가지고 있다. 즉, 고객의 다양한 욕구는 소비자의 준거가격을 부정확하게 만든다. 예를 들어, 미용실에서 가격은 고객의 머리길이, 원하는 헤어 디자인, 서비스 제공자의 실력, 혹은 부가서비스에 따라 다양하게 나타난다. 또한 같은 호텔을 이용한다고 하더라도 성수기인지 비수기인지, 혹은 개인인지 단체인지, 패키지 프로그램인지에 따라서도 다양하다. 즉 고객이 서비스 제공과정에서 발생하는 다양한 요구사항은 서비스의 가격책정에 영향을 미친다.

넷째, 가격에 대해 평가하기 위해서 수집해야 할 가격 정보가 너무 많다. 고객이 준거가격을 정확하게 정할 수 없는 이유 중의 하나는 고객이 실제로 수집해야 하는 정보가 많다고 생각하기 때문이다. 상품을 구매하는 경우 마트의 진열대에서 다양한 상품을 동시에 비교하고 가격을 살펴볼 수 있다. 그러나 서비스의 경우 한 공간에서 모든 서비스를 비교하는 경우는 거의 없다. 즉, 서비스에 대한 가격을 비교하려면 고객은 각각의 서비스 제공자에게 문의를 해 보는 수밖에 없다.

다섯째, 서비스 가격은 눈에 보이지 않는다. 고객이 준거가격을 쉽게 형성하기 위해서는 가격이 눈에 보여야 한다. 그러나 서비스의 경우 특히 금융서비스에서 고객은 자신들이 얻게 되는 수익률에 대해서만 알 뿐이고, 그들이 지불하는 비용(금융서비스 가격)에 대해서는 잘 알지 못한다.

2. 비금전적 비용

소비자가 서비스를 구매하고 경험하는 데 금전적 비용(monetary costs)뿐만 아니라 다른 비용에 의해서도 영향을 받게 된다. 이 요소를 비금전적 비용(non-monetary costs)이라고 하는데, 비금전적 비용이란 고객이 서비스를 구매하고 경험하는 과정에서 지각하는 여러 가지의 다른 희생을 의미한다. 서비스를 구매할 때 드는 노력인 시간, 탐색, 심리적 비용 등이 여기에 속한다. 그리고 이런 비금전적 비용들이 금전적 비용보다 실제로 서비스를 구매할 때 더 중요하게 고려되는 경우도 있다.

2.1 비금전적 비용의 유형

비금전적 비용은 크게 4가지로 나누어 볼 수 있다.

- **시간비용**(time costs) : 고객이 서비스를 받기 위해서는 서비스 제공과정에 직접 참여하는 경우가 있다. 이때 서비스에 대한 시간은 서비스를 경험하는 시간뿐만 아니라 서비스를 받기 위해 대기하는 시간까지를 포함한다. 즉, 시간은 고객이 자신이 원하는 서비스를 받기 위해 희생해야 하는 부분이다.
- **탐색비용**(search costs) : 고객이 자신이 원하는 서비스를 찾고, 그들을 비교한 후 하나를 선택하기 위해서는 탐색비용이 든다. 상품을 구매할 경우 가격과 품질을 일괄적으로 비교하기 쉬운 반면에, 서비스의 경우 가격을 비교하기 위해서는 고객 스스로 조사하는 과정이 필요하다. 그리고 서비스의 경우에는 가격이 미리 눈에 보이지 않으므로, 구매를 결정한 후에야 가격에 대한 조사가 진행된다.
- **편의비용**(convenience costs) : 고객이 서비스를 받기 위해서 공간을 이동한다면 그에 따른 이동비용이 발생한다. 만약 거리가 더 멀거나, 이동이 힘들다면 그 비용은 더욱 증가하게 될 것이다. 또한 고객이 원하는 시간과 서비스 제공시간이 일치하지 않거나, 추가적인 시간과 노력(도배서비스를 받기 위해 집 가구의 이동 등)이 더 드는 경우도 있다.
- **심리적 비용**(psychological costs) : 심리적 비용은 어떤 서비스를 받기 위해 받아야 하는 심리적 측면과 관련된다. 서비스를 이해 또는 이용하지 못하는 경우에 발생하는 두려움, 거절에 대한 두려움, 불확실성에 대한 두려움 등이 고객들이 서비스를 구매하고 경험하는 데 치러야 하는 희생으로 심리적 비용을 구성한다. 예를 들어, 은행이 처음 ATM을 도입했을 때 고객은 그 기계를 이용하는 데 있어서 거부감 혹은 카드를 이용함으로써 발생하는 문제에 대한 불안감이 있었다.

소비자는 직접 방문이라는 비금전적 비용을 감당할 경우 금전적 할인을 받을 수 있다

2.2 비금전적 비용의 시사점

비금전적 비용에 대해 서비스 기업에게 주는 시사점은 다음과 같다.

첫째, 서비스 기업이 비금전적 비용(특히, 시간비용)을 줄임으로써 가격을 높일 수 있다. 즉, 하나의 서비스 활동에 대한 활동을 추가함으로써 시간비용과 편의비용에 대한 지각을 줄일 수 있다. 예를 들어, 편의점에서 현금인출을 할 수 있게 하거나, 택배서비스를 가능하게 하는 것들이 여기에 속한다.

둘째, 고객들은 비금전적 비용을 줄이기 위해 더 많은 비용을 지불할 의향이 있다. 고객들이 직접 서비스 제공자를 방문하여 물건을 받아가기보다는 배달서비스를 이용하고 그에 따른 추가비용을 지불한다. 반대로 배달서비스보다 고객이 직접 구매 후 포장해 가는 서비스에 대해 20~30%의 가격 인하를 하기도 한다. 또한 비행기 탑승 대기시간을 줄이고 싶어하는 고객에게 우선 탑승요금을 받는 것도 그 예라고 할 수 있다.

3. 서비스 품질지표로서의 가격

서비스 구매자인 고객은 가격을 서비스 원가와 서비스 품질의 지표로 사용하기도 한

Service Issue

비싸도 잘 팔린다 … 컬리, 차별화 핵심은 '희소가치'

대량매입보다 개인 취향 맞춤형 전략
특이 품종이나 상품 찾아 소량 매입

[그래픽=비즈워치]

컬리가 특별한 식재료를 발굴해 판매하는 '희소가치 프로젝트'를 강화하고 있다. 품종, 생산환경, 재배방식 등의 측면에서 희소가치가 있어 다른 유통 채널에서 찾아보기 힘든 식재료만을 모아 소개함과 동시에 가성비 중심의 이커머스 생태계의 빈틈을 파고든다는 전략이다.

◆ "사과 말고 시나노골드 주세요"

최근 유통업계의 과일 마케팅에는 큰 변화가 생겼다. 이전까지는 크기나 당도, 유명 원산지를 강조하는 게 중요했다면 최근에는 '품종'이 가장 우선시되고 있다. 유통 기업들은 산지를 방문해 신품종 과일을 찾고 농민들은 다양한 품종을 조합해 매년 새로운 품종을 개발해 낸다. 불과 2~3년 새 바뀐 풍경이다.

이 풍경의 중심에는 컬리가 있다. 컬리는 지난 2022년 6월 '희소가치 프로젝트'를 시작했다. 희소가치 프로젝트는 컬리의 장점인 '큐레이션' 역량을 극대화한 기획이다. 품종, 생산환경, 생산과정이 특별한 식재료를 발굴하고 소개한다. 단순히 요즘 인기를 끌어 수량이 적은 상품을 확보하는 게 아닌, 상품 자체의 희소성에 포커스를 맞췄다.

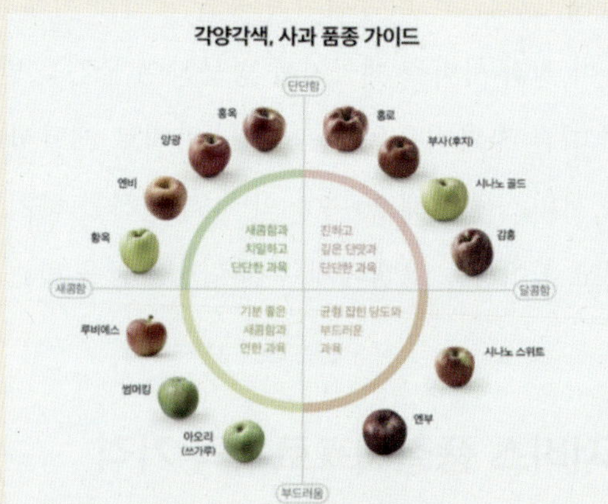

다양한 사과의 품종 [사진=컬리]

컬리는 희소가치 상품의 기준을 △다양한 품종의 상품 △생산환경과 생산방식이 특별한 상품 △미식 경험을 확장해 주는 상품 △지속 가능 방식으로 생산한 상품 등 4가지로 정하고 이 중 2개 이상을 충족한 상품에만 '희소가치' 타이틀을 붙인다.

대표적인 예로 컬리의 '7일 향미'를 들 수 있다. 7일 향미는 2022년 충청남도 농업기술원이 개발한 '향진주'라는 신품종 쌀이다. 이름 그대로 도정 후 7일간만 판매한다. 쌀 고유의 향을 유지하기 위해서다.

컬리에서 판매 중인 7일 향미 [사진=컬리]

이를 위해 도정 직후 컬리 물류센터에 입고하고 7일간 판매 뒤 폐기된다. 7일 향미는 신품종 쌀인 동시에 도정 후 7일간만 판매하는 방식을 취하고 있어 '다양한 품종'과 '생산방식이 특별한 상품' 기준을 만족시킨다.

아주까리 검정밤콩의 경우 '미식 경험을 확장해 주는 상품'의 대표다. 강원도 인제에서 재배되는 친환경 국산 토종콩으로 맛은 밤처럼 고소한 게 특징이다. 아주까리는 한해살이풀인 피마자와 표피가 비슷하다고 해서 붙은 이름이다. 병충해가 많아 재배가 어렵고 모두 수작업으로 선별이 이뤄져 쉽게 접하기 어렵다.

물론 희소가치 상품의 4개 기준만 통과한다고 되는 것은 아니다. 품질 역시 기준이 높다. 7일 향미는 충남 서산 천수만 간석지에서 재배해 찰기가 많은 상등급 쌀이다. 가격 역시 4kg 기준 1만7900원(컬리 기준)으로 일반 쌀보다 비싼 편이다. 아주까리 검정밤콩도 다른 유기농 콩보다 비싼 500g 1만4900원에 판매 중이다.

◆유통업계 철칙 깼다

대형 유통 기업들이 상품을 소싱할 때 가장 먼저 고려하는 항목은 '수급'이다. 안정적으로 상품을 공급할 수 있을 만큼 생산량이 뒷받침돼야 대형 채널에 입점할 수 있다. 다음은 가격이다. 대량 공급이 가능해지면 가격이 떨어진다. 이를 통해 저렴한 가격에 최대한 많은 상품을 판매하는 게 유통의 기본이다.

하지만 컬리는 태생부터 대형 유통 체인의 틈새를 노려 왔다. 아는 사람들 사이에서만 입소문이 났던 '조금 비싸지만 맛있는' 상품을 찾아 대중에게 소개하는 데 강점이 있다. 당장 필요한 상품이 있어 앱에 들어가 구매하는 목적형 소비가 많은 쿠팡과 추천해 주는 새로운 상품을 둘러보고 구매하는 발견형 소비가 많은 컬리는 외형은 비슷하지만 속은 완전히 다른 플랫폼이다.

이런 컬리의 원칙이 가장 잘 드러나는 품목이 희소가치 프로젝트다. 다른 유통 채널에서 보기 어려워 소비자들에게 생소하고 생산량이 적어 싼 가격에 매입도 힘든 희소한 상품들을 적극 발굴하고 있다. 현재 컬리는 약 250여 가지의 희소가치 상품을 판매 중이다. 이 중 1년 내내 판매되는 상품은 거의 없다. 식재료가 시즌의 영향을 많이 받다 보니 2~3주 주기로 상품 교체가 이뤄진다.

[그래픽=비즈워치]

컬리에서 판매 중인 아주까리 검정밤콩 [사진=컬리]

실제로 앞서 언급한 아주까리 검정밤콩의 경우 전국에서 2~3곳의 농가에서만 소량 생산된다. 국내 전체 생산량이 1톤이 되지 않는다. 국내 유통사 중에서도 판매하는 곳이 거의 없고 시골 장터에서만 볼 수 있는 품종이다. 컬리에서도 이달 초 판매를 시작해 4일 만에 품절됐다.

최근 과일 시장에서 불고 있는 '품종' 마케팅 역시 가성비보다 가심비를 추구하는 소비자들의 니즈가 반영된 현상이다. 국내 포도 시장을 뒤흔든 샤인머스캣이 대표적이지만 다른 과일에서도 비슷한 현상이 불고 있다.

만감류의 경우 기존 한라봉 · 황금향 · 레드향 외에도 윈터프린스나 탐라향 등 신품종 귤이 2030을 중심으로 인기를 얻고 있다. 부사가 대부분이던 사과 역시 시나노 골드, 속살이 복숭아처럼 핑크색이어서 '피치애플'로 불리는 엔부 사과 등이 새로운 과일을 찾는 소비자들의 눈길을 끌고 있다.

이런 가심비 마케팅의 또 다른 장점은 충성고객 확보다. 가격보다 품질과 희소성을 중시하는 소비자들은 한 번 만족한 상품을 재구매하는 경우가 많다. 또 다른 추천 상품을 구매하는 비율도 일반 소비자보다 높다. 생산자 입장에서도 인지도가 낮은 신품종 · 희귀품종 상품을 공급 · 판매 이슈 없이 안정적으로 판매할 수 있어 안정적인 운영을 할 수 있다.

컬리 관계자는 "컬리가 희소 품종을 소개하기 전까지 유통사에서 품종별로 상품을 소개하는 일은 거의 없었던 것으로 알고 있다"며 "희소가치 프로젝트를 앞으로 더 발전시켜 나갈 계획"이라고 말했다.

출처: 비즈워치, 2025-02-13

다. 모든 경우에 서비스 가격을 품질의 지표로 사용하는 것이 아니라, 다른 정보의 이용 가능 여부에 따라 달라진다.

우선 고객이 서비스 품질을 알 수 있는 단서들이 많고, 브랜드에 대한 명성 혹은 브랜드 인지도가 높거나, 광고를 통해 기업과 브랜드에 대한 신뢰가 높을 경우 고객은 가격 요인보다는 그 요인들을 통해 서비스의 품질을 평가하게 된다.

반면에 고객이 품질을 확인하기 어렵거나, 서비스의 유형 내에서 품질과 가격이 다양하게 분포할 경우 고객은 가격을 통해 서비스 품질을 평가할 수밖에 없다. 그리고 이렇게 가격을 통해 품질을 평가해야 하는 것이 대부분의 서비스 구매에서 고객이 처한 상황이다. 즉, 다른 정보가 없거나 그 정보를 판단하기 어려우면 고가격과 고품질을 유사하게 인지하는 것이다. 또한 신뢰속성이 강한 서비스(금융, 법률, 의료 등)는 서비스 구매에서 지각된 위험이 커지게 된다. 이때 고객은 가격과 품질의 상관관계를 더욱 강하게 믿게 된다.

고객이 품질의 단서로 가격을 사용하면 할수록 서비스 가격결정은 주의 깊게 이루어져야 한다. 가격은 비용을 포함하고 경쟁자들과 비교하여 우위를 차지할 수 있어야 하고, 적절한 품질신호도 담아야 한다. 즉, 너무 낮게 책정된 가격은 고객이 서비스 품질을 추론하는 데 부정적인 영향을 미칠 가능성이 높으며, 너무 높게 책정된 가격은 고객의 기대를 너무 높이게 되어 서비스 경험 후 불만족을 야기할 가능성이 더 크게 발생할 수도 있다.

제3절 | 서비스 가격결정 방법

가격에 대한 의사결정은 크게 원가중심 가격결정, 경쟁중심 가격결정, 그리고 수요중심 가격결정의 세 가지로 나누어 볼 수 있다. 이들을 각각 살펴보면 다음과 같다.

1. 원가중심 가격결정

원가중심 가격결정(cost-based pricing)은 원자재와 노무비로 직접비용을 산출한 후, 여기에 간접비용과 이익마진을 추가하여 가격을 산정하는 방법이다. 공공서비스, 하청, 도매업, 광고비용 등 관련 산업에서 많이 사용하는 방법이다. 이 결정방법은 다음과 같다.

직접비 + 간접비 + 이익마진 = 가격

직접비는 서비스와 관련된 재료비와 노무비, 간접비는 고정비의 일부분, 이익마진은 총비용(직접비+간접비)의 일정 비율을 의미한다.

원가중심 가격결정 방법은 서비스의 구매단위를 규정하는 것이 어려우며 상품가격을 책정할 때 사용하는 개념인 단위당 가격이 애매모호하다는 단점을 갖는다. 따라서 이 방법은 서비스에서 가격결정을 위해 사용하기에는 몇 가지 문제점을 가진다. **첫째**, 투입단위를 계산하기 어렵다. 서비스 산업의 경우에, 특히 다양한 서비스를 제공할 때 원가를 추적하거나 계산하기 어렵다. 은행에서 창구직원의 서비스 활동(수표 발행, 통장 정리, 저축, 인출 등)에 대해 직원의 각 활동에 대해 투입한 시간을 계산하는 것은 힘든 일이다. **둘째**, 인건비는 자재비보다 가격책정이 어렵다. 즉, 원가를 구성하는 것이 대부분 원자재가 아닌 직원의 시간이며, 이때 시간은 제공자에 따라 시간가치가 다르기 때문에 추정이 어렵다. **셋째**, 원가와 지각가치가 일치하지 않는다. 즉, 실제로 투입되는 서비스 원가가 고객에 대한 서비스 가치를 잘 반영하지 못할 수도 있다. 예를 들어, 100만 원짜리 양복을 수선하는 데 1만 원, 10만 원짜리 양복을 수선하는 데도 1만 원을 받는다고 하자. 수선사는 둘 다 시간이 동일하므로 같은 비용을 받는다고 생각한다. 그러나 고객은 비싼 양복에 대해서는 더 많은 비용을 지불할 용의가 있다는 것과 10만 원짜리 양복을 수선하는 데는 1만 원이 비싸다고 인식할 수 있다는 것을 간과하고 있다.

2. 경쟁중심 가격결정

경쟁중심 가격결정(competition-based pricing) 방법은 동일한 산업이나 시장 내에서 다른 기업 혹은 서비스 제공자가 매기는 가격에 초점을 두는 방법이다. 이 방법은 언제나 다른 기업과 같은 가격을 책정하는 것이 아니라, 다른 기업의 가격을 자사의 가격을 책정하는 데 기준으로 사용하는 것을 의미한다. 이 방법은 공급자 간의 서비스가 표준화되어 있거나, 소수의 대규모 서비스 제공자가 서비스를 제공하는 과점 상황에서 많이 사용되는 방법이다.

이 가격결정 방법을 사용하는 데 몇 가지 문제점이 있다. **첫째**, 소규모 기업에서는 사용하기 어렵다. 작은 규모의 서비스 기업에서는 고가격을 책정할 수 없으며, 반면에 너무 낮은 요금을 사용할 경우 사업에서 살아남기 위한 충분한 마진을 얻을 수가 없게 된다. **둘째**, 서비스 제공자들 간 서비스의 이질성 혹은 다양성으로 인해 경쟁자와 비교하여 가격 수준을 책정하기 어렵다. 은행의 서비스를 비교해 보자. 고객은 은행의 금융서비스를 이용하고자 한다. 그러나 은행별로 비슷하지만 다양한 금융서비스에 대해서 고객은 모든 은행의 서비스를 비교하기 어렵고 그에 따라 경쟁가격을 비교하기 힘들다.

3. 수요중심 가격결정

앞서 설명한 원가중심 가격결정과 경쟁중심 가격결정은 고객의 입장이 아닌 기업 자체 혹은 경쟁자에 기초한 가격결정 방법이다. 이 두 방법은 고객이 준거가격을 갖고 있지 않거나, 비금전적 가격에 민감할 수 있거나, 가격이 품질을 평가하는 기준으로 사용될 수 있다는 것을 고려하지 않고 있다.

수요중심 가격결정(demand-based pricing)은 수요에 기초한 가격결정 방법으로 가격을 고객의 지각된 가치(perceived value)와 부합하는 가격결정 방법을 말한다. 즉, 가격을 서비스 제공자가 제공하는 서비스에 대해 고객이 얼마나 지불하려고 하는지에 근거하여 가격을 책정하는 방법이다.

수요중심 가격결정이 다른 가격결정과 구분되는 것은 금전비용과 고객이 얻고자 하는 편익이 고객의 지각된 가치를 계산하는 데 고려한다는 것이다. 고객이 서비스를 제공받는 데 사용되는 비금전적 비용(시간비용, 탐색비용, 편의비용, 심리적 비용)이 투입된다면 금전비용은 이를 보상하는 쪽으로 결정되어야 한다. 즉, 고객이 비금전적 비용을 줄이고자 한다면 금전비용이 올라가도 충분히 감수할 수 있을 것이며, 그에 따라 고가격을 책정할 수 있는 것이다.

수요중심 가격결정을 이해하기 위해서는 고객의 지각된 가치(perceived value)가 무엇인지를 살펴볼 필요가 있다. Zeithaml이 제시한 4개의 가치를 정의한 내용을 살펴보자.

- **가치는 낮은 가격이다**(Value is low price) : 이것은 금전적 비용에 초점을 맞춘 것으로, 고객이 가치를 지각할 때 포기해야 하는 것 중에서 돈이 가장 중요한 요소임을 보여준다. 고객들은 가장 저렴한 것을 구매함으로써 가치를 획득한다.
- **가치는 서비스에서 고객이 얻고자 하는 모든 것이다**(Value is whatever I want in a service) : 이 관점은 고객이 지불하는(혹은 포기하는) 돈에 초점을 맞추기보다는 획득하는 혜택(편익)에 초점을 맞춘다. 이 가치 정의에서 고객은 원하는 품질의 서비스를 얻는 데 비해 가격은 덜 중요하게 고려한다.
- **가치는 고객이 지불한 가격 대신 받는 품질이다**(Value is the quality I get for the price I pay) : 이 관점은 가치는 고객이 포기한 돈(가격)과 얻게 되는 품질과의 상쇄관계(trade off)를 의미하는 것으로, 고객이 준 만큼 받았다고 믿으면 만족하게 된다. 고객은 최상의 품질을 원하는 것은 아니고, 일정 수준 이상의 품질을 적정한(혹은 저렴한) 가격에 획득하는 것을 중요하게 고려한다.
- **가치는 고객이 주는 것에 대해 받는 것이다**(Value is what I get for what I give) : 고객이 가치를 설명할 때 모든 요소(금전적 · 비금전적 비용)뿐만 아니라 그들이 받게 되는 혜택을 고려하여 얻게 되는 것을 의미한다. 예를 들어, 미용서비스를 이용한 고객이 생각하는 가치는 자신이 지불한 비용 · 시간 등을 통해 얻게 되는 아름다운 외모가 된다.

Service Issue

高물가에 '땡처리' 몰려 … 유통업계 '마감할인 상품' 불황속 성장

현대百, 마감시간 매출 30% 늘어
롯데마트–이마트도 전년보다 증가
편의점 업계도 폐기 직전 상품 할인
"구매자 60%, 가격 민감한 젊은층"

마감 '땡처리' 제품 인기 자료: 각사

- **롯데마트 오후 6~11시**
  지난해 하반기 제타플렉스 잠실점 마감 매출 전년 동기 대비 **10%** 상승
- **이마트 오후 8~11시**
  올해 1월 방문·구매 고객 수 전년 동기 대비 **6%** 증가
- **현대백화점 오후 5~8시, 8시 30분**
  연초부터 이달 5일까지 F&B 마감 매출 전년 대비 **30.4%** 증가

경기 고양시에 거주하는 주부 안모 씨(61)는 최근 들어 마감 할인 상품을 구하기 위해 오후 7시 이후에 장을 본다. 이전까진 오후 6시 저녁 식사를 위해 5시쯤 마트를 들렀지만 먹거리 물가가 급속히 오르면서 조금이라도 장바구니 부담을 줄이기 위해 저녁 시간을 미뤘다. 안 씨는 "생활비 압박이 심해져 가족들에게 양해를 구하고 저녁 식사 시간을 오후 8시 정도로 미뤘다"며 "마감 상품은 할인 폭이 큰 편이어서 이전보다 장 보는 비용은 줄었다"고 말했다.

장바구니 물가 인상이 이어지며 마감 할인 '땡처리' 상품이 식품을 중심으로 인기를 끌고 있다. 대형 마트와 백화점 등 유통업체들은 신선식품 델리 등 유통기한이 있는 식음료(F&B) 상품을 매장 마감 2~3시간 전부터 할인해 판매하는데 먹거리 가격 부담이 커지며 마감 할인을 노리는 소비자가 늘어났기 때문이다.

6일 롯데마트에 따르면 지난해 하반기(7~12월) 서울 송파구 제타플렉스 잠실점 야간 세일 시간(오후 6~11시) 매출은 전년 동기 대비 10% 올랐다. 특히 델리 상품의 경우엔 오후 6시 이후 매출 증가율이 약 15%로 다른 시간대 델리 매출 증가율(5%)보다 3배 높았다. 현대백화점의 올해 1월부터 이달 5일까지 마감 할인 시간대(오후 5시 이후)의 F&B 매출도 30.4% 늘었다.

마감 할인 상품을 찾는 이들이 늘면서 방문객 수도 증가했다. 이마트는 올해 1월 마감 할인 시간대인 오후 8~11시 방문·구매 고객 수가 전년 동기 대비 6% 늘었다고 밝혔다. 이마트 관계자는 "마감 할인율이 높은 구이용 생선, 생선회, 안주류 매출이 최대 20% 넘게 올랐다"고 말했다.

마감 할인에 대한 수요가 늘면서 편의점 업계도 소비기한이 다 돼 가는 폐기 직전 상품을 마감 세일 명목으로 할인 판매하고 있다. GS25는 2023년 11월 소비기한이 3시간 이하로 남은 FF 상품(김밥, 도시락 등)을 최대 45%까지 할인하는 마감 할인 서비스를 시범 론칭했다. GS25에 따르면 마감 할인 서비스를 시작한 2023년 12월부터 지난해 말까지 관련 상품 누적 판매량은 52만 개를 넘겼다. GS25 관계자는 "서비스 이용자 연령대 중 60%가량이 2030일 정도로 가격에 민감한 젊은 소비자들에게 호응이 좋다"며 "고물가 속 할인 수요가 증가하는 만큼 서비스 고도화 등에 주력할 예정"이라고 했다. 앞서 세븐일레븐은 2020년부터 점주가 자율로 폐기가 임박한 상품을 지정해 판매할 수 있는 서비스를 운영 중이다.

전문가들은 고물가 추이가 이어지며 가격에 민감해진 소비자들을 중심으로 마감 할인 수요가 확대될 것으로 보고 있다. 이은희 인하대 소비자학과 교수는 "마감 상품 인기 현상은 경기가 좋지 않을 때 나타나는 전형적인 '불황형 소비'라며 "불경기가 이어지는 데다 소셜미디어의 발달로 할인 정보를 찾기가 더 쉬워져 당분간 마감 할인 상품 인기는 이어질 것"이라고 전망했다.

출처: 동아일보, 2025-02-07

제4절 | 서비스 가격결정 전략

1. 저가격 전략

1.1 할인

가격할인은 정기적 가격할인과 비정기적 가격할인으로 나눌 수 있다. 정기적 가격할인(periodic discounts)은 일정한 주기에 따라 가격할인을 시행하는 전략을 말한다. 예를 들면 백화점 정기세일이나 비수기의 항공요금 혹은 철 지난 의류의 할인가격 등이 이에 포함된다. 소비자들은 언제 가격할인이 일어날지 예상할 수 있으며 따라서 가격할인이 일어나는 시기에 맞추어 구매를 계획할 수 있다. 반면에 비정기적 가격할인(random discounts)은 가격할인이 비정기적으로 발생하기 때문에 소비자들은 언제 가격할인의 혜택을 누릴 수 있을지 예측할 수 없다. 따라서 소비자들은 때때로 예상치 못한 가격할인을 접하기도 한다. 이런 낮은 예측성으로 인해 가격할인에 따른 만족도가 정기적 가격할인보다 높다.

1.2 단수가격

단수가격(odd pricing)은 서비스의 가격을 정가보다 약간 낮은 금액으로 책정함으로써 고객이 낮은 가격으로 구매했다고 지각하는 방법을 말한다. 예를 들어, 100만 원의 가격을 99만 9천 원으로 할인하여 실제 할인금액은 천 원에 불과하지만 고객들은 90만 원대의 가격으로 지각하도록 유도하는 전략이다. 단수가격 전략에서는 주로 가격의 끝자리를 홀수로 처리하는 것이 일반적이다.

단수가격전략은 고객에게 실제 할인금액보다 더 크게 가격할인을 인식하게 한다

1.3 일치가격

일치가격(syncro-pricing)은 고객의 가격민감도를 이용하여 서비스의 수요를 가격으로 조절하는 방법이다. 항공기, 호텔, 공연장 등과 같은 서비스는 성수기 혹은 시간대별

로 수요가 달라진다. 따라서 수요를 분산시키고 비수기 수요를 확보하기 위해 가격책정을 할 필요가 있다. 장소별 차이(공연장, 경기장의 좌석별 가격차), 시간별 차이(항공기의 성수기와 비수기), 구매량별 차이(대량구매자, 패키지 구매자, 단체 구매 등), 인센티브 차이(현재 고객에게 저가 제시를 통한 단골고객 만들기) 등을 통해 수요를 조절할 수 있다.

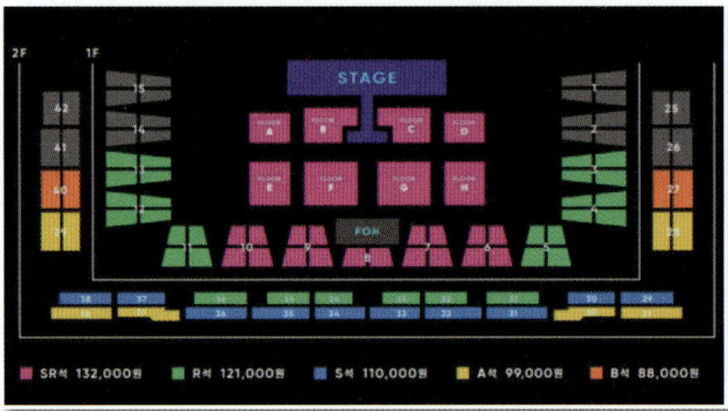

좌석별 가격차별화를 통해 수요를 분산시킬 수 있다

1.4 진입가격

진입가격(penetration pricing)은 경쟁자보다 낮은 가격으로 자사의 상품이나 서비스를 시장에 출시하는 전략이다. 진입가격 전략의 목적은 낮은 가격으로 시장수요를 자극하고 빠른 시간 내에 많은 매출과 수익을 확보하려는 데 있다. 예를 들어, 신규개업을 하는 헬스클럽의 경우 초기 회원에게 회원권 반값 할인을 제공함으로써 소비를 유인할 수 있다. 즉, 진입가격 전략은 해당 상품이나 서비스에 대한 가격 탄성률이 높을 때 효과적인 전략이다. 또한 이 전략은 자사의 상품이나 서비스가 가격을 제외한 다른 속성에서 경쟁적 우위를 지니고 있지 못한 경우에 주로 사용한다. 즉, 저렴한 가격만이 경쟁적 우위가 될 수 있는 경우에 주로 사용한다.

2. 고가격 전략

2.1 프리미엄 가격

프리미엄 가격(premium pricing)은 자사의 상품을 경쟁사의 가격보다 높은 가격으로 판매하는 전략을 말한다. 이 전략은 일반적으로 모든 비가격 속성(non-price attributes)에서 경쟁적 우위를 지니고 있을 때 사용한다. 특히, 이 전략은 고품질을 추구하거나 자신이 상류층 혹은 지위가 높다는 것을 보여주고 싶어하는 고객들을 대상으로 서비스를 제공하는 기업에서 효과적으로 사용하는 방법이다. 고객들이 고가의 서비스를 이용하면서 특혜를 받는다고 인식하는 것으로, 가격이 오를수록 수요가 증가하는 현상이 나타날 수도 있다.

에어프랑스의 10,000달러짜리 La Premiere 편도의 개인전용 스위트

2.2 초기 고가격

초기 고가격(cream skimming pricing)은 상품수명주기의 초기 단계(도입기)에서 상품을 판매할 때 사용되는 전략으로서 신상품을 고가격에 판매하는 전략을 말한다. 상품수명주기의 초반에 신상품을 구매하는 소비자들은 가격 민감도가 낮고, 상품에 대한 관심과 관여도가 높으며, 고가격을 지불하려는 성향이 있으며, 위험도를 감수하려는 특성을 지니고 있다. 새로운 상품과 서비스를 먼저 구매하고 사용해 보고자 하는 초기 구매자(early adopter)를 겨냥할 때 효과적으로 이용할 수 있다.

3. 차별화 가격 전략

3.1 가치가격

고객은 자신이 지불한 가격수준에 적합한 품질을 받기를 기대한다. 따라서 기업은 고객이 바라는 적합한 수준의 품질을 제공하면서 이익을 얻을 수 있다. 즉, 가치가격(value pricing)은 보다 적은 손실로 보다 많은 이익을 얻는 것을 의미하는 것으로 서비스 제공 시 쓸모없는 서비스를 최대한 줄여서 값싸게 서비스를 제공하는 것을 말한다. 사우스웨스트항공이 기내서비스를 줄이는 대신, 빈번한 출발과 정시 도착 등의 서비스를 제공하면서 낮은 가격을 책정하는 것이 여기에 속한다. 이 가격책정은 무작정 가격을 내리는 것이 아니라 핵심서비스를 제공하면서도 저가격으로 다른 경쟁사와 차별화하는 것이다. 또 한 가지 사우스웨스트항공의 성공전략은 운항 노선의 조정이다. 대부분의 항공사가 채택하고 있는 Hub-and-Spoke 전략 대신 Point-to-Point를 사용했다. 아래의 그림과 같이 Hub는 큰 공항을 말한다. 큰 공항이 입출입 시 시간이 오래 걸리는 데 반해, 작은 공항을 연결하는 Point-to-Point 노선 조정은 그 시간이 줄어 비즈니스 이용객들에게 선호가 높았기 때문이다. 아래의 그림은 두 노선 조정방법을 도식화한 것이다.

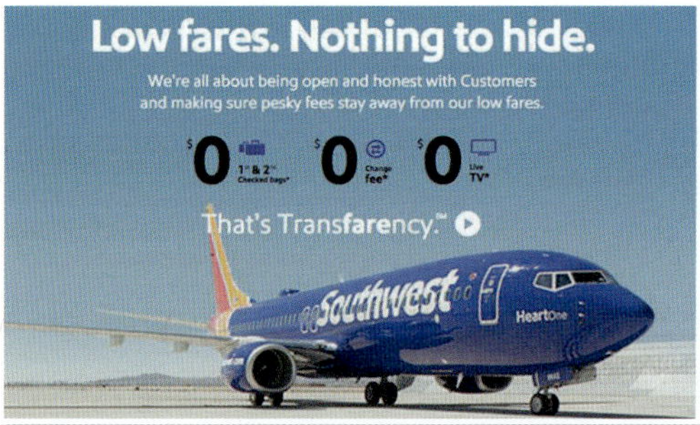

사우스웨스트항공은 항공사의 핵심 서비스인 출도착의 정확성을 중심으로 저가전략을 추구하였다

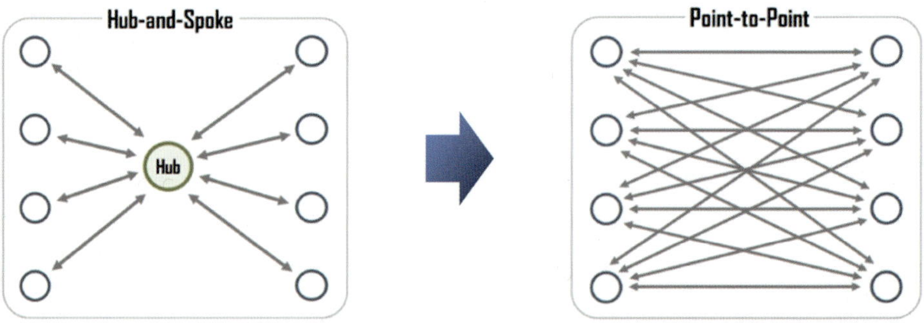

3.2 세분시장가격

세분시장가격(market segmentation pricing)은 고객 집단별로 제공하는 서비스의 원가에 차이가 없더라도, 서비스 품질을 다르게 지각하는 고객 집단별로 다른 가격을 책정하는 전략을 말한다. 이 가격 책정방법은 세분시장별로 수요의 가격탄력성과 희망 품질수준이 다르다는 것을 기본으로 하여 이루어진다. 예를 들어, 학교 근처의 헬스클럽에서 일반인들에게는 정가를 받는 대신에, 학생은 가격 민감도가 크고 정가를 지불하기 어렵다고 판단해서 학생증을 제시할 경우 가격을 할인해 주는 것이다. 대신에 헬스클럽 이용고객이 적은 시간에 이용한다는 조건을 달 수 있다. 이때 중요한 것은 세분시장별로 재판매를 할 수 없게 해야 한다. 학생할인가를 일반인에게 판매하여 이익을 보면 세분시장가격의 실효성이 떨어진다.

4. 결합가격 전략

4.1 묶음가격

묶음가격(bundle pricing)은 특정한 단일 상품에 대한 가격전략이 아니라 여러 가지 상품의 묶음에 대한 가격전략이다. 묶음가격 전략의 이점은 단일 상품을 각각 구매하는 것보다 묶음으로 구매하는 것이 보다 저렴한 가격을 제공한다는 것이다. 예를 들면 번들가격 전략은 야구경기의 시즌 티켓, 헬스클럽 프로그램 혹은 자동차의 옵션 패키지 등을 포함한다. 이는 묶음에 포함되는 상품들이 대체재가 아니고 서로 함께 사용함으로써 그 효용을 높일 수 있는 보완재일 경우에 사용된다. 또한 번들가격 결정은 단 한 번의 판매 기회만이 존재할 때 사용되기도 한다. 예를 들면 자동차를 판매할 때 고객이 추가적인 옵션을 구매하기 위하여 자동차 매장을 재방문할지 여부가 불확실할 때 이 옵션들의 판매를 위하여 사용한다.

묶음가격을 시행하기 위한 묶음화 방법은 세 가지로 나눌 수 있다. **첫째**, 혼합묶음화(mixed bundling)이다. 이 방법은 고객이 서비스를 개별적으로 혹은 묶음으로 구매할 수 있지만, 묶음 구매를 할 경우에만 가격할인을 제공하는 것이다. 예를 들어 헬스, 수영, 요가 프로그램을 개별적으로 구매할 경우 각각 5만 원이지만 세 개를 동시에 구매하면 10만 원을 지불할 수 있게 하는 판매전략이 여기에 속한다. **둘째**, 혼합-선도 묶음화(mixed-leader bundling)이다. 이 방법은 처음 서비스를 정상가격으로 구매하였다면 다른 서비스는 가격할인을 받게 되는 것이다. 예를 들어, 헬스이용권을 정가에 구매했다면 추가적으로 요가 강습을 구매할 때 할인을 받는 것이다. **셋째**, 혼합-결합 묶음화(mixed joint bundling)이다. 이 방법은 두 가지 서비스를 묶어서 1개의 세트로 단일가격을 책정하는 것이다.

4.2 보완가격

대표적인 포로가격의 예로는 면도기를 들 수 있다. 면도기를 지속적으로 사용하기 위해서 소비자는 면도날을 계속 구매해야 한다

보완가격(complementary pricing)은 포로가격, 이분가격, 미끼가격의 전략들을 이용하여 가격을 책정하는 방법이다. 포로가격(captive pricing)은 기본적인 서비스는 제공하고, 그 서비스를 지속적으로 사용하도록 하기 위해 주변 서비스나 소모품에 가격을 부담하는 방법이다. 케이블TV 설치비용을 무료로 하는 대신에 수신료를 부과하는 것이 여기에 속한다. 이 가격방법은 고정비용과 변동비용으로 구분할 수 있으므로 이분가격(two-part pricing)이라고도 한다. 반면에 미끼가격(loss leadership)은 소매점에서 많이 이용하는 방법으로 친숙한 서비스에 대해서 가격을 낮춰 수요를 유인한 후 다른 서비스를 고가로 책정하는 방법이다.

4.3 결과중심가격

결과중심가격(results-based pricing)은 서비스를 제공한 후 결과에 기초하여 가격을 책정하는 방법이다. 이는 결과가 중요하지만 불확실한 산업의 경우 사용할 수 있는 방법으로 법률서비스에서 승소, 회계서비스에의 세금 절감, 영화산업에서의 흥행 등이 가격책정의 가치로 판단된다.

Review Case

불황형 소비시대 … 저렴하거나 대용량이거나

계속되는 불황 속 소비자들은 다양한 방법으로 실속 소비법을 찾아낸다. '실속'이 있어야 지갑이 열리는 시대다.

계속되는 불황 속에서 소비자들은 품질과 스타일을 유지하면서도 비용을 절감할 수 있는 실속 소비법을 찾아내고 있다. 소셜미디어에는 '저렴이', '보급형', '대용량'이라는 해시태그(#)로 보물찾기하듯 찾아낸 가성비 상품이나 알뜰살뜰 살림법이 활발하게 공유되고 있다. 어쩔 수 없는 일이다. 세상은 내 지갑 사정을 좀처럼 이해해 주지 않으니 말이다.

◆거품 제거한 화장품, 뷰티 공식을 새로 쓰다

최근 '실속 소비'로 급격한 변화의 바람이 부는 분야는 화장품이다. 화장품은 생활필수 소비재지만 '럭셔리'라고 불리는 유명 브랜드들이 고급 포장과 희귀 성분, 기능성을 강조하고 화려한 마케팅을 더해 높은 가격을 유지해 왔다. '비싼 것이 피부에도 좋을 것'이라는 뿌리 깊은 인식이 흔들리고 있다.

화장품 소비 트렌드 변화의 결정적인 지점에 '다이소 화장품'이 있다. 1000원에서 최대 5000원까지 '균일가 정책'을 고수해 온 아성다이소는 2022년 4월 네이처리퍼블릭

생활 필수 소비재 화장품, 사람들은 이제 '고급'이 아닌 '실용'을 외친다.

의 '식물원'을 시작으로 브랜드 화장품 입점을 본격적으로 늘리기 시작했다.

'5000원짜리 화장품을 내 소중한 피부에 발라도 될까?' 다이소 화장품을 집었다, 놓았다 망설이는 풍경은 이내 '품절'이라는 안내문 앞에서 못내 아쉬워하는 장면으로 전환됐다. 일부 다이소 화장품의 효능이 입소문을 타고 '다이소 추천템'으로 회자되며 '오픈런' 시대가 펼쳐진 것이다. 다이소 관계자에 따르면 2024년 12월 기준 60여 개 화장품 브랜드가 다이소에 입점해 있다. 최근에는 색조 명가로 유명한 '에뛰드'가 입점 소식을 알리면서 '뷰덕'(뷰티 마니아)들을 설레게 하고 있다.

아성다이소는 지난 2022년 4월 네이처리퍼블릭의 '식물원'을 시작으로 본격적으로 브랜드 화장품 입점을 늘렸고 현재 60여 개 화장품 브랜드가 입점해 있다. 사진 다이소 홈플러스상봉점의 '브랜드 전용 쇼룸'

다이소 화장품 코너는 LG생활건강, 애경산업 등 전문 코스메틱 대기업과 정샘물,

조성아 등 유명 메이크업 아티스트가 론칭한 화장품 그리고 신생 로드숍의 상품까지 입점하며 '코스메틱 각축장'이 되고 있다.

"다이소 화장품인 VT 리들샷, pdrn 세럼, 메디필 랩핑 마스크. 총금액 1만1000원에 피부과 물광주사 500대 맞은 피부가 된다." 최근 뷰티 인플루언서 '도로로'가 언급한 이른바 '물광 레시피'가 화제를 모으며 세 상품 모두 품절 사태를 빚었다. 일부 소비자들은 "지금까지 화장품에 비싼 돈 쓴 것에 배신감마저 든다"며 성토하는 분위기다.

기존 화장품 가격을 생각하면 과연 다이소 화장품이 '남는 장사'인지 의구심이 든다. 다이소 측은 불필요한 포장을 최소화하고 디자인을 단순화하는 것이 '균일가의 비결'이라고 밝힌다.

"VT 리들샷의 경우 로드숍에 입점된 상품과 주요 성분은 같고 배합 비율이 다릅니다. 균일가에 맞춰 선보이기 위해 용량을 다르게 만들거나 패키지를 최소화하는 등 노력하고 있어요."

화장품 용기 디자인을 간소화해 불필요한 부분을 덜어내면서 가성비와 품질을 다 잡은 '실용적인' 화장품이 탄생된다. [사진=한국 콜마]

'다이소 추천템' 중 하나인 '메디필 물광 리프팅 랩핑 마스크'를 제조하는 한국콜마는 "최근 화장품 업체들의 다이소용 화장품 개발 문의가 늘고 있다"며 "가격이 합리적이면서도 트렌드에 맞는 상품을 개발하는 데 가장 주안점을 두고 있다"고 설명했다.

유명 연예인을 광고 모델로 섭외하는 마케팅과 광고 비용이 빠지는 것도 화장품 가격 혁명의 요인이다. 대신 광고료 대비 젊은 소비자들 사이에서 영향력이 큰 뷰티 인플루언서 마케팅이 강화되고 있다는 것이 업계의 설명이다. 다이소와 더불어 '라방'이라고 불리는 라이브커머스가 새로운 유통 채널로 떠오른 것도 화장품 가격 거품을 빼는 데 한몫했다.

언제까지 균일가 정책을 고수할 수 있을지 다이소 측에 물었다. "10만 명에게 10% 이익을 남기기보다는 100만 명의 선택을 받는 것을 택했다. 원자재비 상승, 인건비 상승 등 어려운 상황이지만 좋은 상품을 만들어 '균일가'를 계속 지켜 나갈 것"이라는 답변이 돌아왔다.

대용량 위주로 파는 B2B 식자재몰은 점차 개인 회원이 늘고 있다. 용량 대비 저렴한 가격대의 상품을 '쟁이기'용으로 구매하는 사람들이 늘면서다. [사진=푸디스트]

◆더 저렴하게 더 실속 있게 '대용량' 소비법

"유리병에 든 파스타 소스는 개봉한 후 빨리 먹지 않으면 곰팡이가 피기 일쑤예요. 저는 아예 대용량 파우치에 담긴 소스를 삽니다. 지퍼백에 나눠 담은 뒤 그대로 냉동하면 오래 두고 쓰기 좋아요."

4인 가족 김서진 씨가 애용하는 파스타 소스 대용량 쟁이기 노하우다. 더는 아끼기 쉽지 않아 보였던 식료품, 생필품 장보기에도 틈새 절약 전략이 먹히고 있다. 만두, 치킨너깃 등 인기 대기업 상품을 납품하는 제조사를 찾아내 '대기업 유통 거품'이 빠진 동일 상품을 저렴하게 구입하는 것이다. 실속을 챙기는 고객이 늘다 보니 식당이나 단체급식 업체가 주 고객층이었던 B2B 식자재 유통 업체에도 변화가 생겼다.

'식자재왕몰'을 운영 중인 푸디스트는 "2024년 말 기준 전체 회원 중 약 80%가 개인회원(일반 소비자)"이라며 "2022년 대비 2024년 개인회원이 약 30% 증가했다"고 밝혔다. 고물가로 인한 가성비, 대용량 상품을 찾는 개인 소비자가 늘고 있다는 판단이다. 푸디스트는 매년 증가 추세인 개인 소비자들을 위한 '오늘 배송 서비스' 외에도 1인 가구를 위해 기존 대용량 상품에서 용량을 절반가량 줄인 소포장 PB 상품을 점차 늘릴 계획이라고 전했다.

송대빈 푸디스트 마트사업부장은 "고물가 · 고환율 · 고금리 3고 시대에 접어들며 B2B 유통 업체인 식자재 마트에서도 가성비가 우수한 대용량 상품을 찾는 일반 소비자가 늘고 있음을 체감한다"며 "특히 소비기한이 긴 냉동식품(돈가스, 만두 등)을 많이 찾고 있으며, 샐러드 소비가 늘면서 대용량 파우치형 드레싱도 인기를 끌고 있다"고 말했다.

과다 재고품과 유통기한 임박 상품을 저렴한 가격에 유통하는 임박상품몰에도 소비자들의 발길이 이어지고 있다. 임박상품몰 '이유몰'은 2023년 대비 2024년 매출이 120% 성장해 '불황 중 선방'이라고 자평한다. 가장 인기 있는 품목은 생필품이다. 유통기한에 비교적 덜 민감하며 쟁였다가 쓰기 좋은 욕실 · 주방용품, 1 *l* 이상의 대용량 상품이 인기다. 특히 오전 11시 새 상품이 업데이트되는 '아수라장' 코너에는 저렴한 '신상'을 구매하기 위해 고객 수천 명이 동시 접속해 그야말로 아수라장이 펼쳐진다.

장규식 이유몰 이사는 "특히 재구매 고객이 많다"며 "한 번 써 보면 더는 여느 마트에서 제값 주고는 못 살 것 같다는 고객평이 대부분"이라고 말했다.

◆젊은층이 더욱 적극적인 합리 소비

의류 소비에도 합리적인 가격대에 넓은 상품군을 선보이는 SPA(제조 · 유통 일원화로 합리적인 가격을 유지하는 상품) 브랜드가 인기의 정점을 찍고 있다. 젊은 소비자일수록 브랜드보다 실속 소비를 우선시하고 있다. SPA 브랜드에 대한 인식도 좋다. 지난해 오픈서베이가 6개월 이내 SPA 브랜드 의류를 구매한 19~29세 남녀 800명을 대상으로 고객 만족도(5점 만점)를 조사한 결과 무신사 스탠다드(4.11점), 스파오(4.02점), 에잇세컨즈(4.01점) 등 국내 브랜드가 4점 이상을 받았다. '탑텐', '스파오', '에잇세컨즈' 모두 매출 상승세가 이어지면서 매장도 꾸준히 확대되고 있다. 실속 있는 가격으로 최

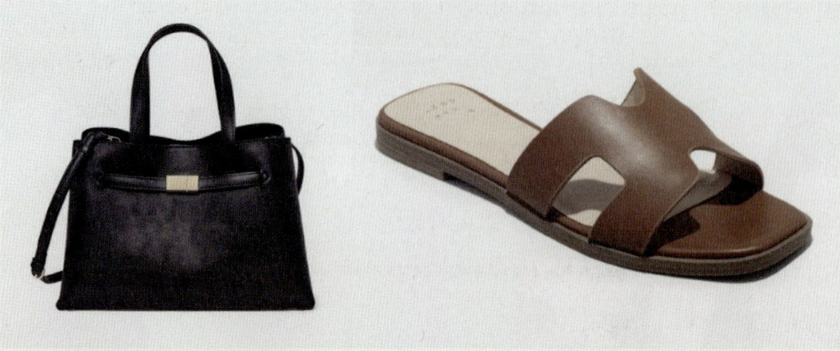

해외에서는 고가의 인기 상품 디자인을 따라한 '듀프(dupe)' 상품이 '합리적인 소비'로 뜨고 있다. 럭셔리 브랜드 에르메스의 버킨백과 이즈미르 샌들 슬리퍼의 듀프 상품. [사진=월마트(WalMart) 홈페이지]

신 트렌드가 가미된 옷을 살 수 있다는 점이 SPA 브랜드의 가장 큰 장점으로 꼽힌다.

해외에서는 '보급형' '저렴이' 개념을 넘어 고가의 인기 상품을 그대로 따라 한 '듀프(dupe)' 상품이 뜨고 있다. 지난해 8월 미국 월마트가 출시한 에르메스 버킨백을 빼닮은 80달러대(약 10만 원) '워킨백(Wirkinbag)'은 순식간에 매진됐다. 다이슨 에어랩, 룰루레몬 레깅스, 아디다스 삼바, 스탠리 텀블러 등 뷰티, 패션에서 전자제품까지 여러 상품군에서 듀프 상품이 출시되고 있다.

듀프 상품은 '짝퉁'이라는 부정적인 인식에서 벗어나 주체적인 소비문화로 자리 잡으며 '더 적은 비용으로 고가 상품의 외형을 얻는' 합리적인 소비의 영역이 됐다. 영상 소셜미디어인 틱톡에 "I found the perfect dupe"를 입력하면 수십만 개 관련 영상이 뜬다. 인기 영상은 억대 조회 수를 기록하고 있다. 매력적인 듀프 상품을 찾고 공유하는 것이 당당한 놀이문화가 됐다.

영국 매체 가디언은 이런 현상에 대해 "'모조품(knockoff)'으로 여겨졌던 상품들이 이제는 소비자들 사이에서 합리적인 대안으로 받아들여지고 있으며, 이는 고급 브랜드의 가격 정책과 가치 제안에 관한 생각거리를 던져준 셈"이라고 분석했다. '비싸야 잘 팔린다'는 명품 방정식의 시대는 불황 속에서 저물어가고 있는 것일까?

출처: 경향신문, 2025-02-15

제 11 장

서비스 촉진관리

제1절 통합적 마케팅 커뮤니케이션

제2절 광고

제3절 판매촉진

제4절 PR

제5절 인적판매

Opening Case

"핵심 정보만 빠르게 쏙쏙" … 홈쇼핑, '숏폼'으로 고객층 확장 해법 찾는다

롯데홈쇼핑 숏핑 도입 이후 재생수 300만 건 · 구매 고객 2배 증가
공영홈쇼핑 · GS샵 · CJ온스타일 · 쇼핑엔티 등 숏폼 고객 접근성 ↑
"짧은 영상으로 핵심 정보만 얻는 효율성 따지는 MZ세대 공략"

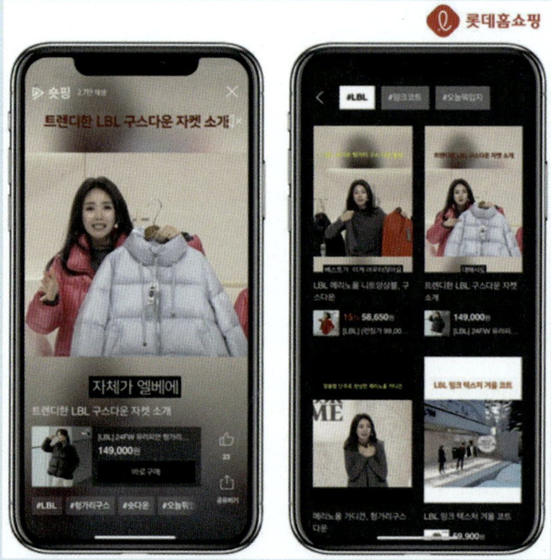

롯데홈쇼핑은 지난해 6월 모바일 앱에 '시간 절약+큰 혜택'의 의미를 담은 '숏핑' 서비스를 신설한 이후 숏폼 효과를 톡톡히 보고 있다. 서비스 오픈 이후 현재까지 누적 사용자 수는 80만 명을 돌파했으며, 누적 재생 수는 300만 건에 달하는 것으로 나타났다. [사진=롯데홈쇼핑]

최근 짧은 영상 콘텐츠인 숏폼(short form)이 대세로 자리매김하고 있는 가운데, 시간 대비 효율을 중요시하는 추세가 지속됨에 따라 홈쇼핑 업계도 숏폼 서비스를 활용해 경쟁력을 키워 나가고 있다.

장시간 진행되는 홈쇼핑이나 라이브 커머스와는 다르게 숏폼 콘텐츠는 빠른 시간 안에 핵심적인 정보 습득과 재미를 제공한다는 이점이 있다.

CJ ENM의 디지털 마케팅 기업 메조미디어가 발행한 '2025 트렌드 리포트'에서는 올해 눈여겨봐

야 할 국내외 광고 시장 4대 트렌드 중 하나로 숏폼 커머스를 꼽았다.

숏폼 커머스는 광고시장의 성장 동력으로 주목받을 것으로 전망됐다. 짧고 강렬한 영상으로 소비자에게 상품 구매를 유도하며 유튜브, 틱톡, 인스타그램 등 주요 플랫폼의 성장 축으로 부상하고 있다는 설명이다. 실제로, 만 15~59세 남녀 1000명의 미디어 이용 행태를 조사해 발표한 결과를 보면 한국인의 일평균 숏폼 시청 시간은 44분으로 나타났다.

롯데홈쇼핑은 지난해 6월 모바일 앱에 '시간 절약+큰 혜택'의 의미를 담은 '숏핑' 서비스를 신설한 이후 숏폼 효과를 톡톡히 보고 있다. 롯데홈쇼핑은 60분 분량의 TV홈쇼핑 인기 방송, 히트상품 방송을 30초로 압축한 콘텐츠를 선보이고 있다. 소비자는 간단하게 위아래로 화면을 쓸어 1분 안에 10개 이상의 상품 영상을 살펴볼 수 있다.

서비스 오픈 이후 현재까지 누적 사용자 수는 80만 명을 돌파했으며, 누적 재생 수는 300만 건에 달하는 것으로 나타났다. 영상을 시청하다 상품 링크를 클릭해 구매하는 고객은 출시월과 비교해 지난해 12월 기준 2배가량 증가했다. 앱 체류시간도 20% 늘었다.

롯데홈쇼핑은 지난해 10월 영상 속 음성과 시각 정보를 AI가 분석해 자동으로 숏폼을 제작하는 시스템도 도입했다. 이후 매달 제작할 수 있는 숏폼 콘텐츠 수는 기존 대비 7배 이상 늘었고, 제작시간은 절반으로 줄었다.

AI로 제작한 숏폼 콘텐츠는 수작업으로 편집한 영상과 비교해 상품 구매로 이어지는 비율도 2배 이상 높았다. 앞으로도 상품 등록, 콘텐츠 업로드 등 숏폼 운영의 모든 영역을 자동화해 매달 600건 이상의 신규 콘텐츠를 선보일 예정이라고 회사 측은 설명했다.

공영홈쇼핑은 최근 모바일 앱 메인화면에 숏폼 전용 콘텐츠관인 '숏찜' 서비스를 오픈했다. '쇼핑의 재미를 찜하다'라는 의미의 '숏찜'은 모바일 라이브커머스 '공영라방'과 유튜브 콘텐츠 커머스 영상의 하이라이트를 비롯해 소비자들의 동영상 상품평 등도 만나볼 수 있다. [사진=공영홈쇼핑]

공영홈쇼핑은 최근 모바일 앱 메인화면에 숏폼 전용 콘텐츠관인 '숏찜' 서비스를 오픈했다. '쇼핑의 재미를 찜하다'라는 의미의 '숏찜'은 모바일 라이브커머스 '공영라방'과 유튜브 콘텐츠 커머스 영상의 하이라이트를 비롯해 소비자들의 동영상 상품평 등도 만나볼 수 있다. 하단 구매창을 통해 바로 상품 구매도 가능하다.

GS샵은 2023년 연말부터 TV홈쇼핑과 라이브 커머스 채널에서 송출된 상품 판매 영상을 1분 이내로 편집해 보여 주는 숏폼 콘텐츠 '숏픽'을 오픈했다. 오픈 6개월 만에 전체 누적 페이지뷰가 1억 뷰를 넘어섰다.

GS샵은 상품을 찾을 때 검색창을 이용했던 기존의 방법과 달리, 숏픽이 생긴 후로 숏폼 콘텐츠를 시청하며 상품을 탐색하는 방식으로 바뀌고 있다고 설명했다.

NS홈쇼핑은 유튜브 채널에 '라방' 콘텐츠를 위주로 숏폼을 올리고 있다. 주력 고객층인 액티브 시니어 세대의 디지털 전환에 맞춰 5060팬덤 구축을 위한 유튜브 콘텐츠 제작을 강화했고, 2023년 유튜브 수익 창출에 성공했다.

CJ온스타일은 숏츠를 통한 고객 유입이 증가함에 따라, 모바일 앱 최상단에 숏츠탭을 신설해 고객 접근성을 높이고 관련 콘텐츠를 대거 늘렸다. [사진=CJ온스타일]

CJ온스타일은 지난해 4월 모바일 앱을 대대적으로 개편하며 TV와 모바일을 아우르는 영상 쇼핑 플랫폼을 표방하고 있다.

숏츠를 통한 고객 유입이 증가함에 따라, 모바일 앱 최상단에 숏츠탭을 신설해 고객 접근성을 높이고 관련 콘텐츠를 대거 늘렸다. 상품 판매와 연계된 사업부마다 직접 숏츠 제작을 맡아 상품 특징을 가장 잘 살릴 앵글로 영상을 제작하며 심혈을 기울이고 있다.

태광그룹 계열 데이터홈쇼핑 쇼핑엔티는 지난해 10월 숏티를 도입했다. 이러한 전략은 MZ세대를 빠르게 끌어들이며 곧 매출 증가로 이어졌다.

실제로 숏티의 지난해 12월 2주 차 순주문액은 두 달 전인 10월 3주 차 대비 192% 증가하며 순주문액이 3배 증가했다. 같은 기간 숏폼 영상의 조회수도 160% 늘었다. 숏티의 실질적인 효과를 확인한 쇼핑엔티는 TV 앱에 편성된 상품을 TV 앱과 모바일 앱 메인 숏티 창에 동시에 배치해 노출을 강화한다는 계획이다.

업계 관계자는 "효율성을 따지는 젊은층은 영상을 빠르게 감상하며 핵심을 얻고 싶어한다"면서 "변화하는 디지털 문화에 맞춰 젊은층을 끌어당기는 전략으로 숏츠를 활용한 콘텐츠들은 앞으로도 강화될 것"이라고 말했다.

출처: 포인트데일리, 2025-02-01

Keyword

- 촉진: 기업이 자신들의 서비스를 고객에게 알리고, 이를 구매하도록 설득하고 유인하기 위하여 인적, 비인적 매체를 이용하여 표적고객과의 관계를 구축하고 공감대를 형성하는 활동
- 촉진 전략의 목적
  1) 신규고객 유치
  2) 기존고객 유지
  3) 고객관계 강화
  4) 일탈고객 재유치(win-back)
- 촉진 믹스
  1) 광고
  2) 판매촉진
  3) 인적판매
  4) PR(public relations)
- 판매촉진의 유형: 쿠폰, 샘플, 리베이트, 사은품, 경품과 컨테스트, 가격할인, 고정고객 우대, 구매시점 판촉, 광고 판촉물, 전시회

제1절 | 통합적 마케팅 커뮤니케이션

1. 촉진의 개념 및 중요성

1.1 촉진이란?

기업은 자신들이 만든 상품과 서비스를 고객에게 효과적으로 전달하기 위한 노력을 기울이게 된다. 이때 기업이 고객과 직 · 간접적인 커뮤니케이션 활동을 하게 되는데, 이를 촉진전략(promotion strategy) 또는 마케팅 커뮤니케이션(marketing communication)이라고 한다. 즉, 촉진(promotion)은 기업이 자신들의 서비스를 고객에게 알리고, 이를 구매하도록 설득하고 유인하기 위하여 인적 · 비인적 매체를 이용하여 표적고객과의 관계를 구축하고 공감대를 형성하는 활동을 말한다.

1.2 서비스에서 촉진의 역할

(1) 서비스 포지션 및 차별화

기업은 타사와 비교하여 자사의 서비스가 표적고객의 요구를 충족시키는 데 가장 효과적이라는 것을 알려주고 설득하기 위해 촉진을 이용한다. 촉진전략은 기업이 신규고객을 획득(aquisition)할 뿐만 아니라, 기존고객을 유지(retention)하고, 고객관계를 강화하기 위해서도 효과적으로 이용된다. 최근 이탈한 고객을 다시 소생하게 하는 win-back 전략도 사용한다. 최종 통지 캠페인(last call campaign)이 그 예이다. 마지막으로 고객에게 기회를 주고, 역마케팅(de-marketing)도 감내하겠다는 것이다. 단 그 효과는 긍정과 부정이 혼재하고 있다.

(2) 고객에게 서비스 차이점 강조

고객은 시장에서 제시되는 다양한 서비스에 대해 그들의 개별적 특성을 정확하게 파악하기 힘들 수 있다. 따라서 기업은 자사의 서비스가 제공할 수 있는 고유한 특성이 무엇인지 고객에게 알려줄 필요가 있다. 이때 서비스 품질 및 특성을 나타낼 수 있는 구체적인 단서 혹은 유형적 단서를 강조하여 촉진활동을 진행한다.

(3) 서비스 직원과 후방의 공헌도 제시

서비스에서 촉진은 서비스 후방 직원 및 지원 부서에서 일어나는 일을 알려주는 역할을 수행한다. 이는 광고, 전단, 웹사이트를 통해 정보를 전달할 수 있다. 예를 들어, 커피 전문점에 자사의 커피가 특별하다는 것을 강조하기 위해, 커피의 수확 장면, 커피의 종류, 커피 로스팅과 관련된 정보를 보여줄 수 있고, 고객은 그 정보를 통해 커피의 품질이 우수하다는 것을 인지하게 된다.

자사 상품의 특별함을 강조한 커피광고

(4) 서비스에 가치 부가

서비스에 대한 정보와 자문은 서비스에 대한 가치를 부가하는 방법이다. 잠재고객은 자신에게 필요한 서비스의 종류, 서비스를 이용할 수 있는 시간과 장소, 서비스의 가격과 같은 정보가 필요하다.

(5) 고객 관여 촉진

고객이 서비스 생산에 적극적으로 관여하기 위해서는 사전 훈련이 필요하다. 기업은 광고를 통해 실제 서비스를 이용할 때의 상황을 보여줌으로써 고객에게 간접 훈련을 시킬 수 있다. 또한 인센티브와 같은 판촉매체는 고객의 행동 변화를 유도할 수 있는 매개체로 사용될 수 있다.

이용의 편리성을 알려주는 광고

(6) 수요 확대 및 감소

서비스는 소멸성이 있어 공급량이 한정되어 있고 저장이 불가능하다는 특징이 있다. 호텔의 객실 수, 항공기의 좌석 수 등은 성수기/비성수기에 따라 그 수가 한정되고 저장이 어렵다. 따라서 기업은 촉진을 통해 수요가 많은 경우 수요의 이동을 유도할 수 있고, 인센티브 혹은 할인을 통해 신규 수요를 유도할 수도 있다.

2. 촉진믹스

촉진믹스(promotion mix) 또는 마케팅 커뮤니케이션 믹스(marketing communication mix)는 고객의 가치를 설득적으로 전달하고 고객관계를 구축하기 위해 사용되는 수단을 말하는 것으로, 광고, 판매촉진, 인적판매, 그리고 PR 등을 포함한다. 촉진믹스의 주요 요소는 다음과 같다.

첫째, 광고(advertising)는 광고주인 기업이 자사의 상품, 서비스, 혹은 브랜드 등에 대한 메시지를 전달하기 위하여 유료의 비인적 매체를 사용하는 커뮤니케이션 활동을 말한다. **둘째**, 판매촉진(sales promotion)은 상품 또는 서비스의 빠른 매출을 촉진하기 위하여 실행하는 단기적인 일련의 활동들을 말한다. **셋째**, 인적판매(personal selling)는 커뮤니케이션의 형태로서 판매자가 구매자와의 직접 접촉을 통하여 구매 및 사용을 이끌어 내는 커뮤니케이션 과정을 의미한다. **넷째**, PR(public relations)은 기업의 대외적인 메시지를 말하는 것으로 매우 신뢰성이 높은 활동이다. 일반적으로 PR은 특정한 상품이나 서비스의 구매를 유도하기보다는 기업 이미지 및 브랜드 이미지의 제고를 위해 많이 이용된다.

3. 통합적 마케팅 커뮤니케이션

촉진(promotion)을 다른 말로 표현하면 커뮤니케이션(communication)이라고 할 수 있다. 커뮤니케이션은 기업이 목표청중에게 전달하고자 하는 메시지를 전달하는 과정을 말한다. 이때 커뮤니케이션 수단은 광고나 판촉과 같이 한정된 매체에 국한되지 않고 모든 사용 가능한 매체수단들을 포함한다.

오늘날 시장에서 메시지를 전달하는 다양한 수단들을 활용하여 커뮤니케이션 활동을 벌이는 것을 통합적 마케팅 커뮤니케이션(integrated marketing communication: IMC)이라고 부른다. 혹자는 고객의 아침 기상부터 취침까지 접하는 모든 매체, 사용기기, 상황을 살핀다는 의미로 360° 마케팅이라고도 부른다. 통합적 마케팅 커뮤니케이션의 핵심은 "커뮤니케이션은 마케팅이며, 마케팅은 곧 커뮤니케이션이다"라는 명제로 대표된다.

각 촉진매체는 운영시기, 장소, 접근방법 등에 따라 장점과 단점이 모두 존재하며, 마케팅부서의 구성원들 간에도 촉진믹스의 요소와 촉진예산의 배분에 대한 의견이 다르게 나타날 수 있다. 예를 들어 광고부서에서는 광고에 대한 촉진예산이 많이 할당되기를 바라지만, 영업부서에서는 인적판매에 많은 예산이 할당되기를 원할 것이다. 따라서 모든 경우에 항상 적용되는 넓은 의미의 촉진믹스의 요소는 존재하지 않으며, 각 촉진믹스 요소들을 통합적으로 사용하는 것이 보다 바람직하다는 것이다. 이를 통합적 마케팅 커뮤니케이션이라고 한다.

통합적 마케팅 커뮤니케이션은 광고, 판매촉진, 인적판매, PR 등 다양한 촉진수단들의 전략적인 역할의 비교·검토를 통하여 기업이 명확하고, 일관성 있고, 설득력 있는 메시지를 전달함으로써 최대의 커뮤니케이션 효과를 낼 수 있도록 하는 계획을 수립하는 과정이라고 할 수 있다. 또한 통합적 마케팅 커뮤니케이션은 기업과 그 기업의 상품이 고객이 당면한 문제를 해결해 줄 수 있는 방안을 제시해 줌으로써 강력한 고객관계를 구축하는 데 영향을 줄 수 있으면 이는 기업의 전반적 마케팅 커뮤니케이션 전략으로도 연결된다. 그러므로 통합적 마케팅 커뮤니케이션을 실행하려는 마케팅 관리자는 기업에서 수행하는 촉진활동들이 단편적으로 흩어지지 않고, 서로 보완하여 긍정적인 시너지 효과가 나타날 수 있도록 관리하는 것이 무엇보다 중요하다.

제2절 | 광고

1. 광고의 개념 및 특징

1.1 광고의 개념

광고(advertising)는 기업, 비영리조직, 사회단체, 국가, 혹은 개인과 같은 다양한 주체가 표적고객들에게 그들이 원하는 메시지를 전달하기 위하여 벌이는 활동이다. 광고는 광고주가 되는 기업이 자사의 상품이나 서비스에 관한 정보를 목표청중에게 전달하기 위하여 비용을 지불하여 비인적 매체(non-personal media)를 사용한다는 점에서 다른 촉진믹스와 구분된다.

1.2 광고의 특징

광고의 특성을 살펴보면 다음과 같다.

첫째, 광고는 기업 혹은 개인 등의 스폰서가 메시지 전달을 위하여 사용하는 시간 혹은 공간에 대하여 비용을 지불하여야 한다. 즉, 광고를 하기 위해서는 관련 비용이 발생하며 만약 그렇지 않다면 그것은 광고가 아니라 PR이다.

둘째, 광고는 비인적 매체(non-personal media)를 사용해야 한다. 일반적으로 비인적 매체는 TV, 라디오, 신문, 잡지, 옥외간판 등을 포함한다. 만약 사용되는 매체가 사람일 경우 그것은 광고가 아니라 인적판매(personal selling)로 구분될 것이다.

셋째, 광고는 일반적으로 광고주가 파악되어야 한다. 광고주가 파악되지 않는다면 이는 헛소문(rumor)에 불과하며 광고가 아니다. 하지만 표적고객들의 관심과 흥미를 유발하기 위하여 의도적으로 광고주를 감추는 티저광고(teaser advertising) 형태를 이용하기도 한다.

넷째, 광고의 효과는 느리게 나타난다. 고객은 우선 광고를 통해 상품 및 서비스를 인지하고 난 후 상품에 대한 관심을 갖게 된다. 이후 고객은 상품 및 서비스에 대한 욕구가 형성되고 구매를 결정하고 실행하게 된다. 즉, 소비자가 이러한 단계를 거치는 과정에는 상당한 시간이 소요되며 광고가 브랜드 인지도 및 매출에 영향을 미치는 것도 시간이 오래 걸린다.

다섯째, 광고의 효과는 누적되고 이월된다(carry-over effect). 예를 들면, 이번 달의 매출은 이번 달의 광고에 의해서만 발생되는 것이 아니라 전달 혹은 전달의 광고효과도 반영하는 것이다. 그러나 광고의 효과는 광고에 노출되는 횟수나 광고비에 비례하는 것이 아니라, 어느 정도 이상의 횟수 또는 비용을 넘어서야 비로소 효과가 발생하는 역치모형(threshold model)을 따른다.

2. 서비스에서 효과적인 광고전략

2.1 서비스에서의 무형성

서비스는 특정의 유형재가 아닌 행위이기 때문에, 고객에게 서비스 편익에 대한 커뮤니케이션을 하기가 어렵다. 이런 무형성은 서비스 광고를 상품 광고와 다르게 해야 한다는 것을 의미한다.

서비스에서 무형성이 갖는 특징을 5가지로 나누어 살펴보자.

- **실체가 없다.** 서비스는 물리적인 물질로 만들어지지도 않고, 물리적 공간을 차지하지 않는다. 단지 제공 메커니즘만이 공간을 차지하는 것으로, 서비스 그 자체는 공간이 없다. 기업의 입장에서는 실제가 없는 서비스를 고객에게 있는 것으로 보여줘야 하는 문제점에 직면한다.
- **추상적이다.** 서비스는 눈에 보여지지 않는다. 예를 들어, 금융서비스의 재무적 안전성 및 신뢰, 운송서비스의 편리성과 속도 등은 눈으로 보여지거나 이해하도록 만들기 어렵다.
- **주장이 보편성을 가진다.** 대부분의 서비스 약속은 "획기적인 체험, 우수한 교육 프로그램, 최고의 만족"과 같은 일반성으로 기술된다. 따라서 경쟁사와 차별화를 하여 나타내기가 어렵다.
- **서비스 품질의 사전조사가 어렵다.** 서비스는 구매 후 체험을 통해 결과가 나타나기 때문에 구매과정에서 미리 보거나, 살펴볼 수 없다. 특히, 신뢰서비스의 경우 서비스에 대한 고객의 믿음을 형성해야 한다.

빠름이라는 추상적 의미를 이미지로 보여주는 UPS 광고

- **상상하기 어렵다.** 서비스는 복잡하고 다차원적이며 상상하기 어렵다. 상상하기 어렵다는 것은 고객이 관련 서비스에 대한 지식이 적고, 경험이 적을수록 커진다. 따라서 기업은 고객이 서비스를 더 잘 이해할 수 있도록 하는 노력이 필요하다.

신선한 재료를 사용하는 것을 강조하는 해산물 레스토랑 광고

2.2 효과적인 광고전략

- **서비스 체험을 증명하기 위해서 이야기를 이용하라.** 대부분의 서비스는 체험적이다. 따라서 광고를 통해 소비자들에게 서비스를 이용함으로써 발생하는 에피소드를 제시함으로써 친숙도를 높일 수 있다.
- **생생한 정보를 보여줘라.** 효과적인 서비스 광고는 소비자들에게 강렬하고 분명한 인상을 제공하며, 고객에게 서비스에 대한 이미지를 형성하게 해준다. 확실한

이미지는 구체적인 언어와 이야기를 통해 나타낼 수 있다.

• **상호작용적인 심상을 이용하라.** 특정 기업에 대한 로고 및 심볼에 대한 광고는 기업의 서비스가 가지는 특성을 함축할 수 있다. 따라서 그 로고나 심볼의 반복적 노출은 소비자로 하여금 기업이 전하고자 하는 서비스 특성과 기업을 연계하여 생각하게 된다.

• **유형적인 것에 초점을 맞춰라.** 기업은 광고를 통해 서비스를 유형적인 특성과 관련시킬 수 있다. 유형적인 것을 보여주는 것은 서비스의 본질과 품질에 대한 단서를 제공한다. 많은 대학의 홍보 광고에서 성공한 선배의 모습을 보여주는 것도 그 예이다.

힘 세고(위), 조용하고(가운데), 와일드하다(아래)를 은유적으로 표현한 SUV광고

• **서비스 직원을 주인공으로 활용하라.** 광고를 통해 실제 직원들이 일하는 모습을 보여주거나 그들이 서비스에 대해 설명하도록 한다. 이것은 고객뿐만 아니라 다른 직원에게도 영향을 미칠 수 있다. 즉, 직원은 광고를 통해 자신이 서비스에서 중요한 부분을 차지하고 있다는 것을 인식하게 되는 것이다.

• **실현가능한 내용을 약속하라.** 광고에서의 약속이 실제로 고객에게 전달되지 않을 경우 더 큰 불만이 발생할 수 있다. 따라서 광고는 기업이 실제로 제공할 수 있는 내용만을 약속해야 한다.

• **실제 고객을 주인공으로 활용하라.** 실제 고객을 이용한 광고는 고객의 신뢰를 형성하기 쉽다. 그리고 고객은 광고 모델과 자신을 동일시하에 판단하게 되어, 광고에 대한 간접체험 효과가 나타나게 된다.

Service Issue

"게임이 곧 광고다!" … 게임 속으로 들어간 버거킹의 기발한 마케팅 전략

축구 게임 속 캐릭터 '버거'와 '킹'이 골 넣으면 게이머에 무료 와퍼 선물
게임 속에서 계속해서 브랜드명 자연스럽게 노출시킬 수 있는 기발한 전략 펼쳐
게이밍 커뮤니티와 브랜드 간 상호작용 유도 … 고객 참여와 인세티브 적절히 활용
크리에이티브 에이전시 해피니스 브뤼셀(Happiness Brussels) 대행

버거킹의 'Burger to King' 캠페인. ⓒ버거킹

게임이 곧 광고가 된다!

글로벌 패스트푸드 브랜드 버거킹(Burger King)이 축구 게임을 즐기는 소비자들을 겨냥한 기발한 광고 캠페인을 선보였다.

11일 업계에 따르면 버거킹은 축구 게임에서 골을 넣는 고객들에게 무료로 와퍼를 선물하는 '버거 투 킹(Burger to King)' 캠페인을 론칭했다.

공짜 와퍼를 받는 방법은 간단하다. 축구 게임 속 선수 캐릭터의 이름을 '버거(Burger)'와 '킹(King)'으로 설정한 뒤, 이들이 서로 패스를 주고받으며 골을 넣는 장면을 해시태그 #BurgertoKing과 함께 소셜미디어에 올리면 누구나 무료로 와퍼를 선물 받을 수 있다. 게임의 즐거움을 온전히 누리면서 골을 넣은 기쁨을 보상까지 받을 수 있는 것이다.

버거킹의 '버거 투 킹' 캠페인은 게이머들이 축구 게임 속 선수 캐릭터를 직접 골라 드림팀을 꾸미고, 선수들의 이름 또한 세계적인 슈퍼스타부터 유명하지 않은 선수까지 게이머가 직접 설정할 수 있다는 점에 착안해 기획됐다. 핵심 선수 캐릭터의 이름을 '버거'와 '킹'으로 설정할 경우, 게이머들이 게임을 즐기는 내내 버거킹을 연상시키는 '버거'와 '킹'을 해설자의 음성으로 들을 수 있기 때문이다. 게임이 곧 브랜드 광고인 셈이다.

더크 라멘서(Dirk Lammens) 버거킹 벨기에 마케팅 책임자는 "버거킹은 지난 2017년 벨기에에 처음으로 진출한 만큼, 이 시장에서 비교적 젊은

브랜드"라며 "이번 캠페인은 현지 게이밍 커뮤니티와의 진정성 있고 적극적인 소통을 통해 문화 속에 브랜드를 자연스럽게 녹여낼 수 있는 기회가 될 것"이라고 밝혔다.

이번 캠페인을 대행한 FCB 얼라이언스 산하 크리에이티브 에이전시 해피니스 브뤼셀(Happiness Brussels)의 제프리 핸슨(Geoffrey Hantson) 최고 크리에이티브 책임자(Chief Creative Officer, CCO)는 "많은 브랜드들이 수년 동안 게이밍 산업에 진출하기 위해 노력해 왔지만, 버거킹은 이미 '버거'와 '킹'이라는 이름을 가진 선수들과 함께 게임 커뮤니티에 자리를 잡고 있었다"며 "이번 캠페인을 통해 이를 증명할 수 있게 돼 기쁘다"고 전했다.

버거킹은 틱톡과 트위치에서 활발하게 활동하고 있는 벨기에 인기 축구 스트리머 6명(@JoaquimBlaze, @RSCL_ShadooW, @rigortv @riedley, @sjipoepii, @toobzster)과 함께 협업해 '버거 투 킹' 캠페인의 바이럴 효과도 극대화한다는 계획이다.

버거킹의 '버거 투 킹' 캠페인은 패스트푸드 브랜드가 주로 활용해 온 기존의 전통적인 광고 채널이 아닌 게임 속으로 들어가 더욱 친근하고 유쾌한 접근 방식을 보여 주고 있다.

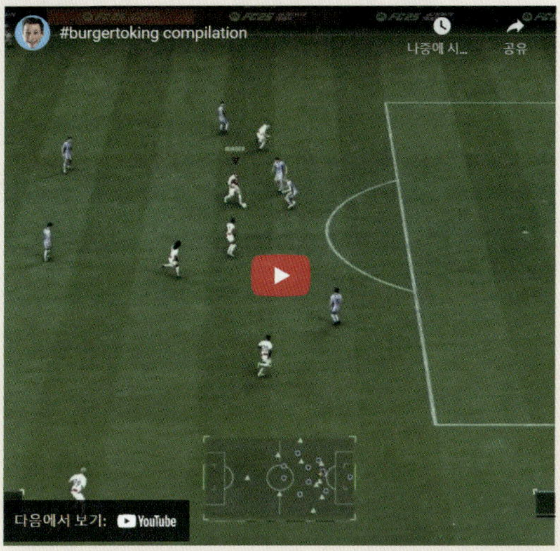

게이머들이 즐기는 축구 게임의 기본 요소를 활용해 브랜드와의 상호작용을 자연스럽게 유도하는 것은 물론, 단순히 게임 내 브랜드 광고가 노출되는 방식을 넘어 게임을 플레이하는 것만으로도 브랜드를 소비자들에게 반복적으로 각인시키는 똑똑한 크리에이티브를 선보였다. 또한 단순히 소비자들이 광고를 '보는 것'을 넘어, 그 과정에 직접 참여하는 '경험'을 선사하고 무료 와퍼라는 적절한 인센티브까지 제공함으로써 더욱 강력한 소비자 경험을 구축하고 있다.

뿐만 아니라 게이머들이 가장 중시하는 게임의 몰입도를 해치지 않고, 오히려 하나의 재미 요소로 브랜드 광고를 인식하게 하는 전략을 취하는 등 게이밍 커뮤니티의 특성을 잘 간파해 브랜드의 인지도와 호감도를 성공적으로 높이고 있다. 이번 캠페인은 브랜드가 게이밍 커뮤니티와 어떻게 크리에이티브하게 소통할 수 있는지를 보여 주는 훌륭한 사례로 호평 받고 있다.

출처: 뉴데일리, 2024-11-11

제3절 | 판매촉진

1. 판매촉진의 개념 및 특징

1.1 판매촉진의 개념

판매촉진(sales promotion)은 기업이 자사 상품과 서비스의 즉각적인 구매를 유도하기 위한 촉진활동을 말한다. 광고가 중·장기적으로 상품과 서비스를 알리는 역할을 한다면, 판매촉진은 단기적인 인센티브(short-term incentives)를 제공한다는 점에서 차이가 있다. 즉 판매촉진은 시장에서 고객들의 반응을 즉각적으로 이끌어 낼 수 있는 활동을 통해 고객들의 직접적인 구매행동을 이끌어 내는 것이다.

일반적으로 판매촉진은 광고 및 인적판매와 같은 다른 촉진믹스 도구들과 같이 사용하는 것이 효과적이다. 우선 광고를 통해 소비자에게 상품 및 서비스에 대한 인지, 관심, 흥미가 형성된 경우 판매촉진 활동은 더욱 긍정적인 결과를 도출할 수 있다.

1.2 판매촉진의 특징

판매촉진 활동의 이점은 다음과 같다. **첫째**, 단기간에 상품 및 서비스의 매출을 늘릴 수 있다. 소비자들은 판매촉진 도구들의 영향을 받아 평소보다 더 많이 구매하거나 구매시기를 앞당기기도 한다. **둘째**, 소비자의 시용(trial)을 유도할 수 있다. 기업이 신상품을 출시할 때 실시하는 무료 시용(試用)과 같은 판매촉진 활동은 단순히 브랜드 이름을 홍보하는 것뿐만 아니라 시용을 통한 구전효과를 형성할 수 있다. 또한 경쟁사 상품을 사용하는 소비자의 경우 브랜드전환(brand switching)을 이끌어 낼 수도 있다. **셋째**, 광고와 비교하여 즉각적인 반응을 유도할 수 있다. 즉, 판매촉진의 도구들은 소비자가 상품을 구매하는 데 있어서 실제 행동을 할 수 있는 환경을 조성함으로써 소비자들을 유인할 수 있다. 그리고 판매촉진은 쌍방향 커뮤니케이션(two-way communication)으로 고객과 접촉 횟수가 많아서 고객의 반응을 유도하는 데 더 효율적이다. **넷째**, 고객정보에 관한 기업의 데이터베이스(database)를 구축하는 데 가장 효과적이다. 소비자는 기업의 판매촉진 활동 참여를 통해 자신의 정보를 기업에게 제공하게 되고, 기업은 그 정보를 활용하여 고객의 니즈를 파악하거나 잠재고객을 예측할 수 있다.

반면에 무분별한 판매촉진을 활용하는 것은 기업에게 몇 가지 문제점을 야기시킨다. **첫째**, 소비자의 가격 민감도를 증가시킬 수 있다. 특히 판매촉진 도구 중에서 가격과 관련된 판매촉진은 소비자의 가격 인식에 미치는 영향이 크다. 즉, 어떤 상품이 가격할인을 자주 할 경우 소비자는 할인된 가격을 구매의 기준가격(reference price)으로 삼을 수 있다. **둘째**, 기업의 브랜드 자산을 구축하는 데 부정적인 영향을 미친다. 빈번한 판매촉진은 소비자가 그 브랜드에 대한 긍정적인 이미지를 구축하는 것을 방해할 수 있다. 왜냐하면 소비자들은 무의식적으로 고급 브랜드는 할인을 많이 하지 않는다고 생각하기 때문에 할인을 많이 하는 브랜드는 고급 브랜드라는 인식을 갖기가 어렵기 때문이다.

2. 판매촉진 유형

2.1 쿠폰

쿠폰(coupon)이란 특정 상품이나 서비스를 구입할 때 할인혜택을 받을 수 있도록 제공되는 증서를 말한다. 쿠폰을 소지한 소비자는 특정 상품 구매 시 그 쿠폰의 내용(할인금액, 할인기간 등)에 따라 할인혜택 및 보상을 받을 수 있다. 일반적으로 쿠폰은 신문, 잡지, 포장, 판매점, 직접 우편 등을 통해 배포되며, 최근에는 인터넷 및 모바일을 통해 배포되기도 한다.

쿠폰은 시용구매뿐만 아니라 구매량을 증가시키는 효과도 있다

쿠폰은 신상품의 시용구매와 기존상품의 반복구매를 유도할 뿐만 아니라, 경쟁사 브랜드 구매자들을 자사 브랜드로 전환시키는 데 유용하게 이용된다. 그러나 쿠폰은 배포 후 사용할 때까지 일정 수준 이상의 노력과 시간이 필요하다. 이런 이유로 소비자의 실제 쿠폰 사용률이 낮게 나타날 수 있다. 또한 기업이 배포한 쿠폰을 회수하는 데 많은 시간이 걸린다는 단점이 있다. Nunes and Dreze의 연구에서 비교한 쿠폰을 살펴보자.

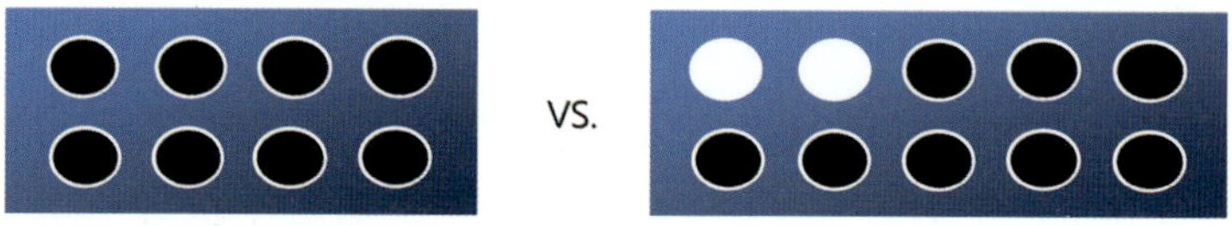

왼쪽은 8개를 완성하는 쿠폰이고, 오른쪽은 동일하게 8개를 완성하는 것은 같지만, 총 10개로 미리 2개를 찍어서 주는 방식이다. Nunes and Dreze는 오른쪽이 이 쿠폰을 완성하는 비율과 완성하는 시간에서 왼쪽보다 우수하다고 밝혔다.

출처: Joseph C. Nunes and Xavier Dreze, The Endowed Progress Effect: How Artificial Advancement Increases Effort, Journal of Consumer Research, Volume 32, Issue 4, March 2006, Pages 504–512, https://doi.org/10.1086/500480

2.2 샘플

샘플(sample)은 소비자에게 완상품과 동일한 기능 또는 성분을 가진 소량의 상품을 무료로 사용하도록 배포하는 것을 말한다.

샘플의 배포는 집으로 배송(door-to-door), 우편 배송(mail), 매장에서 배포(in-store), 상품에 부착(on-package)하는 방법 등이 이용된다. 샘플은 신상품 도입 시에 효과적인 방법으로 시용(trial)을 유도할 수 있다. 또한 소량의 사용으로도 상품 특성이 소비자에게 쉽게 전달될 수 있어, 화장품, 식품, 생활용품 등에 사용하는 경우 그 효과가 더 크게 나타난다. 그러나 샘플은 효과가 큰 반면에 비용이 가장 많이 들 뿐만 아니라, 샘플의 양을 정확하게 정하지 못하면 너무 많은 샘플이 생성되어 오히려 비효율성이 생기는 문제가 발생할 수 있다. 인터넷 유료 강의 중 첫 회를 무료로 제공하는 것이 샘플의 예라고 할 수 있다.

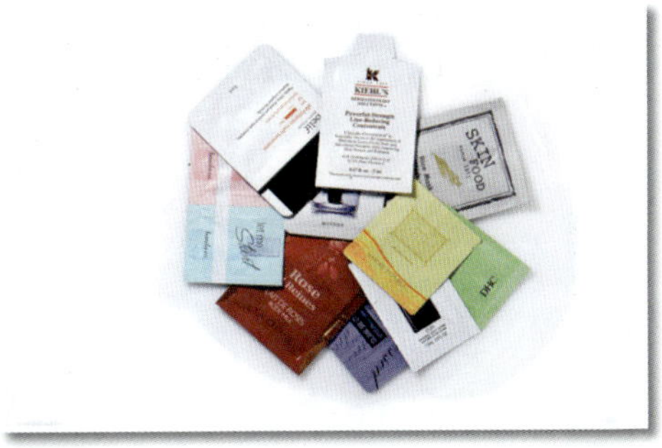

화장품의 경우 소비자에게 샘플을 통해 상품의 성능을 미리 시험할 수 있게 한다

2.3 리베이트

리베이트(rebate)는 소비자가 상품을 구입했다는 증거(바코드, 포장지, 영수증 등)를 기업에게 보내면 일정금액을 돌려주는 것을 말한다. 리베이트는 소비자들의 반복구매, 대량구매, 조기구매를 일으킬 수 있으며 경쟁 브랜드를 구매하는 소비자의 브랜드 전환을 유도할 수 있다. 그리고 리베이트는 소비자가 돈을 돌려받을 때까지의 노력과 시간을 투자해야 하기 때문에 리베이트로 인한 액수가 클수록 고객참여 효과가 크다. 또한 리베이트는 자동차와 같이 고가격 상품에서 사용하면 더욱 효과적이다.

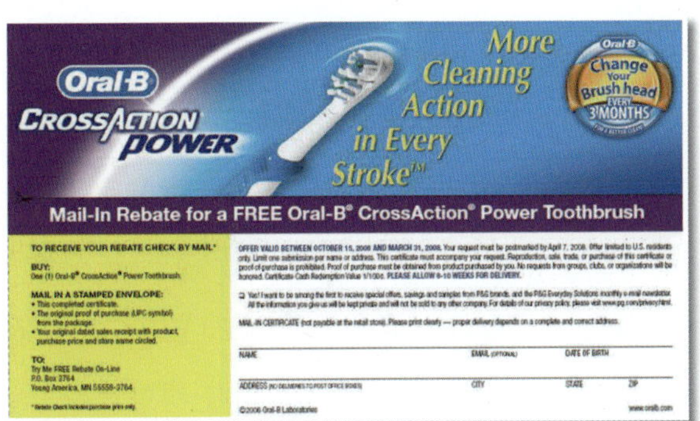

리베이트의 예

2.4 사은품

사은품(premium)은 일정한 기간 내에 상품 및 서비스를 구매한 고객에게 무료로 제공되는 다른 상품 및 서비스를 말한다. 사은품은 고객이 상품 및 서비스 구입 시 그 자

사은품은 상품 혹은 서비스를 구매자의 구매 욕구를 향상시키는 역할을 수행해야 한다

리에서 배포되거나, 구매자가 구매 증서를 기업에게 보내면, 확인 후 배달되기도 한다. 사은품이 효과적인 판촉도구로서 사용되기 위해서는 우선 소비자의 관심을 가질 수 있도록 독특해야 한다. 또한 사은품을 통해 충동구매를 일으킬 수 있을 만큼 소비자를 유인할 수 있는 특성을 가져야 한다. 그러나 고가의 사은품은 법적 제한이 있으므로, 기업은 사은품의 비용 책정에 있어서 주의를 기울여야 한다.

2.5 경품과 컨테스트

경품(sweepstakes)은 응모를 통해 참여한 대상자 중 일부를 추첨하여 현금이나 선물을 주는 것을 가리킨다. 반면에 컨테스트(contest)는 소비자들의 지식과 노력을 요구하는 것으로, 심사를 통과한 사람에게 상을 주는 형식을 취한다. 경품과 컨테스트 모두 소비자에게 상금이나 선물을 제공한다는 공통점이 있으나 경품은 순전히 운(luck)에 의해 결정되며 컨테스트는 응모자의 상품에 대한 지식이나 경험을 요구한다는 차이점이 있다. 이 방법들은 소비자의 관여도를 높이는 효과를 가져올 수 있으나, 소비자의 관심이 상품이 아닌 상금으로 변화할 수 있으며 사은품과 마찬가지로 상금 금액에 대한 법적 제약을 받을 수 있다.

경품은 구매의도가 없는 소비자의 구매를 촉진시키며, 컨테스트는 직접적 구매보다는 브랜드 인지도 향상에 효과적이다

2.6 가격할인

가격할인(price-offs)은 특정 기간 동안 상품 및 서비스의 가격을 할인해 주는 것으로 일반적으로 세일(sales)이라고도 표현한다. 가격할인은 상품에 직접 할인된 가격을 표시하거나, 할인 비율을 표현하는 방법이 많이 사용된다. 가격할인은 단기에 매출액이 늘어나고, 재고유지비용을 줄일 수 있다는 이점을 가진다. 그러나 경쟁사에게 쉽게 노출되기 쉬우며, 경쟁사가 동반 가격할인을 할 경우 고객의 구매를 유도하기가 쉽지 않다. 특히 소비자들은 백화점 정기세일과 같은 계절적 가격할인의 경우 할인시기를 미리 예측할 수 있어서 구매를 늦출 가능성이 있다. 또한 반복된 가격할인으로 원래 가격에 대한 낮은 신뢰도를 형성할 수 있다.

2.7 고정고객 우대

고정고객 우대(patronage rewards)는 기업이 상품 또는 서비스를 구매한 양이나 액수에 비례하여 고객들에게 현금, 상품, 서비스 등으로 보상해 주는 제도를 말한다. 항공사들에서 시행하는 마일리지 프로그램, 신용카드 회사의 포인트제도 등이 여기에 속한다.

고정고객 우대는 고객 이탈을 방지할 수 있으며, 고객 데이터베이스를 구축할 수 있

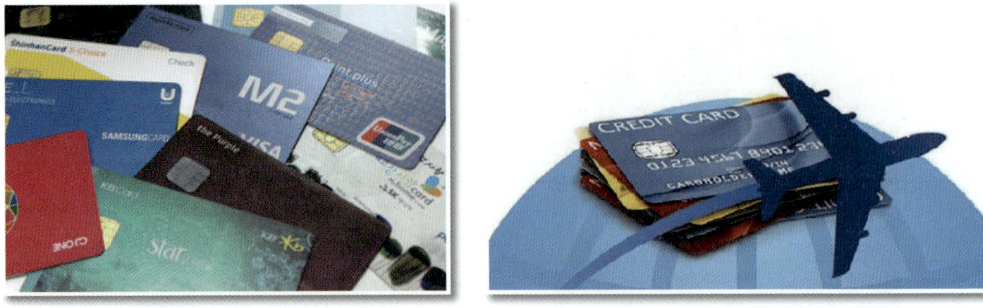

고정고객을 대상으로 제공되는 마일리지 혹은 포인트는 고객과 지속적인 관계유지에 효과적이나 장기적으로 기업의 재무에 부담으로 작용할 수 있다

다는 장점을 가지나, 고객에게 금전적인 혜택을 제공하는 것은 시간 경과에 따라 기업의 수익성을 감소시키는 위험요소가 될 수 있다. 따라서 기업은 비금전적인 혜택을 통한 고객 보상 프로그램도 동반해서 고려할 필요가 있다.

2.8 구매시점 판촉

구매시점 판촉(point-of-purchase promotion: POP)은 소비자가 상품 및 서비스를 구매하는 시점에 실시하는 활동으로, 구매를 유도하기 위해 상품이 진열되어 있거나 상품 및 서비스를 시연을 하는 것을 말한다. 할인점을 방문했을 때 이동통로 중간에 상품이 쌓여 있는 것, 입구에 POP가 설치된 것, 무료시식을 제안하는 것 등이 구매시점 판촉 활동에 포함된다. 구매시점 판촉은 소비자의 충동구매를 유도할 수 있다는 장점을 가진다.

상품 시연이나 POP는 소비자의 시선유도를 통한 관심증대 목적을 가진다

2.9 광고 판촉물

광고 판촉물(advertising specialties)은 특정 상품에 광고주의 이름, 로고 등을 찍어서 고객에게 선물로 나눠주는 것으로 티셔츠, 볼펜, 머그잔, 캘린더, 열쇠고리 등을 이용한다.

광고 판촉물은 사용자가 쉽게 그리고 자주 이용할 수 있는 상품에 활용하는 것이 효과적이다. 광고 판촉물은 사용자가 의식하지 못하는 가운데 광고주 이름이나 브랜드 명이 각인되는 효과를 얻을 수 있다.

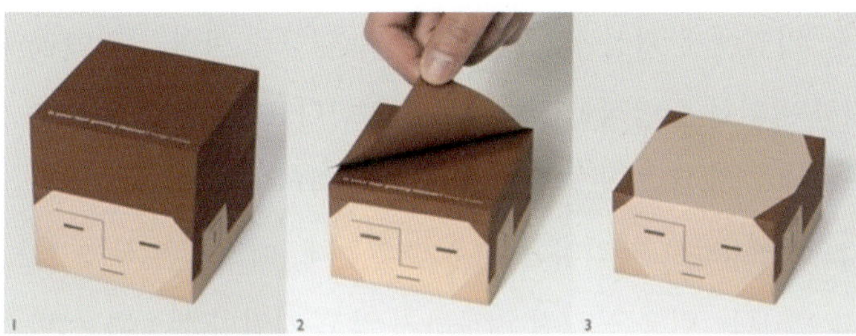

모발 치료제로 이름이 난 판토가(pantogar)라는 독일 브랜드가 지난 2009년 홍콩에서 신상품 마케팅을 진행하며 소비자들에게 선물한 포스트잇 판촉물

2.10 전시회

전시회(trade shows)는 특정 장소에서 기업의 상품이나 서비스를 홍보하는 행사를 말한다. 전시회는 일반 고객을 대상으로 진행되기도 하지만, 기업고객을 유치하기 위해 많이 이루어진다. 따라서 B2B 서비스에서 특히 중요하게 고려되며, 언론의 관심을 받을 수 있다는 장점을 가진다.

전시회는 일반고객뿐만 아니라 기업고객을 대상으로도 이루어지며, 즉각적인 판매보다는 인지도 향상을 위해 진행되기도 한다

제4절 | PR

1. PR의 개념 및 특징

PR(public relations)은 기업이 직접 혹은 간접적으로 관련이 있는 여러 이해관계 집단들로 하여금 호의(goodwill)를 갖도록 할 뿐만 아니라, 긍정적인 이미지를 형성하여 우호적인 관계를 유지하는 모든 활동을 뜻한다. 즉, PR은 홍보활동뿐만 아니라, 국회, 정부, 시민단체 등 기업에게 직접 또는 간접적으로 영향을 미치는 집단들과 좋은 관계를 구축하고 유지하기 위한 합법적인 설득활동을 말한다. 또한 PR은 경영층에게 사회적 이슈나 회사이미지에 관하여 조언을 하는 일 등을 포함한다.

PR을 홍보(publicity)라고 생각하는 경우가 있는데, 이것은 일부는 맞는 말이고 일부는 틀린 말이다. 홍보는 비용을 직접 지불하지 않고 기업의 상품과 서비스 활동을 신문이나 뉴스와 같은 비인적 매체를 통해 알리는 방법이다. 홍보는 높은 신뢰성을 가지나 낮은 비용이 든다는 이점이 있다. 그러나 항상 통제할 수 없고, 때로는 호의적이지 않은 내용(기사)이 발생할 수도 있다는 단점을 가진다. PR은 공중(public)과 우호적인 관계를 맺는 것을 목표로 하는 것으로 홍보보다는 더 큰 목표를 가진다는 특징이 있다.

PR과 광고 모두 촉진믹스의 중요한 부분이다. 두 활동 모두 소비자에게 알리는 것을 목적으로 한다는 공통점이 있다. 그러나 PR과 광고는 비용과 신뢰성 측면에서 차이가 있다.

구체적으로 살펴보면 다음과 같다. **첫째**, PR은 광고와 달리 매체비용을 지불하지 않는다. 광고는 표적고객에게 메시지를 전달하기 위해 신문, 방송 등의 매체를 구입해야 하지만 PR은 그 비용이 없다. **둘째**, 소비자들은 광고에 비해 PR을 더 신뢰한다. 따라서 PR을 통해 정보를 얻은 소비자들은 광고 등을 통해 정보를 얻어 구매를 한 소비자보다 불만족의 정도가 적다. 예를 들어 기업이 유해한 성분을 없앤 식품을 생산할 경우, 기업은 직접적인 광고만으로는 소비자들의 신뢰를 얻기 어렵다. 이러한 경우 유해한 성분을 없앤 경우 왜 더 좋은가를 충분히 설명할 수 있는 PR활동(신문기사, TV 뉴스 등)이 병행된다면 소비자의 믿음을 얻을 수 있을 것이다.

PR은 점차 기업의 마케팅 활동에서 중요한 부분을 차지하고 있다. 단순한 상품 및 서비스의 판매뿐만 아니라 브랜드와 브랜드 자산을 형성하는 데 긍정적인 역할을 수행하고 있기 때문이다. 따라서 기업은 PR과 다른 촉진믹스들 간의 유기적인 결합을 통해 마케팅의 효과를 얻을 수 있을 것이다.

2. 스폰서십 마케팅

기업이 광고의 형식을 통해 PR을 하는 것의 대표적인 활동을 스폰서십(sponsorship)이라고 한다. 스폰서십이란 기업이 브랜드 자산의 강화 또는 매출 증대 등의 목표를 달성하기 위해 다양한 이벤트 활동이나 대의(causes)에 투자하는 것을 말한다. 골프, 테니스, 축구, 배구 등의 스포츠 이벤트에 투자를 하는 것에서부터 콘서트, 박람회, 전시회 등에 지원하는 것까지 포함한다. 스폰서십은 특정행사나 스포츠팀에 기업 브랜드 또는 상품 및 서비스의 브랜드명을 붙임으로써 광고효과를 얻을 수 있다.

스폰서십의 일종으로 기업의 상업적인 활동과 사회적 책임 활동을 결합한 대의명분 마케팅(caused-related marketing)이 있다. 대의명분 마케팅은 기업과 비영리단체 또는 개인이 서로 도움이 되는 형식으로 구성된다. 즉 기업의 대의명분 마케팅 활동을 통해 상품, 브랜드에 대해 긍정적이고 우호적인 감정을 형성하게 하는 것이다. 예를 들어 수익금의 일부를 불치병 기금으로 조성한다는 활동을 할 경우 소비자들은 상품구매에 대한 부담을 줄이고 상품에 대해 긍정적인 감정을 가질 수 있다. 유방암 퇴치를 위한 핑크리본 캠페인에 참여하는 델타항공, 한국존슨, 대한항공과 델의 중고컴퓨터 기부운동, 유한킴벌리의 '우리강산 푸르게 푸르게 캠페인' 등이 여기에 속한다.

스폰서십은 올림픽과 같은 대회를 후원하거나, 특정 스포츠 팀을 지원하기도 한다

Service Issue

韓 축구와 '윈윈' 하나금융, 스포츠 마케팅·사회공헌 우수 금융사로 '우뚝'

하나금융, 하나은행 중심으로 K리그 · 국가대표 등 韓 축구 전방위 지원
축구 후원이 ESG 경영 강화로 연결돼 … 자선대회 개최 · 탄소중립 경기 실천 등
관계자 "하나금융, 축구 관련 스포츠 마케팅 · 사회공헌서 독보적인 성과"

[사진=하나금융그룹]

하나금융그룹의 한국 축구 사랑이 업계의 주목을 받고 있다. 스폰서십 체결과 국가대표팀 후원은 물론이고, 구단 인수와 자선대회 개최 등 전방위적인 지원까지 진행하며 한국 축구의 '특급 도우미'로 맹활약하고 있다는 설명이다. 이에 대해 업계에서는 하나금융과 한국 축구의 동행이 스포츠 마케팅 · 사회공헌 분야의 우수사례라는 평가를 내놓고 있다.

21일 〈녹색경제신문〉의 취재를 종합하면 지난 13일 한국프로축구연맹은 서울 서대문구 스위스 그랜드 호텔에서 열린 2025시즌 K리그1 개막 미디어데이에서 조인식을 갖고 하나금융의 핵심 계열사인 하나은행과 타이틀 스폰서 계약 연장을 발표했다.

이로써 하나은행은 계약기간을 4년 연장하면서 2028년까지 K리그와의 인연을 이어가는 동시에, K리그 역대 최장기 타이틀 스폰서로 이름을 올리게 됐다. 계약 규모도 눈에 띈다. 연간 50억 원씩 총 200억 원으로 역대 최고액이다.

관련 업계에 따르면 하나은행은 2017년 타이틀 스폰서 체결을 시작으로 K리그와의 협업을 활발히 진행 중이다. 축구 팬에 대한 혜택 강화 및 K리그 활성화를 위해 'K리그 축덕카드'와 'K리그 적금' 등 관련 상품을 출시하고 뱅킹 앱인 하나원큐에 축구 서비스 플랫폼 '축구 PLAY'를 탑재한 것이 대표적인 예다.

아울러 하나은행은 한국 축구 국가대표팀에 대한 후원 파트너십도 1998년부터 27년째 계속하고 있다. 앞서 하나은행은 지난 2023년 대한축구협회와 축구 국가대표팀 공식후원 연장 계

약을 체결, 2033년까지 후원은행 자격을 유지하게 된 바 있다.

축구계 한 관계자는 "하나금융은 하나은행을 중심으로 오래전부터 한국 축구의 성장을 뒷받침해 온 금융사"라며 "K리그와 국가대표팀뿐만 아니라 아마추어팀이 참가하는 코리아컵(옛 FA컵)도 후원하는 등 한국 축구의 저변 확대를 위한 폭넓은 지원을 지속하고 있다"고 말했다.

이처럼 '축구에 진심'인 하나금융은 2020년 시민구단이었던 대전시티즌을 깜짝 인수해 팀을 대전하나시티즌으로 재창단하기도 했다. 대전하나시티즌은 당시만 해도 2부 리그에 머물렀으나 하나금융의 적극적인 투자에 힘입어 2023년 1부 리그 승격에 성공한 것으로 알려져 있다. 하나금융의 축구 사랑이 한동안 잊혀졌던 '축구특별시' 대전의 부활을 이끌었다는 호평이 나왔던 이유다.

함영주 하나금융그룹 회장(오른쪽)과 한국 축구 국가대표팀 손흥민 선수(왼쪽). [사진=하나금융그룹]

이와 함께 축구 후원이 ESG 경영 강화로 연결된다는 점도 고무적이다. 일례로 하나금융은 대전하나시티즌의 모든 홈경기를 '탄소중립 실천 경기'로 진행하고 있으며, 하나은행의 경우 프로축구연맹과 함께 이동 약자를 위한 경기장 접근 환경 개선 캠페인 '모두의 축구장, 모두의 K리그', 발달장애인의 축구 참여를 지원하는 'K리그 유니파이드컵' 등을 실시했다. 또한 지난해 하나은행은 홍보 모델인 가수 임영웅을 앞세운 자선축구대회를 개최해 유니폼 · 티켓 판매액 등 수익금 전액을 사회취약계층에 기부하기도 했다.

관련 업계는 하나금융의 이 같은 축구 사랑이 마케팅 및 브랜드 인지도 측면에서 막대한 효과를 만들어 내고 있다고 입을 모은다. 실제로 미디어 분석 전문업체 더폴스타 등에 따르면 K리그 타이틀 스폰서를 맡고 있는 하나은행의 미디어 노출 효과는 연간 2000억 원 이상인 것으로 전해진다. 여기에 하나은행이 축구 국가대표팀 후원을 통해 다른 은행이 누릴 수 없는 유 · 무형의 효과를 누리고 있다는 의견도 뒤따른다.

금융권 한 관계자는 "축구 국가대표 친선전이 열리면 하나원큐에 입장권 예매 서비스가 오픈되고 경기 당일에는 경기장 여기저기에 하나은행 광고가 깔리는데 여기서 창출되는 마케팅 성과가 상당한 것으로 알고 있다"라며 "국가대표팀 주장이자 '월클(월드 클래스)' 선수로 활약 중인 손흥민을 하나은행 홍보 모델로 기용하고 있다는 점도 그룹 전반의 브랜드 인지도 및 이미지 제고 측면에서 엄청난 도움이 될 것"이라고 전했다.

이어, "당장 월드컵 시즌만 봐도 하나은행을

제외한 다른 은행은 대한축구협회라는 명칭을 활용한 마케팅을 전개할 수 없다"면서 "적어도 축구와 관련된 스포츠 마케팅 및 사회 공헌에서는 하나금융의 성과를 다른 금융사가 쫓아가기는 힘들지 않을까 싶다"라고 덧붙였다.

또 다른 금융권 관계자는 "하나금융의 축구 후원은 스포츠 관련 마케팅 및 사회 공헌에 관심이 있는 금융사라면 참고할 만한 우수한 사례"라며 "특히 하나금융과 한국 축구가 갈수록 '윈윈'하는 관계가 되고 있다는 점에 주목할 필요가 있다"고 말했다.

한편, 하나금융 관계자는 "당사의 뚝심 있는 스포츠 후원과 투자가 진정성 있는 ESG 경영으로 이어지고 있다"며 "(축구 후원을 통해) 당사의 경영 슬로건인 '행복한 금융'의 가치를 적극적으로 실천하는 중"이라고 전했다.

그러면서 "앞으로도 당사는 사회적 포용 및 평등의 실현을 위해 모든 사회 구성원이 축구를 비롯한 스포츠를 즐길 수 있는 환경을 조성하는 데 최선을 다할 것"이라며 "(축구 관련) 금융 상품 및 서비스 개발, 지역 상생 마케팅 등을 통해 축구계와의 협력을 더욱 강화할 계획"이라고 강조했다.

출처: 녹색경제신문, 2025-02-21

제5절 | 인적판매

인적판매(personal selling)는 영업사원이 소비자들과 직접 대면접촉을 통하여 상품 및 서비스를 알리고, 질문에 답하고, 판매를 유도하는 마케팅 활동이다. 인적판매는 소비자가 구매를 결정하는 데 영향을 미치는 가장 강력한 촉진수단이자 가장 오래된 활동이다. 영업사원이 직접 대면하여 마케팅 활동을 수행하기 때문에 가장 설득력이 강하다.

인적판매 활동은 판매원이 고객을 직접 방문하여 판매를 하는 방법과 점포를 방문한 고객을 대상으로 판매하는 방법으로 구분할 수 있다.

서비스에서는 고객과 접하는 직원이 가장 중요한 역할을 수행한다. 서비스 참여자로서의 직원의 역할에 대해서는 7장에서 자세히 살펴보았고 본 장에서는 인적판매의 기본적인 특성을 살펴보자.

1. 인적판매의 특징

인적판매는 판매원이 소비자와 직접적인 대면접촉을 통하여 상품을 구매하도록 설득할 수 있는 쌍방향의 의사전달이 가능한 커뮤니케이션 활동이다. 인적판매가 가지는 장점은 다음과 같다. **첫째**, 판매원은 소비자와의 개인적인 접촉을 통해 소비자의 욕구에 대해 보다 직접적으로 파악할 수 있다. 즉, 기업은 판매원을 통해 얻은 정보를 통해 소비자가 지각하는 문제들을 각각 알아낼 수 있으며 해결방법 또한 소비자 개개인에 따라 다르게 제시할 수 있다. **둘째**, 인적판매를 통해 상품을 구매하는 소비자들은 단순하게 상품의 성능뿐만 아니라 판매원과의 관계에 따라 상품에 대해 인식하는 가치가 달라질 수 있다. 특히 서비스의 경우 판매원 또한 서비스 품질을 평가하는 기준이 된다. **셋째**, 인적판매는 고객과의 장기적인 관계를 형성할 수 있다. 판매원들은 고객과 자주 대면접촉을 시도하면서 친밀감과 신뢰감을 형성하고 이를 통해 장기적인 인간관계를 형성할 수 있다. **넷째**, 인적판매는 소비자들에게 많은 양의 정보를 효과적으로 전달할 수 있다. 일방적인 커뮤니케이션이 아닌 쌍방향 커뮤니케이션으로 인해 고객과 접촉시간이 길어질 수 있으며, 고객의 반응에 즉각적으로 대응하여 고객이 원하는 정보를 제공할 수 있다.

반면에 인적판매는 몇 가지 단점을 가진다. **첫째**, 개별 판매원이 만날 수 있는 소비자의 수가 한정된다. **둘째**, 다른 판매촉진 수단에 비해 소비자에게 전달되는 촉진의 속도가 매우 느리고, 광고에 비해 많은 비용이 소요된다. **셋째**, 판매원을 선발, 교육, 관리하는 데 비용이 많이 든다. 따라서 기업의 관리자는 소비자와 판매원 간에 이루어지는 인적판매과정뿐만 아니라 판매원을 선발, 교육, 관리하는 선행 과정 또한 중요하게 고려해야 한다.

인적판매는 고객과의 우호적인 관계를 형성할 수 있는 커뮤니케이션 능력이 무엇보다 중요하다

Review Case

"85년생 이상은 가라" 패키지 여행에 MZ들이 몰린다는데

패키지 여행 시장 큰손이 된 2030

효도 관광이나 깃발 부대, 사실상 강제에 가까운 쇼핑 옵션. 패키지 여행 하면 떠오르는 인상이다. 하지만 요즘의 여행 트렌드는 다르다. MZ들이 패키지 여행 시장의 큰손으로 등장했다. 해외여행 자유화(1989년) 35년이 넘어 패키지 여행을 경험한 인구도 많아졌고, 개인의 취향과 관심사를 세부화하는 방식으로 패키지 상품도 크게 늘어난 덕이다.

패키지 여행은 더이상 중장년의 전유물이 아니다. 여러 여행사에서 2030대로 한정한 투어 상품을 내놓고 완판 행진 중이다. 하나투어에서 지난해 진행한 '밍글링 투어 몽골편'의 모습. [사진=하나투어]

◆ "MZ 한정으로 모십니다"

주부 김주연(52) 씨의 대학생 딸(24)은 최근 부모에게 '패키지 유럽 여행'을 가겠다고 했다. 중장년만 이용하는 줄 알던 여행사 패키지 상품에 20대가 끼겠다니, 처음에는 이해하지 못했다. 그는 "저나 남편은 20대 때 배낭여행으로 외국을 처음 다녀왔는데, 영어도 외국 문화도 익숙한 요즘 애가 패키지를 간다니 황당했다"고 말했다.

딸이 내놓은 답은 의외였다. 또래 '2030 한정'으로만 꾸린 패키지 상품이 있다는 것.

깃발 든 가이드가 수십 명을 줄줄이 이끌고 다니는 방식도 아니고, 굵직한 일정과 호텔 · 교통편 등을 공유할 뿐 세부 일정은 따로 할 수 있다고 했다. 김씨도 코로나 전 고교 동창들과 패키지 여행을 떠났다가 같은 팀이었던 잔소리쟁이 70대 어르신들 때문에 여행을 망친 기억이 떠올랐다. 동행 수십 명이 생활 패턴도, 음식 취향도, 관광 포인트도 제각각이다 보니 어느 장단에도 맞추지 못해 여행을 아예 망쳐버렸다는 생각이 들었다. "2030끼리 취향에 맞춘 여행을 하고, 귀찮은 일은 덜 수 있는 장점이 있다니 이해가 되더라."

[그래픽=송윤혜]

◆배낭여행? 제가요? 왜요?

여행사에서 근무하는 정진엽(48 · 가명) 씨는 "우리 때만 해도 '헝그리'하게 배낭여행을 다니는 것이 일반적이었지만, 어린 시절부터 엄마 · 아빠와 해외여행을 경험한 MZ들은 그런 '거지 여행'에 전혀 욕구가 없다"고 말했다. 이미 해외 경험이 많은 만큼 여행에 대한 기대도 구체적이고 독특한 경우가 많다는 것.

Y여행사가 현재 팔고 있는 13박 15일 서유럽 세미 패키지 상품은 1986~2005년생만 신청할 수 있다. '여행 특성상' 커플 신청은 불가하다. "귀찮은 것들 다 해결해 줄게. 너는 여행에만 집중해"라는 콘셉트를 강조한다. 숙박, 이동, 대략적인 일정 등이 확정돼 있는 것이다. 파리 · 로마 같은 전형적 유럽 대도시뿐 아니라 스트라스부르 · 시에나 같은 소도시를 포함한 것이 '묘미'라고. 한 이용자는 "자유여행이었다면 소도시까지 도전하지는 않았을 것"이라며 "여러모로 내 욕구에 맞는 여행이었다"고 했다.

남미 · 이집트 · 아이슬란드 같은 다소 난도 높은 여행지도 이런 형식으로 모객해 인기를 끌고 있다. 작년 말 남미 여행을 다녀온 강모(32) 씨는 "원래 패키지로 여행하는 것을 안 좋아하지만 남미는 위험하고 너무 낯선 곳이라서 패키지 상품을 이용했다"고 말했다. 대부분 그와 비슷하게 유럽, 미국, 아시아 지역 여행 경험이 있는 '남과 다른 여행지'를 찾아 신청한 사람이었다.

최근에는 미국프로농구(NBA) 팬을 겨냥한 여행사 상품이 700만 원대의 다소 높은 가격에도 30분 만에 완판됐다. 모두투어가 NBA 전문 유튜버 'B Story(비스토리)'와 함께 기획한 NBA 직관 콘셉트 투어 상품. 예약자의 90%가 MZ세대다. 미국 서부 투어 상품에 농구 팬들을 타깃으로 한 킬러 콘텐츠를 얹은 셈이다.

F1 경기나 손흥민 선수가 출전하는 경기 관람을 목적으로 한 패키지도 있고, 테니스 · 골프 경기 직관 여행도 꾸준히 수요가 있다.

소비를 통해 자기 신념이나 가치를 표현하는 '미닝아웃(meaning+coming out)'이 여행에도 반영된다는 분석이다. 기후 위기의 피해에 직면한 남태평양의 작은 섬들을 여행하거나, 현지 시장 투어와 전통 요리를 즐기는 문화 체험 여행이 허니문의 한 형식으로 떠오르기도 했다.

◆환갑 넘은 다국적 MZ 투어도

'MZ 패키지'라는 모자가 씌워지니 새롭게 느껴지지만, 일찍이 '다국적 배낭여행'이라는 콘셉트로 전 세계 젊은이들을 모은 투어가 있었다. 35국 이상 만 18~35세 젊은이들이 한 팀을 이뤄 다양한 나라를 여행하며 각종 레저 · 문화 체험을 하는 다국적 배낭여행 '컨티키' 등이다.

25년 전 대학생 때 이 프로그램에 참여한 송지현(46) 씨는 "호주 · 대만 · 독일 등에서 온 또래들과 옐로스톤 · 그랜드캐니언 등을 포함해 미국 서부 지역을 보름간 여행했다"며 "영어 공부도 할 수 있고 외국 친구들도 만들 좋은 기회라고 생각했다"고 말했다. 그런 송씨의 아들(18)은 배낭여행이라면 고개를 절레절레 하는 '요즘 애들'로 컸다. 오로라를 보는 북유럽 여행 정도라면 부모와 함께하겠다는 생각. 송씨는 "허리띠 졸라매는 배낭여행이 90년대 이후 학번의 시대정신이었다면 MZ들의 '작은 럭셔리' 패키지 여행은 그 세대의 시대상을 반영하는 것 같다"고 했다.

출처: 조선일보, 2025-02-10

제 12 장

서비스 채널관리

Opening Case

2000조 구독경제 시장 … 2.0시대 온다

구독경제 2.0 시대로 전환 가속화
구독서비스 소비자 락인 효과...진출 기업 지속 증가

손흥민 선수가 지난 2022년 7월 쿠팡플레이가 토트넘 홋스퍼 구단을 초청해 주관한 '쿠팡플레이 시리즈' 경기에 참가해 관중석을 향해 손을 흔들고 있다. [사진=쿠팡플레이]

요즘 신문 · 방송 · 사회관계망서비스(SNS) 등 각종 미디어를 통해 가장 많이 보는 경제 관련 단어가 무엇일까. 아마도 '위기'와 그에 따른 '불확실성'일 것이다. '경제위기', '세대위기', '세계평화의 위기', '정치적 리더십의 위기' 등 수없이 많은 위기와 불확실성에 대한 이야기로 가득하다.

다음으로 많이 회자되는 단어가 '인공지능'(AI)일 것이다. AI는 열풍을 넘어 뉴노멀이 되고 있다. 너도나도 AI에 대해 이야기하고 전문가라고 한다. 우리는 AI라는 큰 파도를 보고 있다. 하지만 그 파도는 아주 오래전부터 있었다. 밀물과 썰물처럼 크게 오고가는 파도처럼 말이다.

그 파도를 만드는 것은 무엇일까. 바람·지진·기조력(달과 태양의 중력이 지구의 바닷물을 끌어당기는 힘)이다. 파도를 예측하기 위해서는 더 큰 흐름을 읽을 줄 알아야 한다. AI의 비즈니스모델(BM)과 수익원은 무엇인가. 질문을 바꿔 지금까지 구글이나 메타(페이스북) 등 플랫폼의 가장 큰 수익원은 무엇이었나. 바로 광고였다. 그럼 생성형 AI의 수익원도 광고인가. 2030년대에는 그럴 수도 있겠다. 하지만 지금은 아니다. 구독경제뿐이다.

◆구독경제 시장은 생성형 AI 시장의 40배

S&P는 최근 주목받는 생성형 AI 시장 규모가 2028년 363억5810만 달러(약 49조 원)에 달할 것이라고 전망했다. 글로벌 투자은행 UBS는 구독경제 시장이 연평균 18% 성장하며 2025년에 1조5000억 달러까지 커질 것으로 내다봤다.

내년이 되면 구독경제 시장은 2000조 원이 훌쩍 넘는다. 단순 비교는 어렵지만 생성형 AI 시장 규모의 40배 이상이다. AI의 대명사인 챗GPT 개발사인 오픈AI의 전체 매출 가운데 약 75%가 구독료다. 지난 10월 오픈AI 최고재무책임자(CFO)는 한 인터뷰에서 "올해 37억 달러(5조1171억 원)의 매출을 예상한다. 약 28억 달러(3조8724억 원)가 챗GPT 소비자 구독에서 나온다"고 말했다.

이미 구독경제는 거의 모든 BM의 상수이자 뉴노멀이 됐다. 구독경제는 '소비자가 일정 금액을 정기적으로 지불하고 상품이나 서비스를 받는 것'을 총칭한다. 미국 리서치회사 가트너는 2023년이 지나면 전체 서비스의 75%가 구독화될 것이라고 발표한 바 있다.

우유·신문·잡지의 구독을 지나 온라인동영상서비스(OTT)·식품·옷·면도기·생성형 AI·가전상품 그리고 비행기 및 인공위성도 구독서비스 중이다. 사실상 1회성 상품과 서비스가 아니라면 거의 모든 것이 다 구독화되고 있는 것이다.

구독경제는 소비자와 기업 모두에게 여러 편익을 제공한다. 합리적인 금액으로 편리하게 다양한 상품과 서비스를 사용할 수 있다. 특히 MZ세대의 호감도가 높다. 위기가 일상인 저성장 시대에 태어나 성장해 온 MZ세대는 '가성비'에 관심이 많다. 적은 금액으로 상품과 서비스를 경험할 수 있는 구독경제에 관심이 많을 수밖에 없다.

기업들이 구독경제를 하는 이유는 무엇일까. 안정적 매출 확보가 가능하기 때문이다. 구독서비스 결제가 대부분 '선불'로 이뤄지는 만큼 기업이 위기 상황에 부닥쳤을 때 대응할 '시간'을 벌어줄 수 있다. 실제로 구독경제 모델을 구축한 기업들은 코로나19 속에서도 선방했다. 코로나가 한창이던 2020년 2분기 S&P500 기업의 매출액 증가율은 전년 동기 대비 −10%를 기록했다.

반면 구독경제 기업들의 매출액은 12% 증가했다. 글로벌 기업들이 마이너스 성장을 할 때 구독경제 회사들은 오히려 성장한 것이다. 구독경제 모델을 갖춘 기업들은 어떠한 위기가 오더라도 위기에 대응할 시간이 있고, 매출 감소까지 일정 시간이 걸린다. 그만큼 불황에 대비하거나 불황에 적합한 상품과 서비스를 출시할 수도 있다.

안정적 고객 확보와 마케팅 비용 절감도 가능하다. 기업은 단순히 상품이나 서비스를 1회성으로 판매할 때와 달리 반복적으로 매출이 생긴다. 매번 새로운 소비자를 찾기 위해 마케팅 또는 다양한 활동을 하지 않아도 안정적으로 고객을 유지할 수 있다. 이렇다 보니 엔비디아 · 마이크로소프트 · 애플 · 구글 · 테슬라 등 글로벌 기업들이 상품 판매에서 구독서비스 회사로 진화하고 있다.

구독경제는 싸고 편리하게 상품을 사용하던 구독경제 1.0에서 스마트폰과 AI의 발전으로 맞춤형 구독서비스가 가능한 구독경제 2.0으로 진화했다. 필자는 구독경제 2.0 시대의 키워드로 ▲하이브리드 구독 ▲구독멤버십 ▲구독플레이션(구독+인플레이션) ▲강제구독 등을 제시해 왔다.

기존 구독경제는 하드웨어와 소프트웨어를 각각 따로 구독하는 방식이었다. 지금은 하드웨어와 소프트웨어를 같이 구독하는 번들링(묶음판매) 식의 하이브리드 구독 시대다. 예를 들어 월 50달러짜리 구독서비스를 신청하면 아이폰이 새로 출시될 경우 아이폰을 바꿔 주고 그 안에 포함된 음악, TV 등의 기능도 함께 구독하는 것이다. 필자는 자동차 역시 자동차 자체의 구독에서 자율주행, 차 안의 커넥티드 옵션 등 소프트웨어 구독으로 하이브리드화될 것이라고 예상한다. 다른 업종에서도 유사한 사례가 곧 벌어질 것이다.

서비스 경쟁력만 있다면 소비자들은 구독료를 58% 인상해도 이용한다. 최근 유통업계의 최강자인 '쿠팡' 사례를 보면 알 수 있다. 쿠팡의 성장과 성공의 키워드는 새벽배송 · OTT · 음식 배달 등으로 대표되는 '와우멤버십'이다. 와우멤버십은 구독멤버십의 교과서와 같은 '아마존프라임'을 벤치마킹한 것이다. 2004년 아마존이 시작한 아마존프라임은 현재 세계 유통 구독서비스 및 멤버십 구독경제의 롤모델처럼 여겨진다.

사실 우리나라에서 통합멤버십을 지향하는 모든 구독멤버십이 아마존프라임을 모델로 했다고 해도 과언이 아니다. 전자 서점에 불과했던 아마존은 '아마존프라임' 구독서비스를 바탕으로 시가총액 1위를 하는 글로벌 대기업이 됐다.

아마존프라임은 월 12.99달러, 연간 119달러만 내면 이틀 안에 상품을 무료배송으로 받아볼 수 있는 멤버십 구독서비스다. 무료배달 외에도 스트리밍 음악 · 아마존프라임비디오 · 도서 등 다양한 혜택을 제공한다. 아마존의 경우 구독료만으로 얻는 수익이 연간 약 10조 원에 달한다. 제이피 모건 발표에 따르면 연간 구독료가 119달러일 때 구독자는 약 784달러의 혜택을 받을 수 있다. 아마존프라임 구독자는 무료배송 · OTT · 도서 대여까지 구독료 대비 약 6~7배의 경제적 혜택을 받고 있다는 것이다.

구독료 대비 몇 배의 혜택을 구독자(소비자)에게 제공하면 아마존에는 어떤 이익이 있는 것일까. 단순히 규모의 경제 또는 플랫폼화를 위한 모객 차원일까. 아마존프라임 가입자는 비회원보다 평균 4.6배 많은 돈을 사용해 아마존의 매출 성장에 일조하고 있다.

아마존프라임 가입자의 40%가 아마존 사이트에서 연간 1000달러 이상을 소비한 것으로 조사됐다. 비구독자(비회원)는 8%만이 1000달러 이상을 사용한다. 구독자가 고액을 소비할 확률이 약 5배 정도 높다고 해석해도 무리가 없어 보인다. 구독멤버십에 가입한 고객은 일반 고객보다 사이트에 많이 내방하고 객단가도 훨씬 높다. 모든 기업이 구독멤버십을 앞다퉈 도입하는 이유다.

◆구독서비스와 사랑에 빠진 대한민국

글로벌 구독 · 결제 전문업체인 방고(Bango)가 최근 동아시아 지역 소비자를 대상으로 조사한 결과 한국 소비자는 매월 평균 구독서비스 이용 금액으로 30달러(약 4만2000원)를 내는 것으로 나타났다. 연간으로 환산하면 50만 원이 넘는 금액이다. 국내 소비자는 평균적으로 3.4개의 구독서비스를 이용하는 것으로 집계됐다.

구독서비스 시장에 처음 진입할 때는 저렴하게 하다가 어느 정도 시장을 장악하면 구독료를 올린다. 구독플레이션이 시작되는 것이다. 필자가 22년에 '구독플레이션'이라는 단어를 처음으로 사용

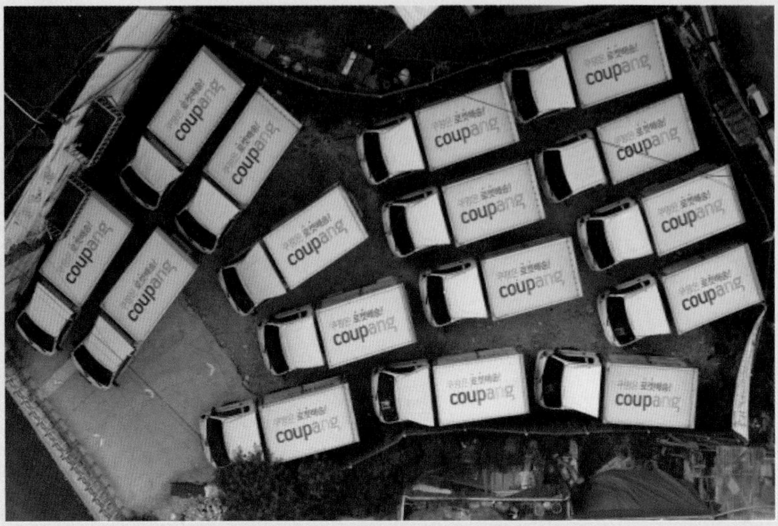

서울 시내의 한 주차장에 있는 쿠팡 배송 차량. [사진=연합뉴스]

할 때만 하더라도 언론 및 대중의 관심도는 낮았다. 예를 들어 쿠팡은 지난 5월 와우멤버십 가격을 4990원에서 7890원으로 58% 올렸고, 티빙·유튜브·디즈니플러스 같은 OTT 역시 멤버십 가격을 20~40%가량 인상했다.

쿠팡은 구독료를 인상했지만 매출·이익·고객 매출이 오히려 늘었다. 쿠팡의 올해 3분기 매출액은 10조6900억 원(약 78억6600만 달러)으로 전년 동기 대비 32% 늘었다. 같은 기간 영업이익도 전년 동기(1146억 원) 대비 29% 증가한 1481억 원을 기록했다.

쿠팡은 이런 성과를 가능케 한 것이 와우멤버십이라고 강조했다. 김범석 쿠팡 의장은 "로켓배송·쿠팡이츠·쿠팡플레이 등 와우멤버십의 다양한 혜택과 가치를 알아가는 회원이 점점 늘고 있다"고 얘기했다. 올해 3분기 쿠팡의 활성고객은 2250만 명으로 작년 3분기보다 11% 증가했다. 심지어 1인당 고객 매출은 43만2160원(약 318달러)으로 1년 전보다 8% 증가했다.

구독멤버십을 통해 생태계를 선점한 기업에게 경쟁자는 존재하지 않는다. 그만큼 구독멤버십의 위력은 대단하다. 구독료를 인상해 구독플레이션이 온다 해도 우리는 구독을 해지할 수 없다. 이뿐만 아니다. 사실상 소비자에게 선택지가 없기 때문에 강제구독을 해야 할지도 모른다.

우리가 일상적으로 사용하는 전자상품 역시 구독의 시대가 성큼 오고 있다. LG전자는 지난해 7월 미래 비전 1탄으로 'UP 가전 2.0'을 언론에 공개한 바 있다. 주된 내용은 TV·냉장고·에어컨·세탁기 등 대형 가전상품 구독서비스를 본격화한다는 것이다. 기존에도 공기청정기, 비데, 정수기 등은 여러 기업이 '렌탈'이라는 이름으로 구독서비스를 제공해 왔다. LG전자도 그중 하나였다.

LG전자가 선보인 가전 구독 서비스. [사진=LG전자]

LG전자의 지난해 가전 구독 매출액은 전년 대비 30% 이상 성장했다. 또 LG전자는 구독 사업 확대 등에 힘입어 역대 최대 1분기 매출(21조959억 원)을 기록했다. 올해 3분기 구독 관련 누적 매출은 이미 1조3000억 원을 돌파했다.

조주완 LG전자 사장은 2030년 매출 100조 원 달성을 위한 동력 중 하나로 구독사업을 꼽았다. 삼성전자도 곧 구독경제 시장에 뛰어들 것으로 보인다. 구독경제는 구독자를 락인하는 효과가 있다. LG전자가 구독 시장을 장악하면 삼성전자는 가전 시장에서 설 자리를 잃을 수 있다. 다만 삼성전자의 구독 시장 진출은 늦은 감이 있다. 구독 관련 상품 구성과 멤버십 혜택에 신경을 쓸 것으로 예상된다.

물론 구독서비스 확장에 따른 우려도 있다. 한 업종의 메이저 기업이 구독으로만 상품과 서비스를 판매한다면 소비자 입장에서는 강제로 구독해야 하는 상황이 올 수 있다는 것이다. 심지어 구독료를 올려도 다른 대체재가 없어 울며 겨자 먹기로 구독서비스를 사용해야 할지도 모른다. 기업이 구독서비스 회사로 진화하는 것은 세계적인 추세이고 막을 수도 없다. 다만 소비자들에게 피해가 없도록 사전적으로 대비할 필요는 있다.

구독경제는 환경(Environmental) · 사회(Social) · 지배구조(Governance), 즉 ESG를 실현하면서도 소비자와 상생할 수 있는 유일한 BM이다. 예를 들어 삼성전자와 LG전자가 구독 후 회수된 가전을 자사가 인증해 저렴하게 중고품으로 재판매할 수도 있다. 신상품이 아닌 중고품 구독 상품으로 출시하면 소액으로 좋은 가전상품을 이용할 수 있게 돼 가정경제에도 도움이 되고 소비자 선택의 폭도 넓어진다. 자원 및 환경보호 그리고 소비자에게도 이익이 되는 구독경제 활용법이 무수히 많다.

구독경제 2.0 시대는 결국 구독플레이션과 강제구독을 수반한다. 그렇다고 우리나라 기업만 구독경제를 도입하지 않으면 글로벌 경쟁에서 낙오할 수밖에 없다. 구독경제 시대에 걸맞게 기업들의 글로벌 경쟁력을 확보해야 한다. 동시에 소비자의 권리를 보호하는 양수겸장의 정책과 입법이 절실한 시기이다. 미래를 준비하지 않는 이에게 미래는 그저 앞으로 지나갈 불행한 과거에 불과하다. 정부와 국회 및 산업계 그리고 우리 모두의 관심이 필요한 시기다.

출처: 이코노미스트, 2024-11-17

Keyword

- 서비스에서 유통
  1) 직접 유통채널
  2) 중간상(intermediary)을 이용한 유통채널
- 중간상
  1) 프랜차이즈
  2) 에이전트와 브로커
  3) 전자채널
- 에이전트(agent): 비교적 장기간 계약, 판매와 구매 에이전트가 있음. 스포츠 선수와 에인전트 관계
- 브로커(broker): 일시적, 단기적 대리인, 부동산 중계인
- 상권분석 시스템(https://bigdata.sbiz.or.kr/?#/hotplace/gisDetail)
- 중간상과 관련된 문제
  1) 경로갈등(channel conflict)
  2) 품질 통제 및 일관성 유지의 어려움
  3) 권한 위임과 통제 간의 조정
  4) 경로의 모호성

제1절 | 서비스에서 유통채널이란?

1. 서비스에서의 유통

대부분의 기업이 서비스를 제공할 때는 제공자와 소비자가 직접 접촉하는 경우가 많다. 원래 서비스는 생산과 소비가 동시에 일어나는 특징이 있으므로, 서비스 제공 시 제공자 본인 혹은 대리인이 제공과정에 참여하게 되는 것이다. 이때 서비스 제공자 본인이 아닌 대리인이 제공할 경우 문제가 발생할 수 있다. 왜냐하면 고객은 접점 과정을 통해 서비스 품질을 평가할 가능성이 높으나 대리인은 서비스 제공자 본인이 아니므로 고객이 원하는 같은 수준의 서비스를 제공하지 않을 수 있기 때문이다.

본 장에서는 대리인을 중간상(intermediary)으로 보고 서비스 제공자가 직접 유통채널을 운영하는 경우와 대리인을 이용한 유통채널 운영의 경우로 나누어 각 채널별 특징이 무엇인지 살펴보고자 한다.

1.1 직접 유통채널

서비스는 무형성이고 고객이 직접 체험을 한다는 특징이 있다. 따라서 서비스를 유통하는 데 있어서 상품의 유통처럼 생산자–중간상–소비자로 이어지는 단계처럼 서비스가 유통되는 경우가 거의 없다. 대부분의 서비스는 서비스 생산자에서 소비자로 직접 전달된다.

즉 서비스 생산자가 서비스 소비자인 고객에게 직접 서비스를 판매하는 형태가 일반적인 서비스 유통의 형태이다. 고객이 대한항공 또는 아시아나항공을 이용하는 것, 대학병원이나 동네의원을 이용하는 것 등이 그 예라고 할 수 있다.

1.2 중간상을 이용한 유통채널

제조업의 경우 생산된 상품이 고객에게 전달되기까지 여러 중간상이 등장하는 데 반해, 서비스의 경우 중간상의 역할이 많지 않다. 그렇지만 중간상은 서비스를 고객에게 전달하는 데 있어서 중요한 기능을 수행하고 있다.

첫째, 중간상은 서비스의 생산 및 전달과정에서 원래 서비스 제공자(주인)와 함께 고객에게 서비스를 제공한다. 일부 프랜차이즈 서비스 등이 여기에 속한다. **둘째**, 중간상은 지역적으로 서비스를 제공함으로써 고객이 편리하게 서비스를 이용하게 한다. **셋째**, 중간상은 여러 서비스 제공자를 대표하므로 한 곳에서 고객에게 다양한 선택대안을 제시할 수 있다. 여행 에이전트가 다양한 여행사의 상품을 고객에게 안내해 주는 것이 그 예라고 할 수 있다. **넷째**, 금융서비스나 전문서비스의 경우 중간상은 신뢰관계를 바탕으로 고객과 서비스 기업을 연결하는 역할을 수행한다.

서비스에서 이용되고 있는 중간상의 주요 형태는 크게 세 가지로 나누어 볼 수 있다. 프랜차이즈(franchise), 에이전트와 브로커(agent and broker), 전자채널(electronic channels)이 그것이다. 프랜차이즈 가맹점은 원래 서비스 제공자가 가지고 있는 고유한 서비스 컨셉을 돈을 주고 이용하는 서비스 점포를 말한다. 맥도날드, 버거킹과 같은 패스트푸드 체인점, 커피전문점, 자동차 서비스 대리점 등이 여기에 속한다. 에이전트와 브로커는 하나 혹은 둘 이상의 서비스 제공자를 대리하여 서비스를 유통 및 판매하는 것을 말한다. 금융, 여행, 보험 서비스 판매 대리점 등이 여기에 속한다. 전자채널은 TV, 전화, 컴퓨터, 통신 등을 통해 서비스를 전달하는 것을 말한다.

제2절 | 서비스 유통채널 선택 시 고려요인

고객에게 서비스를 제공하는 기업은 가장 효과적인 유통채널을 구축하려고 한다. 그렇다면 어떤 요소들을 고려해야 할지를 살펴볼 필요가 있다. 우선 고객과 서비스가 어떤 형태로 접촉하는지 여부를 판단해야 한다. 그리고 난 후 접점장소가 한 곳인지 여러 곳인지 여부를 알아봐야 한다. 최종적으로 접촉유형을 결정한 다음에는 접점장소에 대한 최종 입지와 시간을 확정해야 한다.

1. 서비스 전달 방법의 결정

서비스 기업이 고객에게 서비스를 전달하기 위해서는 우선 2가지 측면에서 살펴볼 필요가 있다. 우선 고객과 기업이 만나는지 여부를 고려해야 한다. 고객과 기업이 접촉하는 방법은 크게 3가지로 나눌 수 있다. 다음으로는 고객이 서비스 기업과 만나는 장소가 하나인지 여러 인지 여부이다. 이 두 가지 조건을 고려하면 기업이 서비스를 전달하는 방법은 6가지로 살펴볼 수 있다(〈표 12-1〉 참고).

〈표 12-1〉 서비스를 전달하는 방법

고객과 서비스 기업의 접촉 방법	서비스 지점의 유무	
	단일 지점	복수 지점
고객이 서비스 기업을 방문	영화관, 헤어숍	편의점 및 레스토랑 체인
서비스 기업이 고객을 방문	주택수리, 이동세차	우편배달, 은행 지점망
고객과 서비스 기업이 직접 접촉 없음	홈쇼핑회사, 지역방송국	방송네트워크, 통신회사

1.1 고객이 서비스 기업을 방문하는 경우

어떤 서비스의 경우 고객이 직접 서비스 기업을 방문해야만 서비스를 받을 수 있다.

예를 들어, 영화가 보고 싶은 사람이 영화관에 가는 것, 헤어스타일을 바꾸고 싶은 사람이 미용실을 가는 것 등이 여기에 속한다.

고객이 찾아와서 서비스를 받는 상황에서 관련 기업은 크게 두 가지 측면에서 살펴볼 필요가 있다. **첫째**, 서비스 기업의 위치가 고객이 찾아오기 편리한가 여부이다. 특히 독특하고 차별화된 서비스가 아닐수록(예를 들어, 편의점 등), 고객이 찾기 편리한 곳에 위치하는 것이 중요하다. **둘째**, 서비스의 이용시간을 결정하는 것이다. 고객이 가장 많이 이용할 수 있는 시간 혹은 가장 서비스가 필요한 시간을 파악하고 그에 맞는 서비스 시간을 정해야 한다. 최근에 병원들이 요일별 진료시간을 다르게 하거나 야간진료를 시행하는 것도 고객들의 이용 패턴을 고려한 변화라고 할 수 있다.

서비스를 받기 위해 제공자(혹은 기업)를 방문해야 하는 업종들

1.2 서비스 기업이 고객을 방문하는 경우

서비스 제공자가 고객을 직접 방문해서 직접 서비스를 제공해야만 하는 유형이 있다.

예를 들어 고객이 집이나 특정 장소에서 연회가 있을 경우, 출장뷔페 서비스를 신청하는 것도 일종의 서비스 기업이 고객에게 방문하는 형태이다.

서비스 기업이 고객을 방문하는 형태는 크게 다음과 같다. 우선 서비스 대상이 이동 불가능할 경우이다. 예를 들어, 고객이 주택을 방역하고자 할 경우, 해충방역을 하는 기업은 직접 집을 방문해야만 서비스가 이루어진다. 또한 고객의 규모가 크거나, 기업 대 기업의 거래(B2B)의 경우 직접 방문하기도 한다.

서비스 기업이 고객을 방문하는 경우, 고객이 방문하는 것보다 시간과 비용이 더 소요된다는 특징이 있다. 따라서 기업은 고객의 방문을 유도하고자 한다. 그러나 고객이 서비스 기업의 방문에 대한 추가적인 비용을 지불하고자 한다면 방문 서비스도 기업의 매출에 도움이 될 수 있다.

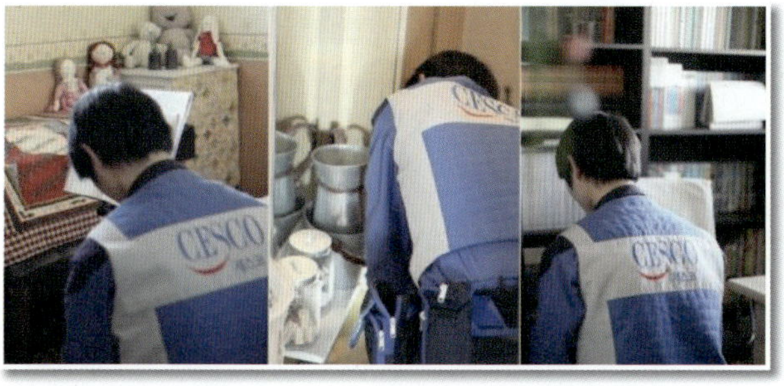

해충방역과 같은 서비스는 기업이 고객을 방문하여 서비스를 제공하는 형태이다

이런 서비스 기업의 방문 활동은 찾아가는 서비스, 출장 서비스, 이동 서비스 형태로 변형되어 운영된다. 지역별로 이동하여 돌 사진을 촬영해 주는 이동 스튜디오 등이 그 하나의 예라고 할 수 있다.

1.3 고객과 서비스 기업이 직접적으로 만나지 않는 경우

때로는 서비스 기업과 고객이 직접 만나지 않는 상태에서도 서비스가 이루어지기도 한다. 예를 들어, 전화 및 통신을 이용한 서비스의 경우 고객은 기업과 직접 접촉하지 않지만 관련 서비스를 받을 수 있다. 이때, 고객이 서비스 기업을 직접 만날 수 없기 때문에 기업은 고객의 소리를 직접 들을 기회가 적다. 따라서 콜센터, 우편, 홈페이지 등을 이용하여 고객과 기업(혹은 직원)과의 접촉지점을 만든다.

기업은 고객과 직접 만나지 않고도 고객에게 서비스와 관련된 정보를 제공하거나, 고객으로부터 의견을 들을 수 있다

2. 채널에 대한 고객의 선호도

고객마다 기업이 제공하는 서비스를 받는 방법이 다를 수 있다. 즉, 기업에게는 여러 가지 유통채널을 마련해야 한다는 것이고, 고객은 채널별로 다른 경험을 할 수 있다는 뜻이다. 은행서비스의 예를 들어보자. 고객은 직접 은행을 찾아가서 서비스를 받을 수 있다. 반면에 컴퓨터나 모바일을 통해 이용할 수도 있고, 전화를 통해서 서비스를 받을 수도 있다. 옷을 구매하는 경우도 마찬가지이다. 고객은 인터넷 쇼핑이나 홈쇼핑을 통해 구매할 수도 있고, 실제로 매장을 방문해서 구매할 수도 있다. 이렇듯 고객은 자신이 원하는 방법으로 채널을 선택할 수 있는 것이다.

고객은 자신이 선호하는 유통채널(온라인, 오프라인)을 이용하여 쇼핑한다

고객이 서비스 채널(인적, 비인적, 셀프서비스)을 선택하는 데 영향을 미치는 요인은 다음과 같다.

- 서비스가 복잡하고 금전적 위험도가 높을수록, 실물확인이 필요할수록 인적 채널을 선호한다.
- 서비스 채널에 대한 정보가 많고 확신성이 높을수록 비인적 채널 또는 셀프서비스 채널을 선호한다.
- 기술 수용도(technology adoption) 혹은 기술 준비도(technology readiness)가 높은 고객일수록 다른 고객 혹은 직원과의 접촉이 필요없는 셀프서비스 채널을 선호한다.
- 거래의 기능성을 선호하는 고객은 비인적 채널이나 셀프서비스 채널을 선호하고, 반면에 사회성을 중시하는 고객은 인적 채널을 선호한다.

위와 같이 고객의 개별적인 특성에 따른 선호 채널이 다르게 나타날 수 있다. 그리고 대부분의 고객이 공통적으로 고려하는 요소는 편리성이다. 이는 고객이 자신이 원하는 채널을 선택할 수 있는 것으로, 단순히 비용 측면뿐만 아니라, 시간 및 장소의 편리함으로 확장하여 볼 수 있다.

여기서 고려할 것은 고객이 하나의 채널만 이용하지 않는다는 것이다. 상황에 따라서 두세 개의 채널을 동시에 이용할 수도 있고, 목적에 따라서 채널을 다르게 사용할 수도 있다. 예를 들어, 옷을 구매하려고 할 경우, 매장에서 입어본 후 바로 구매를 하거나, 인터넷 쇼핑을 통해서 구매할 수도 있는 것이다. 따라서 서비스 제공자인 기업은 채널별 특성에 맞춘 차별화된 전략으로 각 채널을 이용하는 고객에게 접근할 필요가 있다.

Service Issue

"주문 즉시 배달해 드려요" … 너도나도 퀵커머스

퀵커머스 시장 올해 5조원 넘어설 예정

퀵커머스 시장이 소비자들의 환영을 받으며 빠르게 성장하고 있다. 퀵커머스란 빠르다는 뜻의 영단어 '퀵(Quick)'과 상거래 '커머스(Commerce)'의 합성어로 상품 주문 후 1시간 이내로 배송지에서 상품을 빠르게 배송해 주는 상거래 서비스를 통칭하는 말이다. '간편한 장보기'에 대한 소비자의 높은 수요에 이커머스(전자상거래) 업체뿐 아니라 대형 마트와 편의점 업계까지도 앞다퉈 퀵커머스 시장에 진출하고 고객 유치에 나서고 있다.

서울 시내 한 음식점에서 라이더가 배달 음식을 수령하고 있다. [사진=연합뉴스]

◆점점 커지는 퀵커머스 시장

17일 관련 업계에 따르면, 유통업계 전반에 퀵커머스 바람이 불고 있다. 쿠팡발(發) 빠른 배송에 익숙해진 소비자들의 선택을 받기 위해선 '퀵커머스' 진출이라는 판단에서다.

설문 전문 기관 오픈서베이가 소비자를 대상으로 '쿠팡을 주로 사용하는 이유가 무엇인지'에 대한 질문에 가장 높은 응답률을 기록한 답변은 '배달이 빨라서'(77.3%)로 나타났다.

이에 다양한 기업이 퀵커머스 서비스를 시행하고 있는 모습이다. 최근에는 단순 생필품이나 음식 이외에도 패션 · 가전 · 화장품까지도 빠른 배송으로 받아볼 수 있게 됐다.

2020년 3500억 원 수준에 불과하던 국내 퀵커머스 시장은 2021년 1조2000억 원으로 성장했고, 올해 5조 원을 넘어설 전망이다. '2025년 유통산업 전망조사'에서는 올해 0%대의 저성장이 전망되는 유통업계에서 이례적으로 높은 성장을 이어가는 분야다.

퀵커머스 시장에서 쿠팡과 정면으로 맞붙은 대표적인 이커머스 기업은 네이버다.

네이버는 2022년 '도착보장' 서비스를 도입했

다. 도착보장은 소비자가 상품을 구매한 즉시 예상 도착일을 확인할 수 있는 서비스다. 네이버는 해당 서비스를 당일 배송 상품을 꾸준히 늘려 나가는 방식으로 발전시키고 있다.

성과도 나타나고 있다. 지난해 네이버의 3분기 커머스 매출 실적은 전년 동기 대비 12% 늘었다. 같은 기간 도착보장 거래액이 50% 증가하며 전체 매출 실적을 견인한 것으로 분석된다. 네이버는 1시간 내외 배송을 책임지는 '지금배송'도 연내 개시할 방침이다.

◆시장신선식품부터 일상용품까지

대형 마트와 편의점 또한 퀵커머스 서비스를 확장하고 있다.

먼저 배달시장 점유율 1위인 배달의민족 '배민장보기·쇼핑'에 속속들이 입점하는 분위기다. 지난해 6월 이마트에브리데이에 이어 7월에는 GS25와 더프레시가, 8월에는 홈플러스 익스프레스, 11월과 12월에는 각각 이마트와 홈플러스가 배달의민족에 입점했다.

이외에도 홈플러스는 기업형 슈퍼마켓인 홈플러스 익스프레스를 중심으로 2019년 퀵커머스 서비스인 '즉시배송'을 도입했다. GS리테일도 '우리동네 GS앱'을 통해 배달서비스를 운영하고 있다. GS리테일 관계자는 "지난해 퀵커머스 매출신장률이 전년 대비 87.2% 증가했다"라고 말했다.

주문 상품은 화장품과 가전 등 일상용품으로도 확대되고 있다. CJ올리브영은 당일 주문한 상품을 1시간 이내로 받아볼 수 있는 '오늘드림' 서비스를 수도권뿐 아니라 지방으로도 점차 확대할 계획이다. 이를 위해 수도권 중심으로 구축해 온 도심형 물류센터를 전국 주요 도시로 확장한다.

삼성전자와 롯데하이마트 역시 구입한 가전과 모바일 상품 등을 당일 설치해 주는 서비스를 수도권을 비롯한 일부 지역에서 시작했다. 스타일 커머스 플랫폼 지그재그와 에이블리, 브랜디 등도 당일·익일 배송을 확대하고 있다.

◆수익성 확보 방안은?

서울 강동구 롯데마트 천호점. [사진=연합뉴스]

다만 퀵커머스 사업에 대한 수익성 우려는 여전하다. 퀵커머스 서비스를 운영하기 위해서는 도심형 물류센터를 확보해야 해 초기 투자 비용이 많이 들 뿐 아니라 인건비와 임대료 등 고정비용도 상당하기 때문이다.

이에 퀵커머스 사업을 철수한 기업도 있다. 지난해 5월 롯데마트와 롯데온은 롯데마트몰에서 상품을 사면 2시간 내에 상품 배송을 보장하는 '바로배송' 서비스를 중단한 바 있다.

롯데마트는 당초 퀵커머스 운영 매장 50개를 목표로 했다. 하지만 코로나19 종식과 함께 오프라인 활동이 늘어나며 배송 수요가 줄며 수익성이 떨어지자 사업을 철수했다.

이마트 역시 서울 일부 지역에서 선보였던 퀵커머스 서비스 '쓱고우'를 종료한 바 있다. 상황이 이렇다 보니 퀵커머스 시장 재진출에 있어 고민하는 분위기도 감지된다.

롯데마트 관계자는 "퀵서비스 서비스 재개에 대한 구체적인 논의는 없다"라고 밝혔다. 이마트 관계자도 "더 효과적인 퀵커머스 사업을 위해 고민 중에 있다"라고 말했다.

전문가들도 신중한 접근이 필요하다고 지적한다. 최철 숙명여대 소비자경제학과 교수는 "퀵커머스 서비스를 운영하기 위해서는 배송 인력에 대한 비용이 들기 때문에 규모의 경제가 뒷받침되어야 한다"며 "건수 확보가 안 될 경우 서비스를 유지하기 어려울 수밖에 없다"고 설명했다.

출처: 이코노믹리뷰, 2025-01-17

제3절 | 서비스 채널의 유형

1. 직접유통채널

대부분의 서비스는 서비스 제공자에서 고객으로 적접 전달이 이루어지며, 이런 서비스는 주로 한정된 지역에서 서비스가 운영된다. 병원, 세탁소, 미용실 등이 차지하는 범위는 상품과 달리 제한적이다. 반면에 서비스 제공자가 여러 지역에 지점을 가지고 운영을 하는 경우도 있다. 커피전문점인 스타벅스가 그 예이다. 스타벅스는 본사에서 직영점을 직접 운영 · 관리하는 일종의 직접유통채널을 가지고 있다.

기업이 직접유통채널을 운영하는 데 있어서 몇 가지 이점은 다음과 같다.

첫째, 서비스 기업이 소유한 경로를 통해 서비스를 제공함으로써 기업이 완전 통제가 가능하다. 통제가 가능하다는 것은 서비스 제공자가 품질의 일관성을 유지할 수 있다는 것으로 기업은 서비스가 제대로 수행되었는지를 파악하고, 또한 종업원에게 보상을 통해 서비스 제공의 효과성을 높일 수 있다. **둘째**, 직원들의 채용, 교육, 해고, 동기부여와 같은 인적자원관리가 원활하다는 것이다. **셋째**, 기업이 소유한 직접 경로를 이용한 운영은 다른 가맹점의 합의나 제약을 받지 않고 기업 확장이나 부지의 계약을 할 수 있다. **넷째**, 기업이 고객과 직원과의 관계를 소유할 수 있다는 것이다. 서비스의 경우 고객이 기업에 대한 호의인지 종업원에 대한 호의인지 여부가 중요한 문제가 된다. 종업원에 대한 호의의 경우 종업원의 이동은 고객을 상실할 수 있는 문제를 야기시킨다. 기업 소유의 직접유통채널의 경우 고객이 종업원을 선발한 것으로 종업원이 기업에 속해 있으므로 기업이 고객관계에 대한 통제가 용이하다.

기업이 직접유통채널을 갖는 데 있어서 몇 가지 단점이 있다. **첫째**, 기업이 모든 재무적 책임을 진다는 것이다. 기업 확장이나 부지의 계약 등을 할 때 모든 재원을 마련해야 하고 관리해야 한다. **둘째**, 현재 자신이 운영하는 시장에 대해서는 정보를 알 수 있으나 진출하지 않은 다른 지역 시장에 대해서는 정보를 잘 모를 수 있다. 이런 문제를 해결하기 위해 신규사업을 추진할 때 지역 파트너와 합작을 통해 유통채널을 운영하기도 한다.

2. 중간상을 이용한 유통채널

2.1 프랜차이징

프랜차이징(franchising)은 중간상을 이용한 서비스 유통의 가장 일반적인 형태를 말한다. 프랜차이징은 프랜차이저(franchisor: 본사 혹은 가맹사업자)가 자신들이 브랜드, 사업 과정이나 사업 포맷, 상품 혹은 서비스, 명성 등을 프랜차이지(franchisee: 가맹점)에게 수수료 혹은 특허권의 사용료를 받고 사용허가권을 내주는 계약을 말한다. 프랜차이징은 서비스의 제공과정, 서비스 정책, 보증, 촉진, 상표 등이 표준화할 수 있다는 특징이 있고, 지점별로 유사하게 복제가 가능한 서비스에 효과적이다. 대표적으로 패스트푸드점, 커피전문점, 카센터, 호텔 및 숙박업 등이 그 예이다. 프랜차이징을 통해 프랜차이저인 본사와 프랜차이지인 지점은 일종의 계약을 통한 파트너십을 형성하게 된다.

(1) 프랜차이저

프랜차이저(franchisor)는 본사 혹은 가맹사업자를 뜻하는 것으로, 가맹자인 프랜차이지(franchisee)에게 자신의 상호, 상표, 서비스 품질 등을 사용하여 자신과 동일한 이미지로 서비스를 판매하도록 허가하고, 그에 대한 수수료 및 일정 수익을 받는 것을 말한다.

프랜차이즈 시스템이 프랜차이지에게 주는 이점은 다음과 같다. **첫째**, 더 많은 지역에 유통망을 확장할 수 있고 이를 통해 수익 증대, 시장점유율 확대, 브랜드 인지도 증대를 추구할 수 있다. **둘째**, 프랜차이즈 본부의 표준에 따른 점포의 일관성 유지가 가능하다. **셋째**, 전국적 체인을 통해 각 지역시장에 대한 연결고리를 구축하여 지역시장에 대한 이해를 증가시킬 수 있다. **넷째**, 가맹점이 자신들의 자본으로 시설을 구입하고 직원을 채용함으로써 본사의 재정적 위험이 감소하게 된다.

반면에 프랜차이즈 시스템을 운영함에 있어서 프랜차이저는 몇 가지 문제점에 직면할 수 있다. **첫째**, 각 가맹점에게 동기를 부여하고, 수준을 유지하는 데 어려움이 따른다. **둘째**, 프랜차이즈 본부와 가맹점 간의 분쟁이 발생할 수 있다. 특히 가맹점 수가 늘어갈수록 가맹점의 영향력이 점차 커지게 된다. **셋째**, 프랜차이즈 가맹점은 본부가 정한 기준에 따라 서비스를 제공하지만 일부 가맹점에서 낮은 서비스 수준을 제공할 수 있다. 이는 결국 기업의 이미지 및 브랜드에 손해를 끼치게 된다. **넷째**, 프랜차이즈 가맹점이 고객과 접하는 경우가 많으므로 기업과 고객과의 관계보다 가맹점과 고객과의 관계가 더 커지게 되며, 결과적으로 가맹본사의 직접적인 고객 관리 및 통제가 어렵게 된다.

전 세계적인 프랜차이즈 기업들

(2) 프랜차이지

가맹점인 프랜차이지(franchisee)는 본사에게 일정 수수료 및 비용을 지불하고 본사의 상표, 서비스 등을 사용하여 영업을 하는 사람 혹은 조직을 말한다. 프랜차이징 시스템에서 프랜차이지가 갖는 이점은 크게 3가지로 볼 수 있다. **첫째**, 신규 사업 아이템을 개발하지 않고도 사업의 기초가 되는 사업 형태를 획득할 수 있다는 것이다. **둘째**, 전국 또는 지역의 브랜드 및 기업 명성을 이용할 수 있다. 또한 본사의 광고 및 마케팅 지식을 얻을 수 있다. **셋째**, 사업을 시작하는 데 있어서 발생할 수 있는 위험을 줄일 수 있다.

반면에 프랜차이지가 직면하는 문제점들도 있다. **첫째**, 시장의 잠식이 발생하게 된다. 본사가 기존 가맹점에 대한 보상 없이 기존 가맹점 근처에 새로운 가맹점을 개장하게 되면 시장 잠식이 발생한다. **둘째**, 이익과 수익에 실망하게 되는 것이다. 프랜차이징은 쉽게 사업을 시작할 수는 있지만 생각만큼 많은 이익이 발생하지 않을 수도 있다. **셋째**, 본사의 압력 혹은 높은 수수료 문제이다. 최근에 많은 문제가 발생하는 것으로 본사의 높은 수수료는 가맹점에게 압력이 되고 있다.

〈표 12-2〉는 프랜차이징 계약관계를 통해 프랜차이저와 프랜차이지가 갖게 되는 장점과 단점을 제시하고 있다.

〈표 12-2〉 프랜차이즈 시스템의 장 · 단점

	편 익	문 제 점
프랜차이저 (본사)	• 더 많은 유통망 및 수익 확대 • 점포의 일관성 유지 • 지역시장 정보 획득 • 재정적 위험 감소	• 가맹점 동기부여 어려움 • 본부와 가맹점 간의 분쟁 • 가맹점의 일관성 없는 품질 • 가맹점이 고객관계 통제 가능
프랜차이지 (가맹점)	• 사업 포맷 획득 가능 • 전국 또는 지역브랜드 명성 획득 • 사업 초기 위험 최소화	• 시장의 잠식 • 이익과 수익에 대한 실망 • 본사의 압력 및 높은 수수료

〈표 12-3〉 2025 미국 내 상위 10개 프랜차이즈와 창업비용

순위	프랜차이즈 이름	업종	초기 창업비용	매장 수 2024
1	타코벨	음식	$611K - $4M	8,565
2	저지 마이크스 서브스	음식	$204K - $1.3M	2,861
3	던킨	음시	$436K - $1.8M	13,790
4	파파이스 루이지애나 키츤	음식	$471K - $3.9M	4,796
5	에이스 하드웨어	소매	$602K - $2M	5,965
6	The UPS Store	서비스	$101K - $496K	5,693
7	컬버스	음식	$2.8M - $6.9M	978
8	웬디스	음식	$310K - $2.8M	7,282
9	햄프턴 바이 힐튼	숙박	$15.2M - $25.9M	3,040
10	쿠몬	어린이 사업	$73,783 - $165,920	25,418

출처: https://www.entrepreneur.com/franchise500

2.2 에이전트와 브로커

에이전트(agent)란 서비스 주인이나 고객을 대리하거나, 서비스 주인과 고객 간에 이루어지는 계약을 체결할 수 있는 권한을 비교적 장기간(long term) 위임받은 중간상을 말한다. 스포츠 선수는 에이전트 회사와 계약을 맺어 소속팀 결정, 연봉협상을 맡긴다. 에이전트는 크게 판매 에이전트(selling agent)와 구매 에이전트(purchasing agent)로 나눌 수 있다. 판매 에이전트는 서비스 주인인 서비스 기업이 자원이 부족하거나, 판매를 대행하기를 원할 경우 이루어지며, 서비스 기업의 보험, 여행, 금융서비스 등을 판매할 수 있는 권한을 가지게 된다. 반면에 구매 에이전트는 구매자 혹은 고객을 대신하여 상품을 평가하고 구매하는 것으로 예술품, 골동품, 희귀 보석과 같은 상품을 구매하고자 하는 기업 및 개인에 의해 고용되거나 계약관계를 맺는다.

브로커(broker)는 판매자와 구매자 간의 일시적 또는 단기적 협상을 맺어주는 중간상을 말하며, 이들을 고용한 당사자로부터 보수를 받는다. 또한 브로커는 에이전트와 달리 자금조달이나 위험부담을 하지 않으며, 판매자와 구매자를 지속적으로 대리하지도 않는다. 부동산 중개인이 대표적인 예이다.

에이전트와 브로커는 서비스에 대한 소유권은 없지만 서비스 기업 혹은 개인이 그들

에게 권한을 부여하고, 그들은 주인을 대신하여 마케팅 기능 및 서비스 판매를 할 수 있는 권한을 갖게 된다.

여행사 에이전트는 다수의 서비스 제공자의 상품을 판매 대행한다

(1) 에이전트와 브로커의 이점

에이전트와 브로커를 중간상으로 이용할 경우 몇 가지 이점이 있다.

첫째, 서비스 기업은 판매 및 유통에서의 비용절감이 가능하다. 여행사와 같은 에이전트가 없다면 항공사, 리조트, 호텔과 같은 여행서비스 관련 업종은 자사의 여행상품을 판매하기 위해 고객을 개별적으로 만나야 한다. 즉, 여행 에이전트는 여러 판매자의 정보를 수집하여 여행자인 고객에게 제공하는 중간상으로서의 역할을 수행하는 것이다.

둘째, 에이전트와 브로커는 자신의 분야에 대한 특별한 기술 및 지식을 보유하고 있다. 여행 에이전트의 경우 여행관련 공급자로부터 얻어지는 정보를 모아 패키지를 구성할 수도 있고, 관련 묶음의 가격을 책정할 수도 있다. 이는 개별 고객이나 개별 서비스 공급자가 가질 수 없는 노하우를 가지는 것으로 전문 중간상으로서의 역할을 수행한다.

셋째, 에이전트와 브로커는 월급을 받는 것이 아니라, 수수료를 받는 형태이다. 따라서 넓은 지역을 대표할 수 있으며 진출이 용이하다.

넷째, 에이전트와 브로커는 그들이 서비스를 제공하는 지역에 대한 전문지식을 가지고 있다. 기업이 다른 지역에 진출하기 위해서는 그 지역에 대한 정보를 가지고 있는 에

이전트나 브로커를 이용하면 지역 고객의 욕구를 파악하는 데 용이하다.

다섯째, 에이전트는 고객이 상품이나 서비스를 선택하기 쉽게 한다. 여행 상품을 구매하고자 하는 고객이 에이전트 없이 상품을 선택할 경우, 개별 제공자를 모두 방문하거나 관련내용을 모두 검토해야 한다. 에이전트는 여러 제공자의 판매를 대행함으로써 고객의 선택을 보다 용이하게 한다는 장점이 있다.

(2) 에이전트와 브로커의 문제점

에이전트나 브로커라는 중간상을 이용한 유통채널을 이용할 경우 직면하는 문제점은 크게 두 가지를 들 수 있다.

첫째, 서비스 제공자가 가격책정에 대한 통제력을 상실할 수 있다. 에이전트와 브로커는 서비스를 정하고, 가격을 협상하는 역할을 수행하며, 때로는 서비스를 바꾸기도 한다. 이런 문제는 서비스 제공자가 고가의 서비스를 제공하고자 할 때 문제가 발생할 수 있다. 왜냐하면 원래 책정한 가격에서 가격이 변동된다면 서비스 품질의 변동이 발생할 수 있기 때문이다. 그리고 에이전트나 브로커가 지역별로 상이한 가격을 협상할 경우, 추후에 구매자로부터 가격 차별화라는 불만을 받을 수도 있다.

둘째, 에이전트나 브로커가 여러 서비스 제공자를 대리할 수 있다. 독립 에이전트는 다수의 서비스 공급자를 대리할 수 있고, 고객에게 다수의 상품이나 서비스를 소개할 수 있다. 이는 에이전트가 경쟁 서비스를 대리하고, 때로는 경쟁사 상품을 고객에게 소개할 수도 있다는 것을 의미한다. 왜냐하면 에이전트는 판매자를 대리하기도 하지만 고객이 가장 원하는 상품을 판매하는 역할도 수행하기 때문이다.

2.3 전자채널

전자채널(electronic channel)은 서비스 제공자와 고객이 직접 접하지 않는 형태의 서비스 제공방법이다. 전자채널을 효과적으로 이용하기 위해서는 사전에 준비된 서비스 내용과 이를 제공할 전자매체가 필요하다. 전자매체는 TV, 전화, 인터넷 등으로 최근에는 모바일 매체가 확대되고 있다.

직접 매장에 방문하지 않고도 서비스가 가능한 온라인과 모바일 쇼핑 이용이 증가하고 있다

(1) 전자채널의 이점

전자채널을 이용하여 서비스를 제공할 경우 기업이 얻게 되는 편익은 다음과 같다.

첫째, 전자채널을 이용할 경우 표준화된 서비스를 제공할 수 있다. 인적매체를 통해 제공되는 경우와 달리, 전자채널은 고객별로 서비스를 개별적으로 해석하거나, 해석에 따라 다르게 서비스를 실행하지 않는다. 즉, 모든 전자매체를 통해 제공되는 서비스 내용이 동일하다.

둘째, 비용이 저렴하다. 전자채널을 이용할 경우 기존 인적매체를 이용할 경우보다 저렴한 비용으로 서비스를 전달할 수 있다.

셋째, 전자채널은 고객이 원하는 장소와 시간에 언제나 서비스를 제공할 수 있다. 상품을 구매할 때 마트를 가는 경우와 달리, 인터넷 쇼핑은 고객이 원하는 시간에 접촉 가능하며 바로바로 주문이 가능하다.

넷째, 전자채널은 유통 범위가 넓다. 전자채널은 서비스 이용자인 고객뿐만 아니라 제공자에게도 다양한 지역의 소비자에게 정보 및 상품을 알릴 수 있게 한다.

다섯째, 전자채널은 고객의 선택폭과 고객맞춤화를 할 수 있게 한다. 기업은 초기 단계부터 고객의 욕구를 파악하고 그에 맞춤화된 상품이나 서비스를 제공할 수 있다. 델 컴퓨터가 고객 개별화된 맞춤 컴퓨터를 제공하는 것이 그 대표적인 예이다.

여섯째, 빠른 피드백이 가능하다. 전자채널을 이용한 전자상거래(e-commerce)는 빠른 피드백을 가능하게 한다. 고객은 서비스에 대한 불만 및 의견을 바로바로 제시할 수 있고 기업은 이에 맞춰서 서비스 구성 등의 내용과 이용방법 등을 수정할 수 있다.

(2) 전자채널을 이용하는 데 있어서 문제점

전자채널이 많은 편익을 제공함에도 불구하고 몇 가지 문제점이 발생할 수 있다. 다음은 전자채널을 이용하는 데 있어 나타날 수 있는 문제점들이다.

첫째, 가격 경쟁이 발생한다. 일반적으로 서비스는 상품과 달리 눈에 보이지 않는 특성으로 인해 가격을 비교하기가 어려웠다. 그러나 인터넷을 이용한 전자채널은 이러한 특성을 변화시켰다. 인터넷의 가격비교 사이트들은 고객이 다양하게 서비스 상품의 가격을 비교할 수 있게 하고 있다.

둘째, 표준화된 서비스로 인해 고객맞춤화의 어려움이 발생한다. 전자채널은 표준화된 서비스를 일괄적으로 제공할 수 있지만, 그때그때의 상황에 따라 변화를 주기 힘들다. 만약 전자채널을 통해 강의를 한다면 청중이 직접적으로 질문 및 반응을 할 수 없고, 교사는 고객의 반응에 따라 강의를 수정하거나 조정할 수 없다.

셋째, 전자채널은 고객의 정보 수준에 따라 참여도가 다르게 나타난다. 고객이 정보기술을 잘 모를 경우 이용도가 떨어질 수 있다. 전자채널에서 고객의 참여도가 가장 높은 부분은 셀프서비스로 최근에는 기술의 발달로 셀프서비스기술(self-service technologies: SST)이 활발하게 이용된다. ATM, 인터넷 뱅킹, 공항 키오스크, 호텔 체크인, 화물 추적, 온라인 경매 등 다양한 분야에서 이루어지고 있다. 이런 SST는 고객이 그것을 사용할 능력이 부족하거나, 무엇을 해야 하는지 모를 경우, 실패하게 된다.

넷째, 전자채널을 이용할 경우 오프라인에서의 고객행동과 다른 행동이 나타날 수 있다. 상품이나 서비스를 구매할 때 일반적으로 이루어지는 소비자 행동과 다른 패턴이 나타날 수도 있고, 그에 따른 마케팅의 어려움도 발생하게 된다.

다섯째, 보안성의 문제가 발생할 수 있다. 전자채널을 통한 구매는 정보보안의 문제

SST는 은행, 공항 등 분야에서 식당의 주문까지 범위가 확장되고 있다

가 발생할 수 있다. 이는 고객들이 인터넷을 통해 구매할 때 신용카드 및 개인정보의 노출과 같은 위험부담을 갖게 되는 것이다.

여섯째, 전자채널은 경쟁의 범위를 확장시켰다. 기존 서비스의 경우 한정된 지역에서의 경쟁이었다면 전자채널을 이용할 경우 서비스 제공자와 고객이 거리가 멀어도 서비스가 가능하게 되었다. 이에 따라 경쟁자들의 수가 증가하게 된 것이다.

2.4 상권분석 시스템

중소기업청에서 제공하는 상권분석 시스템을 활용하여 서비스 기업의 상권의 경쟁 상황 등을 분석하여 전략 수립에 참고할 수 있다.

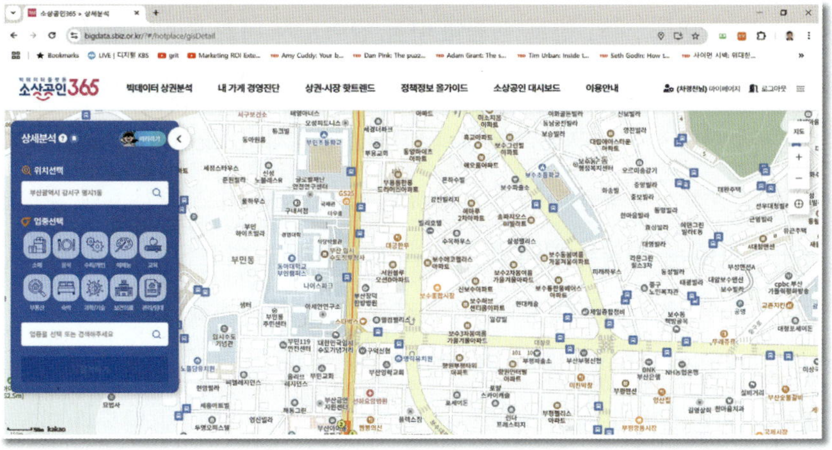

출처: https://bigdata.sbiz.or.kr/?#/hotplace/gisDetail

Service Issue

오픈런 대신 앱 켠다 … 편의점 주류 예약·픽업 서비스 '정착'

이용건수 · 매출 고공행진 … 새로운 주류 구매 트렌드로 부상
주류뿐 아니라 먹거리도 모바일 예약으로 … 손 안의 편의점 '인기'

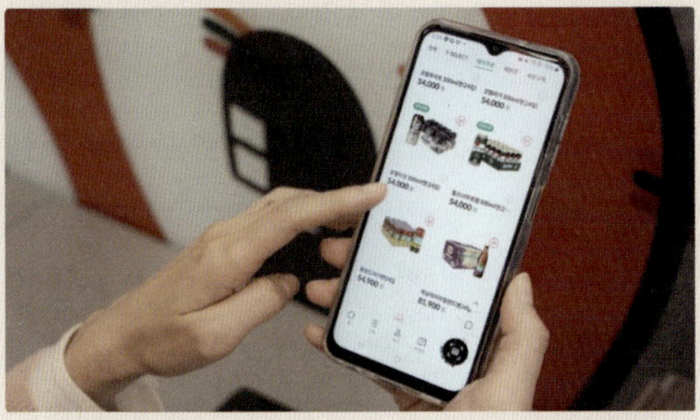

세븐앱 내 주류 예약 서비스 화면. [사진=세븐일레븐]

편의점업계가 자체 앱에서 선보이고 있는 주류 예약 · 픽업 서비스가 매년 성장세를 거듭하고 있다. 2021년 첫 선을 보인 뒤로 꾸준히 높은 성장세를 보이고 있어 편의점을 대표하는 O4O(Online For Offline) 서비스 안착 사례로 꼽힌다.

GS리테일에 따르면 GS25 주류 스마트 오더 플랫폼 와인25플러스는 지난해 말 기준 누적 주문액만 1000억 원을 돌파하며 홍행을 이어가고 있다. 실제 와인25플러스 서비스 이용 건수는 2021년에 1300%, 2022년에 148%, 2023년에 174%, 지난해 193.1%씩 뛰었다.

경쟁사인 CU의 성장세도 가파르다. 포켓CU 주류 픽업 서비스 CU BAR의 올 1월 기준 매출 신장률은 전년 동월 대비 99.6% 상승했다. 전년 대비 매출신장률은 2022년 145.2%, 2023년 190.8%, 지난해 188.0%로 꾸준한 신장률을 보이고 있다. 이용 건수는 2022년 6만여 건에서 지난해 20만 여 건으로 3배 이상 증가했다.

세븐일레븐도 지난해 주류 예약 서비스 매출이 전년 동기 대비 2배가량 늘었다. 올해 들어서는(1월 1일~21일) 증가폭이 8배로 급증했다. 세븐일레븐 관계자는 "모바일 주류 예약 · 픽업 서비스에 대한 인식이 대중적으로 변하고 있다"라며 "인기 상품은 대체로 일반 점포에서 찾아보기 힘든 스페셜 에디션 상품이 주를 이루고 있다"고 설명했다.

CU가 데일리샷과 손잡고 주류 픽업 서비스를 확대한다. [사진=CU]

이에 편의점업계는 주류 예약 · 픽업 서비스의 상품 구색을 강화하고 관련 서비스를 확장하는 방식으로 소비자와 접점을 늘려가고 있다.

GS25는 자체 앱을 넘어 카카오톡 선물하기에 입점해 주류 픽업 선물 서비스를 제공하는 등 제휴 서비스를 확장했다.

CU는 스마트 오더 플랫폼 데일리샷과 손잡고 주류 픽업 서비스를 확대한다. 이에 따라 CU 점포에 재고가 없는 상품이더라도 데일리샷에서 구매해 픽업이 가능해졌다. 이번 서비스 확대로 주류 상품 구색은 139%가량 증가하게 됐다. 세븐일레븐은 지난해 12월 사전 예약 서비스 카테고리에 '대용량 맥주'를 신설하며 새로운 수요 공략에 나섰다.

편의점 자체 앱을 통한 예약 · 픽업 서비스는 주류뿐 아니라 디저트와 간편식을 비롯한 편의점 먹거리에서도 활발히 이뤄지고 있다. 각사의 히트 상품은 앱을 통한 구매가 빈번하게 이뤄지고 있고, 업계도 앱 활성화에 따라 정식 출시 전 자체 앱을 통해 사전 예약 판매를 하는 등 오프라인을 위한 온라인 전략을 강화하고 있다.

모바일 예약 구매 시장이 커지고 그 위상이 달라지면서 편의점 업계는 올해 전국에 촘촘한 영업망을 활용해 O4O 서비스를 지속 강화해 나간다는 계획이다.

GS25는 최근 조직 개편에서 플랫폼BU 산하 O4O 부문을 퀵커머스실로 승격한 바 있다.

CU도 기존 혁신부문을 전략혁신부문으로 재편하면서 온라인을 담당하는 UX Design Lab팀을 직속으로 배치했다. 혁신부문은 이커머스, 온 · 오프라인 연결 등 CU의 온라인 사업을 담당하던 조직이다. 이어 기존 정보시스템본부에서 명칭이 변경된 디지털혁신본부의 리드로 IT 혁신을 본격화할 예정이다.

한 편의점 관계자는 "주류 예약 · 픽업 서비스가 오프라인 매장과 온라인을 잇는 시너지를 창출하고 있다"며 "객단가 상승, 지역 점포 매출 등을 견인하며 가맹점 고객 유입 및 매출 증대에 긍정적 영향을 끼치고 있어, 앞으로도 다양한 상품 구색 확보에 노력할 것"이라고 밝혔다.

출처: 브릿지경제, 2025-02-17

제4절 | 중간상과 관련된 문제 및 해결방안

1. 중간상과 관련된 문제

1.1 경로갈등

서비스를 제공하는 데 참여하는 모든 주체들이 경로가 운영되는 방법 및 목적에 항상 동의하는 것은 아니다. 경로갈등은 서비스 제공자와 서비스 중간상 간에 발생할 수도 있고, 지역 내의 서비스 중간상들 간에 발생할 수도 있다. 또한 서비스 제공자가 운영하는 다른 유통경로의 중간상끼리도 경로갈등이 발생하기도 한다. 경로갈등은 목표의 차이, 역할이나 권한의 수준에 대한 문제, 그리고 경로가 수행되는 방법들 간의 차이점에 의해 발생한다.

1.2 품질 통제 및 일관성 유지의 어려움

프랜차이즈를 통한 중간상 채널의 경우 품질 통제 및 품질의 일관성을 유지하기 어렵다. 특정 지역의 가맹점에서 낮은 품질을 제공할 경우, 그것은 가맹점에 대한 불만뿐 아니라 전체 브랜드에 대한 명성에 악영향을 미칠 수 있다. 또한 같은 브랜드를 사용하는 다른 가맹점에도 부정적인 영향을 주게 된다.

1.3 권한위임과 통제 간의 조정

서비스 회사가 중간상의 사업을 엄격하게 통제할 경우 품질수준의 일관성을 유지하기 쉽다. 이는 전체 지점의 품질수준을 동일하게 유지함으로써 고객만족을 추구하고 명성을 유지하기 위한 노력이다. 그러나 이는 중간의 입장에서는 본부의 강압적인 통제라고 판단을 하게 되어 불만이 나올 수 있다.

1.4 경로의 모호성

통제가 제대로 되지 않을 경우, 기업과 중간상 역할에 대한 의문이 발생할 수 있다. 고객의 요구를 파악하는 것, 시장조사, 결과의 해석 및 이용에 대해 누가 진행할 것이며 누가 책임질 것인가에 대한 혼란이 발생하게 된다.

2. 중간상을 효율적으로 관리하는 전략

2.1 중간상을 효과적으로 통제하라

서비스 기업은 수입과 서비스 성과에 대한 정확한 표준 및 기준을 만들고, 효과적으로 결과를 측정하고, 그 성과에 대해 확실한 보상을 진행할 수 있다. 기업의 입장에서는 이것이 중간상을 효과적으로 관리하는 가장 좋은 방법이라고 볼 수 있다. 기업이 이러한 전략을 사용하기 위해서는 자신만의 독특한 서비스 모델을 만들고, 고객을 명확하게 하며, 유통채널에서 가장 강력한 힘을 가져야 한다.

2.2 중간상에게 권한위임을 하라

기업은 중간상의 참여를 적극적으로 유도할 때 효과적으로 관리할 수 있다고 판단할 수 있다. 이 전략은 신규로 서비스를 도입한 기업의 경우, 중간상을 확실하게 통제할 만한 힘을 가지지 못한 경우에 유용하게 이용할 수 있다. 권한위임 전략은 중간상이 서비스를 잘 수행할 수 있도록 관련 정보, 연구결과 및 과정, 주요 프로세스 등을 제공한다. 즉, 기업은 중간상이 각자 지점에 맞는 서비스 프로세스를 만들 수 있게 할 수 있다.

2.3 파트너십 전략을 사용하라

중간상 관리를 위한 전략 중에서 효과 면에서 잠재성이 큰 전략은 중간상과 파트너십 관계를 맺는 것이다. 이는 중간상과 함께 고객에 관한 내용을 함께 수집하고, 서비스 기준을 세우고, 서비스의 개선을 진행하는 것이다. 이 방법은 기업과 중간상이 서로 간의 기술을 활용하게 함으로써 관계개선 및 신뢰를 구축할 수 있게 한다. 파트너십을 성공하기 위한 방법은 서비스 프로세스를 개발할 때 공동의 목표를 설정하는 것이 다. 다른 방법으로는 중간상을 기업의 서비스 품질 개선과 같은 의사결정에 참여시키는 것이다.

Review Case

프랜차이즈 '오너리스크' 악몽 … 손해는 점주들 몫

김가네 창업주 성폭행 논란 불거져
이미지 악화로 점주 매출 감소 직결
'호식이방지법' … 실효성엔 의문

[사진=게티이미지뱅크]

외식 프랜차이즈업계에 다시금 '오너리스크'의 악몽이 되살아났다. 김밥 프랜차이즈 김가네가 창업주의 성폭행 논란에 휩싸이면서 가맹본부는 물론 점주들까지 불안에 떨고 있다.

24일 업계에 따르면 여성 직원에게 성폭행을 시도한 혐의로 경찰에 입건됐던 김용만 전 김가네 회장이 최근 검찰에 넘겨졌다. 서울 성북경찰서는 최근 수사를 마무리하고 김 전 회장을 준강간치상 및 성폭력처벌법 위반(업무상 위력 등에 의한 추행) 혐의로 검찰에 송치했다.

김 회장은 지난해 9월 회식 자리에서 직원들에게 술을 강권하고 한 직원이 정신을 잃자 근처 숙박업소에서 성폭행을 시도한 혐의를 받는다. 이에 김 대표는 해임 조치됐지만 며칠 후 다시 대표이사로 선임된 사실이 알려지면서 논란이 일었다.

연일 김 회장 관련 보도가 이어지면서 김가네 가맹점주들은 전전긍긍했다. 한 점주는 자영업자 커뮤니티에서 “배달 플랫폼 갑질, 경기 하락에 이어 전 회장의 성폭력 문제가 우리를 두 번 죽이고 있다”며 “추후 본사 대응에 따라 매장 운영을 지속할지 기로에 서 있다”고 토로했다.

프랜차이즈 오너리스크 주요 사건

시기	사건
2016년 4월	미스터피자 전 회장 경비원 폭행
2017년 6월	호식이두마리치킨 전 회장, 직원 성추행 혐의 피소
7월	미스터피자 전 회장 '치즈통행세' 등 횡령 혐의로 구속
8월	봉구스밥버거 전 대표 마약 투약 혐의 집행유예
2018년 8월	SPC그룹 전 부사장 대마 흡입 · 밀수 혐의 구속
10월	교촌치킨 회장 6촌 동생 음식점 직원 폭행 영상 공개
2019년 3월	아오리라멘 대표 '버닝썬 사건' 의혹
2024년 11월	김가네 전 대표, 성폭행미수 혐의로 검찰 송치

프랜차이즈 오너리스크 주요 사건

프랜차이즈 기업의 오너리스크는 어제 오늘 일이 아니다. 가맹점주들은 오너리스크로 인한 브랜드 여론 악화와 더불어 소비자들의 불매운동까지 겹치며 생업 전선에 지속적으로 영향을 받았다.

과거 외식기업들 선례 역시 재조명되고 있다. 치킨업계가 대표적이다. 호식이두마리치킨은 2017년 최호식 전 회장이 여직원 성추행 혐의로 실형을 선고받자 가맹점 매출이 40%까지 급감했다. 2019년 일명 ‘호식이방지법’이 생겨나기도 했다.

윤홍근 제너시스BBQ 회장은 ‘가맹점주 폭언’ 등으로 논란이 됐다. 모두 무혐의 처분을 받았지만 나빠진 브랜드 이미지로 가맹점들이 어려움을 겪었다. 앞서 권원강 교촌치킨 회장의 6촌 동생이 대구 한 음식점 직원을 폭행하는 영상이 2018년에 공개되며 이슈가 되기도 했다.

미스터피자의 경우 정우현 전 회장이 경비원을 상대로 폭행 · 욕설을 하고, 친족 운영 회사를 통해 치즈를 비싼 가격에 공급하는 '치즈 통행세'로 뭇매를 맞았다. 이에 실적 악화와 가맹점주 감소로 입지가 하락해 상장폐지 위기에 몰리기도 했다. 봉구스밥버거는 마약 복용 혐의로 유죄 판결을 받은 오세린 전 대표로 인해 '마약밥버거', '뽕밥버거' 등으로 불리며 이미지가 급격히 나빠졌다. 이에 가맹점주들은 오 전 대표와 본사를 상대로 집단 손해배상소송을 제기했지만 패소했다.

가맹본부나 임원의 위법 · 부정행위로 가맹점주에게 손해가 발생할 경우 배상책임을 지우는 '가맹사업 거래의 공정화에 관한 법률 개정안'이 마련됐지만 실효성이 크지 않다는 지적도 제기된다. 오너리스크 사건과 가맹점주의 매출 감소의 관계를 증명해야 하는데 무형의 피해를 입증하기 쉽지 않기 때문이다.

업계 관계자는 "가맹사업법에 따라 책임을 물을 순 있겠지만, 피해 입증부터 실제 배상까지 막대한 시간이 걸려 고통은 오롯이 가맹점주가 떠안을 수밖에 없다"며 "향후 재발 방지 대책, 손해에 대한 피해배상 등 대응 프로세스를 준비해야 한다"고 말했다.

출처: 국민일보, 2024-11-25

제 III 부

서비스 마케팅의 전략적 이슈들

제 13 장

서비스에서 고객 기대 및 마케팅 조사

Opening Case

미쉐린가이드 서울·부산 2025 … 2년 만에 3스타 재탄생

미쉐린 가이드 서울&부산 2025.

2년 만에 새로운 미쉐린 3스타 레스토랑이 탄생했다. 영예의 주인공은 서울 강남구 청담동의 대표 레스토랑 '밍글스(Mingles)'다. 세계적인 레스토랑 가이드인 미쉐린 가이드가 지난달 27일 웨스틴 조선 서울에서 '미쉐린 가이드 서울&부산 2025' 전체 레스토랑 명단을 공개했다.

서울 186개, 부산 48개 총 234개 레스토랑이 명단에 올랐고, 이 중 40개가 미쉐린 스타를 받았다. 서울은 37개, 부산은 3개의 스타 레스토랑을 보유하게 됐다. 무엇보다 올해는 2년 만에 새로운 3스타 레스토랑이 나와 화제를 모았다.

2스타로 올라선 레스토랑 1곳, 1스타로 승급한 4곳, 미쉐린 가이드에 처음 등장한 1스타 레스토랑 3곳도 함께 발표됐다. 1스타로 승급한 레스토랑은 정하완 셰프의 지중해 요리 '기가스', 성시우 셰프의 채식 다이닝 '레귬', 광둥식 요리를 선보이는 '유유안', 조영동 셰프의 '이스트'다.

포시즌스 호텔 서울 내에 위치한 광둥식 레스토랑 유유안은 이번에 1스타를 재획득했다. 2017년부터 2021년까지 5년 연속 미쉐린 1스타를 유지했던 유유안은 콕 웨이 토 헤드 셰프와 딤섬 전문 칭 빙 우 셰프가 새롭게 합류한 후 4년 만에 별을 되찾았다. 신규 빕 구르망 레스토랑 14곳과 미쉐린에 새로 선정된 레스토랑 12곳이 추가되며 한국 미식 지도가 한층 풍성해졌다.

그웬달 풀레네크 미쉐린 가이드 인터내셔널 디렉터는 "2017년 첫 발간 이후 9년간 꾸준히 미쉐린 가이드 서울에 꼽힌 강민구 셰프의 밍글스에 최고 등급을 부여했다"며 "서울과 부산 에디션은 독창적인 메뉴로 한국 미식 문화의 발전을 잘 보여 주고 서울이 미식 여행지로 자리 잡은 만큼 부산도 뛰어난 레스토랑과 셰프가 늘어날 것"이라고 전망했다.

이번에 3스타로 승급한 밍글스는 강 셰프의 세심함이 돋보인다는 평가를 받았다. 한국적인 인테리어와 장인들이 만든 식기가 공간에 깊이를 더하는 것은 물론, 강 셰프와 팀은 전통과 현대를 자연스럽게 결합해 전복, 배추선, 생선 만두 같은 독창적인 요리를 만든다.

2스타로 승급한 '에빗'은 조셉 리저우드 셰프의 새로운 시도로 주목받았다. 그는 평범한 재료를 손수 채집한다. 식용 개미와 함께 식혜 소르베, 우지 타르트 같은 창의적인 요리를 제공한다. 한국의 계절감을 살리면서도 셰프만의 독특한 해석을 더한 음식은 좋은 와인과 함께 먹으면 더욱 맛있다.

미쉐린 가이드에 처음 등장하면서 바로 1스타를 획득한 레스토랑 3곳도 눈길을 끈다. 김도현 셰프의 프렌치 레스토랑 '뛰뚜아멍', 박경재 셰프의 스시 다이닝 '소수헌', 진우범 셰프의 멕시코 요리 '에스콘디도'가 새롭게 별을 달았다.

부산에선 미쉐린 1스타 레스토랑 3곳이 모두 올해도 스타를 유지했다. 미쉐린 가이드는 서울과 부산 모두 글로벌 미식 도시로서 다양성과 발전을 보여 주고 있다고 평가했다.

출처: 매일경제, 2025-03-03

Keyword

- 불만족 = 기대수준(expectation level) - 인지된 수준(perceived quality)
- 국내 고객만족지수
  1) KCSI
  2) NCSI

제1절 | 서비스에 대한 고객 기대

회사원인 A는 오늘 점심으로 맥도날드를 이용하였다. 특히 바쁜 점심시간에는 맥도날드 햄버거를 점심 메뉴로 선택하는 경우가 많다. A는 패스트푸드를 이용함으로써 자신의 시간이 절약된다고 믿기 때문이다. 그러나 저녁식사의 경우는 상황이 다르다. 오늘 저녁은 친구들과 회사 근처에 있는 이탈리안 레스토랑에서 식사하기로 하였다. A는 레스토랑이 분위기 있고, 음식 맛이 좋다는 지인의 추천으로 그 레스토랑을 방문해 보기로 하였다.

A가 맥도날드에서 얻기를 바라는 것과 이탈리안 레스토랑에서 얻기를 바라는 것은 무엇일까? 두 가지 식당을 방문하면서 기대하는 수준은 같은 것이라고 할 수 있을까?

고객 기대(customer expectation)는 서비스 제공자의 서비스 성과(service performance)에 대해 고객이 가지게 되는 신념(belief)을 말한다. 즉, 고객 기대는 서비스에 대한 성과를 평가하는 하나의 기준 또는 준거점이 될 수 있다. 고객은 자신이 가지고 있는 준거점 혹은 기준을 중심으로 서비스의 성과를 평가하게 된다. 그러므로 기업은 고객들이 자신들의 서비스에 대해 어떤 기대를 가지고 있는지를 이해하는 것이 무엇보다 중요한 일이라고 하겠다. 즉, 기업이 고객의 기대를 정확하게 이해하지 못하면 고객을 만족시킬 수 없을 것이고, 그렇게 되면 궁극적으로 고객을 잃게 되는 결과를 초래하게 된다.

1. 고객의 기대수준

고객의 기대수준은 고객이 어떤 준거점을 가지고 있는지에 따라 다르게 나타날 수 있다. 고객의 기대수준은 고객이 이상적으로 바라는 기대 및 희망의 수준에서부터 어느 정도 견딜 만한 수준까지의 넓은 범위를 가지고 있다. 본 장에서는 고객의 기대수준을 높은 기대인 희망서비스(desired service)와 낮은 기대인 적정서비스(adequate service)로 나누어 살펴보고 있다([그림 13-1] 참고).

[그림 13-1] 고객 기대의 두 가지 수준

자료원 : Zeithaml, Valarie A., Mary Jo Bitner, and Dwaryne D. Gremler(2013), Services Marketing, McGraw-Hill, 6th ed.

1.1 희망서비스

희망서비스(desired service)는 고객의 기대에서 가장 높은 수준에 있는 서비스를 말하는 것으로 고객이 받기를 희망(hope)하는 이상적인 기대(ideal expectation)의 서비스를 말한다. 즉, 희망서비스는 고객이 받을 수 있다고 믿는 수준이자, 받아야 된다고 생각하는 수준의 서비스라고 할 수 있다.

예를 들어, 5성급 호텔에 있는 최고급 레스토랑에서 저녁을 먹는다고 생각해 보자. 이때 고객이 가지게 되는 기대는 그 레스토랑에 대한 높은 기대감을 포함하고 있는 것이다. 즉, 고객은 레스토랑에 대해 최고급의 시설 및 분위기, 음식의 맛, 친절한 서비스 등과 같은 사항들에 대해 소망하게 된다. 이런 것이 바로 고객이 바라는 이상적인 서비스(ideal service)가 되는 것이다.

어떤 곳에서 식사하느냐에 따라 고객이 받기 희망하는 서비스의 수준은 다르다

1.2 적정서비스

반대로 고객이 이상적인 서비스를 받을 수 있는 레스토랑에 가려는데 돈이 많이 든다면 그곳에 방문하는 것에 대해 고민을 하게 된다. 또한 고객은 자신이 희망하는 서비스가 모두 채워지기를 바라는 것이 항상 가능한 일이 아니라는 사실을 알게 된다.

이러한 이유로 자신들이 가진 희망수준보다 낮은 수준의 기대를 가지게 된다. 이와 같이 여러 가지 여건들을 고려하여 허용 가능한 최저수준의 기대를 적정서비스(adequate service)라고 한다. 즉 적정서비스는 그런 대로 견딜 만한 최소한의 기대수준을 의미하는 것이며, 이것은 고객이 받아들일 수 있는 최저수준의 서비스를 말한다. 즉, 적정서비스를 받았다는 것은 그나마 서비스를 받았다고 생각할 수 있는 최저상태를 나타내는 것이다.

1.3 불만족

고객의 기대수준(expectation level)과 고객의 인지된 수준(perceived level)의 차이가 불만족이다. 따라서 기대수준을 높이는 전략은 종종 불만족을 높이는 결과를 초래한다. 이에 적절한 기대수준의 관리는 서비스 기업에 매우 필요하다.

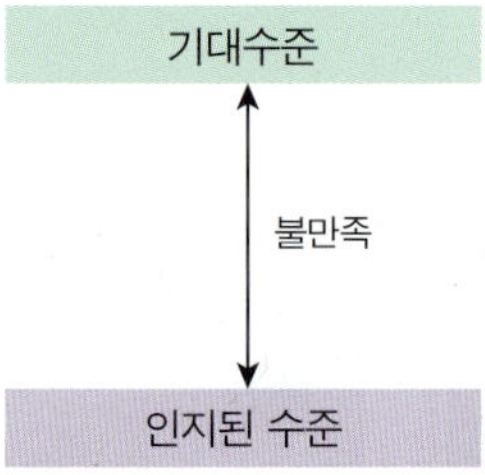

2. 허용구간

서비스는 그것을 제공하는 기업에 따라, 제공하는 직원에 따라, 또는 상황에 따라 다르게 나타날 수 있는 이질적인 특징을 가지고 있다. 고객이 이렇듯 서비스의 이질적 특성을 알고서 기꺼이 받아들일 수 있는 범위를 허용구간(zone of tolerance)이라고 한다([그림 13-1] 참고).

서비스가 적정서비스 수준에 미치지 못하면 고객은 실망을 하게 되고, 그러한 서비스를 제공한 기업에 대해 불만족을 나타낼 것이다. 반면에 기업에서 제공하는 서비스가 희망서비스 수준을 넘어서는 경우 고객은 만족 이상의 기쁨 혹은 감탄을 나타낼 것이다. 즉, 기업의 서비스가 허용구간 내에 존재할 경우 고객은 서비스 성과에 대해 별도의 주의를 기울이지 않게 되지만, 허용구간 밖에 있는 경우(높은 경우 또는 낮은 경우)에는 긍정적 혹은 부정적인 반응을 나타내는 것이다.

즉, 가장 높은 상한선을 희망서비스라고 하고 가장 낮은 하한선을 적정서비스라고 할 때, 참을 만한 최저 서비스인 적정서비스 수준에서 희망하는 서비스 수준까지의 차이를 보여주는 것이 허용구간이다. 이 허용구간은 항상 일정한 범위를 유지하는 것이 아니라 상황에 따라 범위가 넓어지기도 하고 좁아지기도 한다. 허용구간에 영향을 미치는 요인은 크게 두 가지로 살펴볼 수 있다.

첫째, 허용구간은 고객에 따라 다르게 나타날 수 있다. 어떤 고객의 경우 허용구간이 좁아서 서비스 제공자로부터 딱 맞는 서비스를 받기를 원하는 반면에, 다른 고객의 경우 허용구간이 넓게 나타날 수 있다. 예를 들어, 고객이 여유시간에 따라 시간에 대한 인식이 다르게 나타난다. 즉, 시간이 없는 고객은 기다리는 시간이 짧기를 바라고, 받아들일 수 있는 시간도 짧게 되는 것이다. 이와 같은 허용구간은 가격 요소와 같이 회사 입장에서 통제할 수 있는 요인을 이용하여 넓히거나 줄일 수 있다. 대기시간을 줄이고 싶어하는 고객을 대상으로 우선 이용권을 판매하는 것도 하나의 방법이다.

둘째, 허용구간은 기업이 제공하는 서비스 속성 또는 서비스 차원에 따라 다르게 나타날 수 있다. 서비스에서 특정 차원이 중요하게 차지할 경우 허용구간은 좁게 형성될 수 있다. 고객은 자신들이 판단하기에 중요하다고 생각하는 차원에 대해서는 높은 기대를 형성하게 되고, 또한 허용구간의 범위을 좁히게 된다. [그림 13-2]에서 보듯이 중요하게 고려되는 속성의 경우 희망서비스 수준이 높게 형성됨을 알 수 있다. 반면에 덜 중요한 속성의 경우 상대적으로 넓은 허용구간이 이루어질 수 있다. 여행을 할 때를 생각해 보자. 숙소가 중요한 여행객과 그렇지 않은 여행객이 있다. 숙소가 중요한 사람은 호텔에 대한 기대감이 크고 받아들이는 기준도 높지만, 상대적으로 숙소는 잠만 자는 공간이라고 생각하는 입장에서는 호텔에 대한 기대수준은 낮을 것이다.

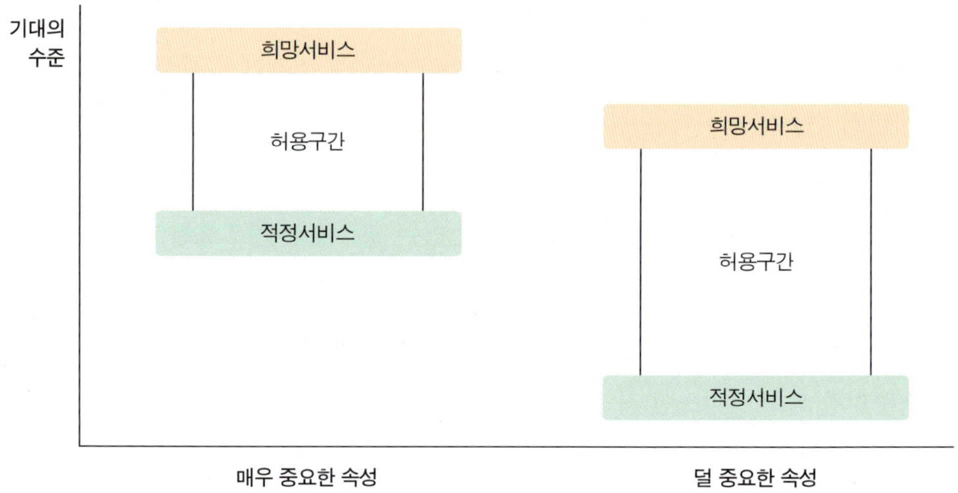

[그림 13-2] 서비스 차원에 따른 허용구간

자료원 : Zeithaml, Valarie A., Mary Jo Bitner, and Dwaryne D. Gremler(2013), Services Marketing, McGraw-Hill, 6th ed.

3. 고객 기대에 영향을 미치는 요인

고객이 서비스를 평가하는 데 있어서 기대는 중요한 부분을 차지한다. 그러므로 마케터의 입장에서는 기대에 영향을 미치는 요인이 무엇인지를 파악하는 것이 필요하다.

여기서는 고객의 기대에 영향을 미치는 요인을 크게 3가지 유형으로 나누어 살펴보려 한다.

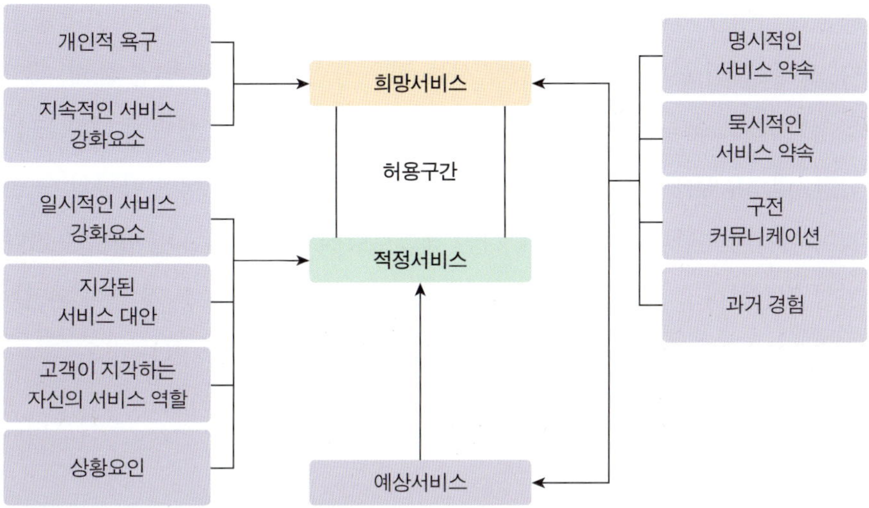

[그림 13-3] 고객 기대에 영향을 미치는 요인

3.1 희망서비스에 영향을 미치는 요인

(1) 개인적 욕구

고객이 희망하는 서비스 기대수준에 가장 큰 영향을 미치는 요인으로는 서비스에 대한 고객의 개인적인 욕구(personal needs)이다. 개인적 욕구는 고객이 삶을 유지하는 데 있어서 가장 기본적인 것으로 정신적 · 신체적으로 필수불가결한 것을 의미한다. 예를 들어, 한여름에 밖에서 5시간 동안 걸었을 경우와 금방 밖으로 나왔을 경우를 비교해 보면 음료수 가게를 찾기 바라는 욕구 수준은 다르게 나타나게 된다.

(2) 지속적인 서비스 강화요소

모든 고객이 서비스에 대한 민감성 정도는 같지 않다. 어떤 고객은 다른 고객에 비해 서비스에 더 민감하게 반응할 수 있다. 이렇게 고객이 서비스에 민감하게 반응하는 데 영향을 미치는 요인을 지속적인 서비스 강화요소(lasting service intensifiers)라고 한다.

이 요소는 크게 두 가지로 나누어 볼 수 있다.

첫째, 파생된 서비스 기대(derived service expectation)로서, 이는 한 고객이 가지는 기대수준이 주변 사람 혹은 집단에 의해서 파생되어 형성된다는 것이다. 만약 A라는 고객이 부모님의 생일을 맞아 저녁식사를 위한 레스토랑을 선정한다고 하자. 이때 A는 자신의 기대뿐만 아니라 다른 가족구성원의 기대를 추가하여 더 높은 수준의 기대를 형성하게 된다. 또한, 타인을 대신해서 물건을 사는 경우 등이 여기에 속한다. **둘째**, 개인적인 서비스 철학(personal service philosophy)으로, 서비스 제공자의 행위에 대한 근본신념을 말한다. 레스토랑에서 식사 주문 시 대기시간, 서비스 수준에 대한 나름의 수준을 정하는 것이 여기에 속한다. 예를 들어 "나는 레스토랑에서 주문 후 20분 정도를 기다리는 것이 가장 적절하다고 생각해. 너무 빨리 나오면 미리 만들어 놓은 것 같아"와 같이 일정 수준을 정하는 것이다. 이 철학은 자신이 그 서비스 직종을 경험한 경우, 혹은 과거 유사서비스를 체험 해본 고객일수록 강하게 나타난다.

가족모임을 위해 고려하는 장소와 간단히 점심을 먹기 위해 고려하는 장소는 기대수준이 다르다

3.2 적정서비스에 영향을 미치는 요인

(1) 일시적인 서비스 강화요소

일시적인 서비스 강화요소(temporary service intensifiers)는 고객이 서비스에 대한 필요성을 느끼게 하는 단기적이고 개인적인 요인을 말한다. 서비스가 긴급하게 요구되는 상황에서는 적정서비스의 수준은 올라가게 된다. 만약 홈쇼핑에서 구매를 할 때, 고객은 평상시 전화 대기시간에 비해 잘 팔리는 상품을 구매하고자 할 때 전화 대기시간에 대해 더 민감하게 반응할 수 있는 것이다.

고객은 자신이 처한 상황에 따라 서비스에 민감하게 반응할 수 있다

(2) 지각된 서비스 대안

지각된 서비스 대안(perceived service alternatives)은 고객이 서비스 대안을 얻을 수 있는 다른 제공자를 말하는 것이다. 즉, 고객이 선택할 수 있는 다른 대안이 존재하거나, 고객이 스스로 서비스를 수행할 경우 고객이 기대하는 적정서비스 수준은 그렇지 않은 경우보다 올라가게 된다. 즉, 고객이 지각하는 상황에서 대안이 존재하면 적정서비스 수준은 올라가는 동시에 허용구간의 폭은 줄어들게 된다. 이는 다른 서비스 대신 이것을 선택했기 때문에 최소한 이상의 서비스를 기대하는 것이다.

(3) 고객이 지각하는 자신의 서비스 역할

이 요소는 고객 자신이 바라는 서비스 수준에 대해 자신이 영향을 미칠 수 있다고 지각하는 것을 말한다(customer's self-perceived service role). 즉, 고객이 자신의 서비스 제공과정에서 얼마만큼의 역할을 수행하는가에 대해 지각하는 정도가 고객 기대수준을 형성하게 되는 것이다. 이때 고객의 역할은 자신의 기대하는 서비스 수준을 구체적으로 제공자에게 전달하는 것이다. 레스토랑에서 주문할 경우 자신이 원하는 스테이크의 수준을 말하는 것부터 불만족한 서비스 수준에 대해 기업에게 불평을 하는 것까지 포함된다.

고객이 자신의 역할을 잘못 수행했다고 판단할 경우 적정서비스 수준이 내려가는 반면에, 스스로 역할을 잘 수행했다고 판단할 경우 적정서비스의 수준은 올라가며 허용구간은 줄어들게 된다.

(4) 상황요인

상황요인(situation factors)이란 서비스 직원의 통제를 넘어서는 요인을 말한다. 예를 들어 일반적인 자동차 사고의 경우, 고객은 보험회사에 대한 기대수준을 올리게 된다.

그러나 태풍과 같은 자연재해의 경우 자신 이외에 다른 사람에도 영향을 미쳤고, 불가항력적인 측면이 강하다고 판단할 때는 기대수준을 낮추게 되는 것이다. 일반적으로 상황요인은 적정서비스의 수준은 낮추며 허용구간의 폭을 넓히는 경향을 나타낸다.

(5) 예상서비스

예상서비스(predicted service)는 고객이 예상하는 서비스의 수준을 말한다. 즉, 예상서비스는 거래와 교환이 이루어지는 과정에서 고객이 예측하는 수준을 말하는 것으로 고객은 자신이 받을 수 있는 서비스를 유추하거나 추정하여 판단하게 된다. 만약 고객이 예상서비스를 높게 예측한다면 낮을 경우에 비해 적정서비스 수준이 높아질 것이다.

이 예상서비스는 고객과 기업 간에 전반적인 관계에서 발생하는 것이 아니라, 개별적인 거래에서 고객이 받을 것으로 예상되는 서비스에 대한 추정치를 말하는 것이며, 이는 일반적인 희망서비스나 기대서비스 수준에 비해 더 상세하며 구체적이라는 특징이 있다.

3.3 희망서비스와 예상서비스에 영향을 미치는 요인

앞에서는 희망서비스 혹은 적정서비스에 영향을 미치는 요소들을 살펴봤다. 그러나 일부 요소들은 희망서비스와 적정서비스에 영향을 미치는 예상서비스에 모두 영향을 미치기도 한다.

(1) 명시적인 서비스 약속

명시적인 서비스 약속(explicit service promises)은 서비스 회사가 고객에게 제시한 인적 또는 비인적인 서비스 약속을 말한다. 인적 서비스 약속은 판매원이나 서비스 직원이 제시한 것이며, 비인적 약속은 광고 또는 팜플렛, 기타 문자화된 매체를 통해 제시된 것이다. 이 약속은 고객의 기대에 영향을 미치는 요인 중에서 서비스 제공자가 통제할 수 있는 요인이라고 할 수 있다. 명시적인 약속은 고객이 희망하는 서비스 수준과 더불어 다음에 받기를 기대하는 서비스에도 영향을 미쳐 서비스 수준을 예상하게 한다.

(2) 묵시적인 서비스 약속

소비자는 가격이 높을수록 품질이 좋을 것으로 기대한다

묵시적인 서비스 약속(implicit service promises)이란 희망서비스의 기대와 예상서비스의 기대를 추론할 수 있게 하는 서비스 관련 단서를 의미한다. 묵시적 약속은 서비스 품질을 예상할 수 있는 간접적인 특성을 가진다. 대표적인 요소로는 가격이며, 때로는 서비스와 관련된 유형적 요소들도 포함된다. 일반적으로 가격이 높을수록, 유형적 요소의 인상이 클수록 고객의 서비스에 대한 기대가 올라가게 된다.

(3) 구전 커뮤니케이션

기업이 고객에게 제시하는 내용보다 구전을 통한 커뮤니케이션(word-of-mouth communication)은 예상서비스와 희망서비스에 더 큰 영향을 미치게 된다. 특히 구전으로 전해지는 정보는 서비스 제공사 주도의 정보가 아니므로 상대적으로 기업의 입김이라는 편견이 적기 때문에 신뢰성과 정보가치성이 더 크다고 할 수 있다.

(4) 과거 경험

구전은 고객의 기대수준을 높이는 데 효과적인 방법이다

과거 경험(past experience)은 고객이 이전에 해당 서비스에 대해 노출되었을 때 갖는 느낌을 말하는 것을 의미하는 것으로, 고객이 어떤 서비스를 예상할 때 가장 크게 영향을 미칠 수 있는 항목이다. 고객은 과거의 그 서비스를 받은 경험과 더불어 유사 서비스를 경험한 내용을 모두 결합하여 서비스 수준을 평가하게 된다.

Service Issue

서울 이랜드, '미스터리 쇼퍼' 실시 … "팬들의 쾌적한 관람 위해"

[사진=서울 이랜드]

서울 이랜드 FC가 '미스터리 쇼퍼'(Mystery Shopper) 사업을 시작으로 경기장 서비스 개선에 본격적으로 나선다.

미스터리 쇼퍼는 고객을 가장한 비밀 평가원이 영업장을 방문해 서비스 품질과 운영 상태를 평가하는 방식으로 주로 금융권에서 활용되는 조사 기법이다.

서울 이랜드는 지난해 한국프로스포츠협회의 프로구단 통합 서비스 지원 사업(총 4.8억 원, 이하 협회 지원 사업)에 선정되며 경기 관람 환경 개선을 위한 다양한 사업을 추진하고 있다.

첫 번째 단계로 미스터리 쇼퍼 프로그램을 프로 축구 경기장에 도입했으며 지난해 총 네 차례에 걸쳐 홈 경기장을 찾은 팬들의 만족도와 불편 사항을 객관적으로 분석했다.

10월 27일 충남아산전에서는 경기장을 찾은 관중 100명을 무작위로 선정해 현장에서 만족도 조사를 실시했고 30일 성남전에서는 전문 컨설턴트가 직접 경기장을 찾아 현장 관찰 컨설팅을 진행했다.

두 차례의 사전 조사를 통해 확보한 데이터를 바탕으로 11월 9일 정규 리그 마지막 홈경기와 24일 플레이오프 홈경기에서 본격적인 미스터리 쇼퍼 프로그램을 운영했다.

[사진=서울 이랜드]

이 과정에서 다양한 연령대와 성별의 비밀 조사원들이 ▲티켓 매표소, ▲경기장 시설, ▲굿즈샵, ▲푸드트럭, ▲이벤트존, ▲주차장 등 경기장 내 서비스 전반을 꼼꼼히 점검했다.

서울 이랜드는 조사 결과를 바탕으로 개선이 필요한 항목의 우선순위를 정했고 협회 지원 사업의 일환으로 ▲경기장 안내물 개선, ▲프리미엄 테이블석 신설, ▲실내 굿즈샵 신설, ▲팬 데이터 통합관리 시스템 구축 등 팬 경험 향상을 위한 다양한 신규사업을 추진 중이다.

특히, 오는 23일(일) 열리는 충남아산과의 시즌 개막전에 앞서 경기장 내 주요 시설과 좌석 동선을 안내하는 사이니지 개선 사업을 완료할 예정이다.

서울 이랜드 관계자는 "경기장을 찾는 팬들에게 더욱 쾌적하고 만족스러운 관람 경험을 제공하기 위해 이번 사업을 추진하게 됐다. 조사 결과를 바탕으로 경기장 서비스와 시설을 지속적으로 개선해 팬들이 편안하고 즐겁게 경기를 관람할 수 있도록 최선을 다하겠다"고 밝혔다.

출처: 일간스포츠, 2025-02-17

제2절 | 서비스에서 마케팅 조사

서비스는 명확하게 규정된 유형적인 단서가 거의 없다는 특징을 가진다. 이런 무형성으로 인해 서비스를 제공하는 기업의 경우 제조업보다 고객의 기대를 명확하게 파악하지 못할 위험이 더 크다. 이런 이유로 서비스 기업은 고객의 입장에서 그들이 무엇을 원하는지를 파악하는 것이 무엇보다 중요하다. 그래서 기업에게 있어서 마케팅 조사가 필요한 것이다. 서비스에서의 마케팅 조사는 일반적으로 제조업에서 실시하는 조사방법보다 더 많은 의미를 내포하고 있다.

1. 서비스 마케팅 조사의 이해

제조업과 마찬가지로 서비스 기업에게도 마케팅 조사는 중요한 부분을 차지한다. 마케팅 조사를 하지 않은 기업은 고객이 무엇을 원하는지를 이해하기 힘들다. 또한 마케팅 조사를 실시할 때 고객의 기대를 조사하지 않을 때는 변화하는 고객의 욕구를 파악하기 힘들기 때문에 정확하게 필요한 자료를 얻기 어렵다.

서비스 마케팅 조사는 고객이 중요하게 생각하는 속성이 무엇인지, 각각의 속성들에 대해 어느 수준을 원하는지, 그리고 문제가 발생할 경우 어떤 해결방법을 원하는지와 같이 고객이 생각하는 부분에 초점을 맞추어야 한다.

1.1 서비스 마케팅에서 조사의 목적

서비스 마케팅 조사에서 가장 중요한 부분은 무엇이 문제인지 그리고 조사의 목적은 무엇인지를 규정하는 것이다. 조사하려는 목적이 무엇인지에 따라 다른 조사전략 및 방법을 사용할 수 있기 때문에 기업은 시간과 자원을 투입해서 정확한 문제를 규정하는 것이 무엇보다 중요하다.

다음은 서비스 마케팅에서의 주요 조사목적이다.

- 서비스에 대한 고객의 요구와 기대를 찾는다.
- 서비스 성과를 모니터하고 추적한다.
- 경쟁자와 비교하여 전반적인 기업의 성과를 평가한다.
- 고객 기대와 고객 지각 간의 갭을 평가한다.
- 서비스 회복을 하기 위해 불만족한 고객을 찾는다.
- 변경된 서비스 제공의 효과를 측정한다.
- 효과적인 평가, 인정, 보상을 위해 개인이나 팀의 서비스 성과를 평가한다.
- 새로운 서비스에 대한 고객의 기대수준을 결정한다.
- 산업 내에서 변화하는 고객 기대를 모니터한다.
- 고객의 미래 기대를 예측한다.

1.2 효과적인 서비스 마케팅 조사의 기준

서비스 마케팅 조사는 다양한 조사 유형이 존재한다. 그리고 그 조사가 효과적으로 이루어지기 위해서는 다음과 같은 기준을 고려할 필요가 있다.

첫째, 양적 조사와 질적 조사를 포함해야 한다. 양적 조사(quantitative research)는 고객의 태도와 행동에 대해 실증적으로 설명하고 기업이 원하는 구체적인 가설을 검증하는 데 사용되는 방법으로 설문지를 이용한 조사(survey)와 통계결과들이 여기에 속한다. 양적 조사는 서비스를 평가하고 개선하는 데 중요한 역할을 수행하며 경영자가 고객에 대해 추론할 수 있는 자료를 제공해 준다는 특징이 있다. 반면에 질적 조사(qualitative research)는 탐색적이며 기초적인 조사를 말하며, 문제를 명확하게 정의하고 보다 공식적인 조사를 준비하기 위해 사용되며, 때로는 통찰력을 얻기 위해서도 이용된다.

기업에서 실시하는 서비스 마케팅 조사는 양적 조사와 질적 조사를 모두 이용하는 것이 효과적이다. 질적 조사를 통해 문제를 정의하고 그를 통계적으로 검증하는 데 양적 조사를 이용할 수도 있으며, 때로는 양적 조사의 결과가 추가적인 질적 조사를 통해 조사가 필요한 구체적인 문제점 등을 밝히는 데 효과적으로 이용될 수 있다.

둘째, 고객의 기대와 지각을 포함해야 한다. 고객은 서비스 품질을 평가할 때 사전에 기대하고 있는 수준과 접점에서 지각하고 있는 수준을 비교한다. 이런 이유로 지각만을 조사하는 측정방법은 서비스 품질 판단에서 중요한 부분을 간과하는 것이다. 그러므로 기업이 조사를 실시할 때는 고객 기대에 대한 측정을 포함하는 것이 필요하다. 이때 고객의 기대는 기대의 내용(content)과 기대의 수준(level)을 모두 고려하여 살펴봐야 한다.

셋째, 조사비용과 정보의 가치 간에 균형을 맞춰야 한다. 마케팅 조사 비용은 조사에 들어가는 금전적 비용(직접비, 응답자 보상비, 직원 인건비 등)과 자료수집에서 사용까지의 시간적 비용을 의미한다. 이런 비용은 기업이 더 나은 의사결정, 고객 유지, 신상품 개발 등을 위해서 고려할 부분이다. 따라서 기업은 비용과 가치 간의 적절한 균형점을 맞춰서 비용을 산정할 필요가 있다.

넷째, 필요한 경우에만 통계적 타당성을 검증해야 한다. 마케팅 조사는 목적에 따라 방법론이 다양하게 존재한다. 어떤 조사의 경우 고객과의 관계 구축을 위해 사용되는 경우도 있다. 고객과 직원 간의 우호적인 관계를 형성하기 위해 장기적인 정성조사(질적 조사)가 이루어지기도 한다. 이런 조사는 엄밀히 말해서 통계적 타당성을 요구하지 않는다. 반면에 서비스 품질과 관련된 조사의 경우 표본의 추출과 통계적 타당성을 검증하는 데 신중하게 고려할 필요가 있다.

다섯째, 우선순위 또는 속성의 중요도를 측정해야 한다. 고객은 기업이 제공하는 서비스에 대해 많은 요구를 하고 있으나 그 요구들이 동일한 수준으로 중요한 것은 아니다. 경영자들이 범하기 쉬운 실수 중의 하나는 중요하지 않은 일에 자원을 투입하는 것이다. 이것은 자원의 낭비와 더불어 서비스 개선에 대해 고객이 느끼는 만족도가 변화하지 않는다는 것을 의미한다. 그러므로 기업은 고객이 서비스 차원과 속성에 대해 고객이 가지고 있는 우선순위 혹은 상대적인 중요도를 측정하는 것이 무엇보다 중요하다.

여섯째, 조사는 적절한 빈도로 시행되어야 한다. 고객이 서비스에 대해 갖는 기대와 지각은 유동적이기 때문에 기업은 서비스 품질에 대한 조사를 제도화할 필요가 있다. 서비스에 대한 한 번의 조사는 순간의 단면만을 보는 것이다. 기업에서 제공하는 서비스가 시장에서 어떻게 받아들여지고 평가되고 있는지를 알아보기 위해서는 반복적인 마케팅 조사가 필요하다.

일곱째, 고객의 애호도, 행동의도 또는 실제의 행동을 측정해야 한다. 서비스 조사는 서비스에 대한 전반적인 만족도, 서비스 품질 지수, 그리고 서비스 품질에 대한 긍정적/부정적 결과를 측정하는 것이 주를 이룬다. 이때 기업이 관심을 기울여야 할 것은 서비스 품질의 결과가 고객에게 어떤 영향을 미치는가 하는 것이다. 이것을 고객의 행동의도라고 할 수 있고 특히, 행동의도 중에서도 가장 중요한 것은 타인에게 서비스를 추천하려는 의도와 재구매 의도이다. 왜냐하면 긍정적 행동의도는 기업에 대한 애호도 강화뿐만 아니라 긍정적 구전의도, 추천의도로 나타날 수 있기 때문이다.

2. 서비스 마케팅 조사방법

2.1 불평조사

불평조사(complaint solicitation)는 기업이 서비스에 대해 불만족한 고객을 찾아내고, 가능하다면 그 불평이 발생한 곳에서 문제를 해결하고, 공통적으로 일어나는 서비스 실패점을 파악하는 데 사용되는 방법이다. 이 조사는 재화나 서비스에서 모두 사용될 수 있는 방법이나 특히 서비스에서 유용하게 사용될 수 있다. 왜냐하면 불평이 발생하면 실시간으로 불평을 수정 혹은 개선할 수 있으며, 접점직원이 가지는 문제점도 해결할 수 있기 때문이다. 불평조사는 기업에서 실시할 수 있는 가장 쉬운 방법으로 많은 기업에서 사용하고 있다.

일반적으로 불만족인 고객은 불평을 하지 않는다. 대신 다른 서비스 제공자로 이동할 뿐이다. 따라서 서비스 제공자는 적극적으로 불평을 수용하려는 기대가 필요하다.

불평조사가 효과적으로 이루어지려면 기업은 고객이 불평을 쉽게 할 수 있는 다양한 경로를 만들어야 한다. 주요 불평 경로는 서비스 접점직원, 서비스를 제공하는 중개상, 서비스 매니저, 그리고 불평을 접수할 수 있는 소비자보호단체 등이 있다. 그 다음 불평을 받은 기업은 불평의 유형과 빈도를 엄격하게 기록하고, 가장 많이 발생하는 불평부터 신속하게 제거하는 것이 필요하다.

2.2 중요사건기법

중요사건기법(critical incident technique: CIT)은 고객과 직원으로 하여금 자신들이 경험한 만족 또는 불만족한 서비스 접점의 사건을 기술하도록 하는 방법이다. 즉, 고객이 서비스 접점에서 체험한 만족 또는 불만족한 경험을 이야기하도록 하는 질적 인터뷰 형식으로 호텔, 레스토랑, 항공사, 놀이공원, 은행, 대중교통 등 거의 모든 분야에서 사용되고 있다.

CIT는 몇 가지 이점을 가지고 있다. **첫째**, 내용이 고객 자신의 언어로 표현되고 그들의 생각을 반영하기 때문에 생생하다. **둘째**, 기업과 직원이 직접 행동하고, 바로 반응하기 위한 구체적인 정보를 제공하기 때문에 조사된 결과를 행동에 옮기기 쉽다. **셋째**, 주제와 서비스가 잘 알려져 있지 않거나, 다른 정보가 거의 없을 때 효과적으로 사용될 수 있다. **넷째**, 조사자가 정의한 문제에 대해 응답자가 답변하는 형식이 아니라 응답자의 지각을 공유하기 때문에 다른 문화권의 고객을 대상으로 이용하기 쉽다. 그러나 CIT는 고객의 기억에 의존하는 경우가 많다. 이는 고객의 기억이 시간의 경과에 따라 더 불만족한 경험으로 변할수도 있다는 문제점을 가지고 있다. 그때는 불만이 없었지만 생각할수록 화가 날 수도 있는 것이다. 그러므로 조사자는 이 점을 염두에 두어야 한다.

2.3 요구사항조사

요구사항조사(requirements research)는 기업이 고객에게 제공하는 서비스에 대해 기대하는 편익과 속성을 파악하는 방법이다. 이 조사는 설문조사에 포함되어야 할 질문의 내용과 기업이 수행할 개선점을 결정하는 데 중요한 역할을 하며 매우 필수적인 조사방법이라고 할 수 있다. 이 방법은 질적 조사를 하는 것이 적절한데 설문지 개발의 예비테스트 단계에 실시하는 것이 좋다. 요구사항조사 방법으로는 브레인스토밍(brainstorming)을 실시하거나, 다른 유사한 서비스에서 이미 실시한 고객의 요구사항을 조사하는 방법 등이 있다.

브레인스토밍은 여러 사람들의 다양한 아이디어를 수집하는 데 효과적이다

2.4 관계조사 및 SERVQUAL 조사

관계조사(relationship surveys)는 기업과 고객의 관계에 영향을 미치는 모든 요소인 서비스, 상품, 가격 등에 대해 질문을 하는 것을 의미한다. 이 방법은 기업이 고객과 이루어지는 관계가 어떤 강점과 약점을 가지고 있는지를 파악하는 데 효과적이라는 장점을 가진다. 일반적으로 관계조사는 주기적으로 서비스 성과를 모니터하고 탐지하는 데 사용되며, 때로는 자사와 경쟁사의 성과를 비교하는 데도 효과적으로 이용할 수 있다.

서비스 품질을 측정하는 데 가장 많이 이용하는 방법이 SERVQUAL 조사(SERVQUAL surveys)이다. SERVQUAL 척도는 22가지의 서비스 속성을 포함하고 있으며, 이 속성들은 서비스의 5가지 차원인 신뢰성, 응답성, 확신성, 공감성, 유형성으로 분류된다. 때때로 이 조사는 고객으로 하여금 각각의 속성들에 대한 두 가지의 다른 평가를 요구하기도 한다. 하나는 그 분야에서 뛰어난 기업으로부터 고객이 기대하는 서비스 수준을 반영한 평가를 하는 것이고, 다른 하나는 그 분야에서 특정 기업의 서비스 공급에 대한 고객의 지각수준을 파악하는 것이다. 이때 기대와 지각의 평가 값의 차이는 서비스 품질을 양적으로 측정하는 구성도구가 되는 것이다.

SERVQUAL을 이용한 조사들은 부동산 중개업, 의료, 관광, 경영, 운송회사, 회계법인, 백화점, 은행 등 많은 분야에서 이루어져 왔다. 그리고 이 조사는 상업조직뿐만 아니라 공공기관에서 서비스 품질을 평가하는 데 있어서 다양하게 이루어지고 있다.

2.5 추적전화 또는 사후거래조사

추적전화 또는 사후거래조사(trailer calls or post−transaction surveys)는 고객과의 핵심 접점에 관한 정보를 얻기 위해서 실시하는 방법이다. 이 방법은 고객과의 거래가 일어난 후 고객에게 그 거래에 대한 만족도를 알아보는 것과 더불어 접점직원에게 질문하는 것을 포함한다. 이 조사방법은 고객을 상대로 지속적으로 수행할 수 있는 방법으로 단지 불만족한 고객을 대상으로만 정보를 얻는 불만조사보다는 효과적으로 사용할 수 있다는 장점을 가진다.

사후거래조사의 다른 이점은 고객으로 하여금 스스로 만족했음을 확인하는 서비스로 받아들인다는 것이다. 즉 사후거래조사는 마케팅 조사라는 수단과 더불어 고객서비스라는 두 가지 측면에서 역할을 수행하는 것이다. 특히 접점직원의 경우 언제 어디서 평가를 받을 수 있는지를 알기 때문에 접점상황에서 더 나은 서비스를 제공할 수 있게 한다는 특징이 있다.

기업은 서비스를 제공받은 고객들을 대상으로 고객만족도를 평가하도록 하는 사후거래조사를 실시한다

2.6 서비스 기대충족 및 검토

서비스 기대충족 및 검토(service expectation meetings and reviews)는 대규모의 기업 간 거래가 이루어진 상황에서, 그 해의 지정된 고객의 기대를 파악한 후, 그 기대가 충족되었는지 여부를 추후(약 1년 후)에 검토하는 방법이다. 이 방법은 서비스를 제공한 기업뿐만 아니라 상품을 생산한 기업에서도 고객의 기대가 제대로 충족되었는지를 파악할 수 있다는 특징이 있다.

2.7 과정체크포인트 평가

컨설팅 서비스, 건설 및 건축업과 같은 전문서비스의 경우 한 번의 서비스 제공으로 완결되는 것이 아니라, 오랜 시간에 걸쳐 서비스가 제공된다는 특징이 있다. 따라서 고객에 대한 정보를 수집하는 데 있어서 분명한 방법과 기간이 정해져 있지 않다. 따라서 전체 결과를 완성한 후 서비스를 평가받는 것은 그 과정상에서 발생할 수 있는 무수한 문제들을 미루는 결과를 낳을 수 있다. 따라서 과정 중간 중간에 빈번한 접점을 중심으로 만족 여부를 체크하고 피드백하는 과정체크포인트 평가(process checkpoint evaluations) 방법이 효과적이라고 할 수 있다.

2.8 참여관찰조사

참여관찰조사(market–oriented ethnography)는 마케팅 조사자가 자연스러운 상황에서 고객의 행동을 관찰하는 방법으로 다른 문화의 고객이 어떻게 서비스를 이용하고 평가하는지를 이해하는 데 효과적으로 사용할 수 있다. 이 방법은 고객의 실제 서비스 형태의 관찰을 통해 고객들의 소비세계에 가능한 한 들어가는 것을 목표로 하며, 관찰, 인터뷰, 사실 기록과 인공산물(artifacts) 같은 방법들이 이용된다.

관찰은 조사자가 참여관찰자로서 고객의 체험 상황에 들어가서 지금 발생하는 일을 직접 보는 것으로 때로는 질문도 포함되며, 인터뷰는 일반 소비자보다는 그 문화의 핵심응답자와 진행하는 것으로 행동에 대한 통찰력을 제공받을 수 있다. 사실 기록과 인공산물과 같은 소유물에 대한 검토는 소비자의 생활양식과 사용양식을 이해하는 데 효과적인 방법이다.

자연스러운 상황에서 생활하는 소비자들을 관찰함으로써 생활양식을 파악할 수 있다

2.9 미스터리 쇼핑

미스터리 쇼핑(mystery shopping)은 조사회사에서 직원 혹은 일반인이 고객인 것처럼 가장하여 서비스를 체험하며 필요한 조사를 하는 방법을 말한다. 이때 가상고객을 미스터리 쇼퍼(mystery shopper)라고 하는데, 이들은 고객이 중요시하는 기준에 대해 미리 교육을 받고 미리 정해 놓은 질문지에 근거하여 평가를 하게 된다. 이 설문지에는 고객에게 중요한 서비스 품질, 주요 이슈가 무엇인지를 알아내는 문항들이 포함된다.

직원들은 미스터리 쇼핑 방법으로 언제든지 평가받을 수 있다는 것을 알기 때문에 지속적으로 긴장하게 되고, 자사가 정한 서비스 표준에 맞춰 더 충실하게 서비스를 수행할 수 있다.

고객이 받는 서비스를 직접 체험하고 평가하는 미스터리 쇼퍼

2.10 고객 패널

고객 패널(customer panels)은 일정 기간 서비스에 대한 고객의 태도 및 지각을 기업에게 알려주기 위해 형성된 고객 집단을 의미한다. 이들은 정기적으로 기업에게 고객정보를 알려주기 때문에 시장의 흐름을 파악하는 데 효과적이다. 고객 패널의 구성에서 가장 중요한 것은 각 세분시장의 특성을 반영할 수 있도록 이루어져야 한다는 것이다.

고객 패널을 구성할 때는 세분시장의 특성을 반영하는 것이 효과적이다

2.11 상실고객조사

상실고객은 더 이상 자사의 서비스를 이용하지 않는 고객을 말하는 것으로, 상실고객조사(lost customer research) 방법은 그 고객들을 찾아서 왜 떠났는지를 알아보는 것이다. 이 조사는 불만족을 일으킨 사건이 무엇이고 그 원인이 무엇인지를 파악할 수 있는 개방형 질문으로 구성되며 심층면접 형태로 이루어진다. 상실고객조사의 가장 큰 이점은 서비스의 실패점과 문제점을 파악할 수 있게 함으로써, 향후 미래 상실고객을 예방할 수 있는 조기경보시스템을 구축하는 데 도움을 주는 것이다. 그러나 상실고객을 찾고 접근하기 어렵다는 단점이 있다.

2.12 미래기대조사

고객의 기대는 매우 역동적이며 특히 경쟁이 치열한 시장에서는 그 기대가 매우 빠르게 변화한다. 따라서 기업은 변화하는 소비자의 기호와 지식에 맞추기 위해 그들이 가진 고객 정보를 미리 수정해야 한다. 즉, 이 조사는 기업이 고객의 현재 기대뿐만 아니라 고객이 미래에 바랄 것으로 예상되는 기대를 알기를 희망한다는 것을 뜻한다.

미래기대조사(future expectation research)는 고객이 미래에 바람직하다고 예상되는 서비스의 특징을 조사하는 특징조사(feature research)와 선도사용자(lead user) 혹은 얼리 어답터(early adopter)를 대상으로 기존 상품이나 서비스에서 충족되지 않는 요구사항이 무엇인지를 알아보는 방법이 있다.

기업은 얼리 어답터를 통해 신규상품이나 서비스에서 부족한 부분을 파악할 수 있다

3. 조사결과의 분석과 해석

마케팅 조사가 끝나고 나면 조사자는 수집한 자료를 경영자, 매니저 등에게 제공해야 한다. 이때 조사자는 수집된 복잡한 자료를 이용자가 이해하기 쉽고, 읽기 쉬운 형태로 전달하여 경영진의 효과적인 의사결정을 하는 데 도움을 주어야 한다.

마케팅 조사를 활용하는 사람들의 대부분은 통계적인 지식을 갖고 있지 않으며, 컴퓨터 출력결과나 전문적인 조사정보를 분석할 정도의 충분한 시간과 능력을 가지고 있지 않다. 따라서 마케팅 조사의 기본 목적은 조사결과를 받는 사람이 이해하기 쉽게 명확하게 적절한 양식으로 정보를 전달하는 것이다. 이때 몇 가지 사항을 고려해야 한다.

- 누가 이 정보를 이용하는 것인가?
- 이 정보가 그들에게 왜 필요한가?

• 그들(관련자)은 이 정보를 어떻게 사용할 것인가?
• 이 정보는 다른 문화권에서도 동일한 의미를 가지는 것인가?

사용자(관련자)가 조사결과를 어떻게 해석할 것인지를 이해하지 못하거나 조사에 대한 신뢰가 부족할 경우 조사를 위하여 투입된 시간과 노력은 낭비가 되는 것이다. 따라서 마케팅 조사자의 최종 작업은 어떤 방법이 가장 효과적으로 전달될 수 있는지를 고민하고 가장 적절한 방법을 결정하는 것이다. 일반적으로 그래픽 또는 차트를 이용한 방법이 많이 사용된다.

4. 국내 고객만족지수

우리나라에는 두 가지 고객만족지수가 있다. 한국능률협회컨설팅에서 조사하고 발표하는 KCSI가 있고, 한국생산성본부에서 조사하고 발표하는 NCSI가 있다.

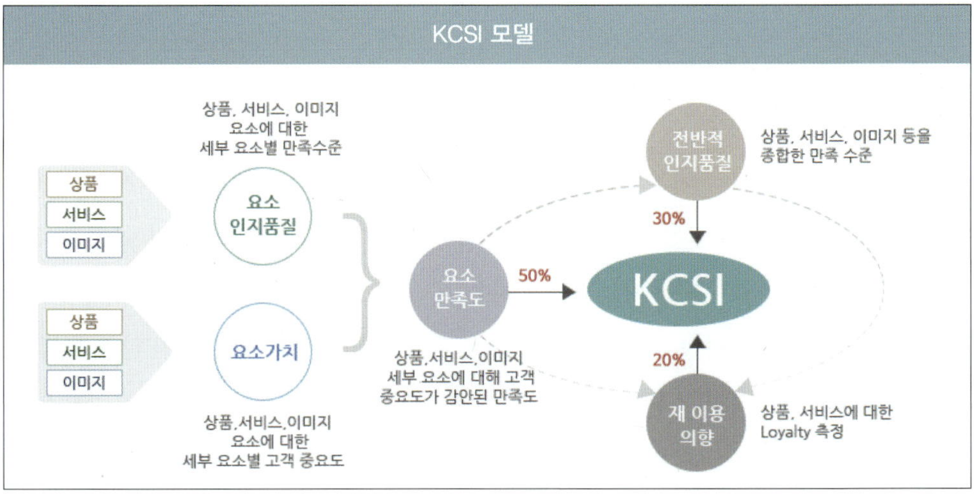

출처: https://kcsi.kmac.co.kr/

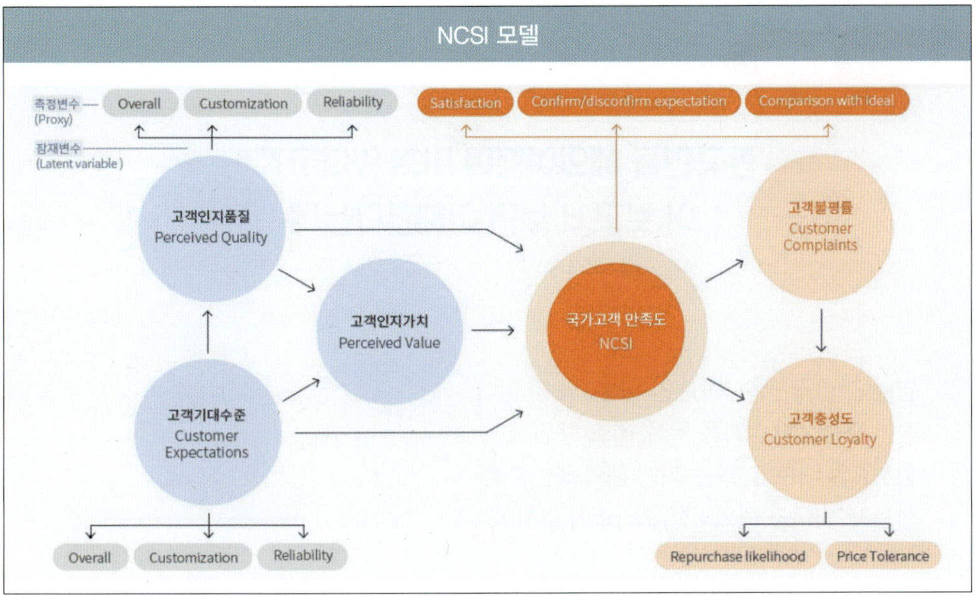

출처: www.ncsi.or.kr

Review Case

"한국인들 해외여행에 미쳐 있다고?" … 이 보고서 보면 이해한다는데

일본 간 한국인 수, 해외 간 일본인보다 많아
작년 관광수지 적자폭 무려 15조 원 달해
임시휴일 내수활성화는커녕 해외 뜨는 기회
전문가 "빗나간 해외여행 소비의식 고쳐야"

국내여행지표의 변화 – '25년 1월 중심

	단위: TCI (지표값)	연도별					월별 (1월)		GAP (TCI)	
		'19	…	'22	'23	'24	'24.1	'25.1	'24-'23	'25.1-'24.1
1	관심도 (%, 커졌다)	100 (41.6)	…	113 (47.0)	97 (40.3)	87 (36.2)	90 (37.5)	80 (33.2)	-10	-10
2	여행 계획률 (%, 3개월 내 있다)	100 (70.5)	…	110 (77.3)	103 (72.6)	97 (68.3)	101 (67.1)	93 (61.9)	-6	-8
3	여행 경험률 (%, 3개월 내 있다)	100 (69.0)	…	100 (69.2)	99 (68.7)	96 (66.5)	102 (67.0)	95 (62.2)	-3	-7
4	여행비 지출의향 (%, 더 쓸 것)	100 (34.7)	…	135 (47.0)	123 (42.8)	101 (35.0)	113 (37.8)	79 (26.3)	-22	-34
5	여행비 지출액 (만원, 1인당 총 지출액)	100 (21.19)	…	123 (26.03)	112 (23.74)	110 (23.24)	116 (23.32)	113 (22.62)	-2	-3

* TCI (Travel Corona Index, 여행 코로나 지수)는 '관심 년도(당월) / 2019년 (당월)* 100'의 결과값임.
* 출처 : 컨슈머인사이트 '주례 여행 소비자 행태 및 계획조사'

'한국의 해외여행 선호도는 광기 수준이다'

서프라이즈할 분석이 나왔다. 한국인의 해외여행 선호도에 대한 조사다. 결론부터 말씀드리면 '비이성적'이라는 진단. 한마디로 '광기' 수준에 달했다는 의미다. 그래서 간다. 여행 서프라이즈, 여프라이즈 이번 편은 미친 수준에 달한 해외여행선호도 분석 편이다. 이거 정말이지 놀랍다.

▶ 이 조사는 = 여행 리서치 전문기관 컨슈머인사이트가 2015년부터 수행하는 '주례 여행 행태 및 계획 조사'(매주 500명, 연간 2만6000명)에서 나타난 여행소비자지표를

분석한 결과다. 최근 추세 파악을 위해 2025년 1월과 2024년 1월의 결과도 포함돼 있다. 이를 통해 분석한 여행지표는 △여행지 관심도 △여행 계획률 △여행 경험률 △여행비 지출의향 △ 여행비 지출액 등 5가지다. 컨슈머인사이트의 데이터는 한국문화정보원 문화빅데이터플랫폼 마켓에서도 공개된다.

◆이대로 가다간 국내여행 무너진다

'국내여행 붕괴 직전이다'

이런 살벌한 문구의 보고서를 내놓은 곳, 컨슈머인사이트다. '월간 국내·해외 여행동향 보고(2025년 1월)'의 핵심 결과를 기초로 작성된 '2월의 토픽 편'을 장식했다. 그 원인으로 지목된 게 '광기(비이성적)' 수준에 달한 한국인 뇌구조 속 해외여행 선호도다. 도대체 어느 정도일까.

◆각종 여행지표는 폭락세

하락세도 아니다. 폭락세다. 컨슈머인사이트가 내놓은 각종 여행지표의 결과치다. 코로나 직후 회복세를 보였던 여행 관련 지표는 경기 침체, 물가 상승, 해외여행 재개 등의 환경 변화를 거치면서 다시 주춤한다. 여행비 지출의향은 줄어든 반면 여행지 물가는 급등세를 보이면서 여행 심리 위축으로 이어진다.

소비자 여행지표는 2023년 이후 내림세다. 올해 역시 큰 폭 하락세가 이어질 전망이다.

일본의 한 소도시 야경. [사진=픽사베이]

정부가 야심차게 내놓은 설연휴 내수진작용 '임시 휴일'은 오히려 득보다 실이 됐다. 임시휴일 덕에 연속 6일(최장 9일)이라는 장기 연휴가 이어졌음에도 △여행지 관심도의 TCI는 10포인트(p) 하락했고, 그 비율은 4.3%p 감소했다. 더 심각한 것은 △여행계획률 △여행경험률 △여행비 지출 의향 △여행비 지출액까지 모조리 폭락 조짐이라는 점이다.

여행 관심도, 계획률, 실행률이 크게 하락한 원인은 여행비 지출 의향이 크게 줄어든 탓이다. 향후 1년간 여행비를 지난 1년보다 '덜 쓸 것'(29.0%)이 '더 쓸 것'(26.3%)보다 많아진 것은 코로나 이후 처음이다. 경기 침체와 고물가, 고환율 등의 악재가 겹치면서 가처분 소득이 줄었기 때문이라는 분석이다.

국내여행 지표('19~'25년)

[단위 : %, 지표값(TCI)]

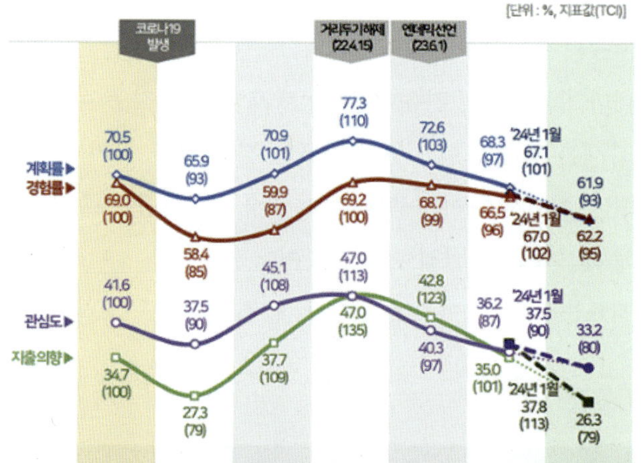

조사시기	2019년	2020년	2021년	2022년	2023년	2024년	2025년 1월
국내여행 (사례수, 명)	(13,093)	(13,128)	(13,038)	(13,039)	(12,988)	(13,284)	(1,002)

Q 귀하께서는 향후 3개월 내 1박 이상의 일정으로 여행하실 계획이 있으십니까? (%, 3개월 내 있다)
Q 귀하께서는 지난 3개월 간 1박 이상의 일정으로 여행을 하신 적이 있으십니까? (%, 3개월 내 있다)
Q 국내여행만 보면 향후 1년간 쓸 관광·여행비가 지난 1년에 비해 어느 정도 될 것 같습니까? (%, 더 쓸 것 [매우 더 쓸 것 + 더 쓸 것])
Q 요즘 OOO을 가보고 싶다는 생각이 예전에 비해 ...(5점 척도) (%, 커졌다 [매우 커졌다 + 약간 커졌다])
* 출처 : 컨슈머인사이트 '주례 여행 행태 및 계획 조사'
* 2025년은 1월까지 조사된 내용임. 동기간 비교를 위해 추가된 2024년 1월 사례수는 1,241명임.

◆해외여행 선호 '비이성적'

국내여행의 위축을 가중시킨 가장 큰 요인 중 하나는 해외여행이다. 작년 출국자수는 2019년의 99.9%까지 회복됐고, 올해는 이를 넘어설 것으로 전망된다. 2박 3일 국내여행 총비용보다 더 큰 액수를 해외여행 1일 비용으로 지출하면서 꾸역꾸역 해외로 몰려나간다. 이 근저에 '비이성적'인 국내여행 경시와 함께 무조건적인 해외여행 선호 심리가 깔려 있다. 국내여행 산업을 위협하고 가장 큰 공적인 셈이다.

특히 일본 여행 선호는 경이적인 수준이다. 점잖은 표현으로 '경이적'이지, 흔히 하는 말로는 '광기' 수준 정도로 이해하면 된다.

일본 통계청 사이트의 '출입국 통계'에 따르면 '25년 1월 일본에 간 한국인 입국자 수는 97만 9042명으로 같은 시기 일본인 전체 출국자 수 91만 2325명보다 많다.

일본에 간 한국인이 전 세계로 나간 일본인보다 많다는 것은 '충격적'이라는 게 컨슈머인사이트측의 평가다.

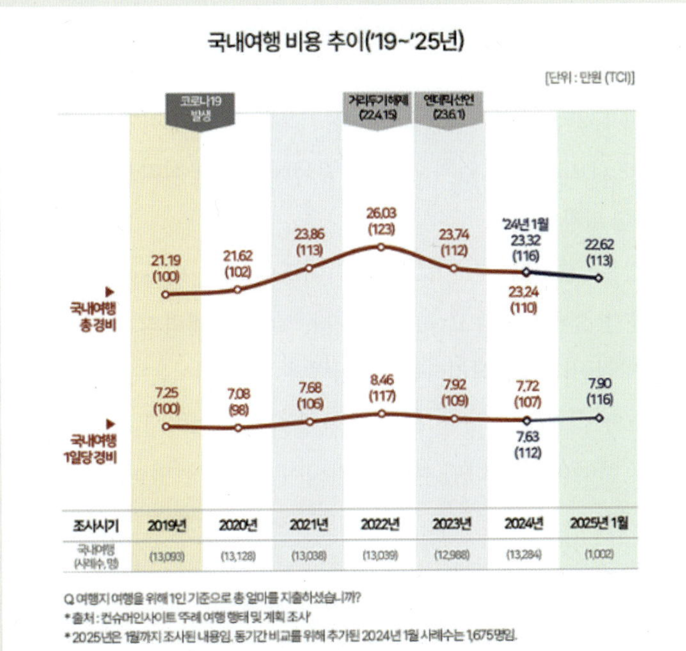

◆ 관광수지 적자 15조 원 돌파

문제는 또 있다. 해외여행 선호는 그것으로 끝나지 않는다. 핵심은 비이성적 해외 선호가 관광수지 적자폭을 키운다는 점이다. 이미 이상신호가 켜졌다. 작년 한 해 관광수지 적자 규모가 6년 만에 100억 달러를 넘어선 것으로 집계된 것이다. 우리 돈으로 환산하면 무려 15조 원에 육박한다.

한국관광공사가 산정한 규모는 2023년(96억9220만 달러) 대비 3.6% 증가한 100억

3820만 달러(약 14조6700억 원)이다. 관광 수입은 164억5430만 달러(약 24조400억 원)로 전년 대비 13억8890만 달러 증가했지만 관광 지출이 이보다 큰 폭(17억3490만 달러)으로 늘어난 264억9250만 달러(약 38조7000억 원)를 기록한 탓이다.

물론 국내로 온 외국인 관광객 숫자가 줄고 이들이 지갑을 닫은 요인도 있다. 하지만 관광전문가들은 비이성적인 해외여행 선호가 직접적인 적자 요인이 됐다고 보고 있다.

한 관광학과 교수는 “내수진작 분위기를 강조할 수는 있다. 하지만 해외로 나가는 것을 (정부에서 강제로) 뜯어 말릴 수는 없다”며 “요즘은 지방보다 일본을 자주 가는 동창 모임도 있다. 그만큼 광적인 분위기다”고 귀띔했다.

관광수지 적자가 100억 달러를 넘긴 것은 2018년 이후 6년 만이다. 우리 관광수지 적자는 2017년이 최대다. 당시 146억9590만 달러(약 21조4700억 원)를 기록, 이듬해에도 소폭 줄었으나 132억780만 달러의 적자를 기록해 최악의 시기를 낸다. 당연히 외생 변수가 있다. 사드(THAAD) 도입과 관련해 중국에서 비공식적으로 한국 여행 금지령이 내려진 데 따른 결과다.

마지막으로 결론. 컨슈머인사이트는 ‘해외여행에 대한 맹목적 선망’의 해결 없이는 국내여행 활성화가 불가능하다고 못을 박는다. 결국 경제력의 문제가 아니라 소비의식의 문제라는 지적이다. 그 심리라는 게 이렇다. 국내에서는 ‘초초긴축’ 예산으로 가심비를 따지기조차 어려운 여행을 하는 여행족들이 해외여행은 몇 배를 지출하고도 만족스러워한다. 한마디로 ‘빗나간 여행 소비의식’이라는 설명이다.

출처: 매일경제, 2025-03-05

제 14 장

수요와 공급관리

Opening Case

눈도 없는데 썰매 타고 트랙 위 달린다…봄 스키장의 대변신

평창 휘닉스파크의 스키 슬로프는 봄부터 가을까지 루지랜드로 변신한다. 평창의 푸른 자연을 시원한 바람을 가르며 즐길 수 있다. [사진=휘닉스호텔앤드리조트]

겨울이 가고, 눈도 사라졌지만, 스키장은 쉬지 않는다. 루지나 곤돌라 같은 액티비티가 빈 슬로프를 채운다. 슬로프 옆 수목원에서 성대하게 봄맞이를 벌이는 스키장도 있다. 스키 인구가 점차 줄면서 테마파크나 부대 프로그램 마련에 더 경쟁적으로 나서는 분위기다. 이른바 사계절 스키 리조트로의 진화다.

강원도 평창 휘닉스파크는 지난달 29일 루지랜드를 개장했다. 무동력 썰매 루지를 타고 트랙 위를 달리는 놀이시설로, 펭귄 슬로프 위에 1.2㎞ 길이로 조성돼 있다. 비탈진 트랙을 달리며 평창의 푸른 자연을 즐길 수 있어, 봄에서 가을까지 큰 인기를 누린다. 슬로프를 활용해 운영하는 터라 제설 작업을 앞둔 10월까지만 이용할 수 있다.

휘닉스파크 펭귄 슬로프 위에 1.2㎞ 길이로 루지 트랙이 조성돼 있다. [사진=휘닉스호텔앤드리조트]

해발 1050m의 슬로프 정상 '몽블랑'까지 올라가는 곤돌라도 봄나들이용으로 제격이다. 정상에서 봉평 일대를 한눈에 내다볼 수 있고, 너른 초원이 펼쳐져 있어 산책하기도 좋다. 반려동물도 동반 탑승이 가능하다. 5월부터는 슬로프 하단의 포레스트 파크에서 모닝 요가 프로그램도 무료로 진행할 예정이다.

화담숲 자작나무숲의 2천여 그루의 하얀 자작나무와 수선화 군락이 시선을 사로잡는다. [사진=곤지암리조트]

겨우내 운영을 멈췄던 곤지암리조트의 화담숲도 지난달 29일 개장했다. 4월 말까지 '화담숲 봄

수선화 축제'를 이어간다. 노란빛 고운 10만 송이 수선화를 비롯해 산수유 · 복수초 · 풍년화 등을 만날 수 있다. 화담숲 안쪽에서도 자작나무숲과 탐매원이 수선화를 담기 좋은 장소다. 4월 중순이면 벚꽃도 절정을 맞는다.

곤지암리조트는 화담숲이 봄 · 가을 인기 명소로 자리 잡으면서 스키 리조트의 고정된 이미지를 벗었다. 화담숲은 100% 예약제로 운영하고 있다. 봄철에는 오전 9시부터 20분 간격으로 420명씩 입장을 허용한다. 4월 중순까지 평일 · 주말 모두 이미 예약이 꽉 찬 상태다.

하이원의 슬로프는 야생화 천국으로 불린다. 사진 속 샤스타 데이지는 6월 절정을 맞는다. [사진=하이원리조트]

정선 하이원리조트는 슬로프 주변으로 여러 트레킹 코스를 품고 있다. 과거 석탄운반로인 운탄고도와 백운산(882m) 등산로를 이어 만든 '하늘길'이다. 그중 곤돌라를 타고 하이원탑(1340m)에 오른 다음 천천히 숲길을 내려오는 5.2㎞ 길이의 '고원숲길'이 가장 봄기운이 그윽한 코스다.

4월 15일부터는 일명 '야생화 카트'도 운영한다. 5인승짜리 전동 카트(60분 소요)를 타고 슬로프를 오르내리며 야생화를 관람하는 프로그램이다. 5월이면 민들레, 할미꽃, 6월이면 샤스타 데이지가 온 슬로프를 덮는다.

출처: 중앙일보, 2024-04-05

Keyword

- 공급능력과 수요량
  1) 수요가 최대 공급능력을 초과: 서비스 받지 못하는 고객 발생, 기존 고객도 불만
  2) 수요가 최적 공급능력을 초과: 복잡성으로 품질/만족도 저하
  3) 수요와 공급이 적정수준에서 균형: 양질의 서비스 제공 가능
  4) 공급이 초과된 경우: 수익성, 생산성 저하
- 공급능력 제한 요인
  1) 시간
  2) 노동력(직원 수, 능력 수준)
  3) 장비(헬스클럽 운동기구, 전기의 피크타임)
  4) 시설(객실 수, 항공기, 영화관, 경기장 좌석 수, 테이블 수)
- 공급과 수요 일치 전략
  1) 직접 수요 조절: 수요를 공급에 맞추기(피크타임 수요 줄이기, 가용 능력에 맞춘 수요 늘리기)
  2) 간접 수요 조절: 공급을 수요에 맞추기(일시적 공급능력 증가, 자원의 사용을 재조정)
- 대기선과 예약
  1) 대기의 여러 행태
  2) 대기시간에 대한 인식 필요
  3) 예약 시스템 활용

제1절 | 수요와 공급관리가 필요한 이유

서비스에서 수요 및 공급을 관리하는 데 있어서 가장 큰 제약조건은 소멸성 때문에 서비스가 보관이 어렵다는 점이다. 즉 서비스는 제조업과 달리, 수요가 증가하는 성수기를 대비하여 재고를 쌓아놓을 수 없다. 이런 보관의 어려움은 서비스의 소멸성과 동시성이라는 특성에 기인한다. 따라서 오늘 판매되지 않는 호텔의 객실, 비행기 좌석, 혹은 의사의 진료는 다음날 판매를 하거나 이용할 수 없다.

서비스는 공급량의 보관 어려움과 더불어 수요량도 일정하지 않다. 비행기나 호텔의 성수기와 비수기가 존재하는 것도 이런 이유 때문이다. [그림 14-1]은 변동하는 수요와 그에 따른 공급관리의 어려움을 나타내고 있다. 수평선은 서비스의 공급능력을 의미하며, 곡선은 서비스에 대한 고객의 수요를 의미한다. 일반적인 서비스 상황에서 기

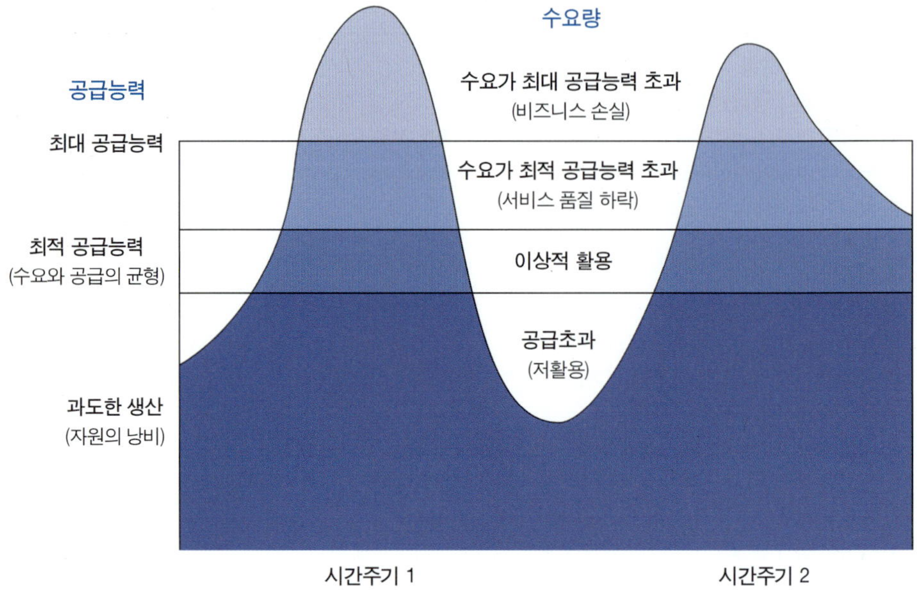

[그림 14-1] 공급능력과 수요변동

업의 공급은 거의 고정되어 있으므로 직선으로 표현되었다. 가장 높은 수평선은 기업의 최대 공급능력(maximum capacity)을 나타낸다. 호텔의 총 객실 수, 경기장의 최대 좌석 수 등이 여기에 속한다. 두 번째와 세 번째 수평선 사이의 구간은 최적 공급능력(optimal capacity)을 나타낸다. 기업의 가용능력이 가장 낮은 상태는 저활용(low utilization)으로 이 상태는 기업에게 공급관리의 적신호를 보내게 된다.

기업의 공급능력과 수요량에 따라 발생할 수 있는 경우를 크게 4가지로 살펴보았다.

- **수요가 최대 공급능력을 초과할 경우** : 이 경우는 수요가 기업에 최대 공급능력을 초과한 상황으로, 일부의 고객들은 서비스를 받지 못하는 상태가 발생한다. 이는 기업의 입장에서 사업기회의 손실이라고 할 수 있다. 그리고 고객이 서비스를 받게 된다 하더라도 수용인원이 너무 많아 시설 부족 및 품질 저하의 문제점이 발생하여 기존고객들의 불만을 야기시킬 수 있다.
- **수요가 최적 공급능력을 초과할 경우** : 이 경우는 서비스를 받지 못하는 고객은 없지만 시설 및 서비스의 포화 상태가 발생할 수 있다. 환경의 복잡성으로 인해 품질이 떨어지거나 만족 수준이 낮아질 수 있다.

수요가 많을 경우 고객은 적정 품질의 서비스를 받기 힘들다

- **수요와 공급이 적정수준에서 균형이 이루어진 경우** : 서비스 제공자인 직원과 시설이 이상적인 상태에서 서비스를 제공할 수 있다. 직원의 업무 과부화가 발생하지 않으며, 시설의 가동률이 적절하게 유지된다. 이 상태는 고객이 양질의 서비스를 받을 수 있는 가능성이 가장 높다.
- **공급이 초과된 경우** : 이 경우는 수요가 적정공급수준에 미치지 못한 상태에서 발생한다. 기업의 인력, 장비 및 시설 등 자원이 제대로 활용되지 못해서 수익성 및 생산성의 저하가 나타나게 된다. 이 상태에서 서비스를 받는 고객은 시설을 충분히 이용할 수 있고, 직원의 집중적 관심을 받는 등 높은 수준의 서비스를 받을 수 있다. 그러나 서비스 품질을 평가하는 데 다른 고객의 영향력이 중요하다면 고객은 오히려 이런 상황에서의 서비스에 대해 의문을 갖거나 불만족을 나타낼 수도 있다.

제2절 | 공급능력에 대한 이해

1. 공급능력을 제한하는 요인

1.1 시간

서비스의 생산을 제한하는 가장 큰 요인은 시간(time)이다. 의사, 변호사, 미용사 등은 기본적으로 서비스를 제공하는 데 자신의 시간을 판매한다. 그들은 시간을 효율적이고 생산적으로 사용하지 못한다면 수익이 감소할 수 있다. 반면에 그들의 서비스를 받으려는 초과 수요가 발생한다 하더라도 한정된 시간으로 인해 초과 수요를 충족시킬 수 없어 추가 이익을 창출하기가 어렵다.

일부 서비스업은 시간의 제약으로 공급능력의 한계가 존재한다

1.2 노동력

직원이 많은 기업의 입장에서 볼 때, 노동력은 채용하고 있는 직원의 수, 혹은 직원의 능력 수준을 의미하며, 이것은 공급능력의 제약조건이 될 수 있다. 법률사무소, 병원, 컨설팅회사, 회계법인, 보수관리 업체 등에 속한 직원들은 공급능력을 최대로 발휘하여 운영된다. 수요를 충족시키지 못하는 초과 수요가 발생할 수도 있고 수요가 너무 낮은 상태가 나타날 수도 있다. 기업은 초과 수요 상황에서 직원을 추가로 고용하여 문제를 해결할 수는 있으나 다시 수요가 감소할 경우 잉여 자원이 되므로 이는 단기적인 해결책으로 바람직한 방법은 아니다.

1.3 장비

장비가 차지하는 비중이 높은 기업에서는 장비(equipment)가 중요한 제약조건이 될 수 있다. 운송업에서는 서비스 수요를 맞추는 데 항공기 및 트럭이 중요한 부분을 차지한다. 택배회사에서 연말연시에 물류 배송의 어려움을 겪는 것도 이런 장비의 문제가 발생하기 때문이다. 장비의 문제는 수요의 폭이 크거나 특정 시간에 수요가 집중되는 경우가 발생하기도 하는데, 헬스클럽에서 특정 시간에 운동기구가 부족하거나, 전기의 피크타임이 존재하는 것들이 여기에 속한다.

1.4 시설

서비스 기업들은 한정된 시설(facilities)에 의해 제약을 받게 된다. 호텔의 객실 수, 항공기, 영화관, 경기장 등의 좌석 수, 음식점의 테이블 수 등은 허용가능한 인원수가 한정되어 있다. 따라서 일정수준 이상 서비스를 공급하는 데 한계에 부딪히게 된다.

〈표 14-1〉은 공급능력의 제약조건별 서비스 업종이 무엇인지 제시하고 있다. 각 기업은 자사의 한계를 이해하는 것이 먼저 이루어져야 한다.

항공기, 호텔, 공연장 등은 한정된 규모로 인해 초과 수요를 받을 수 없다

〈표 14-1〉 공급능력의 제약조건별 관련 업종

제약조건	서비스 유형
시간	법률, 컨설팅, 세무 및 회계, 의료, 미용
노동력	법률회사, 회계사무소, 컨설팅회사
장비	배송서비스, 통신 및 네트워크 서비스, 공공서비스, 헬스클럽
시설	호텔, 레스토랑, 병원, 항공, 학교, 영화관

2. 최적활용과 최대활용

기업의 공급능력을 이해하기 위해서는 우선 기업의 최적활용(optimal use)과 최대활용(maximal use)의 차이점을 알아야 한다. 최적활용은 기업의 모든 자원을 완전히 이용하는 상태를 말하며, 이때 중요한 건 자원의 무리한 사용이 아니라 고객이 적정수준의 서비스를 제공받을 수 있을 정도로 자원이 활용되는 것을 의미한다. 반면에 최대활용은 기업이 자신들이 가진 자원을 최대 수준으로 이용하는 것으로 서비스 이용의 절대적 한계를 의미한다.

최적활용과 최대활용은 서비스의 종류에 따라서 동일하게 쓰여질 수도 있고 다르게 쓰여질 수도 있다. 경기장 및 영화관은 최적활용과 최대활용이 같은 수준으로 볼 수 있다. 스포츠경기의 경우 경기장을 가득 채우는 것은 관람객의 만족도 증대와 함께 가장 큰 수익을 얻을 수 있다. 반면에 레스토랑, 놀이시설 등은 최적활용이 최대활용보다 낮게 나타난다. 이 경우 최대활용이 이루어지면 고객들은 적정수준의 서비스를 받지 못하는 일이 발생할 수도 있다. 예를 들어, 레스토랑의 경우 테이블을 10개 설치하면 고객들이 서비스 불만이 없지만 15개를 설치하면 좁게 느껴 불만이 발생할 수 있다. 하지만 레스토랑의 입장에서는 손님을 더 받을 수 있으므로 수익이 올라가게 된다.

장비나 시설의 제약조건의 경우 특정시점에서의 최대 공급능력을 파악하기는 쉽다. 반면에 제약조건이 시간이나 노동력의 경우 상대적으로 높은 유연성을 가지고 있어서 최대 공급능력을 파악하는 데 어려움이 따른다. 개별 직원의 최대 공급능력을 일정부분 초과하여 수요를 맞출 수 있으나 이 경우 품질 저하, 고객 불만족, 직원의 불만 등의 문제가 나타날 수 있다.

스포츠 경기장의 경우 최적활용과 최대활용 수준이 같다. 최적활용과 최대활용 수준이 같은 경우(좌), 다른 경우(우)

제3절 | 수요패턴

서비스에서 변동 수요를 효과적으로 관리하기 위해서는 수요패턴을 이해하는 것이 중요하다. 즉 수요패턴의 발생원인, 세분시장별 수요의 크기 등을 이해해야 한다. 또한 수요를 결정하는 데 영향을 미치는 요인과 예측가능성에 대한 측면도 살펴볼 필요가 있다.

1. 수요패턴의 도표화

우선 단위시간 동안 발생하는 수요의 수준을 도표화할 필요가 있다. 이 도표화는 전산화된 고객시스템이 구축된 조직의 경우 정확하고 효과적으로 이루어질 수 있다. 도표화는 일별, 주별, 그리고 월별로 수요량을 추적해야 한다. 또한 계절별 혹은 분기별 수요 변동폭이 클 경우 전년도 수요 자료와 비교를 통해 도표화할 필요가 있다. 음식점 혹은 병원과 같이 하루 내에서도 시간대별 수요가 다를 경우 정리를 하는 것도 효과적이다.

2. 예측가능한 수요변동주기

수요수준을 도표화한 후에는 예측가능한 수요변동주기가 존재하는지를 살펴봐야 한다. 서비스에 따라 시기별 변동만 보여질 수도 있지만, 일별, 주별, 월별 혹은 분기별 변동하는 수요를 봐야 하는 서비스 유형도 있다. 레스토랑과 같은 외식산업의 경우 모든 주기를 고려하는 것이 중요하다.

기업이 예측가능한 수요변동주기를 확인할 수 있다면, 그 다음은 그 주기가 발생하게 된 원인이 무엇인지를 알아야 한다. 호텔의 수요주기를 살펴봤더니 계절에 따라서 달라지고 있다는 것을 알게 되었다. 그렇다면 호텔은 앞으로 발생할 수 있는 수요를 예측할 수 있고, 그에 맞는 대응방법을 마련해야 한다.

3. 예측하기 어려운 수요변동

수요패턴은 항상 예측할 수 있는 것은 아니며, 때로는 예측하기 힘들게 무작위적으로 나타나기도 한다. 그러나 이러한 경우에도 일부는 원인을 파악할 수 있다. 예를 들어, 날씨는 사람들의 활동에 영향을 미친다. 특히, 실외 여가활동, 쇼핑, 오락시설을 이용하는 데 다른 영향을 미칠 수 있다. 즉, 날씨가 좋을 경우 야외활동을 많이 하려고 하지만 비가 오거나 날씨가 나쁘면 야외활동 대신에 실내 쇼핑을 할 수도 있다. 또한 미래의 날씨를 예측하기는 어렵지만, 하루 혹은 이틀 후의 날씨를 예측하여 수요를 예상해 볼 수는 있다. 이틀 뒤에 비가 온다는 일기예보를 들으면 야외 놀이시설에 손님이 감소할 것을 예상할 수 있다. 우리나라 최대 놀이공원인 서울랜드, 에버랜드, 롯데월드는 2000년 이전부터 일기예보를 통한 수요관리를 적극적으로 하고 있다. 이를 통해 아르바이트 인원의 결정, 식당의 자재 구매량을 결정하고 있다.

그러나 수요는 모든 경우 예측이 가능하지 않고, 예측이 정확할 수 없다. 건강과 관련된 문제에서 병원서비스는 수요를 예측하기가 어렵다. 갑자기 주변에서 대형교통사고가 발생한다면 갑작스럽게 응급실에 환자들이 늘어날 수 있고 그에 따른 시설 부족이 발생할 수 있다. 또한 홍수와 태풍과 같은 자연재해는 평소 수요량의 변동이 없는 부분으로 갑작스런 수요의 증가를 가져올 수도 있다. 예를 들어, 숙박시설의 경우 성수기와 비수기를 고려하지만 자연재해 등의 요인에 의한 이재민의 수요 증가를 예측하기는 힘들다.

자연재해는 수요를 예측하기 어렵게 한다

4. 세분시장별 수요패턴

기업이 고객과의 거래에 관련된 상세한 정보를 가지고 있다면 고객을 세분화하여 그 세분시장별 수요를 분석할 수 있다. 그리고 이를 통해서 전체 수요패턴에서 세분화된 패턴을 알아낼 수 있다. 만약 어떤 기업이 전체 고객을 대상으로 수요패턴을 조사하였으나 패턴을 발견할 수 없더라도, 고객을 세분화한 시장에서 수요패턴을 발견할 수도 있다. 예를 들어, 은행고객을 기업고객과 개인고객으로 세분화하였다. 기업고객의 수요패턴을 보면 주로 예약을 하거나, 패턴이 일정한 반면에 개인고객은 무작위로 은행을

Service Issue

요금 미리 알고, 안전 점검까지 … 가스앱 서비스 '진화'

모바일 가스앱 서비스 이미지

서울 강서구에 사는 박모(37) 씨는 겨울철만 되면 도시가스 요금이 걱정이다. 개별난방 아파트로 이사한 후 '요금 폭탄'을 맞은 경험이 있어서다. 박씨는 "평소 난방 조절에 신경 쓰고 있지만 실제로 얼마나 절약되는지 알 수 없어 불안함을 느낀다"고 말했다.

그렇다고 도시가스 요금을 직접 계산하는 것도 만만치 않다. 요금 부과 지침이나 보정 계수, 열량 같은 전문 용어가 낯설어서다. 콜센터에 전화해도 상담 대기시간이 길고, 집집마다 사용 환경이 달라 정확한 예상 요금을 알려주기 어렵다는 답변이 돌아오기 일쑤다.

이런 도시가스 사용과 관련한 불편함과 소비자 고민을 해결할 수 있는 '가스 앱'이 주목받고 있다. 모바일 에너지 플랫폼 가스 앱은 요금 안내 및 안전 관련한 기능을 강화한다고 9일 밝혔다.

먼저 가스 앱의 모바일 요금 조회 및 자동이체 신청 기능을 활용하면 ▶청구서 발행일 ▶요금 납부 마감일 ▶자동이체일 등을 한번에 알려준다. 따라서 납부 마감일을 놓치거나 연체할 걱정을 덜 수 있다.

실시간 요금 조회 기능을 통해 지금까지 사용한 요금과 이달의 예상 요금도 미리 알 수 있다. 가스 앱 관계자는 "앱을 통해 자동으로 예상 요금이 계산되고, 스마트 계량기(AMI)를 이용하면 계량기 확인 없이도 실시간 요금 조회가 가능하다"고 말했다.

자가 검침도 정확하다. 가스 앱을 통해 계량기 촬영 사진을 올리면 정확한 사용량이 자동 입력되기 때문에 요금이 잘못 청구되는 문제를 예방할 수 있다.

매니저 방문 없이 가스 앱으로 안전점검을 할 수 있다. 인공지능(AI) 기반의 자동 인식 기능을 활용하면 계량기, 가스레인지, 보일러의 이상 여부를 간단히 점검할 수 있다. 콜센터 연결 없이 방문 점검을 예약할 수도 있다. 이 밖에도 ▶보일러 교체 시기 및 최저가 구매 정보 제공 ▶난방비 지원 캠페인 등을 통해 소비자 부담을 줄여주고 있다.

가스회사에도 비용 절감 수단이 된다. 지난 2020년 가스 앱을 도입한 서울도시가스의 경우 최근 5년간 콜센터 민원이 25%가량 줄었다. 회사 측은 "이는 비대면 상담 기능을 강화한 AI 챗봇 상담 기능 도입 효과로 분석된다"고 말했다. 가스 앱 미이용 고객의 콜센터 상담 횟수는 연평균 1.5회인 반면, 가스 앱 이용 고객은 0.3회 수준이었다. 특히 상담 대기시간 없이 문의 즉시 답변을 제공해, 도시가스사와 고객 모두의 만족도를 높이고 있다.

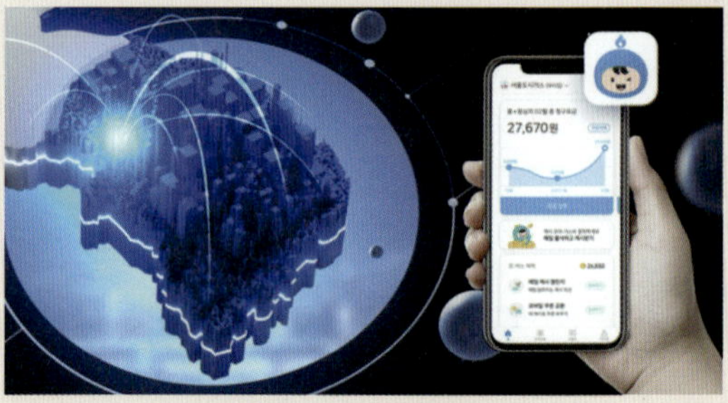

가스앱 서비스 이미지

가스 앱은 2020년 2월 처음 서비스를 오픈했다. 지난달 말 기준으로 전국 14개 도시가스사가 도입해 280만여 명의 회원이 사용 중이다. 2022년 11월 100만 명, 2023년 9월 150만 명, 2024년 3월 200만 명 등으로 매년 가파른 성장세를 보였다. 가스 앱 관계자는 "지난 5년간 가스 앱이 보여 준 확장성과 다양한 서비스는 정보기술 기반의 비대면 서비스가 도시가스 산업에도 유효함을 보여 줬다"며 "향후 에너지 산업 전반에 기여하는 핵심 플랫폼으로 성장할 것으로 기대한다"고 말했다.

출처: 중앙일보, 2025-03-09

방문하는 것으로 나타났다. 따라서 은행은 각각의 세분시장에 맞는 수요를 예측하고 그에 맞는 대응방법을 마련할 수 있을 것이다.

제4절 | 공급과 수요를 일치시키는 전략

1. 직접수요 조절방법 : 수요를 공급에 맞추기

이 전략은 수요의 이동을 통하여 공급능력에 맞추는 것이다. 수요가 공급능력을 초과할 경우 그 수요를 수요가 낮은 시간대 혹은 공간으로 이동시킴으로써 수요와 공급의 균형을 유지한다([그림 14-2] 참고). 그러나 모든 수요가 다 이동 가능한 것이 아니라 고객의 특성에 따라 다르게 나타난다. 예를 들어, 비행기 좌석의 경우 출장을 가는 고객과 여행을 가는 고객은 수요 이동의 인센티브에 대한 반응이 다르게 나타날 수 있다.

[그림 14-2] 수요의 이동을 통한 전략

1.1 피크타임의 수요 줄이기

첫째, 고객들에게 바쁜 시간대와 날짜를 알려준다. 기업은 고객에게 수요가 많이 몰리는 시간대를 알려줌으로써 수요를 분산시킬 수 있다. 고객에게 수요가 붐비는 시간과 그에 따른 대기시간을 알려주는 것은 기다리는 것 혹은 복잡한 환경을 싫어하는 고객의 수요 이동을 야기할 수 있다. 또한 수요가 이동하지 않더라도 사전에 공지를 함으로써 고객의 대기시간에 대한 불만족 정도를 감소시킬 수 있다.

둘째, 서비스 전달의 시간대와 장소를 수정한다. 고객이 원하는 수요 혹은 시간대와 기업이 제공하는 시간대가 다를 수 있다. 그러면 기업은 고객이 선호하는 시간대로 이동해야 한다.

셋째, 바쁘지 않은 시간대로 고객을 유인할 수 있는 인센티브를 제공한다. 즉, 고객에

에버랜드 이용권		정상가	약 20% 우대
주간	대 인	38,000원	**30,000원**
	청소년	32,000원	**26,000원**
	소 인	29,000원	**23,000원**
야간 (17:00~)	대 인	31,000원	**25,000원**
	청소년	26,000원	**21,000원**
	소 인	23,000원	**18,000원**

시간에 따른 가격할인을 통해 피크타임의 수요를 분산시키기도 한다

게 비수기 혹은 피크타임이 아닐 때 이용할 경우 추가적인 제공물이 있다는 정보를 제시한다. 예를 들어, 놀이공원에 4시 이후 입장할 경우, 입장료를 반값에 제공함으로써 수요를 분산시킬 수도 있다.

넷째, 애호도가 높은 고객에게 우선권을 제공한다. 서비스 수요가 많고 공급능력이 제한될 경우, 기업은 애호도가 높거나 VIP 고객에게 우선적으로 서비스를 제공할 수 있다.

다섯째, 할인 없이 정상요금을 부여한다. 예를 들어, 항공기, 렌트카, 호텔 등의 요금을 정가로 받는 방법이 여기에 속한다. 이 방법은 고객의 성격 혹은 서비스 실행의 위급성에 따라 영향을 받게 된다. 즉, 여행을 가는 고객대비 출장을 가는 비즈니스맨들의 경우 요금에 의한 수요 이동이 발생할 가능성이 낮다.

1.2 가용능력에 맞춘 수요 늘리기

첫째, 고객들에게 피크타임이 아닐 때 이용하는 이점을 설명한다. 고객들에게 피크타임이 언제인지, 그리고 피크타임이 아닐 때 이용할 경우 얻게 되는 이점이 무엇인지를 설명함으로써 수요를 분산시킬 수 있다. 이때 광고나 판매촉진 메시지는 피크타임 시간을 알려주는 도구로 이용된다.

둘째, 시설물의 이용방법을 다양화한다. 이것은 계절, 혹은 주중 · 주말에 따라 서비스 시설물의 성격을 다르게 이용하는 것을 말한다. 예를 들어, 겨울에 많이 이용하는 스키장 리조트의 경우, 여름 시즌에는 직원 연수를 원하는 기업에게 수련회 공간으로 제공할 수도 있다.

셋째, 서비스 제공물을 다양화한다. 고객이 서비스를 이용하는 시기에 따라 제공물의

스키장의 경우 계절에 따라 시설물 이용방법의 다양화를 추구하기도 한다

성격을 다양화하는 것이다. 예를 들어, 비수기에 호텔을 이용할 경우, 룸을 업그레이드 시켜 주거나, 부대시설을 할인된 가격에 이용할 수 있게 하는 등의 전략이 여기에 속한다.

넷째, 가격을 차별화한다. 이는 수요가 낮은 기간에 주로 사용하는 방법이다. 항공사에서 비수기에 저렴한 항공권을 제공하거나, 공연장에서 관객이 적은 낮시간에 반값 할인을 하는 방법 등이 여기에 속한다.

2. 간접수요 조절방법 : 공급을 수요에 맞추기

수요와 공급을 맞추는 또 하나의 전략은 가용능력을 조절하는 것이다. 이 방법은 수요가 많을 경우 일시적으로 가용능력을 향상시키거나, 수요가 낮은 경우 공급량 혹은 자원을 재분배하는 전략으로 수요와 공급의 균형을 맞출 수 있다([그림 14-3] 참고).

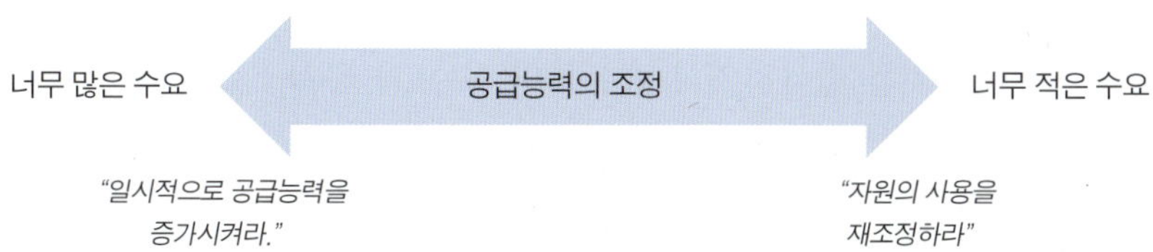

[그림 14-3] 공급능력 조정을 통한 전략

2.1 일시적으로 공급능력 증가하기

첫째, 일시적으로 노동력, 시설, 그리고 장비를 확장시킨다. 이는 일시적으로 수요에

일시적으로 수요가 증가하는 시기에는 파트타임 직원을 고용하여 일시적으로 공급능력을 증가시킨다

맞춘 서비스 공급능력을 확장하는 것으로 새로운 자원의 추가보다는 기존의 노동력, 시설, 장비를 수요에 맞춰 더 작업하게 하는 것을 말한다. 예를 들어, 병원에서는 평상시 진료 마감시간이 7시였다면, 수요가 많은 날은 9시로 연장하여 초과 수요에 대응하기도 한다.

둘째, 파트타임 직원을 활용한다. 이는 조직의 인적 자원을 수요에 맞춰 재조정하는 것을 말한다. 예를 들어, 연말연시에 백화점이나 마트에서 파트타임 판매직원을 고용하거나, 여행사에서 성수기 임시직원을 고용하는 방법이 여기에 속한다.

셋째, 직원에게 다양한 직무를 훈련시킨다. 이는 직원에게 기업의 다양한 분야에 걸쳐 훈련을 받도록 하는 것이다. 기업은 다양한 훈련을 받은 직원이 있을 경우 인력의 재배치를 통해 초과 수요에 대응할 수 있다.

넷째, 아웃소싱(outsourcing)을 이용한다. 기업은 자신들이 처리할 능력이 부족할 경우 아웃소싱을 이용할 수 있다. 기업들이 웹 서비스, 기술지원 서비스 등을 해결하기 위해 외부업체를 고용하여 처리하는 방법이 여기에 속한다.

다섯째, 시설 및 장비를 임차하거나 공유한다. 수요가 급작스럽게 증가할 경우 시설 및 장비를 새로 구매하는 것보다 임차(rent)하는 것이 효과적이다. 일시적으로 늘어난 수요에 맞추기 위해 굳이 새로운 시설이나 장비를 구매할 필요는 없다. 오히려 이는 기업자원의 낭비를 초래한다. 반대로 자신들의 사용하지 않는 시설 및 장비를 다른 기업에게 임차하거나 공유하기도 한다.

2.2 자원의 사용을 재조정하기

첫째, 수요가 낮을 때 운행을 조정한다. 장비 및 시설이 피크타임에 최대 가용능력을 발휘한다면, 가장 수요가 낮은 시간대에 운행을 중단하거나 조정할 필요가 있다. 예를 들어, 은행의 온라인 뱅킹 서비스는 고객의 이용이 가장 낮은 시간대인 일요일 새벽 2시~4시 사이에 프로그램을 업데이트 시키거나, 서비스 작동을 하지 않기도 한다.

둘째, 유지 및 수선 작업을 한다. 대부분의 서비스에서 시설 및 장비는 주기적으로 유지 및 보수가 필요하다. 따라서 기업은 수요가 적은 시기에 장비 및 시설에 대한 유지보수 작업을 진행할 수 있다.

셋째, 휴가 및 직원 훈련을 한다. 기업은 수요가 적은 시기에 직원들의 휴가를 제공하거나, 직원 교육 프로그램을 진행하기도 한다. 때로는 직원의 재배치를 통해 가용능력 향상을 추구하기도 한다. 스키관광 상품을 판매하는 인터넷 업체는 눈이 오지 않는 비스키시즌에는 가이더와 직원을 일시적으로 고용상태를 휴직으로 변경하거나, 교육의 시간으로 변경하여 자금흐름의 위험을 관리하고 있다.

넷째, 시설 및 장비를 조정하거나 이동한다. 즉, 기업은 기존의 시설 및 장비를 조정하거나 개선하는 방법으로 수요 변동에 맞출 수 있다. 항공산업에서 수요에 따른 파견(demand driven dispatch)이 대표적인 예이다. 이 방법은 수요에 따라 항공기의 좌석을 배정하거나 좌석 수준을 조절하는 것으로 수요의 변동에 대한 정확한 지식과 경쟁업체의 움직임을 파악하는 능력이 필요하다.

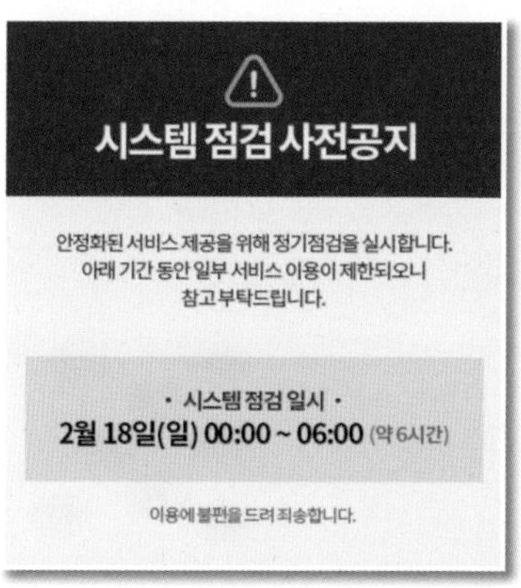

수요가 낮은 시간대를 이용하여 시스템을 점검할 수 있다

제5절 | 대기선과 예약을 통한 수요관리

1. 대기의 형태

대기의 형태는 다양하게 존재한다. 따라서 관리자는 자신들의 조직 혹은 서비스 접점상황에 가장 적합한 형태의 대기를 선택할 필요가 있다. [그림 14-4]는 소비자들이 겪

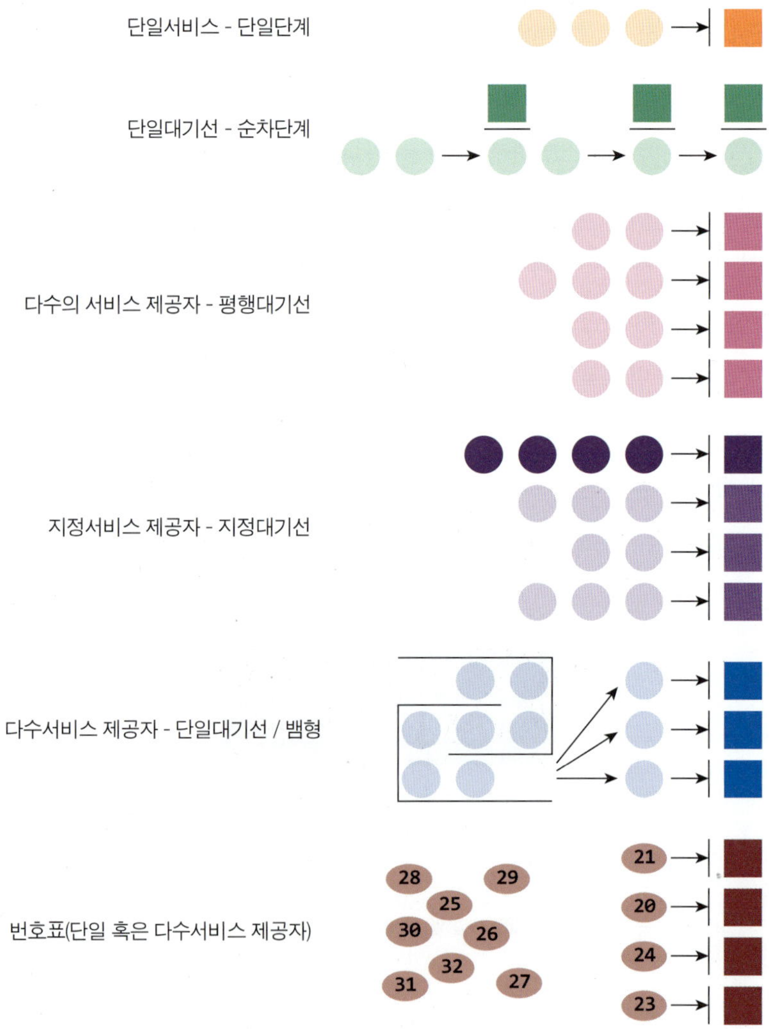

[그림 14-4] 대기형태의 종류

을 수 있는 다양한 대기의 종류를 보여주고 있다.

- **단일서비스/단일단계** : 가장 일반적인 대기형태를 말한다. 하나의 서비스를 받기 위해 나머지 사람들이 대기선을 형성한다.
- **단일대기선/순차단계** : 소비자들이 서비스를 받기 위해 몇몇 단계를 거치는 형태를 말한다. 소비자는 하나의 서비스를 받고 다음 서비스로 이동을 하게 된다.
- **다수의 서비스 제공자/평행대기선** : 서비스 담당자가 다수 존재하는 형태로 하나의 서비스 제공자가 여러 가지 서비스를 제공할 수 있다. 소비자는 여러 명의 서비스 제공자 중 한 명을 선택할 수 있다. 은행 창구가 대표적인 예이다. 이 대기형태의 단점은 모든 대기선이 일정한 시간이 부여되지 않는다는 것이다. 앞서 서비스를 이용하는 고객이 시간을 많이 사용하면 그만큼 대기시간은 길어진다.
- **지정서비스 제공자/지정대기선** : 서비스를 이용하는 고객을 범주화시켜서 구분하는 형태를 말한다. 마트에서 소량 계산대와 일반 계산대를 구분하는 것, 공항 티켓창구에서 일반고객과 VIP 고객의 창구를 다르게 하는 것 등이 여기에 속한다.
- **다수의 서비스 제공자/단일대기선** : 이 형태는 대기선의 모양을 따라서 뱀 형태의 대기선이라고 한다. 다수의 서비스 제공자/평행대기선에서 발생하는 문제점을 해결해 준다. 고객은 한 줄로 대기한 후 앞선 서비스 처리가 끝난 서비스 제공자에게 배당된다.
- **번호표 대기** : 대기고객이 번호표를 받고 순서대로 대기하는 형태로 대기하는 소비자가 선 채로 기다리지 않는다는 이점이 있다. 이 대기에서 고객은 앞으로 예상

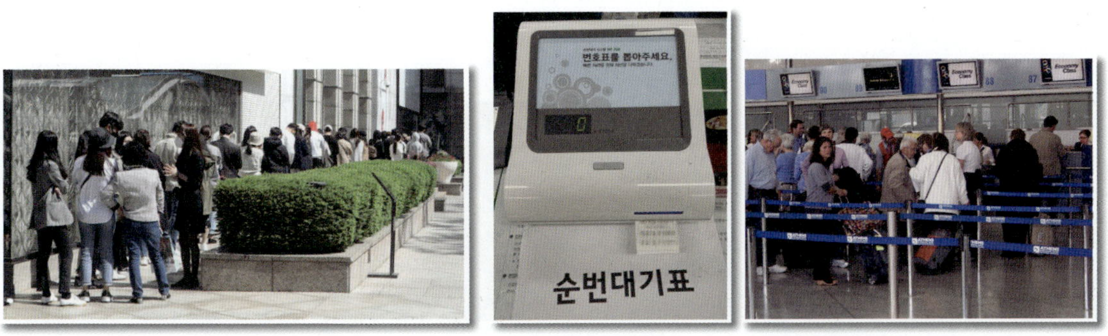

다양한 대기형태가 존재한다

되는 대기시간을 예측할 수 있고, 다른 업무를 볼 수도 있다.

- **대기 리스트** : 대기 고객의 리스트를 작성하는 것으로, 레스토랑에서 대기하는 손님의 명단을 작성하거나 대기표를 제공하는 것을 말한다.

2. 대기시간에 대한 인식

일반적으로 고객들은 그들이 실제로 서비스를 받기 위해 기다린 시간보다 더 많은 시간을 기다린 것으로 인식하고 있다. 이런 기다림에 대한 고객들의 심리와 이에 효과적으로 대처하기 위한 방법들에 대해서 알아보자.

- 고객은 활용되지 않는 시간은 활용된 시간보다 더 길게 느낀다. 즉 아무것도 하지 않을수록, 시간이 더디게 가는 것처럼 느낀다. 기업에서는 대기공간에 고객이 시간을 보낼 수 있는 시설(TV, 신문, 잡지 등) 등을 설치하는 것이 효과적이다.
- 보통 혼자 기다릴 때 더 길게 느낀다. 가까운 사람 혹은 친구와 함께 이야기를 하면서 기다릴 경우 상대적으로 시간이 빨리 간다고 여긴다.
- 고객은 물리적으로 불편한 경우 더 길게 느낀다. 만약 고객이 서서 기다릴 경우, 기다리는 시간에 대한 불평이 더 늘 것이다. 물리적 불편함은 또한 온도(너무 높거나 혹은 너무 낮은 상황)에 의한 영향도 많이 받게 된다.
- 서비스 이용 전이나 이용 후의 기다림은 이용 중의 기다림보다 더 길게 느껴진다. 놀이공원에 간 경우, 소비자는 입장 티켓을 구매하기 위해 대기를 하게 된다. 또한 놀이공원 내에서 시설을 이용하기 위해 대기를 하게 된다. 이때 대기에 대한 인식

기업은 고객이 대기시간이 지루하게 느껴지지 않게 하기 위해 무료로 이용할 수 있는 다양한 서비스를 제공하기도 한다

한정판 게임을 구매하기 위해 줄을 선 사람들

은 다르게 나타난다.

- 고객은 서비스 제공자의 설명 없이 무작정 기다리는 것을 더 길게 느낀다. 지하철이나 버스가 제 시간에 오지 않거나 운행 중 멈춰 버린 경우, 그 상황에 대한 설명이 없으면 기다리는 것에 대한 불만이 증가하고 기다리는 시간이 더 길다고 인식할 수 있다.
- 고객은 익숙하지 않은 기다림은 더 길게 느낀다. 서비스를 자주 이용하는 고객은 대기시간이 얼마나 걸릴지 그리고 무엇을 해야 할지를 알고 또한 기다리는 시간 동안 걱정이 적은 편이다. 반면에 새롭게 서비스를 이용하는 고객 혹은 가끔 이용하는 고객은 대기시간에 대한 정보가 부족하다. 따라서 대기에 대한 궁금증 혹은 걱정을 하게 되며 대기시간을 더 길게 느끼게 된다.
- 고객은 불확실한 기다림일수록 더 길게 느낀다. 대기를 하는 것 자체는 힘들고 지루한 일이지만, 대기시간에 대한 정보를 알고 있으면 고객은 자신이 기다리는 것을 조절할 수 있을 것이다. 반면에 고객이 얼마나 오랫동안 기다려야 하는지를 모를 경우 불만이 쌓일 수도 있다. 따라서 기업은 고객에게 예상 대기시간을 알려줌으로써 고객의 불확실성을 줄이게 할 수 있다.
- 고객은 불공정한 기다림을 더 길게 느낀다. 공정과 불공정은 상대적인 개념이지만 대부분의 사람들은 줄을 서서 순서대로 서비스를 받기를 기다린다. 그런 상황에서 중간에 다른 사람이 끼어들거나 다른 고객을 우선적으로 우대한다면 화를 내고 대기시간이 더 길게 느껴질 수 있다.
- 고객은 근심이 있을수록 대기시간이 길다고 느낀다. 낯선 장소 혹은 늦은 시간에 기다릴 경우 걱정이 발생한다. 이때는 다른 경우보다 더 대기시간을 길게 느낄 수

Service Issue

"밤 10시 주문 시 익일 오전 9시 배송" 매출 500억 식자재계 컬리 '푸드팡'

1만7000곳 식당 거래 … 서울 · 경기 집중 한계
"8월부터 대구 · 충남 진출"
공경율 대표, 푸드팡 제2의 성장 계획
"지역별 유통 파트너 … 금융서비스 구축 계획도"

공경율 푸드팡 대표는 "서비스 지역 확대와 거래처 금융 지원을 바탕으로 회사를 5배 이상 성장시키겠다"고 말했다. [사진=박용선 기자]

"오프라인 중심의 농수산물 유통 체계를 디지털 플랫폼화해 매년 성장을 이어왔습니다. 하지만 회사 성장이 더디다는 걸 느꼈죠. 새로운 방식으로 '푸드팡' 제2의 성장을 준비하고 있습니다."

공경율(34) 푸드팡 대표는 지난 11일 서울 송파구 가락동 서울 본사에서 조선비즈와 만나 이같이 말했다. 공 대표는 "푸드팡 서비스 지역 확대와 거래처 금융 지원을 바탕으로 푸드팡을 5배 이상 성장시키겠다"고 포부를 밝혔다.

푸드팡은 식자재 B2B(기업간 거래) 플랫폼 기업으로, 공 대표가 2016년 12월 설립했다. 식당 사장 등 고객이 모바일 애플리케이션(앱) '푸드팡'을 이용해 농산물 등 식자재를 저녁 10시까지 주문하면 다음날 오전 9시까지 배송해 준다. 푸드팡 거래 상품은 농산물을 중심으로 축산물, 공산품, 잡화 등 5만 개에 달한다. 거래 식당 수는 1만7000개다.

푸드팡의 강점은 식당이 원하는 질 좋은 상품을 합리적인 가격에, 나아가 100여 개의 상품을 한번에 배송할 수 있다는 점이다.

공 대표는 "식당 한 곳이 보통 100개가 넘는 식자재를 사용하는데, 이 상품들을 각각 따로 구매하는 경우가 많다"며 "푸드팡을 이용하면 이 상품들을 한번에 구매할 수 있다"고 했다. 그러면서 "만약 구매한 상품의 질이 나쁘다면, 2시간 내로 새로운 상품을 다시 배송한다"고 했다.

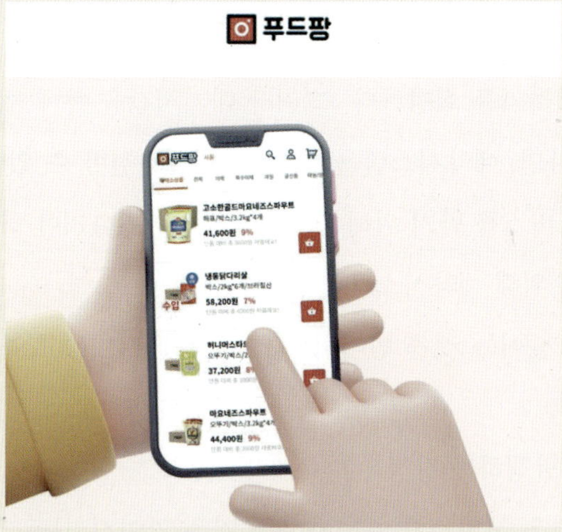

모바일 앱 '푸드팡'. 농산물을 중심으로 축산물, 공산품, 잡화 등 5만 개를 유통하고 있다. [사진=푸드팡]

푸드팡은 지난해 매출 약 500억 원을 기록했다. 2022년 대비 35% 증가한 수치다. 그러나 푸드팡이 아직 전국에 사업을 확장하지 못한 것은 한계다. 현재 서울, 경기도와 부산, 제주도에만 진출해 있다. 이에 푸드팡은 서비스 지역을 확대한다. 공 대표는 "8월 대전, 충남과 대구, 호남 지역에 진출한다"고 말했다. 특히 새롭게 진출하는 지역에 유통 파트너를 두고, 그들에게 식자재 온라인 데이터베이스(DB)화, 배송 등 푸드팡의 디지털 시스템을 입힌다.

공 대표는 "지금까지 푸드팡이 직접 식자재를 매입해 유통했는데, 이제는 다른 성장 방식을 구축해 나가겠다"고 말했다. 그러면서 "지역별 유통 파트너 구축을 통해 푸드팡 거래액을 5배 이상 성장시킬 것"이라고 했다.

금융 프로그램도 강화한다. 공 대표는 "푸드팡 유통 파트너에 식자재 매입 대금을 제공하는 것은 물론 거래 식당도 매일 결제하는 게 아니라 한 달 등 정기적으로 결제할 수 있는 금융 서비스를 구축하고 있다"고 말했다.

이를 바탕으로 해외 진출도 계획 중이다. 공 대표는 "국내 서비스 확대 이후 미국 · 일본 등 해외 시장에 한국의 식자재를 유통해 K푸드 성장의 새로운 동력이 되도록 하겠다"고 말했다.

출처: 조선일보, 2024-07-16

있다.

- 고객은 서비스가 중요하고 가치가 있다고 느낄수록 더 길게 기다릴 수 있다. 사람들은 인기 있는 스포츠, 유명한 작품을 관람하기 위해서는 더 오랫동안 대기할 수 있다. 한정판매 상품을 구매하기 위해 구매 전날 매표소 앞에서 밤을 새면서 기다리는 사람들이 그 예라고 할 수 있다.

3. 예약시스템을 통한 수요 재고

기업은 대기시간을 효과적으로 관리하기를 희망한다. 그러나 대기시간을 아예 제거할 수는 없다. 대기시간을 피할 수 없다면, 예약시스템을 통해 수요를 조절할 수 있다. 레스토랑, 영화관, 병원 등 고객들이 서비스를 받기 위해 오랜 시간 동안 기다려야 하는 서비스 분야에서는 긴 기다림을 줄이기 위해 예약시스템을 운영한다.

예약시스템은 단순하게 대기시간을 줄이는 것을 넘어서, 수요를 분산시키는 효과까지 가능하게 한다.

기업이 예약시스템을 운영함으로써 발생하는 장점은 다음과 같다.

첫째, 예약의 목적은 고객이 원할 경우 서비스가 가능하다는 것을 확인시키는 것이다. 따라서 예약시스템은 체계적으로 고객의 수요를 통제할 수 있고 원활한 운영이 이루어지게 할 수 있다.

둘째, 예약시스템을 통해 수집된 데이터는 기업으로 하여금 향후 운영 및 재정관련 전략을 수립하는 데 준비할 수 있는 기반이 된다. 이때 예약시스템에서 정보를 수집하는 것은 서비스 제공자가 직접 작성하는 방법(예, 의사의 진료 수기 작성)에서부터 컴퓨터를 이용한 데이터 뱅크(예, 소비자가 온라인으로 항공권 구매)까지 다양하다.

셋째, 예약시스템은 기업에게 여러 가지 도움을 제공한다. 예를 들어, 소비자가 수리 및 유지보수와 관련된 예약을 할 경우, 관리자로 하여금 비상시에 업무를 처리할 수 있는 시간을 배분하게 한다. 기업이 비상시 일을 처리하는 것은 예측의 어려움으로 인해 높은 가격을 부과할 수 있으므로 수익에 도움을 주기도 한다.

넷째, 예약시스템은 사전판매의 가능성을 제공한다. 또한 고객에게 사전 정보를 제공함으로써 고객의 기대를 조정할 수 있고 정보를 통한 교육을 가능하게 한다.

다섯째, 예약시스템은 고객의 대기시간을 줄여준다. 예약을 한 고객은 특정 시간에 서비스를 보장받는 것으로 대기목록에서 제외되며, 일반 소비자에 비해 대기시간이 짧거나 거의 없게 된다.

반면에 예약시스템이 가지는 근본적인 한계점이 있다. 즉, 고객이 예약을 하고도 나타나지 않는 상황이 발생하는 것이다. 기업은 이런 문제를 해결하기 위해 자신들의 서비스 가용능력을 넘어선 초과예약을 받음으로써 이 문제를 해결하기도 한다.

이때 초과예약은 기존에 예약 후 나타나지 않는 고객의 비율을 고려하여 정하게 된다. 기업이 정한 초과예약이 정확하다면 문제가 없겠지만, 그 예측이 정확하지 못하면 또 다른 문제가 발생하게 된다. 즉, 초과예약으로 인해 다시 대기를 하는 고객이 발생할 수도 있고, 일부의 고객은 아예 서비스를 받을 수도 없게 된다. 따라서 기업은 예약 후 나타나지 않는 고객이 발생하는 것을 줄이기 위해서 일정시간까지 나타나지 않으면 예약을 취소하거나, 예약을 취소한 고객에게 그 대가를 청구하는 방법 등을 이용하고 있다.

Review Case

사계절 디저트 된 '빙수' 전쟁…'혼빙족' 잡았더니 비수기 없네

서울에서 설빙 매장을 운영하는 A점주는 요즘 몸이 두 개라도 모자랄 지경이다. 보통 6~8월에 찾아오던 빙수 성수기가 지난해에는 5~9월로 확대되더니 올해는 4월부터 시작, 예상외로 바빠졌기 때문이다. 코로나19 사태 이후 배달도 늘어 전체 매출의 40%까지 비중이 커졌다. A점주는 "피크타임인 점심에는 홀 주문도 다 소화하기 힘들어 배달앱을 꺼놓을 정도다. 한때 추가 출점을 생각해 볼 만큼 코로나에도 선방하고 있다"며 흡족해했다.

최근 서울 한낮 기온이 30도까지 오르며 이른 더위가 찾아오자 유통 업계 빙수 전쟁이 치열하다. 디저트와 배달 시장이 커지고 이상 고온 현상이 이어지며 호텔과 편의점 업계도 봄 · 가을까지 빙수 시장에 적극 뛰어들고 있다. 프리미엄 빙수 브랜드 '밀탑'도 최근 가맹 사업을 시작, 2010년대 중반에 이어 '제2 빙수 붐'이 이는 모습이다.

'여름 한철 장사'로 여겨졌던 빙수가 사계절 디저트 메뉴로 격상되는 분위기다. 사진은 설빙 매장 모습

그간 빙수 시장은 커피숍이나 빙수 전문 프랜차이즈의 '여름 한철 장사' 아이템으로 여겨졌다. '더위가 가신다'는 처서(8월 23일)가 지나고 찬 바람이 불면 바로 매출이 급감하고는 했다. 요즘은 달라졌다. 사계절 디저트 메뉴로 격상되는 분위기다. '애망빙(애플망고 빙수)'으로 호텔 빙수 시장을 연 신라호텔 관계자는 "지난해부터 2주 앞당겨

4월 말부터 판매하고 있다. 기존에는 20~30대 여성이나 연인 고객이 대부분이었다면 최근에는 남성 중장년층 고객도 늘었다"고 분위기를 전했다.

성수기와 비수기 구분이 흐릿해진 것은 '배달 빙수' 덕분이다. 재택근무가 늘며 한겨울에도 따뜻한 집 안에서 배달시켜 먹으니 계절성이 약해진 것. 카페베네 관계자는 "비수기인 올 1~4월 빙수 매출 비중이 지난해 동기 대비 20% 이상 증가했다"고 귀띔했다. GS25도 같은 기간 빙수류 매출이 전년 동기 대비 203.2% 신장했다. 하절기(5~8월) 빙과류 전체 매출 중 빙수 비중은 2016년 15%에서 지난해 28%까지 해마다 증가, 올해도 호실적이 기대된다.

먼저 '1인용 빙수'가 대세로 자리매김 했다. 1인 가구 증가는 물론, 코로나19 사태에 따른 사회적 거리두기로 한 음식을 나눠 먹는 이들이 줄어들었기 때문이다. 삼성동 그랜드 인터컨티넨탈 서울 파르나스 관계자는 "호텔 1층 로비 라운지에서 파는 섬머 프리미엄 빙수의 경우, 1인용 빙수 판매량이 전체의 약 40%를 차지할 정도로 인기가 높다"고 말했다.

카페베네는 1인용 컵빙수를 무려 8종, 커피베이도 5종이나 내놨다. '트윙클 소다', '딸기 코튼캔디', '토피넛 달고나', '딸기 요구르트', '우리 곡물' 등이다. 커피베이는 지난해보다 컵빙수 1주 차 판매량이 약 2배 수준으로 눈에 띄게 늘었다. 커피베이 관계자는 "매장에 메뉴 포스터가 붙기도 전에 방문해서 주문하고 리뷰까지 해준 고객도 있었다. 빙수의 인기가 높아졌음을 실감했다"고 귀띔했다.

지역적 특색이 접목된 '로컬 빙수'도 인기다. JW메리어트 동대문스퀘어 서울은 대한민국 보물 1호인 흥인지문(동대문) 앞에 위치한 특색을 살려 화이트 초콜릿으로 동대문을 형상화한 '동대문 흑임자 팥빙수'를 선보였다. 이 호텔 관계자는 "망고, 라즈베리, 블루베리, 연유 등 4종류의 시럽을 취향 따라 골라 먹는 과일 빙수도 출시, '맞춤형'으로 즐길 수 있도록 했다"고 밝혔다.

해외여행을 못 가서 아쉬운 이들을 위한 이국적 빙수도 눈길을 끈다. 그랜드 하얏트 서울은 동남아의 주요 식재료인 판단 젤리를 얹은 '코코넛 빙수'를 선보였다. "코코넛 고유의 버터리한 풍미가 살아 있는 코코넛 아이스크림, 코코넛 칩, 코코넛 소스 그리고 팥과 판단 젤리가 토핑으로 올라가 마치 동남아에 놀러온 듯한 착각을 일으키는 맛"이라는 설명이다.

JW메리어트 동대문스퀘어 서울의 '동대문 흑임자 팥빙수', 그랜드 하얏트 서울의 '코코넛 빙수'

여의도 메리어트호텔의 'BEE, SWEET 꿀벌 빙수', 한방차 프랜차이즈 오가다의 '쑥 크럼블 빙수

파크 하얏트 서울의 '빙수 콤비네이션(드라이아이스)', 콘래드 서울의 '치즈 빙수

'눈꽃 빙수' 일색에서 다양한 빙질과 토핑으로의 차별화도 적극 시도되고 있다. 투썸플레이스는 빙수에 아이스바를 꽂아 이색 비주얼을 연출한 '바 빙수'를 선보였다. 롯데리아는 '복고 전략'을 들고 나왔다. 팥, 떡 등 기본적인 원재료를 가성비 있는 가격(3500원)에 제공하는 옛날식 빙수 '팥빙고'를 내놨다. 롯데리아 관계자는 "가성비에 대한 소비자 니즈가 지속돼 맛, 가격, 푸짐한 양을 동시에 고려한 빙수를 선보이게 됐다. 가성비를 유지하면서 빙수 품질을 높일 수 있는 다양한 재료를 검토하고 있다"고 말했다.

엔제리너스는 널찍한 쟁반에 우유 얼음과 토핑을 비빔밥처럼 담은 '비빔 빙수'를 선보였다. 밀크티블럭에 쿠키와 큐브치즈케이크가 어우러진 '쿠키비빔 빙수', 우유블럭에 팥과 콩가루를 얹은 '콩고물비빔 빙수' 등이다. 건강을 생각하는 이들을 위한 '웰빙 빙수'도 주목받는다. 한방차 프랜차이즈 오가다의 '쑥 크럼블 빙수'가 대표적이다. 카페베네는 기존 커피 빙수를 '디카페인 커피 빙수'로 리뉴얼, 카페인에 민감한 고객도 즐길 수 있도록 업그레이드했다.

전문가들은 향후 빙수 시장이 지속 성장할 것으로 내다본다. 강병오 중앙대 겸임교수(창업학 박사)는 "이제 빙수는 시즌 한정 메뉴에서 일상 디저트 메뉴로 자리매김했다. 단, 빙수 전문점보다는 커피숍 등에서 사이드 메뉴로 활용하는 전략이 보다 안정적일 것으로 보인다. 배스킨라빈스처럼 트렌드에 맞는 신메뉴를 지속 선보이고 체계적인 브랜딩 전략도 동반할 필요가 있다"고 말했다.

출처 : 매경이코노미, 2021-05-19

찾아보기
INDEX

ㄴ

ㄷ

ㄹ

ㅁ

ㅂ

ㅅ

ㅇ

ㅈ

ㅊ

ㅋ

ㅌ

ㅍ

ㅎ

저자 소개
AUTHORS

김성호

연세대학교를 졸업하였고, University of Minnesota Carlson School of Management에서 경영학 석사(MBA), 그리고 University of Pennsylvania Wharton School에서 경영학 석사(MS)와 경영학 박사(Ph.D.)를 받았다.
International University of Japan 교수, American Graduate School of International Management(Thunderbird) Japan Center 교수, State University of New York at Stony Brook 겸임 교수를 역임하였다.
한양대학교 경영대학에 교수로 재직하였고, 한양대학교 아태지역연구센터의 일본연구실장, 한국인력개발학회이사, 한국소비자학회 상임이사, 한국마케팅학회 이사, 서비스마케팅학회 부회장, 한국의료경영학회 회장을 지냈다.
The Academy of Marketing Science에서 최우수논문상, 한국서비스경영학회, 서비스마케팅학회에서 우수논문상을 수상한 바 있다.

차경천

현재 동아대학교 경영학과 교수로 재직하고 있다. KAIST(한국과학기술원)에서 경영공학 박사학위를 받고, 박사 졸업 후 카이스트 연구실에서 창업한 수요 예측 전문 벤처기업을 3년간 운영한 바 있다. 국내/외 다수의 학술저널에 논문을 게재했으며, 한국마케팅학회 최우수논문상과 우수논문상을 받았다. 2023-24년 한국소비자학회 공동회장으로 봉사하였다. 한국마케팅학회 부회장과 한국소비자학회 부회장을 맡았고, 한국마케팅학회의 학술지 『마케팅연구』, 한국예술경영학회의 학술지 『예술경영연구』의 편집위원장을 역임하였다. 저서로는 『예측의 힘』, 『기초 통계적 연구방법론』, 『분석적 마케팅 조사론』, 『R과 파이썬을 활용한 논문연구법』, 『광고의 예상을 빗나간 마케팅효과』, 『사진 속 마케팅 이야기』가 있다.
스포츠 기록, 전자제품 수요, 네트워크 사업 매출, 피자, 커피, 위스키 매출, 외식업 제휴카드 효과, 핸드폰 가입자 수, 보험 신규계약 건수, 핸드폰 통화량, 전자소자 주문량, 인터넷 쇼핑몰 판촉효과, 영화관 매출과 위치 선정, 핸드폰 위치 정보 분석, 외래 관광객 실태 조사, 주유소 위치 선정, TV display panel size, 직무만족도, 공연예술 소비 통계, 해외 출국 탑승객 수, 국제질병퇴치기금 예측, 그룹 브랜드 가치 분석, Big Data 자문 등 다양한 예측 문제를 현장의 최전선에서 해결해 왔다.

김지영

한양대 경영학과에서 경영학 석사(MS)와 경영학 박사(Ph.D.)를 받았다. 5년간 주택 컨설팅과 마케팅 업무를 담당하여 실제 기업에서의 마케팅 전략 수립 및 실행에 대한 경험을 갖고 있다. 또한 중소기업연구원에서 마케팅 관련 연구를 하였다. 마케팅관리, 서비스마케팅, 서비스창업, 광고론 등을 강의하고 있다.

서비스 마케팅(제3판)

2015년 2월 25일 초판 발행
2022년 2월 22일 제2판 1쇄 발행
2025년 5월 20일 제3판 1쇄 인쇄
2025년 5월 30일 제3판 1쇄 발행

저 자 김성호 · 차경천 · 김지영

발행인 김사설

발행처 도서출판 **창명**
12946 경기도 하남시 미사대로 540 AA동 8층 33호(한강미사2차)
전화 (031)795-1214 팩스 (031)5175-8033
이메일 kimsaseol@hanmail.net

출판등록 2016년 5월 20일
등록번호 제131-93-14552호

정가 36,000원 ISBN 979-11-88109-34-0